U0124640

晚清

最后十八年

从甲午战争到辛亥革命

黄治军 著

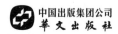
中国出版集团公司
华文出版社

图书在版编目（CIP）数据

晚清最后十八年．1 / 黄治军著． —— 北京：华文出
版社，2019.1

ISBN 978-7-5075-4966-9

Ⅰ．①晚… Ⅱ．①黄… Ⅲ．①中国历史－研究－清后
期 Ⅳ．①K252.07

中国版本图书馆CIP数据核字(2018)第211219号

晚清最后十八年1

WANQING ZUIHOU SHIBA NIAN 1

作　　者：黄治军
责任编辑：王思惠
出版发行：华文出版社
地　　址：北京市西城区广外大街 305 号 8 区 2 号楼
邮政编码：100055
网　　址：http://www.hwcbs.com.cn
电　　话：总编室 010-58336239　　发行部 010-58336267
　　　　　　编辑部 010-58336209
经　　销：新华书店
印　　刷：北京明恒达印刷有限公司
开　　本：710×1000　1/16
印　　张：24.5
字　　数：304 千字
版　　次：2019 年 1 月第 1 版
印　　次：2019 年 1 月第 1 次印刷
标准书号：ISBN 978-7-5075-4966-9
定　　价：58.00 元

版权所有，侵权必究

自　序

写作《晚清最后十八年》开始于2011年，现在回想起来，为什么要写它？一切都好像是注定。很多细节都记不太清了，印象中最深刻的是当时看到的一则新闻——《湖北武汉投资两百多亿筹备辛亥革命百年庆典》，当时就有一个念头：这是纪念辛亥革命最好的方式吗？

动笔之后，一开始把它放在了天涯论坛上，与网友们互相讨论和交流。一年多以后，它被评为天涯社区"2013年年度十大作品"，于是准备出版，和读客图书公司谈合作。我很佩服出版方在全书还没有写完的时候，就和我签了出版协议，也很感谢他们后来为这套书的出版所做的工作。

那时我已在《旅伴》杂志社工作了九年，26岁开始从记者、首席记者做到了执行主编，写作需要占用我全部的业余时间，包括每一个晚上和周末。有一天我接到了女友的短信，她说："在我的观念里，写作是可控的，恋爱才是不可控的，但你对我们在一起的时间是可控，只有写作对你来说才是不可控的，我们分手吧。"

当时她在中央电视台工作，工作繁杂忙碌，在她特别需要关心和倾诉的时候，我总是不在她身边。

原本以为我的写作生活就这么继续下去，但2013年夏天我接到一个电话。那天舅舅从长沙打电话过来，说我老兄可能得了一种怪病。他瞒着父母偷偷跑到湘雅医院来住院，几天后就要进手术室了。

老兄在深圳开了一家塑胶模具工厂，固定资产做到了几千万，但仍然是一个夫妻店，他负责业务，嫂子负责财务，小孩还在上学。在生病的时候，没有人可以陪伴他，因为工厂还需要运转，每天还有事情需要处理，工人还需要发工资。

我从杂志社请好假，跑到长沙去陪伴老兄。八个小时的手术过后，大夫告诉我：情况很不乐观。在他们开会诊会议的时候，我在旁边听到了"六个月"这样可怕的词语。

安顿好老兄后，我一个人跑到医院的楼顶上，号啕大哭了半个小时。我觉得人生很荒诞，几天前我还只想着如何做好杂志选题，现在只能一个人躲在楼顶哭泣。然后我也做了一个决定。当我回北京办好辞职手续再回到湘雅医院病房时，我发现老兄直勾勾地盯着我手中巨大的行李箱。我告诉他："我们是从小一块儿长大的，我不甘心，我一定要想办法把你的病治好。"

我每天睡在病房里，照顾老兄输液，买饭喂饭，端屎端尿，洗衣服，去旁边的民居给他做好吃的，陪他聊天解闷，搀扶他走路，去楼下晒太阳，有空的时候就查找国内外一切可能的医药信息。有一天，同病房里另一个陪床的壮汉突然塞给我一袋熟食，说这是他特意回家亲手做的。他说："小伙子，我觉得现在像你这样的年轻人不多了，你对你父亲真是太有耐心了。"

我告诉他，这不是我父亲，是我老兄。他听后怔住了，拍着我的肩膀说："相信我，兄弟，你们是会创造奇迹的！"

那一刻我跑到楼道里哭了。

我知道老兄其实是最不容易的。自小我和老兄"画风各异"，我沉浸在书本世界里，他却更爱玩闹。他用学费买衣服、和人谈恋爱、打架、下馆子，花钱大手大脚，后来读到高中死活不读书了，一会儿要学武术，一会儿又跑去做音箱生意，大半年的时间把家里的积蓄亏得精光，不得不南下广东，从工厂的一名保安做起，最后自己开设工厂。我是职场人士，有了事还可以辞职一走了之，他却不能"辞职"，哪怕是进了医院，两部手机还是响个不停，还要处理很多事情。我只能用心去照顾他。

病房里经常有需要你在一分钟之内做决断的时候。大夫会告诉你，接下来如果用这种药，医保可以报销，但还有另一种从外面购买的进口药，不在医保报销范围内，5万元一小瓶，一次输液用两小瓶，需要10万元。我问疗效如何，大夫说理论上会更好，但这种病原本就是没有保证的，所以疗效也不能保证。那时候我经常盼望着时间可以慢一点，这样每花掉一个10万的时候，都可以慢一点。

有一天，老兄突然对我说，一会儿他有个生意上的朋友要过来看他，他不会有事，叫我别担心。这个人进了病房后，和老兄聊了一会儿，老兄突然表现得十分痛苦，不断地喘着气。那个人见状，十分难为情，欲言又止了好一阵，最后留下一句"你好好养病"就走了。我想起老兄的话，突然明白了：这个人不是来看望老兄的，是来要钱的。老兄的工厂因为一时周转不过来，拖欠了他的货款，他见到老兄病重，这才没好意思开口。

我跟老兄商量，先把工厂里的原料低价卖出去一批，付完他的货款，等资金周转过来后，再把原料高价买回来。这个人也是中小企业主，他的资金周转也很困难，如果不是实在没有办法，不会跑到病房里来催款的。

治疗日复一日地重复着，大夫过来告诉我们，再过几个疗程，头发可能要全部掉光了。晚上，老兄对我说："你扶我下楼去吧。"原来，他要去找家理发店，剃个光头，然后我陪他去买了顶帽子戴在头上——是的，即使病重，人生也要主动。

病房里经常会有告别的时候，可能上午刚认识的病人，下午就见不到他了。陪床的人告诉我，病人在病重的时候，会很没有主见，也会很敏感，陪床人任何一个细微的言行都会给他带来不一样的感受。

老兄在治疗期间，只能吃特别清淡的饭菜，几乎不放盐，也不能放任何调味料。我每天和老兄吃同样的饭菜，跟他一起吃饭，他吃什么，我就吃什么。是的，我就是要用这种看似可笑的方式来告诉老兄，我会一直陪伴他，给他信心。

几个月过去了，冬天来了。有天傍晚，陪他在楼下散完步后，我对老兄说："你先上去吧，我等一下再回去，我再去吃点儿东西。"

刚刚路过一家麻辣烫摊点，香飘四溢，实在是太诱人。我再也控制不住了，跑回摊前一顿猛吃，直到再也吃不下为止。我把老板的一瓶辣椒酱吃得精光。

我以为老兄早已经回病房了，但当我走回去的时候，突然发现楼下的花坛边上坐着一个人。天空中飘着小雪，他的背影很孤独，那是老兄。他没有上楼，他坐在那里等我回来。

回到病房后，我心里很难受，躲进卫生间里无声流泪。我责怪自己明明知道最想改善口味的是老兄，他肯定比我更想去吃，可是我为什么没能忍住？

几个月以来，似乎已经流尽了自长大成人以来所有的泪水，很多时候，我一度认为我们兄弟俩的人生会过不下去。但那一刻，我觉得人生再也没有什么可怕的了，我要把这种力量告诉我的读者。

在我从北京拖过来的行李箱中，除了衣服，还有一台笔记本电脑。每天深夜，当病房熄灯、老兄睡去之后，我把病房里的椅子搬到走廊上，借着光亮打字。值班护士过来管过几次，后来也不管了。医院里没有网络，遇到对史料有疑问的地方，我只能先记录下来，等到一个集中的时间去附近的网吧上网。我必须拿手机定好闹钟，因为我怕我忘记了时间，忘记了病房里还在输液的老兄。

我用这种方式完成了《晚清最后十八年》第二部。

六个月过去了，十个月过去了，在所有亲人和朋友的努力之下，老兄的病情奇迹般地好转了，他可以出院了。后来老兄跟我说，我原本以为我们只是兄弟，现在看来你还是上天派来救我的。

我们抱头痛哭。

是的，书本里的世界很广阔，但如果我们不能从小事做起，不能善待身边人，学习历史又有什么用？如果我们不去经历真正的磨难，又怎会有真正正确的价值观？当我们积极面对困难的时候，心里面一定会有个声音告诉你：困难是暂时的，你是在做正确的事。

无论世界多么荒凉，心中的光明总要靠自己点亮。

老兄回到了深圳，我回到了北京，写作还在继续。我发现我有了一个不好的习惯：只要发现银行卡上的钱还够付半年的房贷，就总想着辞去工作，专心完成剩下的作品，因为我其实一直是一个一心不能二用的人。父母反而担心我了，他们从深圳跑过来，监督我好好上班，也监督我找女朋友。

辞职之后，我每天拿着包从家里出去，有时候是在家附近的咖啡馆，有时候是在公园里，继续写作。离家不远的地方有一条不经常过火车的铁路，那里永远停着一辆货车。大部分的时候，我坐在铁轨旁打字。对面是一棵树，有一天，我突然发现有叶子从树枝上掉下来了，原来时间已经过去快三个月了。

我在这里完成了日俄战争中"对马海战"的写作。

父母告诉我，他们要回去了。我很愧疚，让他们监督的事情都落空了，父母其实早就发现了我的秘密。后来他们跟我说："孩子，你每天拿着包出去，但有一天你是穿着拖鞋出去的，我们又怎么能再给你压力呢。"

五年了，写作已经成了一种生理需要。将你的人生，像毛巾浸在水里一样浸在孤独里，拧干了，便是人生的辽阔。2017年，我收获了自己的爱情。她是一位北京妞儿，满族人，正黄旗格格，缘分就是如此的微妙，那时候我常说："'晚清'没有火，却让我遇到了一位格格，这也是老天对我的奖赏吧！"

其实，我们在听从内心声音的路上走了多久，幸福的到来就会走多久吧。

五年了，还去过很多地方。每当史料不能给我答案的时候，我总要到历史人物曾经涉足的现场去转一转，宽广美丽的土地，是我们可爱的家乡。为什么我们对这片土地爱得深沉？因为我们的眼里总是饱含泪水。

有一个地方是留到最后才去的：浙江海宁。

1916年，绕地球已经数周的孙文回到了国内，他应朋友之邀，来到海宁观看钱塘江大潮。

钱塘江汹涌的大潮，当它涌来时，如万马奔腾，巨浪滔天，惊涛拍岸，地动山摇，卷走了它面前的一切！

这样的场景，令看惯大风大浪的孙文也无比动容。

观潮过后，他的心情仍然久久不能平静，他觉得他应该写点什么。孙文似乎看到了一种人世间最本质的东西，而这也是我们最终要讲述的历史规律。

——世界潮流，浩浩荡荡，顺之则昌，逆之则亡！

目　录

第一章
袁世凯的朝鲜发迹史

袁世凯入朝

那个年代的人其实是很少有机会出国的，但有一个人例外。

1859年，常年征战在外的河南籍将领袁甲三给老家邮回了一封信，报告他率领的军队打败了北方农民起义军（捻军）即将凯旋的消息。家里人接到信的这一天，家族中的一位男婴出生了。

有人衔着石头出生（贾宝玉），有人干脆是从石头里蹦出来的（孙悟空），但袁家这个孩子似乎是上天派来的一位送作战捷报的使者，于是大家都很欢乐，认为这个男孩长大后会很不简单。

现在看来，这其实只是一种很平常的巧合。比如某天你突然在路上大叫一声，回家翻翻皇历发现这天正好立春，你总不能说这春就是被你叫出来的吧？但是对于袁家人来说，这毕竟是个好兆头，他们激动的心情也是可以理解的。

这个男孩是袁甲三亲哥哥的孙子，也就是袁甲三的侄孙，家谱排名"世"字辈，家族人就借这个吉兆给他取名为"凯"。

没多久，袁世凯就被过继到他叔叔袁保庆家做儿子。这个袁保庆曾是袁甲三麾下的一名大将，退伍后担任江宁盐法道（副部级高官），主要工作是掌管南京地区食盐的生产和销售。袁保庆对袁世凯的期望也是很高的，做官之余，他最重要的事情就是监督小袁好好读书，以便将来走科举正途，考取功名，对得起他出生时的那个好兆头。

可惜袁世凯似乎天生就不是块学习文化知识的料，他曾鼓起勇气参加两次科考，而且是最基本的乡试，结果都名落孙山，令袁家人很没面子。

大家责备，袁世凯也很懊恼，但他接下来的动作不是准备第三次考试，而是把所有的课本和复习资料找出来——一把火烧了。这个举动意味着他永远告别了高考（科举），打死也不再考公务员。他边烧边声明：我今后要立志去当兵打仗，弃文从武！（大丈夫当效命疆场，安内攘外，岂能龌龊久困笔砚间，自误光阴邪！）

对于袁世凯来说，这是一个很重要的决定。而他为什么要做出这个决定，秘密很快就会揭晓。

这时候养父已经去世了，于是他从上海千里迢迢去山东投奔了一个人——吴长庆。作为袁保庆生前的结拜兄弟，吴长庆收留了袁世凯，让他在自己身边做了一个军队里的参谋（幕僚）。这一年是 1881 年，袁世凯已经 22 岁了。跟我们如今大学本科毕业生一样，他终于有了自己的第一份工作。

职场新人袁世凯很快要出一趟远门，而且很远，是去——朝鲜。

提到朝鲜这个国家我们比较熟悉了。2012 年朝鲜央视曾发布一个报告，说全世界人民生活幸福度排名最高的，第一是中国，第二是朝鲜。

所以，我们有必要来了解一下这"哥俩好"之间源远流长的关系史。

在明朝，朝鲜即为朝鲜半岛，是大明帝国的藩属国。天聪元年（1627年），皇太极对明作战失败，缺少银两，就先易后难，派大将阿敏攻下了朝鲜（打朝鲜不用攻山海关），从此朝鲜成为八旗军的后勤供应基地，粮食可能不管饱，但人参随便拿。你想没事就喝个参汤的军队打仗有多猛。就这样，八旗一边流鼻血一边砍敌人，一路杀进山海关。大清建立后，朝鲜自然而然沦为大清藩属国（虽然他们一直很想念明朝）。

所谓藩属国，有点类似于被老大保护的老二的意思。朝鲜只有"国王"，而没有"皇帝"，因为他们的"皇帝"就是大清皇帝，使用的年号也是大清的年号。而朝鲜国王在级别上只相当于大清国的亲王。由于这个原因，朝鲜国王的王宫和老百姓的民居都必须修得比清国的矮小。

我们知道如今大韩民国的国旗是太极旗，实际上当年朝鲜人设计国旗时，清国依据自己的国旗是黄龙旗，给朝鲜的指导方案是蟒旗（蟒是一种在地上爬的龙）。朝鲜人终于有想法了：大家都是做龙的，你们在天上飞，我们在地上爬，这版本差得也太大了吧，于是就改成了太极旗。

顺便说一句，当时大清的藩属国并不只有朝鲜，除了北面的沙俄和东面的日本，与清国相邻的国家几乎全是它的藩属国，从南到西还有：安南（越南）、缅甸、暹罗（泰国）、苏禄（菲律宾）、南掌（老挝）、尼泊尔、锡金、不丹……这是一种以"天朝上国"为中心的封贡体系，即使在1840年以后，这些国家被西方强国占领，沦为殖民地，但它们仍然恭敬天朝，坚持向清国进贡。

朝鲜在当时就比较穷（可能与当年皇太极抢得太狠有关），当时他们的一品大员出门也是有车的，不过，是一种十分轻便和省油的车——独轮车。这种待遇，也就跟当时清国东北地区回娘家的小媳妇一个级别。而朝鲜也基本上没有什么军队，他们一直指望大清解决国防，干脆就省了军费。

对于朝鲜来说，除了穷，其实这也是没办法。大清太强大，东北又是清朝廷的"龙兴之地"，清国从来就不允许朝鲜拥有能够威胁到龙脉安全的军事实力，所以朝鲜也就不要有什么军队。

大家都知道，穷则思变，还有一句话叫"穷山恶水出刁民"，这话是很有道理的。事实证明朝鲜这个"小弟"当得极不安稳。后来他们发现另一个邻居——日本渐渐有了新老大的风范，而日本也一直注意培养在朝鲜的势力，比如朝鲜历史上第一个不平等条约（《江华条约》）就是跟日本签的，于是朝鲜朝廷内部迅速分化成两派。

一派比较守旧，坚持亲近天朝——清国，认为永远跟着大哥走，永远有馍吃，他们因此被称作事大党（"以小事大"，出自《孟子》），也就是实际上的亲华派；另一派偷偷摸摸接受日本人给的好处，认为跟着这个大哥混不仅有馍吃，说不定还能喝上紫菜蛋花汤，他们自认为比较开化，因此被称作开化党（亲日派）。

不难发现，事大党和开化党之间的矛盾是不可调和的，属于见面就问候你亲妈、转身就飞起一脚的那种，所以他们当时是带着板砖去上班的（有史料记录）。王宫里一言不合就开始拍砖，抄起家伙打破头的事情每隔两三年就要来一次。正是在袁世凯同学找到工作的第二年（1882年），矛盾又爆发了！

事情的经过是这样的。在朝鲜首都汉城（今首尔），被事大党挑唆的百姓活活打死了十几名日本人，然后他们闯入日本公使馆，见人就砍，几名日本使馆工作人员做了刀下之鬼。而开化党也不是好惹的，在日本从国内派兵支持的情况下，他们开始反击。于是全国一片混乱，到处打砸抢烧，还有一群别有用心的人趁机煽风点火，影响社会稳定，此事不得不惊动天朝。为了维护藩属国政局的稳定，并不让亲日派掌权，清国立即派出了军队前去平息。而统率这支军队的，正是吴长庆。

工作不满一年正浑身是劲的袁世凯跟着吴长庆进入朝鲜了。吴长庆带来了三个营的兵力，一进入朝鲜，吴长庆就把其中一个营的兵力临时交给了袁世凯，命令袁世凯带着士兵往前冲。实事求是地说，吴长庆的意思不是让袁世凯去送死，而是有意让他建功立业，将来好升官。

袁世凯当然也能理解吴长庆的良苦用心。第一次带领一个营的兵力，他没有丝毫的畏惧，甚至比吃了高丽参还要兴奋。在接下来的日子里，他将以实际行动，令吴长庆都感受到他的可怕，而这一切也将奠定他一生事业的基础。

袁世凯，你放弃了科举，投笔从戎；你不在国内好好待着，却跑到朝鲜来折腾，这正是走自己的路。

杀人立威，袁世凯初露峥嵘

袁世凯回报给吴长庆的是一份特殊的礼物。

当时清国军队镇压农民起义虽然有"两把刷子"，但纪律一直不怎么好。对于天朝来的军队，当时朝鲜的百姓是夹道欢迎，热情款待"王师"，有用石锅拌饭的，有做一碗冷面的，也有送几个煮鸡蛋的。但清兵们的表现实在配得上《疯狂的石头》里的一句台词：什么素质啊？

他们大摇大摆地侵入平常百姓家，抢走财物加强奸妇女，令吴长庆无比头疼。

袁世凯认为打仗之前必须整顿纪律。于是他向吴长庆报告："大帅，我已经处罚了几名带头闹事的士兵，请您前往视察。"

吴长庆赞许地朝袁世凯点点头，觉得袁世凯还是有作为一个将领的才能的。为了好好地训斥这些闹事的士兵，吴长庆边走边打好了腹稿，准备发表一篇既措辞严厉又动之以情、晓之以理的训话，让这些士兵做出深刻检讨，以维护军纪。

他跟着袁世凯来到关押的地点，门推开，吴长庆的笑容凝固了，他突然发现自己的训话已经没有必要了。

因为死人是听不见的。

只见黑屋的桌子上，整整齐齐地摆着七颗人头。

原来袁世凯要吴长庆来看的不是活人，而是人头。在抓住这些闹事士兵后，他既没有请示也没有报告，就自作主张把他们全砍头了。而且，袁世凯杀的并不是自己那个营的士兵，是另外两个营的人。

吴长庆突然感到不寒而栗，待在那里足足十分钟。所谓杀鸡吓猴、杀人立威这种事他也懂，但一口气切瓜砍菜似的砍下七颗战友的人头，并且还没闹出乱子，足见袁世凯的不简单啊。

其实吴长庆不知道的是，早在出国之前，袁世凯就向周围人抱怨："吴叔身为军中主帅，却只会一贯温文尔雅像个书生，满足于'儒将'之名，不敢杀人，也不敢以杀止杀，你们有什么打算？反正我是准备从朝鲜回来之后，就要离开这里了！"

吴长庆最终没有说什么，而袁世凯经此一杀，在军中威望立升。在接下来的作战中，他身先士卒，以亡命之徒的打法冲在队伍的前面，而士兵们也跟着他全力向前冲锋，格杀敌人。最后在吴长庆的大军增援下，袁军平息了朝鲜宫中混乱，清国势力重新掌控朝鲜王宫，日本人和开化党的领袖被赶出汉城，吴长庆的军队留驻朝鲜，清国仍然保有对朝鲜的宗主权。

吴长庆连夜向朝廷写奏章保举袁世凯，这样，23岁的袁世凯升官了，成了清国正五品的"同知"——也就是副市级官员，年薪80两白银，正式成为驻朝清军一个营的长官。

后来，吴长庆奉调回国时，他并没有把袁世凯带回国，他知道自己留不住袁世凯，也不想再把袁世凯带在身边。袁世凯绝对是一个危险人物，不如留他在朝鲜震慑日本人和开化党人，防着他们做小动作。

而接下来发生的事情，证明袁世凯绝对是这份工作的最佳人选。过了两年，宫廷政变又一次来了，这次驻汉城日军趁乱打进了朝鲜王宫，诛杀事大党大臣，软禁国王，宣布朝鲜"独立"。

朝鲜"独立"，不仅意味着实际上废除了对清国的藩属地位，停止向清国朝贡，而且以后只能听日本人的。

消息传出，驻朝清军另外两个营的长官决定立即向国内朝廷报告，听候朝廷的指示。但袁世凯坚决不同意，他认为兵情危急，特殊情况特殊处理。所谓"将在外君命有所不受"，等朝廷的指示下来，日本人都成为"太上皇"了，必须趁日军的势力在朝鲜还未站稳，当机立断，果断平息政变，维护清国在朝鲜的利益。

由于袁世凯的态度很坚决，情绪很愤怒，最后其他两个营的长官同意：由袁世凯率领他的部队攻打日军占据的朝鲜王宫，其余两营帮忙策应。

袁世凯又一次出手了。和上次一样，他又一次冲在队伍的前面，带领手下士兵蜂拥而上，锐不可当，日军仓皇逃窜。赶走王宫里的日军后，袁世凯又煽动汉城的流氓地痞（跟他关系很好），在街上见到日本人就砍，并且一把火烧了日本公使馆。混战中，袁世凯成功地解救出被挟持的国王，护送他回宫，并拿出自己的军费（朝鲜王宫没钱），亲自做好了被诛杀的事大党大臣家属的抚恤工作。

由于袁世凯一系列"胡萝卜加大棒"的政策，朝鲜朝廷又一次恢复了对清国属国的地位，国王被日本人挟持期间发布的对清国不利的政令通通废除，清国的利益再一次被维护。

由于袁世凯在这次动乱中表现出了军事上的果断和政治上的成熟，他在朝鲜的地位更加稳固了。后来，清国撤去了在朝鲜的驻军，而袁世凯仍然没有被调回国，成为清国派驻朝鲜的最高领导——清国驻扎朝鲜总理交涉通商事宜。

这个官职在清国相当于"道员"，省部级的官员（正三品）。实际上是清国派往朝鲜的全权代表——监国。为什么不直接叫监国？这是为了避嫌。当然叫公使也不行，因为爱面子的"天朝上国"认为"属国无外交"，派到小弟那里去的，自然要避免使用外交上的一些称号，所以打着"通商"的牌子，来行使监国的权力。

实事求是地说，虽然作为"官二代"，但目前为止袁世凯的一切还是靠自己奋斗得来的。他能力强，又舍得付出，所以对于在朝鲜做这个全权代表，别人是没有异议的。

就这样，袁世凯开始了他在朝鲜漫长的驻扎生活，这一驻扎，就是13年。在远离权力中心的异国他乡，在清国朝廷的大臣几乎把他遗忘的时候，在日本人的处处包围和挑衅之中，袁世凯几乎以一人之力一次次的成功反击，坚守清国的利益底线。日本人对这位油盐不进、流氓作风的清国人很是头疼，先是想撵走袁世凯，然后又实行暗杀，都被袁世凯躲过了。

这段日子，用袁世凯自己的话说，他是在"只手支撑东方大局"，这话虽然是吹牛，但吹得还比较合理。

由于袁世凯十分强硬和狡诈，朝鲜国王在他面前只能用一个词来形容——战战兢兢。袁世凯不仅可以随意出入王宫，还要对国王说话办事指指点点，当时国王发给各国的外交文件除了盖上玉玺，还必须盖上他袁大人的大印才能生效，重大事情上的请示通报也是少不了的。而袁世凯出入王宫期间，打听到朝鲜王妃还有一位妹妹，很年轻的"思密达"（16岁），很漂亮的"思密达"，就将她笑纳为自己的三姨太，两位陪嫁的丫头按年龄被纳为二姨太和四姨太。据野史上说，袁世凯还打过美艳的朝鲜王妃的主意，很可能跟她有一腿，这个说法当然找不到明确的历史证据，但我认为就袁世凯的性格来说，这种事情他是绝对干得出的。

总之，在外人看来，袁世凯在朝鲜是很风光的。他也有了独轮车，所谓春风得意有人参，独轮车上抱美人，是也。但谁也不知道，这个时候的袁世凯是不快乐的。他很不快乐。

袁世凯的人生瓶颈

因为这一切不是他想要的，准确地说他想要的不止这些。

在朝鲜期间，袁世凯不停地向主管他的国内领导打报告，要求回到清国温暖的怀抱，但没人理他。

没理他的原因很简单：袁世凯的工作业绩实在太突出了。他能搞定日本人，就让他继续搞定。一来二往，袁世凯相信：如果没有什么意外的话，他就可以在朝鲜养老了——领导赏识你，没有办法啊。

前几年我曾在一个自称是职场大师的讲座里听到这样一个观点，当时觉得很新鲜：如果你是某个部门或者某项业务的领导，工作不能做得太出色，否则你的上级就会认为没有比你更合适的人来替代你，你也就很难有再升迁的机会。

当然，这位"大师"的观点是不对的。因为他只看到了表面和眼前，所以显得比较小家子气。他一定不知道还有另外一种观点：做大事以找"替手"为第一。

既然你都是某方面的领导了，就别老盯着自己那一亩三分地，生怕别人割了你几垄麦子。事实上当领导的不光要能力突出，扎实肯干，更重要的是要懂得放手和放权，也要注意培养自己的接班人，否则您很快就是袁大人的知音了。

袁世凯的苦恼正是来源于这个。由于国内方面迟迟不找人来替换他，他就只能永远待在朝鲜的职位上。

如果主管袁世凯的这位领导的记忆力足够好，他一定能够想起袁世凯是哪年被派到朝鲜的——那是在遥远的 13 年前。13 年！那时候的袁世凯还只有一个老婆，他满腔热血，剑在匣中鸣，他以为去朝鲜只是去打一架，顺便观个光，很快就会回来，没想到却是一张十几年的单程车票。

袁世凯总在心里问自己：我爱这个地方吗？不爱。我想念家乡吗？想念。我能回到国内吗？不能。

我已经 35 岁了，我已经在这个穷乡僻壤服务了 13 年，毫无疑问的是，无论是我在朝鲜的事业还是官职，它们都已经达到了顶峰，朝鲜国王是不会把他的王位让给我的。在这里我是老大，但是回到清国，我连上朝的资格都还没有！作为一个中年胖子，我的事业曾经辉煌过，但现在它遇到了很大的瓶颈。我需要新的舞台，我需要人生和事业的突围。我的兴趣爱好不是通商，也不是通奸，而是带兵——去带真正的兵！

除了想继续升官，袁世凯急切希望回到国内还有更加复杂的原因。经过三十多年的洋务运动，清国的近代工业发展起来了，加上左宗棠率军收复新疆，清法战争中清国取得了军事上的实际胜利，此后朝廷也一改鸦片战争以来的懦弱之风，开展了一场大规模的政治和外交攻势，在国际上重振声望。这时美国刚打完南北战争不久（1865 年），德国也刚完成完全的统一（1871 年），全世界都在炒作"清国威胁论"，西方报纸甚至认为当时世界真正的强国只有四个——英法俄和大清帝国。

但是十几年来，袁世凯已经更加深入地认识到，这一切都是不真实的，在表面的繁荣和强大之下，清国隐藏着巨大的危机。内忧当然是朝政的腐败，而从外患来说，头一个威胁就是日本。他已经跟日本人打了十几年的交道，没有人能像他那样深切地感受到日本这个邻居的阴森与可怕。

很显然，未来的大清国需要一个有铁腕手段的军政人物，需要一种尚武之风，一种血性精神。

这就是袁世凯当年放弃科举的理由，当时他只是隐隐约约地感觉，而现在，袁世凯的感受更加强烈了。

"有些鸟儿毕竟是关不住的，因为它的羽翼太丰满了"，袁世凯虽然不会知道《肖申克的救赎》中的这句经典台词，但在他看来，他就是那个拯救未来大清国的人。为了实现理想，他必须先回到国内，成为一个真正掌管兵权的将领！

袁世凯最开始的办法就是请示。他不停地向那位主管他的领导写请示报告，请求调回国。各种理由，锲而不舍，对于一个连乡试都没有考过、好歹能把字写工整的袁世凯来说，这实在是很痛苦。

1888 年，袁世凯又专门写了一篇很长的报告，要求离任回国，再一次遭到无情的拒绝。从这之后，他似乎已经绝望了。不再写报告，也不再吵闹，安心地在朝鲜住了下来，和三位姨太太每天喝酒听戏，偶尔写个诗或者家书日记什么的，记录一下失落的心情。在一个个下着雨的早晨，袁世凯大人驻足低矮窗前，遥望帝国的方向，他想回国——可是他回不去。

袁世凯已经绝望了吗？不是的。他只有在需要的时候才亮出自己的獠牙，经常亮出的，那只是颗门牙。袁世凯深深地知道这一点。他相信机会总是会有的，而这个机会是自己创造的，不能老把希望寄托在其他人身上，机会来临之前，要有耐心去等待；机会来临之时，更要有实力去争取。

是的，时间就是牛人最好的朋友。只要平心静气，忍耐等待，上天总有一天会眷顾到你的。那天，愿望就会实现，幸福也会到来。而在那根橄榄枝落下来之前，你必须收拾好自己的心情，打点好自己的行装，磨好自己的獠牙——亮出来就要反光！

所以，在我看来，当袁世凯不再为回国而写报告时，他只不过是换了一种争取的方式，一种不再依靠别人而只能依靠自己的方式。在等待机会的同时，他开始了自我充电，广交朋友，学习西方军事知识，帮助朝鲜国王练兵，总之，一切都在为他的理想——成为一个优秀的军政人物而准备。他没有让自己乱了阵脚，他过着简单而明快的日子，他相信他终究会抓住那个最后的机会！

1894 年新年刚过，袁世凯的机会就来了。

第二章
袁世凯与李鸿章的第一次会面

东学党

跟前几次一样，这次又是因为朝鲜内乱。不过，如果跟前几次完全一样，那袁世凯同学也就没有机会回国了，内乱他一个人搞定就好了。原因是：发生在朝鲜的这次内乱比较有水平——一场农民起义。

在历史上，朝鲜的这支起义队伍被称作"东学党"。东学，也就是中华文明中的核心——儒道释三学。而起义军祭起"东学"的大旗，是要跟以基督教为核心的"西学"对抗，用一句我们熟悉的话来说，就是要"坚决抵制西方腐朽文化的冲击"。

1840年鸦片战争以后，大清的国门被打开了，西方的传教士也来了，而其中的一部分传教士偷渡鸭绿江，进入朝鲜秘密传教。在过去的书中，当我们说到传教士的危害，总是会讲传教士如何作恶多端、野蛮无理等，其实传教行为引发众怒的是另外一个原因。

当时加入教会的，有很多是当地的地痞流氓，甚至是有犯罪记录的不法之徒，无论是官是民大伙儿对这些人都是比较痛恨的。但当时传教很不容易，只要有人愿意加入，教会都是拍着巴掌欢迎的，从来不会搞个资格审查，问问人生观、价值观等，所以流氓地痞们能轻易地加入教会。而他们只不过是想寻找教会作为靠山，好更加为非作歹，欺压普通百姓。因为教会势力很大，官府也不敢捉拿。这种情况几年后将在大清引发义和团运动，而在朝鲜，他们提前一步爆发了。

就这样，为了反对西化，反对教会，他们祭起了东学，取名"东学道"，信徒就叫东学党人。

起义军的口号是：逐灭洋倭，尽灭权贵！"洋"，指的就是洋人，"倭"就是日本人了，可见朝鲜人民对日本人也没什么好印象。权贵就不用解释了，大家也见过。

总结一下，这不是一支抄起家伙就上的起义队伍，而是一支有着明确的价值观指导和精神信仰的队伍，这样的队伍战斗力是很强的。当时的朝鲜中央政府派出家底去镇压，结果不出意料：还不到两个月，起义军占领了全州，逼近汉城。国王这时候才急了，按照多年形成的传统习惯，他应该向宗主国大清求援，请求清军入朝帮助镇压起义。

但朝鲜国王比较犹豫。这么多年朝鲜虽然一直夹在大清和日本之间，但夹心饼干也有它的生存之道。朝鲜就已经摸索出一套双面讨好、左右逢源的艺术。这边恭维一下大清要点赏赐，那边勾搭下日本暗中做个生意捞点好处。如果请求清军来到朝鲜平叛，请神容易送神难不说，日本人那边也不好交代。

袁世凯大人出面了，他极力鼓动朝鲜国王向大清借兵，不仅是鼓动，简直是施压。于是朝鲜国王慌忙向帝国求援，请求"上国立派天兵"。

求援国书立即由袁世凯转发给了他的主管领导。朝廷接到这个请求乐了，因为这是维护"天朝上国"面子的绝好机会。只要是对付老百姓和农民起义军，天朝的军队一向可以所向披靡，不仅可以威慑本国，还能声震亚洲，所以，这是一个扬眉吐气的好机会。

但冷静下来，还有一个问题：要顾忌日本人。

虽然袁世凯那次果断攻打王宫平息了政变，再次维护了大清国对朝鲜的宗主权，但是，清国外交部门在接下来和日本的善后谈判中却吃了亏，当时清国只想早点息事宁人，就和日本签署了一项协议（清日《天津条约》）。条约的主要内容是，如果将来朝鲜还发生动乱，两位大哥动手之前都要互相通告一声，免得影响清日交好。也就是说，从那以后应对朝鲜动乱，清日任何一方都没有单方面出兵的权力。

大家可以看出来，狡猾的日本人虽然军事上被老袁压制，但在外交上却占了很大便宜，通过这个条约又在实际上废止了清国对朝鲜的宗主权，把朝鲜推向了两国"共管"的境地，日本人在清国的专属权力中成功地插上了一腿。

袁世凯的那位大领导犯难了。不派兵吧，朝廷一向是把面子看得很重的，而且作为保护属国的"天朝上国"，当他们的国王把求援书送到你面前的时候，你不出兵，就没有一个大哥的样子。但如果派兵吧，又很可能与日本造成纠纷，因为在清国出兵的同时日本也很可能出兵，清日两国军队同时出现在朝鲜的领土上，擦枪走火的事情是没有办法避免的。

领导指示袁世凯首先去摸一摸日本人的态度。

于是袁世凯去了日本驻汉城公使馆，向日本公使了解情况。日本公使拍着肩膀告诉他："你看我们日本的商人已经被东学党人烧杀抢掠太多次了（这是事实），我们只想有一个和平的经商环境，多赚点钱，请贵国尽早派兵平息叛乱吧！"

接下来的一幕我们比较熟悉了，很多书里都描述过：袁世凯给国内领导发了封电报，极力主张出兵，并说明日本公使杉村浚是他的哥们儿，日本只看重经济利益，即使清国出兵，日本也是不会派兵的（"杉与凯旧好，察其语意，重在商民，似无他意"）。发电报的时间是 1894 年 6 月 3 日。

再然后，按照这些书里的叙述，袁世凯就这样轻易"上了日本人的大当"。后来的事实证明日本人关心的并不只是商民，而是如何找到发动清日甲午战争的借口。为了强调袁世凯这次上当受骗的情况，这些书中一般还会列举一些袁世凯的生活作风问题，比如经常和朝鲜的地痞流氓混在一起，出入声色场所，夜夜笙歌等。

但问题就是出在这里，这些书籍只会注意宏大叙事，却忘了我们的历史主人公也是一个真实的人物，他和我们没什么两样，也要面对生活的各种纠结，人生的各种困境，也是一个吃两碗饭就要饱，饱了也要打嗝的人。

而我们在观察历史的时候，经常缺乏的是"体制内思维"。对于一个体制内的人物，我们经常把握不准，不知道他真正想的是什么。

我们有必要先来了解一下什么是那时的体制内思维。

这不是一种为了集体（朝廷、国家等）的思维，也不是一种为了个人的思维，而是一种在集体口号的掩盖下为了个人的思维——表面为集体，实际为个人。但这也只是一般官吏的想法。对于身处中高位的官员，他们的想法还要更高级一点，那就是：公私两便。

因为他们知道，天下为公，没人愿意去干；完全为私，也干不长久。而朝廷的体制是有很多空子可以钻的，它不像有些完善的体制，公就是公，私就是私，朝廷的体制公私是混在一起的，公里面可以夹带一点私，私里面也可以混淆一点公。正是因为这样，帝国对于一个官员的评价常常是把道德和能力混在一起，只要他亲民，有事总在一线，不怎么贪，不乱搞男女关系，就是好官；如果还能成天对贪官污吏黑着个脸，为民做几回主，那简直就是"青天"——杰出代表就是"包青天"包大人。至于这个高官的能力问题，反而让人忽视了。

也就是说，对于封建朝廷体制内的人物，特别是高层人物，只有"合众人之公以成一己之私"的思维，才是最高明的思维。

袁世凯的考虑就是一种公私两便的想法。

在说到袁世凯的考虑之前，我们要来了解一下袁世凯大人究竟有没有上日本人的当。

我的答案是：虽说实际上是上了当，但小袁同学心里面是清楚的。

从各方面的情况来看，所有的事情很可能都是袁世凯"主动上当"。

作为大哥级的滑头人物，我相信，袁世凯是不会那么轻易就上了日本人的当，更何况他还有一支神秘的情报队伍。

在朝鲜的十多年间，袁世凯结交了各式各样的人，用一句话来形容就是本土外来，三教九流，大家都是朋友，比如当时人在朝鲜后来出任英国驻华公使的英国人朱尔典。更重要的是，袁世凯的朋友里还有一群有特色的朝鲜人——分布在汉城以及其他城市的市井流氓、泼皮无赖。

袁世凯成功地将这些人笼络到麾下。当帝国的官员都自命清高地不屑和这些人打交道的时候，袁世凯却优待他们，真正做到了跟他们打成一片，成为下基层最多也最有诚意的人，而袁世凯也有他的目的。

这个目的就是要这些人帮忙收集情报。

《潜伏》里的谢若林说，真正有用的情报，就出现在街头巷尾之间。袁世凯也相信这一点，每一个流氓混混都是能为他提供日本人情报的眼线。我们应该还记得袁世凯上一次冲进王宫平息政变的故事。在日本人和开化党发动政变之前，他们的计谋是先设一个鸿门宴，以庆祝汉城邮政局落成为借口，邀请袁世凯和朝鲜事大党人前去参加晚宴。然后就在吃饭的时候突然发难，抓人的抓人，杀人的杀人，企图将事大党和支持他们的袁世凯一网打尽。袁世凯正要动身时，他接到了流氓朋友给他的警告，于是他不去了，派了一个手下代表自己出席。后面的事情就不用说了，当晚有十来个事大党人被杀死，而袁世凯成功躲过一劫。

这件事情之后，袁世凯更加重视这支流氓情报队伍了，凭着及时的情报，袁世凯在日本人的包围中多次化险为夷。日本公使跟他要流氓，告诉他即使清国出兵来朝鲜处理东学党问题，日本也不会派兵，没想到袁世凯却是一个更大的流氓，一切都逃不过他的眼睛。

所以，我们有理由相信，当日本公使以为他的两句话就可以轻易骗过这位矮胖子，而后来的某些书籍也认为袁世凯就这么轻易"上了日本人的当"之时，袁世凯心里在大叫：我了然！

既然袁世凯清楚日本人的阴谋，为何还要鼓动朝廷出兵？这就是我们前面讲过的袁世凯在这件事情上的考虑：公私两便。

袁世凯知道，当朝鲜政局被东学党起义闹得岌岌可危，出兵是继续强力保护清国在朝鲜利益的需要，也是朝廷爱面子的需要。兵是一定要出的，这就是"公"的方面。

而袁世凯一手促成出兵，这边鼓动朝鲜国王借兵，那边发电报让清国对出兵放心，这个原因就是来自他的私心——也是他一直等待的那个最后的机会：俺要回国！

形势已经让袁世凯明白：只有国内出兵，派来作战的将领，他才有可能被替换回到国内——实在不行还可以趁乱走人。反正这次他已经下定决心：必须撂挑子！必须回到国内！

接下来的事实证明：袁世凯大人最关心的，是他如何顺利地回国。

6月底，朝廷已经派兵，而日本也已经派兵了。朝廷担心与日本开战，正考虑要不要撤兵时，袁世凯再一次写报告给国内的领导：与日本人吵架无意义，派军舰来，什么问题都解决了！

7月11日，与日本开战的气氛已经十分紧张，袁世凯向国内领导报告自己生病，而且很严重，基本到了要入土的程度，趁着还有一口气先落叶归根。我们把他的这份报告翻译一下：

领导，您不是不知道的，我老袁素有发烧症，最近又开始拉肚子，昨夜又突发重症，头昏目眩，全身上下疼痛难忍，赶来的医生给我量了体温，说发烧超过100度（华氏），不得不采用物理降温（敷冰块），这样我才没有去见先帝哦！

发完这封电报之后，袁世凯不等批示，赶忙将他的工作全部移交给自己的一位下属（唐绍仪）。他鼓励唐绍仪好好干："我是要死的人了，但岗位必须在，不能耽误工作，你就在这里建功立业吧，一定会大有所为的。"唐绍仪接下了袁世凯的一切工作，他向国内发工作报告时，袁世凯在这份报告上特意加了一句"具体事项可等袁道到天津稍痊愈后面禀"。我们别小看这句话，这正是他老袁冥思苦想加进去的，他的算盘是：一旦国内没注意到这句话或者不做公开表态，他可就要拔腿走人了。

现实又一次打击了袁世凯，证明了领导是比他更精明的人，领导很快给了个答复：袁毋庸调回，切不可径自赴津。而且这个答复居然是通过最高命令——奏请光绪皇帝的上谕发出的。

这是为什么啊？我在朝鲜十几年了，难道就不能挪窝吗？

只有最后一招了：要赖。在接下来的电报里，袁世凯充分发挥了要赖的本领：我已经病到这个程度，只有一死了，但是死对国家有什么好处呢？伤心欲绝！（"凯病如此，惟有死，然死何益于国事？痛绝！"）可是，领导仍然无动于衷，摆明了一副让袁世凯死也要死在朝鲜的架势。

此时袁世凯成天一副随时准备去见先帝的样子，连唐绍仪也看不下去，他主动打电报佐证："袁道病日重，烧剧，心跳，左肢痛不可耐。韩事危极，医药并乏，留汉难望愈，仪目睹心如焚……"

好吧，为了不闹出人命，为了避免将来迎回到国内的是他的一把骨灰，主管袁世凯的这位领导终于同意让他回国。电报到达汉城，袁世凯一分钟都没有停留，拖着行李，立即溜出汉城，后面跟着他的姨太太——喂，你等等我！

天津，袁世凯终于见到了他的那位领导。领导只是说先让他回来，并没有答应让他留下来，袁世凯就这样怀着忐忑的心情走进那间办公室。决定他命运的时刻到了。

帝国最大的权臣

安徽人李鸿章是这个帝国最有权势的人，是满族人建立的朝廷里官职最大的汉臣之一。他的官职有文华殿大学士（荣誉称号）、直隶总督兼北洋通商大臣，但光从官职是看不出厉害之处的，李鸿章掌控的是这个国家最厉害的三大命脉——军队、外交和经济。我们来分别了解一下。

当时朝廷最重要的一支陆军——淮军的创始人兼最高主帅，是他李大人。当时朝廷最重要的一支海军——北洋水师的创始人兼实际最高主帅，也是他李大人（名义上还有一位满族王爷是他的领导）。说是最重要，一是军费有保障，淮军和北洋水师是所有军队中装备最好、训练制度最新、人才梯队最完备（跟淮军对口的天津武备学堂和跟北洋水师对口的福州船政学堂，是全国最好的两所军校）的，因此战斗力也最强；二是淮军和北洋水师的防卫范围：驻扎京畿，拱卫京师。

从名义上说，清国的外交是不归李鸿章管的，它由设在北京的总理各国事务衙门（简称总理衙门）来负责。但总理衙门里的头头们是一些不懂如何与洋人打交道的满族王爷，所以实际上办事的还是李鸿章北洋大臣的班底，所谓"外靠李鸿章"，说的就是这个现象。

李鸿章还是清国"洋务运动"的带头人。全清国赚钱多的几个行业，比如铁路、海运、电报、矿山等，都由他和他的亲信（盛宣怀）掌握。在他们的经营下，涌现出如轮船招商局、天津机器局、开平煤矿等一大批国有大中型企业。

李鸿章之所以有这些权力，都源于一个人的支持——慈禧太后。李大人也就是清国实际最高领导人——慈禧太后最得力的心腹干将。这个情况我放到后面再讲。总之一句话，李鸿章大人权倾朝野。如果把清国比作一家公司，那么慈禧就是董事长，而李鸿章就是首席执行官，从官场、商场一直到火葬场，都要归他管。

按照级别来说，袁世凯算不上李鸿章的直接下属，中间还差了好几级。但早在还是吴长庆的下属时，袁世凯就跟李大人搭上线了。他经常越级向李鸿章请示，投靠在了李鸿章的门下。

这跟袁世凯的"官二代"出身有很大关系。袁甲三、袁保庆跟李鸿章也算是有交情的。但即使不是"官二代"，搭线也是不难的。

所谓"裙带关系"是当时官场最亮丽的风景之一。"裙带"并不意味着一定要穿同一条裤子，关键是要能说那些"有用的废话"，我总结了一下，不外乎以下几种：

"大人，您祖籍何处啊？""四川！""啊，大人，下官也是四川人！"——这就是"认同乡"。当然，万一不幸你不是出生在四川，那么直系亲属中有没有人出生在四川？祖上有没有人出生在四川？或者祖上某人有没有在四川当过官？这些通通都算。

"大人，您今年贵庚啊？""50！""下官也正好50！"——这就是"认同岁"。这个可以灵活掌握，反正也没人查户口。

"大人，您哪年的进士？""光绪三年！""下官也是光绪三年进士！"——这就是"认同年"。如果进士不是同年，举人同年或秀才同年也是可以的。再不济，曾经在哪一年一同参加过科考，也算。

"大人，您哪年的进士？""光绪三年！""下官光绪六年。老师在上，请受弟子一拜！"——这就是"认门生"，反正以徒弟自居就是。

如果这些都不是，也有办法，关键是要会发挥联想性思维，比如：

"大人，您老婆贵庚啊……"

或者把废话再扩展一点，举个例子：

"大人，请问您当年进京赶考投奔的是哪家客栈？""……什么？如家 203？缘分啊，大人！下官住的也是 203，我跟您可真算是有同床之缘啊！"

这自然是开玩笑。总之，只要你会钻营，总会摸出一条门路来的。不用不好意思，你向往勾搭，人家也向往被勾搭嘛。

在所有的"裙带关系"里，老乡关系是最重要的。老乡见老乡，两眼冒金光。大家毕竟是一个地方出来的，吃的差不多，说话也能听懂，打麻将都不用先讲个规矩。李鸿章的淮军之所以叫淮军，是因为这支军队的将领和士兵基本都是来自他的老家——安徽。李鸿章完全掌控着这支部队，换句话说，对于其他的部队，他就没那么好掌控。

袁世凯的特别之处

天津直隶总督衙门里，日理万机的李鸿章接见了袁世凯。这不是他们第一次见面，以前袁世凯回国述职探亲的时候也给李大人捎过礼物，但李鸿章却为这次见面准备了很多东西。

这是一堆弹劾袁世凯的报告。有说他嗜杀的，也有说他擅权的，当然，生活作风问题也是少不了的。

李鸿章决定拿这些弹劾报告"敲打"一下袁世凯，在他看来，越是能干的下属，越是需要时不时敲打敲打，于是他拿出了这些报告。

但令李鸿章失望的是，袁世凯摆出了一副满不在乎的神态。看完这些报告，他既不辩解，也不动怒，只是安静地站在那里，看着李鸿章，等待他继续说下去。

在确切的证据面前，在李鸿章的质问面前，袁世凯不但没有丝毫的慌乱，还非常的镇定。

袁世凯当时心里估计在想：我不会在乎所有人对我的看法，我只会在乎你这个关键人物对我的看法。因为我知道在前进的道路上，肯定会有很多的风言风语，也肯定会有很多人看我不顺眼，准备在我背后捅上一刀。我甚至连你这个关键人物的看法都不会特别在乎，因为我知道，我将是关键人物！

是的，李大人，我知道你拿这些报告给我看，并不是要从这些事情上与我为难。你要为难我的还在后面，有什么事你就说吧。

在过去的13年里，我一次次想回国，回到跟你一同战斗的权力中心，而你总是找各种理由拒绝。我欲乘船归来，你总说时机未定。现在，我站在你面前了，你想对我说什么？

两人目光短暂地对视着。

从个人的角度来说，李鸿章很喜欢袁世凯这样的人。因为他能从袁世凯身上看到一种特别的东西。

一种由多年的杀伐决断锻炼出来的浓烈匪气。

所谓匪气，具体解释就是：跋扈、嚣张、敢作敢为、敢想敢赌，而这一切都隐藏在表面的谦恭之下。因为匪气并不需要拿出来显摆，而是存在于骨头里。

跟吴长庆一样，短短的交往，李鸿章已经感受到了袁世凯这个人的不简单。在李鸿章看来，袁世凯最厉害的并不是他能猜中自己的心理，知道自己不会真的拿这些小报告去弹劾他。袁世凯最厉害的是能过得了他自己那关，在听到对自己官声不利的言论时，他并不着急辩护，他拉得下面子。而那些科举正途出来的道德君子，一旦听到关于自己的风言风语，立即血冲脑门，抡起袖子跟你没完。袁世凯是有私心的，但一个拉不下面子的人会有更大的私心，而袁世凯不是这样的人。

李鸿章只好装作什么事情都没有发生，收起那堆弹劾报告，然后说了那句他特别想说，而袁世凯又特别害怕听到的话："袁啊，你回来了很好，我也很想你，先去探个亲，去趟河南。然后呢，你还是继续回朝鲜。朝鲜不能没有你啊，你的新职务我都给你安排好了，升半级——驻扎朝鲜总理交涉通商事宜兼抚辑事宜，责任不可谓不重大！"

新职务翻译过来就是在他的老本行上再加一个为进入朝鲜的清军做后勤保障工作，比如建兵站、存军粮、喂军马、搬弹药，反正要保证清军的后方补给。

很显然，对于袁世凯的装病，李鸿章心里明镜似的。让袁世凯回来只不过是权宜之计——先安抚一下他。李鸿章知道，像袁世凯这样的人才，朝鲜真的离不开他，即使不要他去前线打仗，留他在朝鲜后方稳定军心也是很必要的。

可惜的是李鸿章并不知道，想回国正是袁世凯隐藏在内心多年的秘密。在见到了李鸿章之后，他更加坚定了要留在国内发展的决心。李鸿章冲天的权势令人羡慕，别人对他心怀畏惧，而袁世凯想到的是项羽那句著名的口号：彼可取而代之。

李鸿章这个传说中清国最厉害的官场人物，在袁世凯眼里早已经垂垂老矣，别人看到了他表面上的强悍，袁世凯却看到了他强大下的虚弱，袁世凯知道：自己将是取代他的人。

李鸿章，让我回来取代你吧！我就是来取代你的人！

但李鸿章的指示让袁世凯失望了。他真的不明白这个老年瘦子为何在他回国问题上要如此坚持。以前还可以说是没有替手，现在他连替手唐绍仪也亲自找好了，而且事实证明唐绍仪也干得不错，难道真的准备让自己在朝鲜养老？

他垂头丧气地离开了总督衙门，去了一个地方——北京。

即将出场的带头大哥

袁世凯来到了北京朝阳门外，他的内心很痛苦。如果按照李鸿章的指示，他必须再回到朝鲜，这又会让他之前所做的一切都打了水漂，他想回国进入军界的理想也将再次成为泡影。

"要不咱们还是去朝鲜吧。"朝鲜姨太太说。

"去他娘的去！我再也不去你们那个鬼地方了！"袁世凯怒道。

他行动了，行动的目标是那些能够在朝廷说得上话的满族王爷。按照袁世凯的官职，他是没有办法"求见"到这些人的。不过，北京城里有很多为办事的人和高官牵线搭桥的中间人。袁世凯找到他们，说明自己的来意。

然后他从行李中掏出了一些沉甸甸的东西——黄金。

在"总理"朝鲜的十几年里，袁世凯一直没有闲下来。除了阻截日本势力在朝鲜的渗透和发展流氓情报队伍，他还利用职务上的方便，与北洋水师的舰长们合作。先是用军舰将鸦片运到朝鲜，然后再把高丽参运回清国——当然，所谓的运，其实就是走私。多年来这种一本万利的生意让他积攒了可怕的财富。所以，那天跟随他从朝鲜一同回国的，还有半船黄金，现在这些黄金就是他官场上的资本。

千载求功业，投笔从戎，不过人生笑谈一杯酒；万里觅侯封，他乡月冷，谁能挡我这半船黄金？

袁世凯的心情真可以用这首词来形容。

夜色之下，几大箱金砖悄然抬进几位王爷的府邸。于是袁世凯的"病"马上好了，而在满族王爷的运作下，朝廷并没有改变李鸿章的命令——袁世凯必须继续为清军做好后勤保障工作，只不过他要去的地方不是朝鲜，而是一个现在从北京出发有动车组能够到达的地方——辽宁。

袁世凯并不知道，就在他为实现自己的目标而意气风发的时候，有几双眼睛正在他的身后默默地注视着他。他们是李鸿章在京城的眼线。袁世凯在北京行贿王爷们的一举一动都没有逃过这些眼线的眼睛。他们向盛宣怀报告了这个消息，盛宣怀立即报告给了李鸿章。

在盛宣怀看来，李鸿章听到这个消息一定会勃然大怒，一定会想办法让袁世凯去不成辽宁。因为袁世凯改投王爷们的门下，他的行为相当于背叛。但盛宣怀没有想到的是，李鸿章这次并没有生气。

李鸿章的反应只有两句话，第一句是："好！搬出黄金解决问题，一刀见血，简单明了，流氓作风，我喜欢！"

接着是第二句话:"他能解决自己的问题,一定能够解决别人的问题。才堪大用!"

两个都有匪气的人在这里匪匪相惜了。

好吧,经过许多的波折,经过漫长的等待,袁大人的愿望终于实现了。我们似乎应该恭喜他。他是一个有巨大野心并能付出坚忍努力的人,一个对自己职业规划清晰并时时追求上进的人,从这一点来说,他渴望从朝鲜突围的心情是我们可以理解的。虽然他一门心思想离开朝鲜,但他不知道的是,朝鲜的经历正是他一生事业的开始。

因为有在朝鲜练兵的经历,朝廷后来把训练新军的任务交给了袁世凯。他开始进入军界,实现自己的理想,然后培养自己的势力。

而令所有人都没有想到的是,仅仅 18 年以后,袁世凯竟然是亲手结束这个帝国的人。

从 1894 年 7 月 19 日回国的这一天起,袁世凯就再也没有去过朝鲜,也再没有出过国,他将在这里开始他的奋斗之路。我们再次见到他将是一年以后了(1895 年),而那时候,一切都已经物是人非了。无论是对于袁世凯,还是对于李鸿章乃至整个大清国,都是再也回不去的曾经。

当朝鲜东学党动乱之时,当袁世凯处心积虑地回国,李鸿章焦头烂额地考虑要不要出兵、出多少兵时,海的对面,一个人正冷冷地注视着这一切。他是那个国家的领头人,真正的带头大哥,这也是一个喜欢打架的人,同时有另外一样更可怕的东西——实力。

这是一个真正可怕的人。

第三章

明治维新，日本崛起

天皇也要饿肚子

在这个人物出场之前，我们需要了解一下海对面的这个国家——日本的历史和政治制度。如果大家去翻日本史，会很枯燥，但我的讲述会有些不同。

日本这个国家的历史可以追溯到公元前一万年，当然那个时候还是原始社会，成天光着屁股追着猎物跑，没什么可说的。日本真正实现统一是在公元 5 世纪，相当于我国的魏晋南北朝时期，这一时期有大量的中国人和朝鲜人移民至此，他们带来了耕田和种植稻米的技术，这样，日本人终于可以吃上一顿饱饭了。

接下来，日本进入了漫长的农业社会。对他们影响最大的是大唐文明，京都的皇宫是仿照大唐皇宫修建的，政治制度也几乎是照搬唐朝的，一开始天皇的权力是最大的（相当于中国的皇帝），但是后来，情况出现了变化。

因为各岛之间总是要打仗，就出现了军人干政，权力转移到了将军手上。将军的权力机构称之为幕府，日本由此进入了"幕府时代"。

但幕府也并不是直接统治全岛，下面有几百个藩，这些藩主是有很多土地和庄园的领主（名主），所以他们曾经还有一个称号叫"大名"——也就是相当于我国的诸侯或地主。

为了保护这些土地，大名又不得不养着一群持刀打架的人，相当于地主的护院或者保镖，这就是"武士"。在武士阶层的下面，是数目庞大的农户、町人（商人、手工业者）。再接下来是等级制度里最底层的两类人，一类是"秽多"，感觉他们身上总是带着脏东西似的，而更低等的叫"非人"，实际上他们都是破产了的无业游民、流浪汉、乞丐等。

值得指出的是，上至天皇，下至非人，等级制度里这些人的身份都是世袭的。万一你不幸出生在"非人"之家，一辈子都会非常悲惨。不仅吃不饱，连生命安全都没有保障。举个例子，当时日本武士如果新得了一把刀，他的第一个动作就是找个非人来试刀，因为按照规定，杀掉一个非人是不会有任何处罚的。

天皇虽然处于最高层，但自从幕府夺权后，他的日子就不好过了。

收成好的时候可以多吃一点，碰上海啸、地震之类的天灾，天皇一样要饿肚子。一代代的天皇饥一顿饱一顿，缝缝补补又三年，就是这么过来的——这样的状态一直持续了几百年。

除了天皇是被幕府软禁和监视的对象外，还有一个更加主要的原因，幕府并不是故意不拿天皇当干部，而是幕府时代的日本实在太穷了。

日本人名的历史起源

黑暗的等级制度和资源匮乏，导致当时日本的生产力水平不仅无法跟中华帝国相比，在全世界范围内都算比较低的。根据一些史料记载，很长一段时间里日本人都没有解决住房问题。一家人没有房子住，就随便找个地方挖个洞，而这个洞要挖得很有水平。

它们叫"直洞"，也就是在地上直挖下去。洞口用茅草挡着雨水，洞中间插根木棒作为攀爬的直梯工具。早上出去劳动，爬上之前要朝洞口大喊一声："我出去了！"这是为了防止有人在洞外准备撒尿或者鸟拉屎到头上；同理，晚上回来跳下之前还要大喊一声："我回来了！"

如果事先不打那声招呼，那是很容易踩到洞里家人的头的。

西方人称日本人为"亚洲黄猴"，除了脸长、脖子短、腿短等因素外，会爬树也是一个原因。"嗖"的一声，他就出去了。

还有一种说法，日本人挖这些洞有另外的一些讲究。为了能遮风挡雨，方便进出，经常挖在一些生活比较便利的地方，比如"松下""渡边""山口""田中""竹下"等。天长日久，这些地标就成了日本人最常见的姓氏，方便大家记忆——你是从松下来的，你是从渡边来的。但这是野史，可信度不高，没有找到相关的史料证据。我讲这些也不是要对日本人的名誉进行毁谤，谁都有过苦日子的时候，纯粹是个程度问题。

在日本皇宫，服侍天皇的是又矮又丑的老妈子。咦，太监去哪里啦？这个真没有。整个日本历史上都没有太监。

日本从唐朝学习了政治制度而没有搬走宦官制度，人们在谈到这个现象时一般会谴责中国封建王朝的黑暗而会褒扬日本讲人性，其实完全是另外一个原因。

要了解这个原因就必须先来了解下面这个问题。

如何顺利地成为一名太监

大家都知道，成为太监，也就是要把那个要命的器官割掉。这是一个很复杂的过程。首先你要准备一个月的米，因为你要在床上躺一个月。然后是几根粗大的绳子，绑住手和脚，避免你疼得受不了时乱动。最后是几枚熟鸡蛋，含在嘴中，疼痛难忍时就咬鸡蛋。

动刀子的过程就不再赘述了，那是一个比较惨烈的过程。其他的工作还包括手术前的心理疏导、手术准备，手术中的意外情况处理以及术后的恢复观察等等，总之，这项工作是必须由专业人士来完成的。虽然我们熟知一句话：欲练神功，必先自宫，但小朋友们千万不要上当。自宫是很危险的，没有师傅来主刀，你自己一刀下去，那个器官是掉了，后果也不堪设想。

综上所述，这项手术绝对是一门含金量很高的技术活儿。其中，一个技术精湛的主刀大师起了关键的作用，在古代培养一个这样的人才相当不容易。而我说了这么多，其实就是想证明，要想掌握这门高深的技术，最好有从理论到实践的积累，也就是主刀大师必须有一个实习期。

实习的话拿人试验就不好了，需要拿一些跟人差不多的动物来反复练习，比如牛啊羊啊。

问题是日本一直是一个狭小的岛国，只有米和绢的产业，基本没有畜牧业。没有畜牧业的结果就是没有人来掌握那高深的阉割技术——这就是日本历史上没有太监的真正原因：纯粹的经济问题。他都没给动物割过，你怎能放心让他割人？

由于没有畜牧业，在很长的一段时间里，日本人都是不吃肉的——没肉吃。我们以前形容一个人穷，最多是"三月不知肉味，嘴里淡出个鸟来"，而日本人可能是几年、十几年甚至几十年不知肉味，嘴里连鸟蛋都淡出来了。日本人吃不上肉，只好鄙视吃肉的行为，认为那是"脏东西"。碰上某些时候，"吃肉"的方法就是关起门来，一家人干坐两小时，然后推开门宣布："今天我们吃肉啦！"

直到1872年前后，在我们即将出场的这位人物的带领下，日本国民才开始吃牛肉。

这就是农业社会时期日本的现实。农业生产水平低下，住得不好，吃得简单，地震、海啸等自然灾害却很频繁。穷得受不了的日本人只好冒险渡海，到中国的沿海抢劫，于是，我们熟悉的一批人——倭寇出现了。

在我们印象中，倭寇是那些小打小闹抢完东西就走的零星队伍，其实就连当时日本的统治阶层，都很有当倭寇的瘾，他们最大的梦想是有朝一日登上富饶美丽的中华大地。1592年（明朝万历年间），幕府时期的大将丰臣秀吉曾带领日军打到鸭绿江边，并计划最终打过鸭绿江，建立一个以北京为首都的大东亚帝国，把北京周边十个县给天皇，其余的他自己掌管。

最终丰臣秀吉的狂想虽然幻灭了，但是，这一设想成了日本"大陆政策"的源头之一，日本人虎视中华大地的野心可谓源远流长，有着悠久的历史传统。

日本的最后一任幕府属于德川家族，称为"德川幕府"。从1633年起，为了严格禁止西方基督教在日本传教，德川幕府实行了长达两百多年的"闭关锁国"。在先后五次颁布的"锁国令"中，非法出海的日本国民一律被严厉处死；在海外居住五年以上的日本人自动脱离日本国籍，禁止再回国。整个日本只把长崎港稍微开放了一下，允许日本商人在这里同中国、荷兰和朝鲜三国做有限的国际贸易，换点茶叶、丝绸、奶酪等，而完全禁止同其他国家的贸易和交往。

一切在1854年发生改变了。自1840年英国人用炮火轰开了清国的国门之后，美国人也用炮火轰开了日本的国门，迫使日本签订了日本历史上第一个不平等条约——《日美亲善条约》。然后，英国人、俄国人、法国人和荷兰人蜂拥而至，纷纷与日本签订不平等条约，开放通商口岸、划定租界、被迫给予西方列强治外法权和最惠国待遇等这些在清国出现的事情，也在日本出现了，日本于是被迫对外开放——进入了"开国"时代。

但在日本百姓看来这是卖国。民族感情加上不平等条约带来的经济搜刮，使得日本各地纷纷揭竿而起，举起了反抗西方侵略者和政府——幕府"卖国统治"的大旗。在1857—1867年的十年间，日本全国爆发了五百多次农民起义。起义的后期，西南部经济发达地区的大名和武士阶层加入了进来，想趁机摆脱幕府的统治，史称"倒幕运动"。

大家知道，起义总要搞个口号，用来表达理想，凝聚人心，建立统一战线，临死前还可以振臂高呼一下，激励后来人。对于倒幕派来说，现成的口号是赶走洋人——"攘夷"，但这还不够，还需要选出一个起义的精神领袖，这个人应该是各方都可以接受的。于是，大家想起了那个躲在破破烂烂的皇宫里，吃了上顿没下顿的人——天皇。

在"尊王攘夷"口号的带领下，经过几次规模不大的战斗（日本人少，当兵的更少，所谓"大战"经常是几百人的群架），直到1867年，倒幕派取得了胜利。第二年，幕府被迫将权力交还给天皇，日本首都由京都迁往江户，改名为东京，幕府从此退出日本的政治舞台，史称"王政复古"。

但这个时候，一个意外情况发生了。

那就是倒幕派推出的精神领袖孝明天皇去世了。当时天皇正值壮年

（三十多岁），所以关于他的死，历史上一直有很多种说法。有人认为他是得病死的，也有人认为他是被倒幕派毒杀的，以便更好地控制他的儿子。真相直到现在都是个谜。

孝明天皇去世后，他16岁的儿子继承皇位。这就是睦仁——日本第122代天皇。

天皇睦仁的成长之路

虽然之前的睦仁是皇太子，住在京都的皇宫里，但由于受到德川幕府的软禁，他从一生下来过的就是一种囚徒式的生活。

他一家都是没有行动自由的。父亲孝明天皇每天生活在不安和恐惧之中，神经高度紧张。皇宫破破烂烂的，清冷狭小，宫墙早已经坍塌。在恐怖气氛的感染下，一到晚上，就出现了类似日本鬼片里的场景。小时候的睦仁经常被雷惊醒，吓得哇哇大哭时，却没有人来保护他。大部分的时候，他只能一个人待着，孤独地成长，陪伴他的是几个有气无力的老妈子，偶尔能够听见宫墙外其他人的欢笑声，或者看见越过宫墙的风筝，但他走不出去，长年累月地生活在"鬼片"里。

皇宫里的生活也比较悲惨，仅能解决温饱不至于饿死。睦仁的姐姐还因为没有房子住，只好寄养在寺院里。

睦仁最大的兴趣爱好是看书。从各种途径找来的日本的、中国的和西方的书籍，他通通要看，钻研学问，认真地做笔记。这增长了他的知识，也带给了他勇气，更陪他度过了那些难熬的无聊寂寞的时光。

在所有的书籍里面，他最爱看的是战争书籍。他很佩服那些南征北战的将军，最大的梦想是能够亲自带领一支军队，去战场上厮杀！

对于一个被软禁的皇太子来说，这样的梦想只能想想而已。多年刀口下求生存的生活磨砺了他，也锻造了他的聪敏和野心。他的性格沉默寡言，人前显得腼腆而胆怯，骨子里却隐藏着冷酷和赌徒特质——因为他知道，自己原本就没有什么可以失去的。

宫廷内外人情的冷暖与世事的无常也让他少年老成。在一个个身家性命被别人掌控着的日子里，在一个个自尊被别人踩在脚底下的时候，他只有忍耐。他并不是不想反抗，他只是知道，当反抗无力的时候，唯一要做的就是积蓄自己的力量，坚忍等待。

然后他等来了倒幕运动的胜利，也目睹了父亲的死，成了新一代的天皇，成功地摆脱了幕府的软禁，告别了囚徒式的生活。这时候，他终于发现，命运之神会为难一个人，但不会永远为难一个人。对待一个人最残酷的方法，就是给他那种衣来伸手饭来张口式的生活，而对一个想要有所作为的人来说，越早接受生活的磨砺，越早明白人只能靠自己，就越幸运。

因为这会给你一颗坚强的心。

对于我们许多人来说，心灵是很容易受到伤害的，在遭受生活的磨砺或者情感的打击之后，它会伤痕累累，也许更加脆弱，也许慢慢变得坚硬，甚至会更加麻木，但这都不是一颗坚强的心。

一颗坚强的心就是经过了这些洗礼之后，在战胜所有的恐惧、疑惑和失落之后，那些曾经丢失的信心、勇气和信任也重新回到了心里。这是人生真正的财富，它使你对生活永远充满希望，对自己永远充满信心，即使是带着累累的伤痕，也能轻装前进，即使是在跌倒多次后，仍然能找到前进的方向。人生最关键的，其实就是在不如意的时候如何扛下来。

只有一颗学会了即使在角落里哭泣也要在抬头后微笑的心，才是真正坚强的心。

前进道路上的陷阱时时刻刻都在考验着我们，等着我们掉下去，然后爬起来。当真正爬起来的时候，你会发现：你原本就是一个坚强的战士！

当睦仁离开生活了16年的京都前往东京新皇宫的时候，他把这当作了一个新的征程。

"去用战刀砍出你的灵魂吧！"睦仁告诉自己。毫无疑问，他是一个有着坚强的心的人，因为每一个赌徒都有一颗坚强的心。

尽管睦仁知道，自己也可能只是倒幕派手中的一枚新的棋子，但倒幕派内部要取得平衡，必须将最大的权力归还于他。睦仁决定利用好这个机会，完成从精神领袖到实际领袖的转变，用自己的实力告诉所有人：我才是这个国家真正的君主！

在东京新的皇宫里，睦仁仍然刻苦攻读各国书籍。为了安心读书，他不仅裁撤了后宫2/3的女官，自己还搬到外殿去住，大半年也不会去后宫一次。除了吃饭睡觉，其余所有的时间都用来学习统治国家的理论以及战争的知识。然后，他在宫里亲自训练亲兵，跟将士们比赛骑马，他要求士兵们称呼他为"元帅"。因为在他心里，永远隐藏着那个金戈铁马、纵横驰骋的梦想！

而当睦仁回到处理政事的大殿，从梦想中惊醒过来，面对这个贫穷破落的国家，这个民族骨子里的不安和自卑又涌上他的心头。

日本还是一如既往的穷，四周都是茫茫大海，"日本沉没"的传说就像一个永远挥之不去的噩梦，深深地植根在骨子里。

皇国乃绝海之一大孤岛啊，土地贫狭，物产稀缺，当人口过剩、资源枯竭的那一天，活下去的希望难道就是去跟鲨鱼抢吃的？

东京湾的大海边，睦仁时常走出皇宫，朝海面远眺。我们不能认为他是在看风景，其实他是在排遣沉重的心情：

我只有去继续丰臣秀吉的事业，让那美丽富饶的中华大地成为日本的领地，我才能得到日本臣民的真正拥护，也得到真正属于我的权力！

我要去实现那个遥远的"大陆政策"！

我要开拓万里波涛，宣国威于四方！

出征吧！我们穷，但我们可以去对岸的清国那里抢过来！

1868年9月，睦仁正式举行登基大典。礼仪过后，睦仁登上属于他的高台御座，他环视四周，拿出一本书——《易经》，翻到其中的一页，他高声念道：

"圣人南面听天下，向明而治！"

睦仁史称明治天皇。

集权！伊藤博文的建议

御前会议上，睦仁将他的心愿告诉众位大臣，大臣们惊奇地听着这位 16 岁少年的梦想。睦仁说完，大殿里先是一阵出奇的安静，然后，所有人反应过来了，他们激动万分地表示：陛下，实现"大陆政策"，这也正是臣等多年的梦想啊！

大家激动之时，有一个人站出来了，他告诉睦仁："陛下，您刚刚登基，还急不得，我们必须先做好另外一件事情。"

他叫伊藤博文。

伊藤博文出生在倒幕的西南四藩之一——长州藩。年轻时的伊藤博文虽然看上去是个手无缚鸡之力的书生，但为了"尊王攘夷"，他成立了一支暗杀队。他带领一帮人，表面上成天在街上晃荡，实际是寻找机会对洋公使下刀子，在暗杀不成之后，就去公使馆放火。

伊藤博文的热血感动了长州藩的藩主，又担心他这样闹下去会闯出更大的祸，就干脆出钱送他去英国学习深造。

正当伊藤博文在伦敦啃着英语书时，英国军舰和长州藩又发生了冲突，双方要打起来。听到这个消息，伊藤博文赶忙丢下课本，赶回长州藩。

大家以为他是来参加战斗的，不过伊藤博文的表现让人们大吃一惊：他是来帮英国人说话的。伊藤博文力劝藩主不要跟英国人战斗，先做出让步。他的理由是：洋人很强大，以我们藩现在的实力，是打不过他们的，长州藩只有先向洋人做出部分妥协，保存和发展实力，在倒幕运动成功、日本真正统一和强大之后，再跟洋鬼子计较不迟。

伊藤博文告诉他们，以自己对外面世界的了解，现在与外国人作战，必输！

而曾经跟伊藤博文一同灭洋的"战友"对此无法接受，他们怀疑伊藤博文已经变成了"英国奸细"，喝了点洋墨水就站在洋鬼子一边。于是，"战友"们又成立了暗杀队，只不过这次的暗杀对象变成了"伊藤奸细"，好在有藩主的暗中保护，伊藤博文才逃过暗杀。

然后，长州藩的战斗打响了，英法美荷四国联军的大炮将马关炸成烂港，在残酷的现实面前，大家才认识到伊藤博文说的是对的。长州藩转而开始从"灭洋"到"学洋"，从"攘夷"到"师夷"，对外开放，自立自强，最后联合西南地区其他三个藩成功倒幕，扶植睦仁登台。

这就是知识分子伊藤博文在明治政府成立之前的重要经历。明治政府成立后，伊藤博文成了政府里重要的智囊，一路升官。这个人最重要的特征就是灵活，注重实际利益，他没有被很多条框禁锢住，不会一头钻进某个死胡同里就出不来。不背包袱，放得下身段，能很快接受现实。他表面上是文人，骨子里却是武士，不仅能拿毛笔，还能握战刀，不仅可以读书，还能打架——这与一头扎进八股文、浑身散发出"妇人之态"的清国读书人是不同的。从某种意义上说，伊藤博文也是一个可怕的人。不怕只会打架的流氓，就怕除了会打架还有文化的流氓——这话是有道理的。

伊藤博文告诉睦仁，侵外必先安内，现在最重要的是清理好后院，外侵之前必须做好一件事情——集权。

集权分两步走，第一步是清除旧势力。既然幕府已经倒了，按照兔死狗烹、过河拆桥、打江山人不能坐江山的原则，藩主和武士这两个阶层就逃不过被清洗的命运。睦仁需要下一道命令，命令各藩藩主必须交出他们的土地和军队，并且在行政机构上不再保留藩，全日本的行政区划重新分为三府72县。

这就是废藩置县。废藩置县的政策对日本的影响是巨大的。前面已经讲过，之前的日本虽然被称作一个国家，但实际和我国西周时期的诸侯分封差不多。作为国家权力中心的幕府并不是直接统治这个国家的，它下面还有大大小小两百多个藩。这些藩各有各的政策，各收各的税，也就相当于两百多个大大小小的诸侯国。而废藩置县结束了这种诸侯分封，统一行政，统一收税，建立了一个真正统一的近代化国家。所有的日本人，也就是从这时候开始才有了"国家"的概念。

此时，大家一定会想到我国历史上取代诸侯分封制的郡县制，而睦仁和伊藤博文类似我国历史上的两个人——嬴政和李斯。正是这个效果。

在解决了诸侯地主之后，接下来要解决的就是地主的打手——武士。

对武士的最后清洗

这是一件极为棘手的事，因为武士在倒幕运动中贡献是最大的，他们大都是没有读过几年书的武夫，唯一认识的就是一个字——刀。大家就是用刀来解决问题的，之前听说要推翻幕府，拖着刀就上了，舍生忘死，浴血奋战，现在听说要废除，能不急吗？

但是站在国家的角度，这一批人必须废除。

因为除了没事磨磨刀以外，武士这个阶层是不劳动的，以前是各藩拿钱养着他们，现在藩没有了，他们就向国家要钱，而国家是出不起这个钱的（穷）。

更重要的是，西方列强已经让睦仁和他的团队明白，这不再是一个拿刀砍人的时代，而是依靠铁枪大炮的时代。武士阶层不管为国家的统一建立过多少功勋，也不管他们的过去有多么辉煌，站在统治者的立场，他们已经没什么用了。

但是废除武士阶层要冒更大的风险，一旦逼急了他们，手中的刀又是起义的武器。于是明治政府采取了一个逐步清算的方法。先是颁布了征兵令，规定凡是20岁以上身体健康的男子必须义务服兵役，也就是说所有的年轻男人都变成了国家新的"武士"。原来的武士就没有了特殊性，既然不特殊，国家就再没必要出钱养着他们，而且他们还必须和其他人一样交税。

这个命令并没有激起多大的波澜，引发动乱的是下一个命令——废刀令。

所谓废刀令，就是规定武士不能随便带刀上街。我们知道，武士是刀不离身的，白天扛着它走路，晚上抱着它睡觉。很显然这是一个彻底摧毁武士阶层的命令。你说之前让我们失业交税也就忍了，这个精神上的打击谁也受不了啊。

但睦仁的态度很坚决：今后能动刀子的，只有国家！而且要对外动刀子，个人不能动！每天扛着一把刀，吓唬谁呢！

担心的事还是发生了。1874年，一个著名的人物——西乡隆盛回到了他的家乡鹿儿岛县。武士们都簇拥到他身边，要求他为武士说说话。提到西乡隆盛大家一定很熟悉他那首被青年毛泽东改写过的诗：

男儿立志出乡关，
学不成名誓不还。
埋骨何须桑梓地，
人生无处不青山。

这首诗最原始版本的作者是西乡隆盛的战友月性和尚，西乡隆盛略做了修改。所谓战友，就是一起参加了倒幕派对幕府的作战行动。西乡隆盛是其中的领军人物，为推翻幕府和建立明治政府立下了赫赫战功，连东京都是他为政府夺取下来的。而西乡隆盛本人出生于下级武士家庭，是当时全日本武士的精神偶像。

三年后（1877年），西乡隆盛最终举起了反抗政府的大旗。最后，政府军艰难战胜，西乡隆盛被割下首级，这次战争也是日本历史上规模最大的一次内战（双方各战死6000人），史称"西南战争"。

武士的问题解决了，影响社会和谐稳定的因素被排除了。自此，日本已经完成了从形式到实质的统一，建立了统一的中央集权国家。而睦仁的权势也大大增强了，因为他成了国家新的武士——义务兵的效忠对象。

接下来，就是完成集权的第二步：培育新势力，进行政治和经济体制的变革。

一笔划算的买卖：明治维新

从有历史资料记载开始，日本一直是这个世界上最善于学习的民族，他们的思想、制度和生活方式都是从国外学习过来的，顶多有个结合自身环境、消化吸收后的再加工。在漫长的农业文明里，中华帝国一直是日本学习和模仿的对象。但越来越多的日本人认为，必须改变学习对象，向有铁枪大炮的西方人学习。

其中的代表人物就是日本著名学者福泽谕吉，如今一万日元上印着的头像，就是此人。福泽谕吉抛出了著名的"脱亚入欧论"。睦仁派出了一茬一茬的代表团去欧美取经，学习政治、军事、社会制度，在这些代表团取经回来后，日本成了一个奇怪的国家。

这个奇怪的国家实行了君主立宪，有内阁、有议会，开放了党禁和报禁，实行多党制，人们基本可以自由地批评政府，有全民共守的宪法。这些都同西方君主立宪制国家没有区别，而最重要的区别是：天皇的权力。

按照日本宪法规定，天皇的权力是至高无上的，而且也没有什么制约。跟西方立宪体中"君权民授"不同，它的本质是"民权君授"，也就是说西方的国王或者总统的权力是民众通过议会授予并制约，而睦仁是将天皇的很大一部分权力下放给了普通民众。这样的体制，用一句话来概括就是"开明的专制"。

与此同时，日本虽然高调宣扬"脱亚入欧"，但也并没有完全西化。比如他们穿上了西服，但和服仍然受到欢迎；正式场合是握手礼，日常场合是鞠躬礼。更重要的是，尽管废除了武士，但也保留了日本传统文化的核心——武士道精神。这种保留将对后来的日本产生很大的影响。

好吧，对于睦仁来说，这并没有损失。虽然分了一部分权出去，但他的权力原本就是被幕府占有的，还不给饱饭吃，现在过上好日子了，真的没必要死揣着权力的袋子。将原来的封建君权改为君主立宪，普通国民对政治的参与度更高。大家切身感受到，所谓政治，就是大多数人的共同利益，而政府就是这个共同利益的代言人。为了自己的利益，每个人都会提建议和出力气。当政府做得好时，会真心支持；当政府出现差错时，会积极监督；当政府遇到困难时，也会砸锅卖铁变卖家产支持政府。总之一句话，它成功地将政府的利益和民众的利益捆绑在了一起。

日本人由此更加强化了"国家"的概念，虽然国土面积只有巴掌大，又穷得吃不上肉，但"大日本帝国"的观念开始逐渐深入每一个人的内心。这就是利益捆绑带来的好处，当一个政府真的代表了大部分人的根本利益时，不用什么"忠君爱国"的宣传，大家也会尽全力支持它。

而通过开放舆论监督，让一向喜欢骂政府的知识分子享受点自由，可以随便骂骂政府和其他人，也可以随便被其他人骂骂。在这样长盛不衰的骂战中，他们磨砺了自己，提高了骂的水平，然后整个社会的思想理论水平也提高了。

总之，这是一种既可以维护政权利益又可以换来全民效忠的方法。不仅适应近代社会的时代潮流，在体制和精神层面解放了这个国家，更是一种让大家安心地勤劳致富，最后自己多收税的方法。这实在是一笔很划算的买卖。

这就是"明治维新"的核心内容。通过政治体制改革，它给日本社会和经济发展带来了很多的正能量，但它在本质上，我认为还是加强了睦仁的集权。而在政治体制改革之外，通过另外的一项工作，睦仁的权力不仅得到进一步增加，也让日本这个奇怪的国家变得更加奇怪，那就是——军队改革。

战争机器开启！

前面我们提到，在废除武士阶层时，日本颁布了征兵令，实施全民皆兵的义务兵役制，这使得日本的兵力大为增强，但这并非奇怪之处，奇怪的是这支军队的管理。

经过多次兵制改革，日本军队中征兵、养兵等属于行政的部分（军政）归政府管，而派兵、调兵、作战等属于命令的部分（军令）归另外一个机构——参谋本部管。所谓参谋本部，也就是总参谋部，古代的参谋就是那些摇鹅毛扇子的人，负责给大将提建议，具体该怎么打，还得将领拿主意。但在日本，这是一个很重要的部门，它是独立于政府的。

也就是说，政府只管招兵和养兵，至于这些兵要干什么、准备如何干，一概无权过问。在军队里，指挥士兵的是军官，而指挥军官的，就是参谋。参谋归上一级参谋管，上一级参谋又归再上一级参谋管，直到最后的参谋本部。

那么，参谋本部又归谁管？大家猜对了，它就归天皇管——睦仁。

有人要说，这也没什么奇怪嘛，实际上就是睦仁通过参谋集团来控制军队，这跟我国宋朝的皇帝通过文臣驾驭武将差不多。问题出在这些参谋，他们并不是什么文臣，而是一群特殊的军人。

参谋们是从小开始培养的。一批孩子还吃着奶就被送到幼年军校，然后一直读到相当于大学的士官学校。在这些学校里，所有的教育都是围绕如何作战展开，而作战的核心只有两个字——进攻。

举个例子：在考试的时候，老师冷不丁抛出一个问题："前方发现敌军！"如果你下意识地问一句："有多少人？"那么你完了，标准答案是："进攻，包抄消灭敌人！"如果老师再来一句"敌众我寡，有利防守"，你要是真的来一句"防守"也完蛋了，标准答案是："想办法包抄进攻！"

而学校里唯一的思想政治教育，就是我们在电视里听过多次的那句话——"为天皇陛下尽忠！"

显然，这些学校里培养出来的参谋，就是一群狂热的战争分子，一堆极端的战争机器。长期封闭的军校生活使他们跟社会脱节，既不懂政治，也不懂社会，只知道听命令。如果让他们去打火星，估计也会去的。而他们上了战场最喜欢做的只有一件事——包抄。他们相信只有首先把自己置之于死地，才能绝处逢生。为了取胜，他们是不惜血本的，也不会在乎伤亡率，人体盾牌、人肉炸弹通通都能用上，哪怕只剩下两个人，都要再去围一次。

要指出的是，参谋本部管理的是陆军的参谋。后来新兴的兵种——海军出现了，于是属于海军的"参谋本部"也设立了——它换了一个名称，叫海军军令部。同样，海军军令部的头儿也是睦仁。

到这时，又出现了一个新的问题，那就是一旦开战，如何能从组织上保证陆军和海军相互配合。如果是陆军只打陆军的，海军只打海军的，那就乱了，效果肯定不理想。于是，日军又设置了一个完全为战争服务的机构——战时大本营。

我们来简单介绍一下战时大本营。这个机构平时并不存在，只有到了战争前夕才会成立，也就是说战时大本营的成立就标志着日本马上要开战。跟参谋本部一样，它也是独立于政府的，首脑仍然是睦仁，而其他组成人员都是陆海两军的高级参谋和指挥官，政府里的文职人员不得参加，即使是内阁总理也不行。

由于天皇的权力并不受限制，又是陆海两军的最高首脑，他的手下又是一群狂热的战争机器，我想大家已经理解了一个名词——军国主义。

好吧，是时候总结一下日本这个国家了。通过上面的描述，我们已经知道，明治时期的日本是一个处于新旧之间的国家，一个半新半旧的国家，也是一个奇怪的国家。它学习了西方的近代政治体制，又保留了一个真正的皇帝；虽然成功倒幕，但整个国家又留下了军人可以干政的幕府遗风。这样的体制和阴魂不散的"大陆政策"结合起来，对于清国来说，日本是一个危险的国家。

危险并不是后来才有，在一个很早的时候，在清洗武士、政治体制改革、经济发展这些准备工作都还没有做好的时候，睦仁就已经开始了一场掏家底的豪赌。早在1874年，在废藩置县取得成功的同时，睦仁就开始了他登基后的第一次对外用兵——台湾。

掏家底的豪赌：出兵台湾！

睦仁御桌的案头，摆放着一叠厚厚的文件，这是《台湾番地征战要略》，也就是武装侵占台湾的指导方案。当时大臣内部有两派意见，一派认为应该先去打朝鲜（征韩论），而另一派认为先不着急攻下朝鲜，为了实现"大陆政策"，可以先从清国的离岛台湾入手，打开缺口。睦仁支持了先攻占台湾的意见，他告诉众位大臣：必须先夺取台湾，以便永固皇国的南门！

夺取台湾并不容易，因为向台湾出兵意味着跟清国开战，总要找个借口。这个借口就出现在三年前（1871年）台湾和琉球国之间的一次渔民冲突上。

琉球国是一个群岛国家，大小36岛散布在台湾东北的茫茫大海上。明朝时，它曾是大明帝国的藩属国，然后成为清国的藩属国。为了方便向清国朝贡，琉球国在福州设置办事机构——琉球馆，每两年进贡一次，而它也受到清国的册封和保护。但是，和朝鲜的情况一样，日本也在琉球扶植了自己的势力。

可见，渔民冲突和日本无关，它是清国和琉球国之间的事情，而且当时也已经得到了处理。明治政府在当时也并不知道此事，在渔民冲突一年后才偶然从清国的外交文件中得知，于是日本人知道他们可以打个歪主意了：打着为琉球渔民"出头"的旗号，武装侵犯台湾！

1874年4月4日，日本本土成立了入侵台湾的机构——"台湾都督府"。也就是说，还没有行动，台湾已经被当作了第四个府。睦仁任命陆军中将西乡从道（西乡隆盛的弟弟）为台湾都督，率领五艘军舰、13艘运输补给船和3600名海军陆战队队员，从长崎军事基地出发，开向台湾！

需要说明的是，这3600名海军陆战队队员实际上是陆军，因为这一时期日本全国海军的总人数少得可怜——1500人，主要用于海上打渔。但是，对于睦仁来说，这点老本已经够赌一次了：

是的，我从来就是一个赌徒，为了得到想要的，我必须先去赌一把。押上自己的家底，没有关系，因为家底本来也不丰厚。赌成了，大家吃肉，赌不成，没有关系，有了经验下次再来，要知道那块肉总会被我们吃掉的。

"要防备日本人！"

1874年5月6日，日本舰队绕过台湾岛，在台湾最南端的恒春（屯影《海角七号》主景地）靠岸，陆战队在军舰炮火的掩护下强行登陆。

恒春沿海的台湾原住民部落英勇地反击了，虽然他们手中的武器还属于原始社会级别——只有砍刀、镖枪，但是他们利用有利地形，埋伏在高山峡谷间，英勇阻击日军。

在原住民阻截日军的同时，十万火急的军情传到了北京，清国政府向日本政府提出严正抗议，表示了对日军入侵台湾的严重关切。抗议声中，日军对原住民部落开展了为期一个多月的围剿和歼灭，成功地占领了恒春。西乡从道将他的"台湾都督府"搬到了恒春。

直到此时，福州船政大臣沈葆桢（林则徐女婿）才明确得到了来自北京的命令，令他率领舰队出发，但不是去作战，而是执行另外一个任务——进行军事演习。朝廷显然还是希望用谈判来解决问题。

这时候睦仁也在盼望着谈判。不是他突然收敛了"平定台湾"的野心，而是西乡从道告诉他：在占领恒春后，部队再也无法前进了。

士兵们水土不服，军中流行痢疾和瘟疫，每个人都抓紧时间往厕所跑，刚刚提上裤子，上大号的感觉又来了。而日军是找不到药品的，因为恒春周边所有的百姓坚壁清野。无论日本人出钱买还是用刀逼，台湾人都拒绝提供任何食物和药品，就这样，每天拉肚子拉死的日本士兵有20人左右。同时，原先被击退的英勇的原住民又重新组织起来了，他们捡起地上的砍刀、镖枪，没日没夜地袭扰"都督府"，焦头烂额的西乡从道只好派人向睦仁汇报：陛下啊，这个地方简直不是人待的，我们现在真的还不具备占领台湾的条件，即使打得下来，也无法在这里长留，还是先跟清国谈谈，捞上一笔吧。

在睦仁指派的全权谈判大臣到达北京后，1875年，清日《北京条约》签订了。在这个条约中，日军答应从台湾撤军，而清国放弃了封贡长达500年的琉球王国，自动脱离宗主国地位，以后你日本对琉球爱干什么就干什么。

四年后（1879年），日军进驻琉球，琉球国王被软禁到东京。琉球王子逃出，漂洋过海千里迢迢来到天津，每天早晨在李鸿章的衙门外长跪不起，哭请清国出兵救救琉球，但清国政府出于综合考虑，最终放弃出兵——琉球就这样完全被日军占领了，改名为冲绳，成为日本的第73个县。

而就在这一年，沈葆桢去世了，死前他留下了一封遗折：要防备日本人，日本自入侵台湾后，从天皇到大臣，野心一直不死！

钓鱼岛

在冲绳的日军发现了附近还有几个无人小岛，于是他们登陆上去，在上面插了根桩，写明此地归冲绳管辖。大家知道，这几个小岛就是钓鱼岛，日本人最先去了岛上溜达，但问题就在于这些岛的名字。

按照国际法，茫茫大海中的孤岛上面如果没有一个人，也没有任何一个国家以他们的语言文字命名，那么这样的岛屿就属于还没有被发现的无主之地，谁先占了就是谁的，先到先得。问题是在日军登岛之前，"钓鱼岛"这个名字已经存在几百年了，并且明确地存在于有文字记载的史料中，当时它是作为明朝人前往属国琉球的航标而被记载的，所以按照国际法，它们是中华的领土，而日军属于非法侵占。

1885年9月6日，上海《申报》第一次报道了日本企图窃取钓鱼岛的消息。不过，这样的消息当时还没引起多大的重视，无论是清国还是日本，都没有出现"保钓"人士。那时的人们认为不就是几个光秃秃的石头岛嘛，大家都忘了。直到几十年后，海洋石油勘测技术出现，钓鱼岛附近发现大量石油天然气，老问题才被翻出来，钓鱼岛也名扬天下了。

让我们回到日本出兵台湾的事件，在1879年吞并琉球之后，睦仁上台后的第一次出兵活动结束了。用3000多人的豪赌换来了一个县，成果斐然。照常说一般人都会乐上一阵，但睦仁脸上的表情却不是欢喜，而是很郁闷，他威严地环视左右："为什么台湾还没有得到？"

如果连一个小小的台湾都还没有得到，我们又如何能实现"大陆政策"？

大臣们低头思索良久，然后告诉睦仁："陛下！这是因为我们还不够强大！我们只有等待，耐心地去等待！"

这一等待，就是 15 年。日本人的野心也引起了清国的警惕，在这 15 年的时间里，双方都在进行一场旷日持久的军备竞赛。清国财大气粗，买军舰买枪炮，而日本人本钱不多，只能边买边引进技术自己改装，但为了军备的发展绝对达到了不惜血本的疯狂境界。

从 1883 年开始，睦仁宣布：从这年开始的八年时间里，国内最多的两项税收——酿造业、烟酒业税收政府不能拿走一分钱，全部用于建设海军和陆军！

1885 年，清国从德国购买了亚洲最大的装甲军舰——"定远"号和"镇远"号装备北洋舰队。睦仁突然发现日本海军中还找不到一门大炮可以击穿"定远"和"镇远"的装甲，深受刺激，于是他每天只吃一顿饭，每年从生活费中挤出 1/10（30 万元），并且要求大小官员也献出每年工资的 1/10，作为购买和建造军舰的费用。

双方兵力的对比情况我们后文再说。15 年过去，1894 年到来了，朝鲜发生了东学党动乱，通过袁世凯的运作，清国即将向朝鲜派兵，而日本驻朝鲜公使信誓旦旦地向袁世凯表示：我们日本只注重保护商业利益，即使你们派兵，我们也不会派兵的，和平还是我们两国之间的主题。

但是，日本人真正的计划隐藏在他们的心底。当年"大陆政策"的鼻祖丰臣秀吉正是以朝鲜为跳板，进犯中华帝国的大陆——取清国，必先取朝鲜！现在机会又来了。

日本人的真正计划是：一定要向朝鲜派兵！先根据之前的清日《天津条约》，把军队光明正大地开进朝鲜，让清日两国的军队在朝鲜短兵相接。然后想办法擦枪走火，将朝鲜国内的动乱直接演变成清日两军冲突，引爆清日战争！

第四章
清日两国战前军力对比

日本向朝鲜派兵

1894 年 6 月 2 日，在袁世凯去日本驻朝鲜公使馆摸底日本人态度的前一天，睦仁接到了内阁总理伊藤博文提交的两份奏议，都等着他的批示：第一份是解散议会，第二份是立即向朝鲜派兵。

这两份奏议看上去没有关联，实际上却有很深的关系。

内阁奏请解散议会，是因为议会要逼内阁下台。由于长期军备竞赛的缘故，从 1893 年开始，日本国内出现了经济危机，各大党派吵得不可开交，在议院中占有多数席位的反对党要求内阁集体引咎辞职，让反对党上台。议会在前一天（6 月 1 日）通过了决议案。

此时摆在伊藤博文面前的只有两种选择：一种是率领内阁集体辞职；另一种是拒不辞职，奏请天皇下旨，解散议会，从而保住这届政府。但要天皇解散议会，保住政府，总要有个理由。理由就是：我们需要打仗。

对于一届政府来说，每当执政出现危机时，选择对外开战就是转移矛盾、凝聚人心百发百中的灵药。于是就出现了向朝鲜派兵的那份奏议。

睦仁在两份奏议上留下了同样的御批：同意！

当然要同意，巴不得举双脚同意。睦仁和军部之前一直担心伊藤博文的政府不会支持战争，现在这个担心消除了。用一句熟悉的话来说，日本已经统一了思想，接下来就是如何打的问题了。

而军部之前担心政府里的那些文职人员会反对开战，是有道理的。

清日兵力对比

现在我们假设在东京和北京，分别有两个大臣向各自的皇帝汇报本国的兵力，情况是截然不同的。

东京。"陛下，在您的英明领导之下，经过几十年的艰苦努力，我国的兵力大为增强了。现在，常备军的总兵力是 7.5 万人！其中，炮兵6000！骑兵 4000！"

大家不要笑，地方小嘛，就这么多。

而清国的常备军是多少呢？60 万。其中步兵 47 万，骑兵 10 万，炮兵 3 万。"皇上，如果开战，我们还有一些地方团练可以参战，人数不多——100 万而已。"

海军方面相差不大。清国有舰队四支，日本有舰队两支。

清国的四支舰队分别为北洋、南洋、福建和广东。自北向南分别守卫从渤海到南海的海防，它们也分别由北洋大臣、南洋大臣、闽浙总督和两广总督指挥。其中实力最强的是李鸿章的北洋舰队，1000 吨级以上的军舰有 13 艘，而四支舰队 1000 吨级以上的军舰共有 31 艘。

日本的两支舰队为西海舰队和常备舰队，1000 吨级以上的军舰共21 艘。为了举全国之力对清国作战，已经着手准备将这两支舰队统一编制，统一指挥，成立联合舰队。

日军战时大本营的三套方案

日本迅速行动了，成立战时大本营，制订对清国作战方案。这是一个海陆两军协同作战的方案，详细步骤分为两步。

第一步：陆军在朝鲜登陆，夺取汉城，接着海军从海上支援陆军占领平壤，然后把清军全部赶出朝鲜，占领朝鲜全境。

第二步：从朝鲜过鸭绿江打到清国去。根据战局发展的情况，按照从最好到最坏打算，分为甲乙丙三种方案。

甲方案：以朝鲜为基地，派一支陆军进攻辽东半岛，威胁奉天（沈阳），牵制清国在渤海口的守军，趁机夺取大连、旅顺。接着陆军主力在辽东半岛和渤海湾登陆，进攻天津、北京，迫使清国签订城下之盟——为达此目的，联合舰队必须全力扫荡清国海军，聚歼北洋舰队主力于海上，夺取黄海和渤海制海权。

乙方案：若清国只以北洋舰队迎战（注意这句话），联合舰队则有取胜把握，若清国举全国海军来战，则胜负难料——如果不能控制渤海，而清国海军也未能控制日本近海，则联合舰队应向朝鲜输送陆军，将清国在朝鲜所有军队击退，从清国手中夺走朝鲜。

丙方案：万一海战不利，不仅未取得渤海、黄海制海权，日本近海制海权也落入敌手，陆军主力则应留守本土，保卫本土安全。在本土安全有基本保证的前提下，陆军仍然需要分出兵力从对马海峡以北通过海上远程运输登陆朝鲜，击败在朝鲜清军，达到夺取朝鲜的目的。

我们来分析一下这个方案。

首先，日军最重视的是海战，一切都取决于海上决战的结果。其次，日军最为担心的是清国也像他们那样将全国所有的军舰统一编队，统一指挥，但事实将很快证明这种担心是多余的。最后，这是一个彻底的进攻方案，只考虑进攻，防守是不需要考虑的——即使在本土安全受到威胁的情况下，还要分兵去占朝鲜。什么叫疯狂赌一把？这就是。

在战时大本营成立后，紧接着，睦仁指示成立"陆军中央金柜部"。这个部门是专门为战争提供财政支持的，归睦仁直接领导。中央金柜部有权力动用日本所有的财政资源，军费开支由它直接调拨，而不需要通过内阁和议会的同意。

在这些准备工作之后，日本的入朝部队成立了。他们是从陆军第五师团中精心挑选出的精兵强将，包括步兵、炮兵、骑兵、工兵、辎重兵、卫生员等，组成了一个混成旅团，总兵力7800人——这又可以算得上是一次掏家底的豪赌，第一次派兵就派了全国总兵力的1/10。

虽然是赌，但这个兵力是通过计算得出来的，具体情况接下来我们就会清楚。

清军也在行动了。6 月 5 日，李鸿章在天津直隶总督衙门发出命令：调派一支 2500 人的淮军前往朝鲜！

虽然两国都是派兵，但它们之间有很大的不同：

1. 任务不同。对于清军来说，他们前往朝鲜，只是帮助朝鲜政府平息东学党叛乱，根本没有察觉到日军已经做好了要跟自己打仗的准备；而日军则是前来占领朝鲜和找机会跟清军打仗的。由于目的不同，有了在兵力和目的地上的不同。

2. 兵力不同。清军按照国际惯例派出了一支不超过 3000 人的军队，日军根据对清军兵力的估计，制订了进入朝鲜部队应该有 7000 人左右的计划（两倍于清军，保证首战有必胜把握）。

3. 目的地不同。清军开赴的目的地是与东学党起义军直接交战的前线——仁川附近的牙山县。而日军的目的地是汉城，进入朝鲜的日军迅速占领了汉城以及从仁川到汉城的所有交通要地，从而保证了将来通过海路从日本本土继续向朝鲜增兵的便利。

战争还未打响，在朝鲜的兵力部署上清国已经处于巨大的下风，清国一门心思前来"帮助"朝鲜平乱，却并没有做好清日之间可能爆发战争的预案，至于真正的战争准备，更没有人关心。

但在这时，东学党起义军做出了一个令所有人都惊讶的举动。这一举动直接打乱了日军所有的部署，把他们气得差点儿吐血。

东学党人打乱日本战争计划

这个举动就是：我们不起义了，跟政府和谈！

当他们看到两支外国军队都出现在自己国家的领土上时，意识到清国和日本很可能在本国爆发战争，这时候，东学党人收起了对政府的仇恨，决定不再起义。他们知道，只要朝鲜恢复稳定，无论是清军还是日军都没有继续留下来的理由，危及朝鲜百姓的战火就可以避免。所以，就在日军开进汉城的第二天，东学党立即宣布不再起义，并且退出所占领的州县。

从当时的局势来看，这是一种可贵的爱国行为。

朝鲜国王如释重负，立即向清国和日本发出共同请求：我们局势稳定了，两位大爷都请回吧！

日军的郁闷正是来源于此：如果清日都撤军了，辛辛苦苦做好的开战准备就泡汤了。

李鸿章当然是不愿意跟日本开战的。他先命令在朝鲜的清军做好撤军准备，然后，总理衙门向日本外务省发出外交照会：要求两国同时从朝鲜撤军。

日本外务省的答复很简单：不撤。

日本人的计划是不仅不能撤军，还要利用外交摩擦将清日两国再一次引向开战。所谓战事未起，外交先行。外交文件上的战斗已经开始了，这是实战的序幕，而主导这一切的是一个外交官。由于他接下来的"精彩表现"，在他死后，他被日本人奉为外交界的偶像，也是在现今日本外务省大院里，唯一一个塑有雕像的人。

他就是当时的日本外务省大臣陆奥宗光。

李鸿章的苦恼

陆奥宗光给了两个不撤的理由：第一，李大人，我们辛辛苦苦派出这么多军队，如果在朝鲜啥都不干就回国，是不是没面子？我们的军费都是纳税人的钱，政府怎么向民众交代？第二，李大人，说句实话，我们是不相信你们清国的，你说同时撤军，但我们害怕受到你们的欺骗。

李鸿章已经明白了，日军是不会撤军的。他有两个选择，一个是继续跟日本人进行外交交涉——至于交涉结果怎么样，谁也不能保证；另外一个就是不管日军撤不撤，自己先撤了再说。

提出后一种观点的是北洋水师舰长方伯谦以及淮军将领聂士成。他们认为，清军是否留在朝鲜，清日之间一战都很难避免。但现在的情况是清军的军事部署已经失去先机，敌众我寡，如果贸然开战，正中日本奸计。不如先将军队撤回国内，争取时间将数倍于日军的优势兵力集结到鸭绿江边境，如果到那时日军还赖在朝鲜不走，陆军渡过鸭绿江，北洋舰队开进仁川海域，陆海包抄，一鼓作气歼灭日军！

用一个军事上的专业名词来说，这就是战略大退却和积极的防御政策，目的只有一个：掌握战场的主动权。

但单方面撤军还有一个问题：会不会把朝鲜拱手让给了日本？在方伯谦看来，这是完全没有必要担心的。因为东北亚的局势很复杂，对朝鲜虎视眈眈，想来插一腿的不只有日本，还有另外两位老大——英国和俄国。日本没有实力独吞朝鲜，到时英国和俄国会迫使日本退出朝鲜。

局势已经让李鸿章陷入了深深的纠结之中。仗都还没开始打，就被倭寇给"吓"回来，这很没面子。但李鸿章有苦说不出。对于清军的战斗力，李鸿章还是比较清楚的。这是一支早已贪腐横行的军队，只能用于对付东学党之类的起义军，跟其他国家真正的军队作战，没什么戏，对日本作战也没有取胜的把握。考虑到这些，李鸿章有点灰心了：算了吧，朝廷没面子就没面子，自己先撤吧。

陆奥宗光正在警惕地注意着李鸿章的反应，他最担心的就是李鸿章单独撤军，这样一来，天下太平，跟清国的仗也就打不起来了。于是当清军出现要单独撤军的苗头后，陆奥宗光抛出了橄榄枝：李大人，我们还是可以先谈谈的，谈得好，我们就同时撤军。

得到这个信息，李鸿章改变了主意：先和日本人谈谈！

李鸿章"以夷制夷"外交策略的失败

"以夷制夷"一直是清国外交的老办法，意思是在战争来临之前利用矛盾分化瓦解敌人，利用洋人去牵制和压服洋人，大清国在其中求得个太平无事。李鸿章也知道，如果外来压力对日本施压，日本很有可能同意撤军，于是李鸿章又拿出了这一招。

李鸿章首先想到的是俄国。自古以来，俄国一直是个欧洲国家，但已经越来越重视亚洲利益，在日本"大陆政策"出台时，他们推出了"黄俄罗斯"计划，也就是要把清国的东北和朝鲜大陆变成"黄色的俄罗斯"，打通俄国在远东的出海口。为了实现这一计划，1891年，俄国开始修建世界上最长的铁路——西伯利亚大铁路。这条铁路长达一万公里，横穿欧亚大陆。俄国建这条铁路最重要的目的就是将俄国在欧洲境内的重兵，迅速运到亚洲。

当日军开进汉城时，俄国的第一反应是怒了，他们决不能让日本先行一步，独占了朝鲜。李鸿章正是在这种情况下想到了俄国，在北京他亲自拜访了俄国驻北京公使，告诉俄国人："只要你们能成功调解清日纷争，避免两国开战，清国愿意给俄国一些其他方面的利益。"俄国人答应了。

但接下来事情的发展是所有人没有预料到的。

当俄国开始向日本施压的时候，陆奥宗光使出了厉害的一招。

这一招就是摸准俄国人的心理，抓住俄国的利益关键点。陆奥宗光告诉俄国人："现在朝鲜是清国的藩属国，我们出兵的目的正是迫使朝鲜放弃对清国的属国地位，使它'独立'，到那时，你们不是也可以很方便地进入朝鲜？"

俄国人恍然大悟，他们确实不想日本首先侵入朝鲜，但诡异的是，一旦日本入侵，打破现有的朝鲜局势，他们将来又能捞到好处。更何况，俄国人知道他们目前最迫切的任务是修建西伯利亚大铁路，就让日本人先去打头阵吧。

陆奥宗光的运作使得日俄两国达成了默契：只要日本在战后维护朝鲜"独立"，日本不在朝鲜驻军，俄国就会默许日本向清国发动战争！

李鸿章终于明白了俄国是靠不住的。而这个情况早在方伯谦的预料之中，在事先给李鸿章的报告中，他认为，俄国虽然是邻居大国，表面上跟清国也很友好，嘴上说得很好听，但真正有事，他们是不会帮助清国的，一旦清日开战，俄国人才是战争最大的受益者（倭人窥韩，俄实暗中取利）。

事实证明了方伯谦的判断，也证明了方伯谦对这场战争的本质把握得很准确。跟方伯谦有同样见解的，还有一个欧洲人，他在写给别人的一封信中说："我认为，清日战争是把日本作为工具的俄国政府挑起来的。"他的名字叫恩格斯，信是写给马克思女儿的（《致劳拉·拉法格》）。

求助俄国梦想破灭，李鸿章只好又去求英国。日不落帝国的世界老大地位就不用多说了，它是世界上最早进行工业革命的国家，也就是那个最早将烧开的水产生的那点气利用起来的国家。1842年《中英南京条约》之后，英国在亚洲最重要的利益中心是长江流域，而广袤富饶的东北和朝鲜也一直被它视作嘴边肥肉。对于英国来说，在东北和朝鲜还没有实力去跟俄国竞争，所以英国最不希望朝鲜出现战乱，最好是"搁置争议，维持现状"，留待日后解决。

英国开始向日本施压，要求日本放弃开战的打算。世界老大出手，陆奥宗光也顶不住，不得不同李鸿章的代表商谈撤军问题。陆奥宗光已经做好了最坏的打算：一旦迫于英国的压力最后无法和清国开战，那也一定要在谈判桌上得到日本想要的！他起草了一个《清日共同促进朝鲜内政改革方案》，在这个方案里，最重要的一条就是清国要自动放弃对朝鲜的宗主国地位，让朝鲜"独立"！

陆奥宗光的狡诈已经露出了尾巴。按照他这个方案，清国自动放弃朝鲜，日本不劳而获，想得很美。李鸿章用委婉的语气拒绝："你们出发点是好的，但我们认为朝鲜的'内政改革'，只能由朝鲜人民自己实施。我国向来不干涉他国内政，也希望其他国家不要干涉别国内政。即使你们不承认朝鲜为大清藩属国，至少也应该承认朝鲜为自主国，更没有干涉一个自主国内政的权力，所以我们两国都应该同时从朝鲜撤兵。"

而陆奥宗光的回答很具有流氓水准："我大日本帝国是为了朝鲜的和平稳定，才认为有实行种种计划的必要，既然现在我们两国政府的观点都不相同，那么，我国又怎能从朝鲜撤军？"

陆奥宗光后来把他与李鸿章的这场外交争斗写成了一个回忆录——《蹇蹇录》（"蹇蹇"两字出自《易经》，表现了一个为天皇誓死效忠的王臣形象）。这个外交照会，就是陆奥宗光在《蹇蹇录》里自称的"对清国第一次绝交书"。

李鸿章也耍起了流氓，他做出了暂时妥协，同意对朝鲜实行"内政改革"，但前提是必须先共同撤兵——这显然是个拖延计。而陆奥宗光并不上当，他的答复流氓得更彻底："我看你们清国政府是有意找事，今后如果有不可预料的事件发生，我们日本政府是不负责的！"（清国政府有意滋事也。嗣后因此有不测之变，我政府不任其责！）这就是所谓的"对清国第二次绝交书"。相比第一次，我们发现，现在日本不仅不撤兵了，还倒打了一耙，把开战的责任推到清国。

谈出这个结果，英国人失望了。他们亲自出手，向日本提出在仁川设立"中立区"的设想：任何国家的军队都不得进入仁川。迫于英国人的面子，陆奥宗光将这个方案上报给了睦仁，而睦仁的批复是：不同意。

仁川是日本从本土运兵到朝鲜最重要的中转基地，这个战略要地不能丢。

英国又提出：在朝鲜国内画一条线（类似于后来的三八线），汉城以南归日军占领，汉城以北归清军占领。这个方案日本已经占了很大便宜，但是睦仁依旧没有同意——日本的野心不是半个朝鲜，而是整个朝鲜以及清国大陆！

有了天皇的撑腰，陆奥宗光开始反过来利用英国害怕的东西了。他知道英国最担心的是俄国，俄国最戒备的也是英国，这就让他找到了可以互相利用、左右开弓的东西。陆奥宗光"委婉"地提醒英国外交部：和清国开战，日本已经取得了同俄国的谅解协议，如果英国一再干涉下去，老毛子就要出兵！

这个信息给了英国很大的震动。英国在亚洲并没有对俄作战取胜的把握，所以他们并不愿意跟俄国发生直接冲突。而经过几次交手，英国已经对日本刮目相看。

上至天皇，下至平民，这就是一帮不要命的赌徒。他们很清楚自己想要的是什么，为了得到这一切，不会妥协。他们可以暂时退让，但不会永远退让。这些矮个子的家伙是一群厉害的角色，从来不考虑牺牲，也不考虑国破家亡，更不会考虑统治的长久，只要有需要，连睦仁都会拿着大刀冲出皇宫！

这一看法的改变影响了接下来英国对朝鲜问题态度的改变。

陆奥宗光敏锐地探知了英国人态度的变化，他趁机向清国放了一把火，把参谋本部掌握的军事情报提供给了英国人："老大，你们看，在谈判期间，我们日本一直做着战争的准备，所有的部署都已经完成，完美无缺。而清国的军事防御仍然很松懈，甚至在北京周边都没有做什么准备，一旦真正打起来，清国是打不过日本的！只要英国不阻碍日本开战，日本保证将来分点好处出来！"

英国不得不重新考虑：看来这小日本是无法抑制的，正好可以扶持起来作为自己的小弟。让它们的势力进入朝鲜，在朝鲜将日俄两国拴在一起，这样，英俄矛盾将来就会转变为日俄矛盾。英国再在其中进行挑拨或者斡旋，坐收渔翁之利！

诡异的一幕发生了。英国的态度来了个180度大转弯，英国外交部通知日本："只要你们不在英国在亚洲利益中心——上海及周边地区作战，我们就同意你们对清国开战！"

陆奥宗光十分爽快地答应了，据说他还为英国人立了个字据。

而陆奥宗光也看出了英国人的心思，他开始向英国伸手要点东西，这个东西，是一个新的条约。

在幕府时代，西方列强强制日本签订了一系列不平等条约。明治维新后经过十几年的努力，原先不平等条约一个个地废除，只剩下了最后一个不平等的条约，这就是与英国签订的《日英通商航海条约》。为了废除这个条约，陆奥宗光之前跟英国人谈判了几十次，想尽一切办法，但一直没有成功。日本国内大为不满，批评他是"软弱无能的外交"。现在，为了充当英国在亚洲的小弟，陆奥宗光提出必须废除这个条约。

他成功了。

1894 年 7 月 16 日，伦敦，陆奥宗光亲自在新的《日英通商航海条约》上签字。西方列强对日本的最后一个不平等条约废除了。

按照新条约的规定：英国取消在日本的租界，废除在日本的治外法权，日本提高对英关税率（由 5% 提高到 10%—15%）。英国不仅取消了在日本的特权，关税率的提高还将为日本接下来发动清日战争提供巨大的经济支持。

在条约签订的同一天，英国立即向清国政府翻脸，李鸿章得到了来自英国外交部的照会：立即答应日本人提出的所有条件！

外交是一门学问

俄国人退出"调停"，英国在朝鲜局势中从打"清国牌"到改打"日本牌"，李鸿章奉行的"以夷制夷"的外交手段失败了。它表明这一手段的核心不仅在于如何准确把握其他国家的利益，更需要配以本国抽刀亮剑的勇气。日本人的狡诈、贪婪、阴险、坚定、勇猛、狼性十足，在俄国和英国之间左右开弓，这是另一种版本的"以夷制夷"。而清国政府失去了原本属于它自己的机会。

在外交上，清国政府处处表现出谦虚忍让、老实诚恳、爱好和平，但谁都知道，国家利益面前，只有老实是没用的，只喊着爱好和平也是没用的。在国际冲突中，进攻或者以攻为守其实才是大部分时候的首选，一味地妥协和退让也许会让你获得"道义上的支持"，但也会丧失很多的盟友和潜在盟友——如果你自己都不硬，大家又怎能支持你去硬？在与陆奥宗光的外交争斗中，李鸿章可以用"完败"一词来形容。

除了国家实力，清日两国在外交方面上的指导思想也是完全不同的。这要从一本书说起。

1864 年，大清国翻译出版了一本很专业的书籍（*Elements of International Law*），这是一本国际法著作，主要讲述国家之间的往来、出使、交战等国际惯例。作者是美国人，他的观点是很善良的，比如小孩子们不到万不得已不打架，国家也一样，要注意维护世界和平；即使打架，也必须有个理由（师出有名），而且不能自己先动手，要等对方先开打（不能衅自我开）。

书翻译成中文后，取了个很吓人的名字：《万国公法》。

《万国公法》受到了清国外交界的热烈欢迎，除了书中的观点很符合传统道德，也代表了他们对于西方列强世界的"善良"愿望。在他们看来，此书是西方"大儒"所著，各国君主必定真心遵守，不敢违抗，一旦国与国之间发生摩擦，各国都得翻到书中的某一页来定案。

于是他们把这本书奉为了外交宝典，有重大问题争论不下的时候，就搬出宝典来看一看。

同一年，这本书由清国传入日本。对于在天朝大国的政府高层流行的书，日本人自然不敢怠慢，他们对此书给予了极大的重视，掀起了一股"国际法热"。用当时学者写的文章来说，就是"第一次知道了各国之间交往也是有法规的"。但是，日本人在仔细研究了之后提出了他们的疑问：各国真的会遵守这样的法规吗？

几年后，带着这样的疑问，一个代表团出发了，他们在西方世界看到了弱肉强食的帝国主义和殖民主义，更加疑惑。在德国，著名的"铁血宰相"俾斯麦毫不忌讳地告诉日本人：

"如今世界各国表面上都说要以礼仪相交，讲究和平世界，不过，在国际关系中，正义和力量从来都是在一起的，有力量才会有正义。对于一个国家来说，最重要的是加强实力，以自己的力量来保卫自己，而不要依赖任何国家。你们要知道，事实只可能是，当某一国感到国际法对它不利时，它就会置之不理、多方狡辩、诉诸战争。所以《万国公法》能不能得到执行，完全是靠实力说话的。"

日本人终于用实地见闻证实了他们的怀疑，考察团满心欢喜地将答案带回了国内，《万国公法》再也没人去看了。福泽谕吉更用了一句话来总结："数千万言的《万国公法》，可以用一声枪炮抹杀之。"

日本从此一心奉行务实外交和强权外交，而陆奥宗光无疑是这方面的突出代表。

战斗即将打响

形势骤然紧张。万般无奈的李鸿章只好准备接受日本最初提出的那个方案：可以先商议朝鲜"内政改革"，后撤兵。此时陆奥宗光用了那句熟悉的话来回答：今时不同往日了，兄弟！

7月19日——在英国明确表示支持日本三天后，占据汉城的日军迅速行动，他们闯入朝鲜王宫，向朝鲜政府提交最后通牒。我们只需要看其中的三条内容：

1. 朝鲜国王必须下旨驱逐在牙山的清军。
2. 朝鲜废除和清国之间的一切条约（改变属国地位）。
3. 限朝鲜三天内（截止到7月23日零时）给予答复。

这份通牒名义上是发给朝鲜政府的，实际上是为与清国开战找一个"师出有名"的理由。因为作为属国的朝鲜政府不可能同意这样的通牒，三天过后，日军就可以光明正大地占领王宫，逼迫国王下令"请日军帮忙"驱逐清军，到那时，日军将有一个进攻清军的理由！接到消息，李鸿章彻底绝望了，他终于明白一场和日本的战争已经不可避免，天津直隶总督衙门开始手忙脚乱地部署向朝鲜增兵。

由于日军已经控制了仁川和汉城，李鸿章决定：派一万大军过鸭绿江进入朝鲜，占据汉城以北260公里的朝鲜第二大城市平壤，以平壤为集结之地。

但此时还有一个问题，那就是牙山还有之前派出去的原本用于平叛东学党的2500名清兵，他们此时已经成为深入到日军集结地——汉城周边的一支小部队，孤军深入，极为危险。李鸿章决定派军舰到牙山海面接上他们，运到平壤与大军汇合。但牙山部队的统帅叶志超提出了另外一条意见。

叶志超认为，牙山紧邻仁川，而仁川有七八条日本军舰，走海路不安全。所以他建议部队仍然驻扎在牙山不动，万一日本真的开战，还可以和平壤大军夹击日军！

接到电报后，李鸿章觉得有道理。但安全问题又实在太让他放心不下了。于是他想到了另一个办法：再从海路向牙山派2500人的增援部队！

对于这个奇怪的办法，我们一时是很难理解的。既然运兵出去的海路不安全，那么运兵进来的海路也同样不安全。这个问题李鸿章不会想不到，不过仔细推敲一下，我们就能明白李鸿章的深意。

一直到现在为止，李鸿章仍然不相信（也不愿意相信）日本真的会和清国开战，所以他把主力派到平壤，希望能够"震慑"日军，避免开战。而叶志超的想法跟李鸿章也是一样的，他认为只要自己老老实实地在牙山待着，不挪窝，不给日本人任何"挑衅的机会"，战事就有可能避免。

李鸿章很快找到了一个两全的解决办法，这个办法可以既不"刺激"日本人，又能让海路运兵的安全有些保障。

这个办法就是租几条英国籍的船去运兵，而不需要派出北洋舰队去护航，只需要派一两艘军舰在牙山岸边的登陆点进行现场警戒即可。

李鸿章认为，"有《万国公法》在，谁先开战，谁即理拙"，日本人绝对不敢挑起战端。更何况日本人再怎么狂，也不敢朝挂着大英帝国国旗的船开炮吧！

从怡和洋行租来的三艘英国籍轮船很快准备好了，它们将被改装成运兵船，把天津的2500名清军分批运到朝鲜牙山。按照"无需护航只需在登陆点现场警戒"的计划，清国的北洋舰队并没有派主力军舰为运兵船护航，只派出了巡洋舰"济远"、练习舰"威远"和属于广东舰队的炮舰"广乙"三艘军舰先期赶往牙山。

与此同时，日本战时大本营命令所有正在清国的军舰返航。原来，虽然两国一直在摩擦，但"友好交往"也没有中断，日本派出了几艘军舰在福建马尾港和威海进行访问。这几艘军舰返航后,日本本土所有军舰将集结在佐世保军港,统一编队的联合舰队即将成立,日本将要用全国所有的军舰去战斗!

大家都在安静地等待最后通牒的期限——7月23日零时的到来。等待清日两军的,都是不可知的命运。

7月23日这天,在不同的地点,发生了不同的事情,我们按照时间顺序一个个地说。

汉城——朝鲜王宫:兵变!

可怜的朝鲜国王,自从接到最后通牒后,他就一直毫无办法,惊恐万分。拖到最后好歹给了日本人一个答复:"清国的军队确实是我们请来的,我们已经通过唐代办(唐绍仪)奏请大清国撤兵了。"言外之意是:天朝不撤军,我们也没办法啊,别欺负老实人好不?日军知道该怎么做了。23日零时,汉城日军向朝鲜王宫发起进攻。在冲进王宫后,日军做的第一件事就是切断朝鲜和清国之间的电报线路(封锁消息),然后逼迫朝鲜国王下旨:废除对清国的属国关系,朝鲜"请求日军"将牙山的清军驱逐出境!拿着这份矫诏,日军有了进攻清军"名正言顺"的理由。

佐世保军港,联合舰队起航

编队完成的联合舰队正在等待起航前的检阅。这是一个梯形编队,三艘速度最快的军舰组成第一先锋队(游击队),它们将作为攻击清国军舰的先头舰队,旗舰为下水不到半年的当时世界上最快的军舰——"吉野"号。巨炮战舰组成主力队,作为决战的主要力量,旗舰是"松岛"号——同时它也是联合舰队旗舰。其他老弱军舰组成第二先锋队,主要做后勤保障和警戒工作。

海军中将伊东佑亨已经被任命为联合舰队司令,他将在"松岛"号上统一指挥这支庞大的舰队,向牙山海面搜索清国军舰,寻找战机。伊东佑亨的命令是:如果碰到的清国军舰力量弱小,则不必一战,先放过他们，等待对方强舰或舰队出现，一举歼灭！

当时并没有军事侦察卫星，而联合舰队却能够准确地将搜索的目标锁定在牙山海面。只有一种解释：在清国大陆，一直潜伏着一支庞大的日本间谍网络（后面详细讲述）。他们成功地猎取了李鸿章向牙山运兵的情报，情报发回日本，联合舰队立即出动。

11 时，海军军令部部长桦山资纪的身影出现在了佐世保军港，他是来为伊东佑亨和联合舰队的出征送行的。联合舰队所有军舰汽笛长鸣。

"发扬帝国海军荣誉！"桦山资纪的检阅船打出了旗语。

"完全准备就绪！"第一先锋队旗舰"吉野"用旗语回答。

"待我凯旋！"第二先锋队旗舰"葛城"回答。

"坚决发扬帝国海军荣誉！"主力队旗舰"松岛"回答。

惊天的海浪中，蕴藏着惊世的野心。出发！

牙山湾：北洋军舰的危险降临

7 月 23 日下午，"济远"等三艘军舰到达牙山湾海面，而运兵船还没有到。24 日凌晨四点，第一艘出发的运兵船终于到了，"济远"等军舰警戒运兵船完成士兵登陆工作，然后等着第二艘和最后一艘运兵船的到来。

在等待的同时，"济远"舰舰长方伯谦做出了一个改变了后来战局的决定：派"威远"号前往仁川海面侦察，了解汉城日军的动向。

24 日下午，"威远"带回了一个严重的消息：汉城兵变了。

方伯谦顿时感到事态严重，他判断自己已经处于危险之中。由于朝鲜到清国的电报线已经被割断，只能人工报信，方伯谦命令"威远"号立即返航威海北洋舰队基地报信，"济远"和"广乙"继续等运兵船。

晚上，第二艘运兵船抵达，方伯谦命令加快速度卸载武器和士兵登陆，到 25 日凌晨四点，运兵船上的马匹和火炮仍没有卸载完，而最后一艘运兵船也还没有到达。方伯谦认为不能再等了，运兵船是英国籍的，日军应该不敢攻击它们，而两艘孤零零的军舰必须脱险。他命令运兵船继续卸货，"济远"和"广乙"立即调头向威海返航！

7月25日凌晨四点半的晨雾中，"济远"和"广乙"两艘军舰起航了，按照航速，三个小时后它们将驶出牙山湾，进入茫茫大海，然后一路朝清国海岸方向疾驰。方伯谦有一种预感：在不远处的海面上，日军舰队正在乘风踏浪向牙山海面驶来，像猎人一样四处搜寻猎物，一旦相遇，炮战即将打响！

方伯谦的预感是对的。

第五章

牙山湾海战，清军强舰不战而逃

方伯谦

1866年，在左宗棠的奏请下，由林则徐女婿沈葆桢亲自负责，福州船政学堂成立了。这是一所用西式教学，为外来军种——海军培养军官的学校，但不能通过科举走仕途。学堂不仅学费、生活费全包，甚至连学生家里的生活费都给包了（每月发4两银子补贴），但还是没有多少人来报考，最终招考上来的，是来自福建、广东等地普通百姓和家道衰落的孩子。

其中就有方伯谦以及他的福建同乡严宗光、刘步蟾、林泰曾、林永升、叶祖珪、邱宝仁，还有广东籍的邓世昌、林国祥等人。当年他们的年龄都在12—15岁，在一间由寺庙（福州城南定光寺）暂时改成的教室里，伴着晨钟暮鼓、佛号乐音，学习英文单词和海军知识。这样的时间一晃过去四年。

1871年，这批孩子快毕业了。他们开始登上军舰实习，军舰从福州出发，经香港、新加坡抵达马六甲海峡，航行4个月，他们在军舰上认真地操练。毕业之后，他们成了清国第一批真正的海军军官。

几年后，朝廷决定公费派遣他们出国深造。在出国前，他们都立下誓言，决心为国家海军的强大贡献自己的力量，钻研技术，报效国家。"此去西洋，背负国家之未来，取尽洋人之科学。赴七万里长途，别祖国父母之邦，奋然无悔！"

最终，刘步蟾、林泰曾去了英国海军学习实战，而严宗光、方伯谦、林永升、叶祖珪等人考入英国格林尼治皇家海军学院。在欧洲三年多的时间里，他学会了喝咖啡、吃西餐，逛过伦敦的街道、巴黎的凯旋门、柏林的歌剧院，当然，更重要的是学习了丰富的海军知识。除了书本理论，他们还学习实战。刘步蟾等人作为见习生服役于当时世界上最强大的英国地中海舰队，跟随军舰巡游三大洋，甚至还参加了在非洲的海战，可以说收获了丰富的实战经验。

回国后，他们每个人都已经是一名有世界级眼光的军官了。

严宗光始终放不下科举梦，虽然回国后的他成了天津水师学堂的校长（总办），但他仍然很郁闷，加上认为自己并不得志，后来抽起了鸦片，改行当作家，改名严复，翻译整理出了名作《天演论》，那句著名的"物竞天择，适者生存"就出自这本书。而方伯谦、刘步蟾等成为北洋舰队的舰长，他们虽然没有科举的功名，但经济收入并不低，可以算得上真正的高收入人群。

清国向国际接轨新建海军，最先接轨、也接轨得最好就是海军军官的收入。

按照《北洋水师章程》，北洋海军官兵收入以4∶6的比例，实行基本工资加绩效工资的模式。舰队司令丁汝昌的年收入为白银8400两，刘步蟾、邓世昌这样总兵级别的舰长年收入为白银3960两，方伯谦这样副将级别的舰长年收入为白银3240两。此外作为舰长每个月还掌握着从350两到850两的"行船公费"支出。

按照物价折算，当时一两银子大约相当于人民币150元，也就是说，方伯谦的年薪在40万以上。

中日两大舰队的首次相遇

7月25日7点，天已大亮，海面一片平静，"济远"和"广乙"即将驶出牙山湾航道，进入大海，此时，观测兵突然向方伯谦报告："前方发现煤烟！"然后很快确定："有三艘日本军舰！"

这是联合舰队第一先锋队。

双方军舰几乎同时褪去炮罩，炮兵就位，大炮互相指向对方！双方距离越来越近，军舰上的士兵都屏住呼吸，目不转睛地盯住对方，等待着那惊天动地的一刻。

方伯谦站在"济远"号军舰的司令塔里，他的心情十分紧张，清日两国还没有宣战，他必须严格遵守"不能衅自我开、不开首炮"的命令。所以只要日方军舰不首先开炮，双方就会相安无事，就当有缘在海上会了个面。但是，如果日本人首先开炮，"济远"和"广乙"就不得不反击迎战。以二敌三，那会是一个什么样的战果？

方伯谦紧紧盯住对面航行在最前面的"吉野"，突然，他看到"吉野"在距离3000米处猛地来了个180度大转弯，调头就往回跑，而跟在后面的"浪速"号和"秋津洲"号也迅速向后转而去。看到这一情况，方伯谦松了一口气：不宣而战是违背《万国公法》的，看来日本人也不敢冒天下之大不韪啊。

可是，就在方伯谦松了这口气没多久，他的那口气又重新提上来了："吉野"等军舰又重新调头冲过来了！它们在海上画了一个大圈，重新挡住"济远"和"广乙"的去路。

这个秘密，隐藏在双方军舰的特点里。

炮的秘密

清日两国的国门都是被西方强国用"坚船利炮"从海上轰开的，在发展海军的时候，这两个国家一开始都是追求"船坚炮利"，军舰的装甲越厚、舰炮的口径越大越好。但在后来，日本人的理念发生变化了。

1885年后，世界海军兴起一种战略理论，他们认为军舰追求重甲巨炮称霸海洋的时代已经过去，军舰不再讲究大而坚，而是轻而快——以牺牲重武器和厚装甲来换取高航速。日本海军部分地吸收了这个理论。第一先锋队的平均航速为20节，"吉野"更是达到了当时世界的最高航速——22.5节。

而"济远"和"广乙"平均航速为15节。

以上可以看出，第一先锋队的平均航速要比清国舰队快5节，但双方最大的区别并不在航速，而是在于——炮。

与"济远"和"广乙"装备架退炮作为舰炮不同的是，第一先锋队装备的大部分为另外一种舰炮——速射炮。

架退炮和速射炮的主要区别在于发炮的速度。影响速度的原因主要有两个方面：一是速射炮的炮架有最新的液压复位装置，发炮后炮架能自动复原，不需要进行二次瞄准；二是架退炮的炮弹属于弹药分装式，只有一个巨大的弹头而无弹壳，发炮时需要先将弹头推进炮膛，然后在炮膛里填上火药包，点火后将弹头推向敌人！而速射炮的炮弹是带弹壳的新式炮弹，省去了这个环节。

所以，速射炮是快炮，而架退炮是慢炮，按照当时的参数，架退炮每10分钟能打出炮弹33发，而速射炮每10分钟能打出185发，炮速是前者的六倍，基本相当于步枪和机关枪的差别。但是，事情总是无法两全的，炮速六倍并不意味着火力就是六倍，这是由于加快了发炮速度，速射炮的口径也不得不小很多，打出去的都是小炮弹，每发炮弹的杀伤力无法跟笨重的架退炮相比。也正是因为这个原因，笨重的架退炮一般安装在舰首或者舰尾，而轻巧的速射炮安装在军舰两侧（舷侧）。

在世界海军兴起之时，一直是坚固的铁甲舰和大口径架退炮主宰海洋的时代（所谓船坚炮利），而轻快的巡洋舰以及速射炮是新兴产物。在战前，北洋舰队司令丁汝昌已经意识到清国军舰必须大量加装速射炮，他向李鸿章打报告申请，但并未批准，这个未批准的原因，我们以后会知道。

现在我们也已经明白第一先锋队为何要在海上画一个圈了——它们是在等待"济远"和"广乙"完全驶出牙山湾狭窄的航道，来到宽阔的海面。只有在海面上，"吉野"等军舰才能发挥航速快、机动性好的优势，也才可以充分地利用军舰两侧的速射炮。

"济远"中炮

当"吉野"行驶到与"济远"差不多平行的航位时（舷侧速射炮对准"济远"），"吉野"舰上突然下达了"开炮！"的命令，日军炮长一阵茫然，两国还未宣战，而"吉野"也未向对方发出战斗警告，贸然开炮，这属于偷袭，虽然《万国公法》可以不必遵循，但偷袭的名声实在不好听啊。

在战前，伊东佑亨曾下达了放过弱舰、寻找主力决战的命令。为了谨慎起见，炮长连忙派士兵跑步去请示：真的要开炮吗？得到的回答是四个字："混蛋，开火！"

"吉野"舰上的第一炮打出了，可能是由于过度紧张，史料记载，"吉野"炮手发出的第一发是空炮。清日甲午战争就由这发空炮打响了。从此，一直到第二次世界大战偷袭珍珠港，不宣而战几乎成了日本海军的传统，日本海军也是世界上最会偷袭的一支军队。

空炮过后，就是真枪实弹。三艘日本军舰将速射炮炮口全部对准"济远"猛轰，我计算了一下，"济远"每分钟至少要受到80枚速射炮弹的攻击。而"济远"的舰炮主要安装在舰首和舰尾，现在即使它发炮，也很难打击到对手！

"济远"在海浪中左突右闪，寻找着战位。一颗炮弹落在司令塔旁边，"济远"大副头部被弹片切中，脑浆和鲜血喷射而出，旁边的方伯谦被溅了一身。紧接着，又一发炮弹击中舰首主炮台，枪炮大副当场成为碎片，更多的官兵纷纷倒下……"济远"舰上惨叫声一片，血流成河。

方伯谦被这一幕幕惨烈的景象惊呆了，他命令"济远"冲出包围圈！但由于航速相对较慢，始终无法摆脱纠缠。看来不把"济远"击沉，"吉野"等是不会罢休的。

万分紧急的时刻，林国祥率领的"广乙"出现了。

"广乙"其实算不上一艘真正的军舰，说它是一艘木船更为合适一些（在外面包了一层钢皮），排水量也只有可怜的1000吨，舰上有国产江南机器局制造的旧式架退炮 11 门。"广乙"也不是北洋舰队的军舰，原本属于广东舰队，它和"广甲""广丙"在战前来到北洋舰队会操而被临时征调使用。

战斗开始后，三艘日本军舰把"广乙"晾在一旁，专门对付"济远"。林国祥率领一艘木船冲入阵中，实在要佩服他的勇气。

"广乙"炮火虽然没什么威力，但它船小灵活，就像一条钻进围网中的泥鳅，在阵中左冲右撞，不时发炮。"济远"抓住空当，终于冲了出去。

"济远"是冲出去了，但方伯谦也没管还困在阵中的"广乙"，命令军舰立即开足马力向威海方向行驶。方伯谦虽然只是"济远"舰的舰长，但他也是这次军舰出航行动的总负责人，"广乙"是跟随"济远"行动的，现在，"广乙"救下了"济远"，而"济远"却丢下弱小的"广乙"先逃了。

见到这一幕的林国祥简直气得冒烟。

生气归生气，林国祥必须赶紧想办法冲出去，不然被三艘军舰围着打的"广乙"很快就会沉没。可是，看到前方密集的火力网，林国祥绝望了，他知道：冲出无望。

林国祥只好放弃冲出的念头，命令"广乙"急速调头，撤回到牙山湾内出发地！

三艘日本军舰立即做出决定：先放过木船"广乙"，合力追赶"济远"！因为他们也知道这才是一条真正的大鱼。

"吉野"追在了最前面，"济远"中炮后一直没有再开炮，说明它的发炮装置已经被毁，没有还手能力，"吉野"决定生擒"济远"。可是，当"吉野"逼近"济远"时，"济远"突然发出一发尾炮，正中"吉野"，"吉野"不得不放慢航速，其后的"浪速"超车，它超过"吉野"，全力追赶"济远"！

"浪速"舰长的想法跟"吉野"一样，生擒"济远"，让联合舰队再增加一艘军舰！

东乡平八郎

1871 年，在方伯谦那一批人从福州船政学堂毕业、即将前往英国留学深造时，日本也从国内挑选了 12 名最优秀的海军学员，前往英国学习海军技术。那时候，西方世界对"亚洲黄猴"普遍看不起，所以，当清国的留学生可以进入舰队学习实战的时候，日本来的留学生只能被安排到商船学校学习，连军舰的影子都看不到。

这 12 个人中有一个不善言辞也很沉默的人，每天抱着王阳明的《传习录》看。在英国，他一待就是八年，从最底层的水手做起，刻苦学习船舶建造技术和驾驶技术。回国后，他决心改变日本的海军。

1887 年，参谋本部出台《征讨清国策》，要求日本在 1892 年之前（5年内）完成对清国作战的所有准备。1892 年，日本军队开始进行主要针对指挥官的最后人事改革。日军认为，日本在兵力、武器上都无法和清国相比，但要在指挥官上更胜一筹，指挥官必须年轻化，由掌握世界最先进作战理论的人出任。

于是，这个已经 44 岁的人成了要被裁撤的对象。

但最后时刻，海军大臣想起"浪速"号还缺一个舰长，于是就留下了他。

他就是东乡平八郎。侥幸成为"浪速"舰长，东乡平八郎比任何人都需要证明自己。

此时，在"浪速"舰上的东乡平八郎突然看到前方"济远"号上出现了神奇的一幕。

"济远"号上的白旗

方伯谦的"济远"舰上挂出了白旗！在交战中，举白旗表示放弃抵抗，一般对方也要停火。于是东乡平八郎命令信号兵打出旗语："'济远'立即停驶！"

可是"济远"仍在全速向前，丝毫没有要停的意思。

原来方伯谦是在耍我啊！东乡平八郎又令"浪速"开足马力追赶。双方再一次逼近，这时，更惊奇的一幕出现了。

"济远"舰上的白旗旁边又加挂了一面日本海军旗！

我们来解释一下这个动作：加挂对方军旗表示自动成为敌军俘虏，连人带舰都送给你们。

对于"浪速"来说，这又比较难办了。总不能对着自己国家的海军旗开火吧！于是信号兵又打出了要求"济远"停驶的旗语，他们认为"济远"这一次应该老实了。可是，"济远"舰仍在全速前进！

东乡平八郎又一次被调戏了，以前只听说过兵不厌诈，现在，从方伯谦身上他还知道了另外一个词语：逃不厌诈。

而这时候，前方有两艘战场外的船，正不紧不慢地朝战场开过来。

方伯谦的误导

大家一定还记得方伯谦在牙山湾登陆点没有等到的最后一艘运兵船。

这艘英国籍的运兵船叫"高升"号。在"高升"号上，有 1116 名清国士兵以及 74 名船工。从远处跟在"高升"号后面的，还有辎重船"操江"号。船上装着 20 万两饷银、20 门大炮、3000 支步枪以及成堆的弹药。它们并不知道这里已经发生海战，按照既定的航线向牙山湾驶去。

"高升"号最先遇到的是"济远"。它看到一艘挂着日本海军旗和白旗的军舰朝自己的方向开来，当对方驶近的时候，突然把日本海军旗降下，然后全速擦身而过。

方伯谦在离开牙山湾登陆地时，由于"高升"号还没有到，当时曾制订了一个计划：如在海上遇到第三艘运兵船，必须把它拦截下来令它折返，脱离险境。可是此时"济远"上的方伯谦似乎已经把这个计划完全忘到脑后了，他的脑子里剩下的只有"逃出去"这三个字。为了摆脱追赶，在经过"高升"号旁边时，方伯谦竟然没有向"高升"号发出任何警示，只是把日本军旗降下，继续全速向前。

方伯谦不知道的是，他的这个动作大大地误导了"高升"号。"高升"号是租来的英国船，并不认识"济远"舰，也不知道它是北洋舰队的军舰，他们看见一艘挂着日本海军军旗和白旗的军舰莫名其妙地冲过来，冲到面前时又把军旗徐徐降下——以为这是一艘日本军舰在行使海上礼节！

于是"高升"号放心大胆地继续向前航行了。危险也一步步临近，它将遇到的是那个可怕的敌人——东乡平八郎。

东乡平八郎站在"浪速"舰上发现了"高升"号，也看到了甲板上密密麻麻坐着的清国士兵，他突然意识到：这是一条没有任何武器防备的运兵船！

"浪速"舰立即驶向"高升"号，舷侧大炮全部对准"高升"，炮兵朝天鸣炮示警，信号兵向"高升"号打出旗语："立即停驶！"

在英国船长的命令下，"高升"号停下来了。东乡平八郎派出军官乘坐小艇登上"高升"，说明"高升"号已经被日本军舰俘虏，要求把"高升"号带走，英国船长同意了。军官回到"浪速"，"浪速"打出旗语："起锚，随我前进！"

甲板上的清军明白了眼前的一切。他们拿起手中的步枪看管住了船长，强令驾驶员停航，不能跟日本军舰走。

英国船长只好又向"浪速"号打出信号："请你们再派人来谈判！"于是"浪速"军官又一次来到了"高升"号，船长转告了清军的意见：他们拒绝当作俘虏，也不再去牙山，要求回到原出发地大沽去——由于两国尚未宣战，轮船也是外国籍的，清军的这个要求可以说比较符合国际惯例。

军官回"浪速"舰汇报去了，大海上一片宁静，所有人都在等待着那个平时沉默寡言的人——东乡平八郎的决定。

东乡平八郎的选择有两种：一是按原计划强行将"高升"带走；二是令"高升"号返回大沽。但东乡平八郎做出的却是第三种选择——开炮！将这艘毫无还手之力的运兵船击沉！"这是一艘英国籍的船。"手下人提醒他。

"那么让欧洲人立刻离船。"东乡平八郎平静地回答。

"欧洲人立刻离船!""浪速"舰上的信号兵向"高升"号打出旗语。

英国船长和外籍船员这时连哭的心都有,因为——他们离不了船。

他们已经被船上的清军用步枪押住了。

所有人又在等着东乡平八郎的反应。李鸿章租用英国籍的轮船运兵,就是赌日本人不会开炮,现在,轮到东乡平八郎出牌的时候了。

"开炮。"东乡平八郎平静地回答。

"高升"号沉没

十几门大炮开火的同时,鱼雷也飞向"高升",甲板上的清兵拿起手中的步枪射击,然而距离太远,子弹只能在海面上打出一朵朵水花。

"高升"号很快进水倾斜,向海底沉去。

东乡平八郎命手下救起落水的外国人,清军开枪射击阻止,日本人最终只救起了英国船长、大副以及轮机手三人。30分钟后,"高升"号全部沉入海底。

这条载有一千多人的船上,最终活下来的只有257人,都是侥幸逃生。有的在海上漂流几天后被路过的军舰和轮船救起,有的游回了岸边,还有两名清军游到了附近的一座荒岛上,当了四十多天的野人后才获救。

而其余的871名清国官兵和62名船员全部葬身海底。

这就是历史上著名的"高升号事件"。它的悲剧是多方面的因素构成的,最主要的原因是两个:主帅李鸿章的侥幸和前线将领方伯谦的怯弱。一艘满载千名士兵驶向前线地带的运兵船,在两个国家即将要打起来的时候,竟然故意没有军舰护航,孤零零地航行在大海上,以为挂着米字旗就是护身符,而相遇的"济远"也对它不管不顾!

"高升"号沉没的同时,辎重船"操江"号也在"秋津洲"号的逼迫下束手就擒,饷银、军火连船带人一起成为日军的战利品。

而驶回牙山湾出发地的"广乙"，因舰体被炮弹损伤严重，在浅滩碰到礁石搁浅，林国祥只得下令放火烧掉"广乙"。林国祥和士兵们从朝鲜辗转回国，途中他们遭到日军扣留，在写下"永不参与清日战争"的保证书后，回到国内。

只有一路狂逃的"济远"安全地回到了威海基地。对于方伯谦来说，他的逃跑行为并不是从遇到日本军舰开始的，而是在得知日军在汉城发动政变后开始的。他扔下仍在卸兵的第二艘运兵船，开出了牙山湾，在遇到第三艘船"高升"号时，不仅没有承担护卫作用，甚至连警示信息也没有发出。方伯谦似乎故意让"高升"成为"浪速"新的攻击靶子，好抓住机会逃跑。从这点来说，方伯谦不仅是一个能力上失败的将领，还是一个人品上失败的将领。

在战前给李鸿章上书中，方伯谦展现了作为一个有国际眼光的谋士的才能。然而，有谋者未必有勇，好的谋士和出色的军事将领之间，不仅不能画等号，连约等号都画不成。

这一切的差别，来源于两个字：勇气。

谋士可以夸夸其谈，将领需要的却是抽刀一战。在仗打起来之前，好的谋士可以满嘴跑火车，嘴上轻言生死，真正打起来却很可能跑得比谁都快，而好的将领却不是这样的。

好的将领可能临战而惧，却在战时无比勇猛，更有破釜沉舟、放手一搏的勇气。

方伯谦无疑是属于没有勇气的人。他在牙山湾海战中展现的不是一个勇将的素质，而是一个逃跑大师的素质。

自从火器成为人类战争的武器之后，人们常常会问：战场上还需要那种英勇吗？其实无论武器如何先进，最后决定战争胜负的还是人，这一点和以往任何战争都没有区别。

是的，无论你有多么高深的理论、出色的战略、高明的战术，战场上到最后拼的都是勇气，那种"不成功便成仁"的勇气。

一个"勇"，便已经诠释了军魂的核心！

第六章

李鸿章：以一人敌一国

李鸿章的失望

当牙山湾海战的消息传到天津时，在短暂的沉默之后，李鸿章的反应是：兴奋。

既然东乡平八郎击沉了英国船，英国人肯定不会善罢甘休的，一定会向日本动武的。李鸿章相信这一点，于是他命令清国驻伦敦公使馆密切注意英国国内的动向，必要的时候，给英国人煽点风、点把火。

但李鸿章注定要失望了。尽管英国国内民众反响强烈，上街游行，要求教训日本佬，但是，英国政府并不打算这么做，因为他们清楚跟日本"合作"的利益。于是英国政府表现出了"极大的克制与冷静"，为了平息国内舆论，剑桥大学的国际法教授在《泰晤士报》上一连写了好几篇文章，七绕八绕，竟从国际法的角度"证明"了东乡平八郎行动的合法性。

但是，英国人并没有放弃赔偿。六年后，当八国联军占据北京时，英国向朝廷提出必须赔偿"高升"号，于是朝廷拿出了 30 万两白银进行赔偿，而日本没有负任何责任。

胜利者不会受到谴责，也不需要负责任，这就是战争。

北洋舰队的战机

牙山湾海战（*历史书上称为"丰岛海战"*）也揭开了清日两国海上

大决战的序幕。对于清国和日本来说，双方都还没有派出主力舰队，很快，在我们熟悉的黄海海域，北洋舰队将和联合舰队正面抗衡。一场惊天动地的大海战即将开始，全面检验两国海军实力的时候就要到来了。

但在黄海决战之前，对于北洋舰队来说，它们仍拥有痛击联合舰队的绝佳战机。

在牙山湾海战之前，大本营给联合舰队下达的任务是寻找北洋舰队主力决战，掌握朝鲜海域制海权，很明显，这一任务并没有完成。牙山湾海战后，为了早日和北洋舰队决战，心急的伊东佑亨竟然一度把联合舰队直接开到了威海海域。

联合舰队急于和北洋舰队决战的目的只有一个：为了方便从本土向朝鲜运兵。从地理上说，清国的陆军主力可以从陆地上直接进入朝鲜，而日本陆军主力必须通过海运。可想而知，如果北洋舰队存在，这是对海上运兵的一个巨大的威胁。

由于联合舰队找不到北洋舰队进行决战，而大本营又得到了清军陆军主力正从鸭绿江向平壤集结的情报，此时大本营只能冒险将本土陆军主力运到朝鲜，以便迎战平壤清军。所以大本营对联合舰队的命令改变了，要求联合舰队不再主动去搜寻北洋舰队决战，暂时回缩，严密控制仁川一带海面，保证日本陆军在仁川登陆。

这就是北洋舰队的战机。如果北洋舰队主动出击，袭扰担任护航任务的联合舰队，甚至胆大一点偷袭一下日本本土，同时平壤陆军快速南下进攻在汉城和仁川的日军，形成海陆夹击，这是将日军重新赶出汉城以至整个朝鲜境内的绝好机会。

从战略上说，这是以主动出击变被动为主动，重新掌握战场主动权。而北洋舰队是有这个实力的，更何况，无论是清国海军还是陆军，都能方便地从朝鲜得到补给和支持，有一个稳定的大后方。

伊东佑亨已经意识到有被袭扰的危险，他制订了一旦北洋舰队主动出击，就让运兵船绕道朝鲜东北面海域，进行远程运输的计划。一旦情况紧急，就只能走点远路了。

然而，北洋舰队主动出击仁川海域的一幕始终没有出现，更别说去偷袭日本本土了。要了解这个结果，我们需要来了解清国对这场战争的指导思想。

"避战保船"

"避战保船"是李鸿章对丁汝昌的明确要求。每当北洋舰队远航，特别是去朝鲜海域，李鸿章都会给丁汝昌发一封电报，告诉他"以保全坚船为上"，然后再深情款款、恋恋不舍地叮嘱一句："盼你速回！"这语气，听着很像送丈夫上前线的妻子。

在"避战保船"的策略下，北洋舰队就这样白白浪费了原本属于它的机会。

从实际情况看，在北洋舰队组建过程中，李鸿章倾注了大量的心血，不辞劳苦，也不知和一班保守派大臣吵了多少次架，挨了多少个言官的骂才建成（主要是花钱太多），所以他对这支舰队有着深厚的感情，不希望舰队受到损伤。

但这只是表面的原因，不是真正的原因。

一支舰队成立，最主要的任务自然是保疆卫国，如果担心舰队损伤而避战，这就像我们买了一辆车，为了担心出现交通事故，就在车库里摆着，用作展览。

真正的原因是：李鸿章需要保住这支舰队。

朝廷一直存在复杂而残酷的权力斗争，越接近权力核心，斗争越激烈。对于李鸿章来说，北洋舰队和淮军就是他的权力基础，也是权力安全最保险的保障。当军队掌握在自己手里，就有了一份让对手闭嘴的保证。

但李鸿章不知道的是，当他把北洋舰队和淮军当作自己在清国官场上的政治资本时，其他封疆大吏也是这么想的。

清国中央政府已经没有太多的威信和实力来调动这些军队。朝廷一直放任内部利益集团的滋生、壮大、互相争夺，却不知一旦内忧外患，利益集团也将反过来给政权本身带来巨大的损害。

因为他们考虑的，不再是"朝廷"，而是自己。

李鸿章不仅得不到其他官场同僚的帮助，也得不到老百姓的支持和帮助。很多老百姓不关心这场战争，一些百姓甚至为这场战争欢呼。在他们看来，清日交战，这是日本人在打满族人，跟他们无关——国不知有民，民也将不知有国！

这是朝廷在为多年腐败、丧失民心吞下苦果。

于是，恶性循环出现了。李鸿章要保护他的权力基础，却得不到其他派系军队的支持，因得不到支持，就更得注意保护权力基础。清国虽然有四支舰队，陆军近百万，却始终只能由北洋舰队和淮军出战。日本战时大本营最担心的是清国四支舰队组成联合舰队，清国举全国陆军出战，但这种情况似乎永远不会出现了。

李鸿章说："吾以一人而敌一国耳！"

攻势防御

而伊东佑亨的策略恰恰相反——攻势防御。

所谓攻势防御，说得直白一点就是声东击西，以攻为守。在日本向仁川运兵的过程中，伊东佑亨派出联合舰队主力战舰严密封锁仁川海域，而其他的军舰，去袭扰清国本土！

日舰先开到威海，朝威海港口打了几炮。威海打炮的消息传到天津，李鸿章慌了，向朝廷报告，丢了威海，朝廷要怪罪他；朝廷也慌了，丢了威海，京师震动，王公大臣们不安，太后皇上也不安。于是李鸿章急令丁汝昌率北洋舰队回护威海。

丁汝昌风尘仆仆地赶到威海，却发现日本军舰已经走了，他们去了大沽，又在大沽打了两炮。朝廷更慌了，算算距离，大沽离北京更近，拱卫京师的海上门户，更不容有失。于是，丁汝昌擦擦头上的汗水，又率舰队往大沽口开去。等好不容易到了大沽，旅顺口又传来了日本军舰的打炮声……

就这样，郁闷的丁汝昌率领整支舰队满大海飞奔，总是"在路上"。李鸿章和朝廷终于受不了了，指示丁汝昌：以后你就不要远行（不得出海浪战），就在渤海近海岸待着，随时保卫京师！

这就是伊东佑亨的策略。这一招我们似乎很熟悉，在成为联合舰队司令长官后，伊东佑亨手上从来没有放下过《孙子兵法》，而且他命令每一位海军士兵都要认真学习《孙子兵法》，做到人手一本。

而就在丁汝昌在海上飞奔的同时，日本陆军的运兵计划实现了。在为期一个月的时间里，三万名日军（战时大本营按照三倍于平壤清军出兵）在朝鲜登陆，跟他们一起登陆的，还有武器辎重。

到运兵的后期，伊东佑亨甚至连护航都取消了。他知道这里很安全，盼也盼不来北洋舰队啊。

在完成登陆后，按照大本营之前确定的战略，陆军要继续总攻平壤。在攻下平壤之后，开始两线作战，第一军继续北上，从鸭绿江入侵清国本土，西进进攻奉天。同时，运送第二军到旅顺、大连一带登陆，然后迅速北上，与第一军合围奉天。并在可能的情况下攻破山海关，侵入华北平原，最终打到北京！

战时大本营给联合舰队下达了新的命令：再次寻找北洋舰队决战，控制黄海海域，打通从本土直接运兵到旅顺的海上通路。

根据这一命令，伊东佑亨制订了具体的细化方案，分为近期目标和远期目标。

近期目标：歼灭北洋舰队。在清国四支舰队联合之前（仍然担心），将北洋敌舰诱至旅顺港外，击毁北洋舰队 3/4 以上军舰，使之不能成编。注明：此战只许成功，不许失败！如不能取胜，则不能护送陆军在旅顺、大连一带登陆。

远期目标：除了歼灭北洋舰队，占领威海也势在必行，进而占领山东省之要地，最后将联合舰队根据地设在威海，趁机侵入大沽口一带，炮轰沿岸炮台及其他要地，以援助陆军从山海关攻进北京。

伊东佑亨带着他的目标出发了。跟在他身后的是联合舰队所有的主力战舰，他们已经得到了北洋舰队正在黄海一带护航运兵船的情报。这次，一定要在海上找到北洋舰队，决一死战！

决战即将来临！

9 月 15 日，日本陆军分四路包围了平壤。坐镇天津的李鸿章命令叶志超继续担任入朝部队的最高统领。这时候，我们要简单交代一下叶志超同志在朝鲜的行程。

在牙山湾海战的同一天，驻扎汉城的日军出动，从陆路成功地偷袭了在牙山的叶志超部。经过两个小时的激战，叶志超便抵挡不住了，丢下大量武器和弹药朝平壤溃退。

为了躲避日军可能发起的追击，叶志超率领这支军队在朝鲜大陆上摸索前进，不断绕道迂回，跨越山山水水，不少人饿死病死在撤退的路途中。在行军二十多天、行程达 1000 多公里后（牙山到平壤直线距离约为 300 公里），到达平壤。

叶志超很有自知之明，他刚刚捡回一条命，一想到还要驾驭这么多主力部队，而且又不是同一派系，心里很犯嘀咕。他学了袁世凯那招，直接向李鸿章发电提出辞职，并且提了一个建设性的意见：要不……派您儿子来吧？

李鸿章毫不犹豫地拒绝了这个建议：让你当司令，你就当！叶志超是安徽人，并且还是淮军老将。李鸿章当然不会把总指挥交给一位非淮系的将领。于是，叶志超又一次战战兢兢地走马上任了。赶在包围平壤的日军割断电报线之前，他赶紧发了最后一封电报：请派援军！

李鸿章虽然把"爱将"赶鸭子上架，但也不能不管他。事实上李鸿章的很多命令都是为部下所请，解决临时问题，而没有一个长远的战略。李鸿章同意了增派援军的请求，思来想去，决定调驻防大连港的陆军前往支援。运兵路线是：先用运兵船把他们从大连海运到安东（丹东），然后从安东跨过边境进入朝鲜。

这一次，李鸿章吸取了牙山湾运兵的教训，命令丁汝昌率领北洋舰队全部12艘主力战舰护航！

而日本间谍得到的就是这个情报。

位于清国和朝鲜边境的安东港，现在叫作丹东港，它的出海口叫大东沟。9月16日，丁汝昌率领北洋舰队护卫大连陆军4000人前往大东沟。9月17日，护卫任务完成，丁汝昌准备率舰队返回旅顺。

在一切风平浪静下，隐藏着凶险的战机。

决战，即将来临。

第七章
海战爆发：世界第六大舰队屡犯低级错误

大战前的平静

9月17日，周一，晴。这是一个普通的日子，在清国的首都北京，一切照常。该上朝的继续上朝，该下馆子的继续下馆子，该逛窑子的继续逛窑子，千里之外，却是天壤之别。

"定远"航海日志：日出时间5时42分，微风，北纬39°30'，东经123°35'，鸭绿江口外大东沟海域。

丁汝昌有一种预感，在海上某个看不见的角落，日本人的联合舰队正朝北洋舰队疾驶而来，按照李鸿章的"保船"策略，丁汝昌认为他必须尽快将舰队安全带回旅顺军港。9点15分，北洋舰队照例开始每日的海上阵形和射击训练。10点半，训练结束，各军舰上厨房里的师傅开始做饭。

丁汝昌计划舰队官兵吃完午饭后，于12点钟全舰队起锚，返回旅顺。

海面依然平静。

11点，北洋军舰上的观测兵突然发现了情况：西南方的海面上出现滚滚煤烟！仔细观测，一支庞大的舰队正疾速驶来，上面悬挂的却是美国国旗——星条旗。

观测兵立即将情况汇报给丁汝昌，丁汝昌明白：日本人来了！

作为"中立国"的美国，此时绝对不可能派一支如此庞大的舰队来到战区。只有可能是日本人，一定是日本人！

丁汝昌在他当天的航海日志中写道："11时发现敌舰。"

丁汝昌下令：各舰升火！准备战斗！

此时双方相距 27 海里（50 公里），按照相向航速，两支舰队还有近两个小时的航程进入射程。而按照北洋舰队的作息时间表，11 点 55 分将是统一开饭时间，厨房已经准备将饭菜送到用餐室，丁汝昌显然是准备打完海战后再饱餐一顿。这一切都是来自他内心的一个秘密——紧张。

11 点半，伊东佑亨在"松岛"号上挂出信号：吃饭！35 分钟后，联合舰队全队官兵吃饭完毕。伊东佑亨下令：破例允许士兵吸烟，以安定心神。

在吃饱吸足后，"松岛"才打出旗语"准备战斗"，联合舰队各军舰迅速换下美国国旗，改挂日军海军旗！

而北洋舰队上的士兵还在饿着肚子作作战准备。炮兵到达战位，炮手们紧张地搬运炮弹、检查弹头、装上引信；轮机兵将机室隔绝，用强压通风储备饱满火力和汽力。救火机和引水管都已接好，随时准备救火。其余的士兵们在甲板上铺上细砂，以防在作战时滑倒。

虽然是饿着肚子，但士兵们的战斗热情很高。不仅热情很高，他们都带着必胜的信念，对于战胜日本人有很强的自信。

这种自信是有缘由的。

要想成为北洋舰队中的一名水兵，可以用一句话来形容——那是相当不容易。这么说吧，不仅比今天的高考要难，甚至比公务员国考、司法考试还要难。为了今日的战斗，他们已经闯过很多关，准备很多年了。

首先，在生源地的选择上，水兵们都来自胶东沿海的渔民家庭。大家知道，自古山东兵的战斗力就是很强的，而渔家子弟从小熟悉大海，在风浪中成长，也适合做水兵。

更重要的是，大家都来自同一个地方，老乡之间的感情很深，一旦有一人受伤或者战死，其他人就会拼命，这就是招老乡兵的好处。

其次，在条件上必须年满 16 岁，各项身体指标达标，身体指标就不详细讲了，反正要身强力壮，牙好胃口好，各部分零件都没毛病。此外，还不得有犯罪或者耍流氓的记录，你小时候砸过邻居的窗户，在街上尾随过美女，对不起，统统不符合条件。

然后还要有点文化，虽然不要求学富五车，但必须上过学能识字。这是为接下来接受一项特别的教育做准备条件。

当所有这些条件符合后，你还需要进行另外一项工作——找个保人来作保。一旦将来不遵守军纪，保人也要受到牵连。

满足这些条件后，你就可以开始面试了。在面试过程中自然又会刷下一批，看不顺眼的是不能要的。那么，是不是面试通过就能正式成为水兵了？不是。

你的身份还只是"三等练勇"，成为士兵还得需要考试，怎么考呢？理论和操作：先以练勇的身份在练习舰上学习一年，然后进行英语过级考试和军舰操作专业考试。

英语是必须要考的，因为北洋舰队是一支完全采用西式教学的舰队，平常所有的教学以及训练、战斗时的口令，都使用英语。所以必须有一定的英文基础，才能学好专业英语。

好吧，如果你够厉害，这些关都过了，是不是可以开开心心地成为一名正式的水兵了？不要着急，还不是。你的级别是"二等练勇"，再学习半年，进行复考，对军舰的实际操作能够达到优良，才能正式成为一名水兵。

正式成为水兵后，就有资格上军舰去服役了。每月的工资是很高的四两银子，但你的级别还很低：三等。

三等水兵是军舰上级别最低的水兵。怎样成为二等水兵呢？不着急，除了知识精良，技术过硬，各种考试合格，没有犯错记录，你还需要一个条件——运气。

这个运气就是等二等水兵有了空缺，你就有机会参加升级考试了，有希望成为二等水兵。同样，要想成为一名一等水兵，也要等原有的一等水兵有了空缺，你才能考一等水兵。

这么设置其实是很有道理的。水兵是技术军种，这样的机制能够保证水兵群体更新不是很频繁，也就保证了很多人几年甚至十几年都做着相同的工作，对操作的熟练能够达到条件反射的程度。因为平时的训练已经达到了一种机械流水的程度，一旦有机会实战，水兵也会很珍惜作战机会。

一等水兵在服役达到一定年限后，接受理论和实践的考核（真是活到老考到老啊），有可能晋升为水手长、炮长这样的士官阶层，但这也是他们能够达到的最高级别。如果想成为舰长级别的军官，需要走另外一条路，这条路我们前面已经介绍过了，就是像方伯谦、刘步蟾那样考上福州船政学堂、天津水师学堂这样专门的海军学院，接受四年的专业英文教学，再去国外留学深造，通过层层考核选拔，才有成为舰长的希望。

清国的苦难是从海上开始的，海军就成了国家寄予厚望的军队。舰队是抚慰帝国心灵的神兵利器，舰队官兵的收入是所有军队里面最高的，而且还从来不会遭到拖欠，所有人都纳入中央政府正式编制，朝廷甚至直接拿海军的军旗作为国旗。为了支持发展海军，基本上是要钱给钱，要人找人，要政策定政策，为的就是有朝一日能够抵御洋人，保护国门，重振帝国雄风！

为了表达和日本人决一死战的决心和必胜的信念，各条军舰上的士兵们都自动拆掉了救生舢板，而两支舰队已经在快速地逼近……在大战一触即发之际，我们来介绍一下双方的出场阵容。

强大的北洋舰队！

北洋舰队的主力军舰，可以用一句话概括，很好记，它们是："六镇八远一大康，'超勇''扬威'和'操江'"。

所谓"六镇"，是指北洋舰队中的"镇中""镇东""镇南""镇西""镇北""镇边"六艘老式炮舰，它们没有出海作战。而"八远"指的是八艘绝对主力战舰——"定远""镇远""经远""来远""济远""致远""靖远""平远"。它们是由地方出钱从国外购买的军舰，用地名来命名，比如保定府出钱的就叫"定远",镇江出钱的叫"镇远",而"致远""靖远"是来自台湾的捐款。

"超勇"和"扬威"是老式撞击巡洋舰(把对方军舰撞沉),只比"六镇"新一点,跟随出战。

"康济"号是练习舰,不能用于战斗。"操江"是木制旧舰,用来搞运输,它已经在牙山湾海战中被日本人俘虏了。

此时北洋舰队中还有三艘小型军舰——"广甲""广乙"和"广丙"。前面已经介绍,它们原本属于广东舰队,是战前前来会操的,"广乙"号已经在牙山湾海战中损失,"广甲"跟随出战,而"广丙"跟随"平远"号以及北洋舰队鱼雷艇队还留在大东港内,它们是等战斗开始后再出港加入舰队参战!

这样,我们来掰掰指头算一算,北洋舰队参战的军舰是"八远"和"超勇""扬威""广甲""广丙",总共 12 艘军舰!此外还有鱼雷艇。

这 12 艘军舰的绝对主力核心不用多说,它们是"定远"和"镇远"。"定远"和"镇远"是产自德国的同一级别的军舰,由清国斥巨资订购和买入,除了个别地方钢板的厚薄不同,双方在武器、装备等方面没有差别。我们就以"定远"为例介绍吧。

它是亚洲最大的铁甲舰。舰长接近 100 米,刘翔差不多可以在上面跨栏;宽 18 米,林丹可以在上面打羽毛球。当它航行在水中的时候,吃水深度竟然达到六米!而它的重量(排水量)更是达到了惊人的 7000 吨以上(7335 吨)。

简单解释一下这个 7000 吨的概念。直到 2000 年以前,中国的海军还没有一艘主力战舰的排水量超过这个数字。

而所谓铁甲舰,其实就是水上碉堡。全舰从头到尾、从上到下被钢铁装甲包裹得严严实实,最厚的地方达到了 14 英寸(35 厘米),一般口径的炮弹,你还真打不穿它。一炮打上去,"咣当"一声溜走了,顶多是个剐蹭事故。

而"定远"舰上的武器也绝对是"大炮开兮轰他娘"级别的。

舰炮中最厉害的是四门超大口径主炮,最大射程五公里。也就是说,方圆十里之内,"定远"独步水面!

那么口径的具体参数是多少呢? 305毫米。由于是超大型炮,所以每门炮需要六个人来为它服务,组成一个炮班,它们是:炮长一名,负责拉绳射击;旋回手一名,负责转动炮座;瞄准手一名,负责调整舰炮仰角;推弹手一名,负责把炮弹推入炮膛;运弹手两名,负责搬运炮弹。

可见"定远""镇远"最突出的特点就是:装甲坚固,火力坚挺。用一个词来形容它们战时的状态就是"生猛"。

当然,除了这些,"定远"和"镇远"还是一条特别讲究人性化的军舰。军舰上有功能完备的生活区,包括军医院、浴室、酒吧和餐厅等等。大家在舰上喝的是纯净水,它们是用20座淡水炉来保障的。

指挥"定远"和"镇远"的也是北洋舰队的"三巨头"。由于"定远"是旗舰,所以平时丁汝昌在这条舰上,而"定远"的舰长是右翼总兵刘步蟾,"镇远"舰长是左翼总兵林泰曾(林则徐侄孙)。可谓群星闪耀,三英荟萃。

丁汝昌的秘密

作为北洋舰队的司令,丁汝昌却是高级军官中唯一没有进入福州船政学堂进行海军专业学习的人。一个不懂海军的人却担任最高指挥官,这一切是因为李鸿章的一个秘密。

在出任北洋舰队司令之前,丁汝昌一直服役于陆军,专业是骑兵,官职最高做到了淮军骑兵师长(总兵)。当朝廷准备裁撤他的骑兵部队时,丁汝昌下岗了,在安徽老家游荡三年,最终前来投奔自己的老乡兼老上级——李鸿章。

当时李鸿章正在组建北洋舰队,而舰队的司令也已经任命。李鸿章准备让丁汝昌加入北洋舰队,平级调动,做一名中级军官。

其实李鸿章对丁汝昌并没有多大的印象,但在接见丁汝昌之后,李鸿章却认为丁汝昌是一个可以重用的人。

丁汝昌这个人最大的特色并不是业务能力突出，也非其他将领那样骁勇善战，而是不善言辞，很老实，很听话。他对领导忠心耿耿，指哪打哪，达到了自己可以一丝不挂（没心计），而执行领导命令一丝不苟的程度。

有这一条就够了。李鸿章改变了主意，他觉得应该换一位对自己更加忠诚可靠的人来出任北洋舰队的司令，而这个人，就是丁汝昌。

虽然李鸿章一心想推荐丁汝昌，但丁汝昌成为舰队司令的难度还是比较大的。丁汝昌陆军出身，不说没有进入专业海军军校学习过，甚至连军舰都没有见过，而且据说还有晕船的毛病。

但在李鸿章的大力推荐下，朝廷终于改任丁汝昌为北洋舰队司令。

这就是领导说你行你就行，行与不行不是你自己说了算的。

而李鸿章的秘密就是：使用丁汝昌出任北洋舰队司令，这是一个安全的人选。只要有丁汝昌在，朝廷对北洋舰队的任何命令都必须通过李鸿章才能得到执行。有丁汝昌在，李鸿章就可以放心了，因为丁汝昌是替他在出掌强大的北洋舰队。

与此同时，丁汝昌不仅掌管了北洋舰队，也管住了刘步蟾、林泰曾等这些真正的海军将领，而他们都是非淮系的。

丁汝昌很明白领导的这个秘密，他要在自己的岗位上，既顶住李鸿章在朝中的那些政敌（言官）的骂，也顶住属下的不满。

如此一来，北洋舰队的高级军官中形成了好几个派别。

首先是丁汝昌作为唯一的安徽人高高在上，属于空降型的领导。

然后是书生气浓厚、性格孤傲的方伯谦特立独行、恃才傲物，忠实地维护自己的利益，跟其他所有人关系都一般，属于自成一派的特点型人物。

接下来就是人数众多的福建籍军官形成的"闽党"。虽然福建籍军官中官职最大的是左翼总兵林泰曾，但林泰曾性格温和，不善于拉帮结派，而右翼总兵刘步蟾性格强势。于是"闽党"是以刘步蟾为核心的，紧密团结在老刘的周围，属于北洋舰队中势力最大的军官团体。

另外就是邓世昌等少量的广东籍将领，属于人数较少的"广东帮"。

在刘步蟾这些从十几岁就开始学习海军、留过洋的将领眼里，丁汝昌无疑是北洋舰队司令最不合适的人选。刘步蟾等人平时对丁汝昌并不尊敬，一直对丁汝昌的指挥能力抱有怀疑。丁汝昌深刻明白这一点，现在，不仅是北洋舰队证明自己实力的时候到了，也是丁汝昌证明自己能力的时候到了！

为了李领导，为了自己，拼死一战吧！拿这些倭军来祭旗，我会用事实证明自己！

快速的联合舰队！

1885年，当"定远""镇远"在北洋舰队下水服役的时候，它们震惊了整个日本。这个情况在前面已经提到了，东京皇宫里的睦仁发现，日本海军中还没有一艘军舰的舰炮可以击穿这两艘巨无霸厚厚的装甲。震惊之余，睦仁拿出了他皇室开支的1/10，其他日本官员也贡献了工资的1/10——造军舰！

专门为对付"定远"和"镇远"而高薪聘请的法国造舰专家来了。法国人在日本住了四年，每天的工作就是画图纸，"叮叮梆梆"敲打钢块，终于按要求设计出了三艘军舰。这三艘军舰简直是为对付"定远"和"镇远"量身打造的，只要我们对比一下它们的武器装备，就能发现日本人的这个秘密。

三艘军舰在舰首各自安上了一门口径达320毫米的巨型主炮，这个数字已经超过了"定远"和"镇远"305毫米的口径。很显然，日本人对这种大炮寄予厚望，一旦发生海战，希望用它来击穿"定远""镇远"的舰体。

既然攻击武器如此厉害，想必防卫装置也很强了？错。由于成本问题，日本军舰就像他们的车一样——钢板很薄。

这三艘军舰各自的重量（排水量）只有"定远""镇远"的一半多（4278

吨）。

在海战时，这就像一个拖着一把大刀，自己却没有穿任何盔甲的人走向战场。日本人需要的是赌！宁为玉碎不为瓦全，只要能击败你，宁可大家同归于尽！

三艘军舰是以日本最著名的三处景观（松岛、严岛神社、天桥立）命名的，分别叫——"松岛"号、"严岛"号和"桥立"号，合称为"三景舰"。而"松岛"是联合舰队的旗舰，伊东佑亨的座驾！

除了"三景舰"，联合舰队主力队还有五艘战舰，它们的重量都没有超过4200吨（钢板薄），需要特别介绍的是其中的一位成员——"西京丸"号。

在日本的邮政系统中，有一艘很大的木船，用来运送信件和货物。由于船很大，被海军部看上了，船上刷了刷漆，好歹安上去一门炮，就成了联合舰队主力队的一员。它其实还是一条木船，连日军私下里都叫它——伪装巡洋舰。

"西京丸"的特别之处还在于它上面有一位特别的人物坐镇，这个人物我们以后介绍。

除了主力队，联合舰队还有先锋队。由于在牙山湾海战中表现出色，现在它又增加了一艘航速很快的"高千穗"号（与"浪速"号同级别），这样先锋队就变成了四艘战舰。加上主力队的八艘，联合舰队总共出战军舰为12艘。

现在，我们需要对双方的出场阵容做一个对比了。为了让大家看得更加清晰，我们需要先熟悉一个公式：A=北洋舰队，B=联合舰队。

对比——

A：出战军舰，12艘（另有鱼雷艇参战）；B：出战军舰，12艘（无鱼雷艇参战）。

A：军舰总重量（排水量），3.4496万吨；B：军舰总重量，4.0849万吨。

A：参战总人数，两千多人；B：参战总人数，三千五百多人。

A：平均航速，15.1节；B：平均航速，16.4节（其中先锋队19.4节）。

A：20厘米口径以上重炮，24门；B：20厘米口径以上重炮，11门。

来总结一下吧，想必大家已经看出了不少端倪。

A方船坚炮大。由于舰队的主要思想是追求装甲钢板的厚度和炮弹口径，所以防卫能力突出，单发炮弹杀伤力也很强，而弱点在于牺牲了航速与炮速。另外，除了"超级面子工程"——"定远"和"镇远"排水量惊人之外，占主体部分的其余"远"字号主力战舰的排水量却落后了一大截（在2100—2900吨之间），这是造成A方虽然拥有两艘巨无霸，总排水量却落后的原因。

B方的情况恰恰相反，虽然它没有A方"定远""镇远"那样的超级巨舰，但它的主力军舰都很平均，为快速巡洋舰。舰体很大，排水量分布在3000—4000吨之间，重炮较少，大部分装备速射炮，但军舰钢板普遍比较薄，它的特点是船快炮快。由于片面追求航速与炮速，在有利于快速作战的情况下攻击能力突出，而弱点是牺牲了军舰的坚固程度和炮弹口径，一旦形势不利，有可能被对方一口吃掉。

现在用一句话来总结吧：双方在武器装备上不分上下，各有利弊！真是姥爷家的外甥，各有各的好，也各有各的愣啊。

一个令人惊奇的现象已经产生：北洋舰队的军舰是船坚炮利（大），而联合舰队的军舰是船快炮快（小）。以最坚固的盾对最快的矛，简直就是天然的克星，不是冤家不聚头也。

而情况也已经清楚了，武器因素并不是最重要和最关键的，最关键的是接下来的两个因素：排兵布阵和临场指挥！

伊东佑亨的冒险

在介绍双方的排兵布阵之前，我们首先要来了解主导当时世界海战的一个理论，就是"舰队一体"理论。理论实际上是比较复杂的，但简单地说，可以用一句话来介绍，那就是：在海上对决的时候，舰队里各条军舰绝对不可以分离。大家要紧密跟随在以旗舰为中心的舰队周围，必须保持一个整体，战则同战，死也要死在一起。

有人可能要问了，这有什么值得说的？理论一般是不能等同于实践的，但问题是这个理论背后的两个字——权威。世界上的各支海军基本都遵守它。而海军是一个新兴的军种，人类历史上第一次蒸汽装甲战舰的大规模海战（意奥海战）只比甲午海战早二十多年，大家还处于吸取教训积累经验的阶段。对于积累下的权威，除非这个人无知，或者无畏，一般情况下不愿意去打破它，打破就要冒巨大的风险。

伊东佑亨似乎就不信这个邪，当把联合舰队分成先锋队和主力队时，他就已经在为打破这个权威而冒险了。而伊东佑亨不仅在舰队编排上打破了"舰队一体"，还明确规定一旦作战，先锋队可以脱离主力队单独行动。你们这些快腿只管冒死向前冲，冲出去再说，不必在乎目的地，在乎的是有多快跑多快！

在把舰队分割成两块后，伊东佑亨开始布阵了。而与其说伊东佑亨在布置阵形，不如说他根本没有阵形。他令先锋队的四艘军舰和主力队的八艘军舰，都以首尾相接的方式冲向战区，也就是说，这是一个最为简单的"1"字阵形——这就是古代兵法中的"长蛇阵"，一种历来极为冒险的攻击阵形。

太简单了，而简单并不代表不好。

丁汝昌的谨慎

大战之前，丁汝昌下达了三条战令：

1.In action,sister ships,or sub-divisions of pairs of ships,shall as far as possible remain together,and support one another in attack and defence.

2.A ruling principle should be to keep bows on to the enemy.

3.All ships must,as a general rule,follow the motions of the Admira.

英文看得眼花，还是翻译一下：

1. 姊妹舰或者同一小队的两艘军舰要共同行动，作战或防守时要互相配合。

2. 舰首必须始终朝向敌舰作战。

3. 所有舰必须跟随旗舰进行运动。

译完之后，就可以分析了。很明显，丁汝昌的第 1、第 3 条战令正是来源于"舰队一体"的权威理论。另外，他也照顾到了北洋舰队的实际情况。

由于北洋舰队的舰炮大多数为大口径的架退炮，这些炮大部分安装在舰首，第二条战令舰首对敌，就是要发挥大炮的威力。

在下达这三条战令后，丁汝昌开始布阵。命令以"定远""镇远"居中，各舰分列两侧，排出一个"弯曲的一字"阵形迎敌。

所谓"弯曲"，并不是故意为了迷惑对手，这仍然是丁汝昌出于防卫的考虑。丁汝昌命令军舰在组成横排时，五艘稍强的军舰稍微突前，首先迎敌，依次跟随在强舰身边的五艘军舰稍微拖后，每艘强舰在迎敌时都保护身边的弱舰，达到以强护弱的目的。

以"一"字对"1"字，这又是一对天然的克星、注定的对手。看上去也简单明了，而意外情况在接下来的时候发生了。

引发意外情况出现的因素很简单——时间。

在发现敌舰之前，北洋舰队是以双路纵队前进的，由"定远"和"镇远"分别打头，各自带领四艘军舰向前航行，航速最慢的弱舰都在队尾。现在，最强的"定远"和"镇远"不动，而航速最慢的弱舰反而要走最远的路去排成横排。在极短的时间里，北洋舰队并没有完全成功地变阵，而是最终形成了一个由"定远"打头、"一"字的两翼没有完全展开拉直的"人"字阵形。

下图是北洋舰队和联合舰队接战示意图。

这是古兵法中雁形阵的一种，可攻可守，攻守兼备。以"人"字的尖头——强大的"定远""镇远"攻向敌人，而它们又可以保护两翼和后方的安全，防止敌人包抄。在战斗激烈的时刻，两翼还可以突然展开，奇袭对手，起到"奇兵"的效果。

当然，这是从理论上来说的。

这并不是丁汝昌最初设想的阵形，是由于时间仓促，在排阵过程中变成的新阵形。但北洋舰队已经没有太多时间让阵形最后完成，丁汝昌也没有太多的时间来做出调整。"人"字就"人"字，大雁没排成"一"字，排成个"人"字效果应该也不错吧。

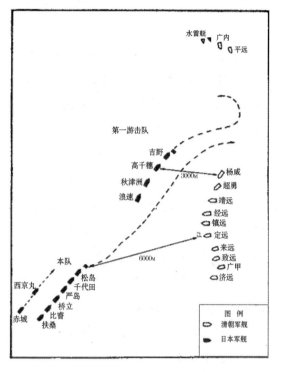

而没有时间的原因很简单：先锋队的头舰"吉野"已经进入距"定远"五千米以内，这已经是"定远"的射程了，丁汝昌传令：各炮手瞄准"吉野"！

瞄准！听我命令，伺机开炮！

这一刻我已经等待很久了！多年以来，清日两国进行军备竞赛，买舰的买舰，买炮的买炮，是因为知道，一场命中注定的海战不可避免。

这是我的命运，也是伊东佑亨的命运；是李鸿章的命运，也是桦山资纪的命运；是清国人民的命运，也是日本人的命运。

而当这一刻真正到来，武器就是最好的代言，铁拳就是最终的手段。以命相搏，这是一条不归路。唯一的选择就是披挂盔甲，握紧武器，亮出獠牙，冲向战场！什么兵力对比，什么权威理论，什么阵形布局，一切的一切，都是为了那个用实力说话的最后的结果。

开炮！轰他娘的！

丁汝昌的意外

中午 12 时 50 分左右,黄海大东沟海战正式打响。

虽然是在射程之内,但由于距离太远,"定远"发出的第一炮并没有命中目标,在"吉野"旁边激起巨大的水柱。"定远"炮手立即修正,瞄准,再发第二炮!

这一炮,打得那是相当准。

炮弹穿过"吉野"舰体后在甲板上爆炸,顿时烧起大火。

"吉野"舰长河原要一望着舰体洞穿的"吉野",心里百般不是滋味,看来强大的"定远"果然名不虚传。

这发炮弹宣告了北洋舰队——旗开得胜!

然而"吉野"没有退缩,救火的同时,河原要一指挥炮手瞄准"定远"。而这一次的瞄准,也非常有水准。

在联合舰队和北洋舰队的军舰中,远距离瞄准使用的都是当时通用的"六分仪瞄准法"。

在先进的瞄准仪出现之前,六分仪瞄准法是一种比较古老的瞄准方法。具体是先派一名观测兵站到很高的指挥观测台上面,手拿六分仪水平测距,得出相对距离后传话给炮手,炮手根据距离修正炮管的高低角度。很显然,这种比较原始的方法还要受到战场上烟雾弥漫的干扰,精准度很难保证(科学数据:使用六分仪瞄准在敌距 4000 米时误差为 170 米左右)。

两支舰队中唯一不使用六分仪瞄准,而是用一种更先进的瞄准方法的,就是"吉野"。

前面已经介绍了,"吉野"是一艘刚刚下水半年的军舰,在建造过程中吸收了很多当时世界的先进技术,其中之一就是将六分仪变成了镜瞄仪。

所谓镜瞄仪,就是一种使用起来类似望远镜的瞄准仪器,使用时只要将目镜焦点对准目标,就能快速显示出目标距离。

河原要一命令瞄准的不是别人，而是正站在"定远"指挥台上的——丁汝昌。

　　丁汝昌并不知道"吉野"号上有如此先进的瞄准仪器，也不知道危险已经朝他临近了。

　　"发炮！"河原要一一声断喝，一发120毫米口径炮弹飞向丁汝昌。如果丁汝昌中炮，北洋舰队损失主帅，后果不堪设想！

　　镜瞄仪还是有误差的，炮弹并没有击中丁汝昌，也没有击中指挥平台，而是在一旁爆炸。丁汝昌幸运地逃过了一劫。

　　而即使是在旁边爆炸，炮弹的威力也是不可小视的。

　　丁汝昌被这巨大的冲击力卷上高空，重重地跌落到甲板口，他的左腿被落下的碎物压住，无法动弹。几乎在落地的同一时刻，大火冲天而起，火苗竟然贴着甲板和丁汝昌的身体燃烧。这是一种奇怪而恐怖的大火，就像事先给着火点浇上了一层油。这个秘密将在接下来的战斗进程中揭晓。而丁汝昌虽然躲过了炮弹，却即将被烈火吞没！

　　情急之下，旁边士兵用刀割破丁汝昌身上的衣服，才将丁汝昌从火海中救了出来，而此时的丁汝昌受伤严重，已经无法站立。

　　士兵们想把丁汝昌背走，离开危险地带，但丁汝昌坚决不离开甲板，他表示："我就坐在这里督战，鼓舞军心！"

　　在过去很多的书中，关于丁汝昌的受伤过程是另外一个说法。也就是"定远"发第一炮时震塌了年久失修的指挥观测平台（舰桥），导致丁汝昌跌落甲板。这种说法曾经广为流传，因为它是北洋舰队管理混乱和腐朽的证据。开一炮没有打中敌人，却震伤自己的主帅，这确实是世界奇观。

　　但仍然有很多人对此表示怀疑，其中包括我。

　　在找到"定远"舰的模型后，根据"定远"前主炮和舰桥的位置和距离，发现这种说法并不能成立。如果"定远"发炮就能震塌自己的舰桥，那么只有一种可能：这个桥上根本不能站人，站上去就得塌，而丁汝昌和其他人员一直站在舰桥上。实际上"定远"的舰桥是非常坚固的，木质钢皮，虫子也咬不进。当年从德国订购"定远"时，由清国方面派人全程监管，德国人也并没有偷工减料。

在综合了中外史料后，我们还原了以上的过程。

作为主帅，丁汝昌的勇气是可嘉的，他的英勇也大大地鼓舞了"定远"舰上的士兵。然而，还有一个问题是丁汝昌没有意识到的。这是一个严重的疏忽，甚至可以说是一个致命的错误，将给后来的指挥带来极为严重的后果。

伊东佑亨的算计

我们再把目光转向"吉野"。在击伤丁汝昌后，形势又对联合舰队极为有利了，但河原要一并没有趁胜厮杀，朝已经着火的"定远"继续发炮，而是按照伊东佑亨事先的部署：率领先锋队军舰向左大转弯，全速冲向北洋舰队"人"字形阵内！

在上一场的牙山湾海战中，先锋队的转弯是为了诱使"济远"驶出狭窄的牙山湾航道，以便发挥速射炮的威力，那么现在这个转弯是为什么——难不成转弯还有上瘾的？

这正是伊东佑亨在战前的战术安排：在先锋队绕过前面的"定远"等军舰之后，就可以实施日军最爱用的一招——包抄了。而包抄的战术对北洋舰队恰恰是致命的：北洋舰队"人"字形阵脚是基本没有反抗能力的"超勇""扬威"等弱舰，在炮火的打击下，最容易被击沉！

你以强护弱，我就以强打弱！兵者，必破其意图！

这就是伊东佑亨的算计。

算计可以说是天衣无缝的，而现实又是另外一种情况。

伊东佑亨又是在赌，因为转弯时要冒着极大的风险。在转弯过程中，不仅无法向对方瞄准开炮，军舰的一侧也全部暴露在北洋舰队的炮口之下。在这个过程中，先锋队四艘军舰只有挨打的份。

所以伊东佑亨又实施了他的下一步：率领主力队，向前掩护！

为了掩护那四艘军舰顺利转弯，伊东佑亨率领主力队冲上去了，而他的"松岛"号冲在最前面。

伊东佑亨并没有放弃攻击"定远"，他率"松岛"号冲向前还有另外一个秘密："松岛"号上有专门为击沉"定远"设计的致命性武器——320毫米口径大炮！在受到"吉野"的攻击后，"定远"舰上已经燃起大火，火焰一时还没有被扑灭。伊东佑亨决定抓住这个绝佳的战机，以巨炮击穿"定远"的装甲，打破"'定远'不沉"的神话！

在甲午海战之前，"定远"和"镇远"曾经几次访问日本。巨大舰体刺激了天皇睦仁，也引起了日本军民的恐慌。从那个时候起，击沉"定远"就成了日本每一位海军士兵的梦想。军中流传一首歌《请问"定远"沉了吗》(这首歌在日本一直流行到了二战期间)，而根据一些史料记载，在日本的学校里，还流行一项特殊的游戏。

这项游戏就是"捕捉'定远'"的课间游戏。日本小学生一队扮演日本舰队，另一队扮演清国舰队，围捕"定远"和"镇远"。由此看来，"定远"和"镇远"是当之无愧的日本国民的梦魇，从建造"三景舰"开始，日本一直在为击沉"定远""镇远"做各项准备，现在这个任务交给了伊东佑亨。

在伊东佑亨看来，只有击沉清国的海上巨无霸，才是联合舰队真正的胜利！

此时的"定远"仍然在救那恐怖的大火，舰体已经暴露在巨炮之下！

旗舰危矣！

林泰曾突施冷箭

伊东佑亨得意了，他没想到击沉"定远"的这个馅饼会砸到自己的头上。千载难逢的良机，一定要抓住。不是每个人都有机会见到"定远"的，更别说去征服它。亲手去毁灭一个得不到的庞然大物，除了胜利的喜悦，一定还有一种邪恶的快感。

所谓螳螂捕蝉，黄雀在后，一双眼睛背后总有另外一双眼睛盯着。经验告诉我们，每当一个人洋洋得意的时候，也是危险临近的时候。伊东佑亨的注意力完全放在"定远"上，却没注意在"定远"身后不远的另一艘军舰上还站着一个人，一个对他充满仇恨的人。

"镇远"舰舰长林泰曾已经注意他很久了。

作为"定远"的同级姊妹舰，"镇远"一直很低调，默默地陪伴在旗舰的周围。这次也不例外。海战开始后，林泰曾指挥"镇远"一直伏在"定远"的身后，它没有开炮，也没有鸣笛，由于一直很安静，以至大家都忽视了它的存在。

一个人不停地擦拭手中的战刀，却迟迟不肯动手，那只有一个目的——为了最后的荣耀，为了致命的一击！

林泰曾一直睁着警惕的双眼，当然，这双眼睛前面还有一个玻璃物件——望远镜。伊东佑亨的身影就一直出现在林泰曾的望远镜里，如果精度再高一点，日本人嘴角有没有饭粒、脸上有没有麻子应该也能看清楚。

斩首！擒敌先擒王！

但是，用大炮去轰一个人还是比较有难度的，这也是林泰曾尽管一直想实施斩首行动却迟迟没有开炮的原因。此时的林泰曾发觉了伊东佑亨准备用320毫米大炮偷袭"定远"的企图。必须先护旗舰！林泰曾立即命令前主炮炮手瞄准"松岛"大炮炮塔，抢先一步，发炮！

305毫米主炮炮弹径直朝"松岛"大炮飞去，这一发炮弹造成的后果是"松岛"大炮旋转装置被击碎。

没了旋转装置，也就再无法有效瞄准，"松岛"这门标志性的大炮基本报废。

看着变成废铁的大炮，伊东佑亨满鼻子的汗，暗暗叫苦，刚才的洋洋得意变成了垂头丧气。这门专门为对付"定远""镇远"定制的大炮一直被寄予厚望，连皇宫里的睦仁都经常念叨，也是伊东佑亨的"杀手锏"。可惜大炮未响，它已失灵，辛辛苦苦修造几年的东西到了战场，连个表演的机会都没有。

然而，就在"松岛"中炮的同时，先锋队也成功地完成转弯了，在冲过北洋舰队"人"字的箭头后，开足马力朝"人"字的阵脚冲去，那里有北洋舰队最弱的两艘军舰——"超勇"和"扬威"。

其实对于伊东佑亨来说，他刚才的举动是用"松岛"主动为先锋队挡住炮火，掩护先锋队成功转弯才是真正的目的。偷袭"定远"只是一时心动，想顺手牵羊，却没想到半路杀出一个更会放冷箭的林泰曾。自己砍人不成，最厉害的刀却被打飞了。

掩护任务完成，伊东佑亨立即在"松岛"挂出"随我左转！"的信号旗。看来，在先锋队朝北洋舰队的阵头冲过去之后，伊东佑亨也要让主力队冲过去。

所有的军舰都向前冲，以此扰乱对方的阵形。很好，很好。但伊东佑亨真正的用心并不在于破阵。

在海战中，军舰编队的阵形虽然比较重要，但它的重要性要比陆战中弱很多。陆战是大兵团作战，人与人对面交锋，随便拉出来都是几万或几十万大军，规模大一点的还有上百万，当然要排个出场顺序，安排站位，讲究阵法。而海战不会有人挤人的问题，大家都在船上，靠的是中远距离的炮战。如此视野开阔之地，空气新鲜，温度湿度适宜，正是杀人取命、惊风起浪的好时机，兄弟还需要排什么阵形？架起大炮轰就是。

在双方武器、兵力差不多的情况下，要想取胜就只有一个诀窍了——局部优势，也就是俗话说的以强击弱，以多打少。所谓一张嘴的斗不过三张嘴的，两条腿的跑不过四条腿的，说的就是这个道理。

而要想取得局部优势，就要找到对方的薄弱环节，然后派出精干力量，进行一场类似田忌赛马的游戏。

在伊东佑亨看来，"定远""镇远"就是北洋舰队最强的上等马，现在是不能碰的。而作为下等马的弱舰都在阵脚，所以就必须冒险向阵脚冲去。

随着这个谜底的揭开，伊东佑亨真正的算计也完全暴露了。这正是这位仁兄的得意之作：先锋队和主力队所有的军舰都暂避强大的"定远"和"镇远"，冲过北洋阵前，然后利用局部优势围歼北洋舰队阵脚弱舰，实施各个歼灭，最后合力攻向"定远"和"镇远"！

心机不可谓不深，算计不可谓不好。一旦让这些军舰冲过阵头，北洋舰队将阵脚大乱，情况极为不利。

但是，伊东佑亨的图谋实现起来也没那么容易，此人倒霉的事还没有到来。

还是那个原因：转弯有危险，行动须谨慎。

实战专家刘步蟾

虽然海战一开始在"定远"上最出风头的是丁汝昌，但刘步蟾才是真正指挥"定远"的人。刚才他在忙着指挥救火，现在大火基本被扑灭，"松岛"又傻乎乎地在面前转弯，不抓住这个战机，简直对不起观众朋友们！

在林泰曾打得兴起时，刘步蟾也在为给"松岛"添上一炮做准备。虽然架退炮准备的时间长了一点，发炮的速度慢了一点，但只要兄弟们配合，还是可以做到对敌连续打击的。很不幸，伊东佑亨又将迎来他的下一炮。

这一炮击中了"松岛"舷侧，具体位置是舷侧速射炮区第7号炮位，炮位旁的炮长、装弹手等一线战斗人员以及传令兵等战斗服务人员全部飞向天空，而炮位也被炸得个粉碎。

在短短的瞬间，"松岛"的主炮和速射炮都遭到了毁灭性的打击，基本丧失战斗力，作为联合舰队的旗舰，这个损失是比较严重的。

而对于北洋舰队来说，取得这个成绩是很不容易的。

打炮是一门技术活

尽管"定远"和"镇远"各有一炮击中"松岛",但它们不是只打了两炮这么简单,实际情况更复杂。

在陆战中,我们熟悉的一句话是"双方大战三百回合,一刀将敌人砍下马来",而在海上精准打炮,击中敌舰,更是不容易。

一是因为双方始终在动,属于运动中打移动靶。原本瞄得好好的,等一炮过去,人家可能已经在50米开外。

二是由于距离较远,炮手一般无法通过炮管进行直瞄,瞄准过程就是我们前面已经介绍过的"六分仪瞄准法",不仅无法保证瞄得很准,即使瞄准了,从瞄准到发炮的时间差又让这种准变成了不准。

因此,指挥平台上观测兵的经验十分重要。必须根据实际情况,进行一定的预判:提前判断对方的军舰会朝哪个方向移动。

在导弹出现以前,打炮就是如此的不容易。

战机的出现!

伊东佑亨偷袭不成反被轰,斩首"定远"的妄想破灭了。但这也更加坚定了他要冲进去的决心。

形成局部优势、以强打弱的计划如此完美,但伊东佑亨也犯了一个和丁汝昌在战前犯下的同样的错误。

那就是没有考虑时间问题。

先锋队能够顺利大转弯,一是军舰只有四艘,更重要的是航速很快。而在航速上,主力舰队的军舰都是老爷级别的,并不比北洋军舰快,一支航速慢的舰队完成集体转弯,这一定会留下时间空当。

而这个空当,就是整个北洋舰队绝佳的战机!

丁汝昌虽然受伤失去了对全舰队的指挥,但是我们一定还记得他在战前发过的一条战令:舰首始终对敌。

按照这条战令，当伊东佑亨的舰队纷纷左转时，北洋舰队立即相向右转，正面拦截！

在双方舰队的相对转向中，一个对北洋舰队极为有利的情况出现了：虽然"松岛"等前面几艘军舰成功地溜了过去，但主力队队尾的弱舰却正好被堵在正前方，而它们面对的是"定远"和"镇远"！

伊东佑亨的计划竟然间接帮助了北洋舰队。此人挖空心思、处心积虑地想寻找局部优势，以最强对最弱的局部优势却给北洋舰队送上门来了！

机关算尽太聪明，伊东佑亨真该学点中国成语啊。

好吧，不要让这些软柿子开溜，迅速开打！

最先做出反应的是刘步蟾，因为他最早意识到这个对北洋舰队极为有利的局面。他指挥"定远"迅速朝被拦在最近的前方敌舰"比睿"发炮。"比睿"舰长姓名比较奇怪，叫樱井规矩之左右，感觉像随时带着一队人马似的，不过现在的他是真真正正的孤军，我们简称樱井。

见到"定远"要攻击自己，樱井倒是很有自知之明，他想出了一招：跑。

樱井的自知之明是有缘由的。

"比睿"已经服役 18 年了。18 岁的姑娘一枝花，但 18 年的军舰却是老太太，腿脚不灵（航速下降），身子单薄，"定远"这样级别的军舰一两发主炮就可以将它炸个底朝天。更重要的是"比睿"没什么战斗力。

在"定远"坚固的装甲面前，"比睿"发出的炮弹即使能够有幸命中，也就像一把大刀砍在悟空兄的铁头上，大家看看碰撞出来的火花，仅此而已。

由于既不能打，又不能守，樱井只好指挥着"比睿"在海面上大幅度转舵行驶，一会儿扭个秧歌，一会儿百米冲刺，躲避"定远"发来的炮弹。炮弹在"比睿"的前后左右爆炸，水柱冲天，硝烟弥漫，舰上的日军东倒西歪，折手断腿，哭爹喊娘。

对于这些被打得晕头转向的人来说，还不如中一炮来的痛快。

是时候把"比睿"炸个底朝天，送日兵去海底喂鱼了！刘步蟾指挥"定远"对"比睿"紧追不舍，炮手也在不断瞄准。所有人都明白，如果能够击沉"比睿"，不仅是对北洋舰队军心一个极大的鼓舞，甚至有可能奠定胜局！因为海战和陆战尽管有很多的不同，但有一条是相同的：最有利的战法就是消灭敌人，最有利的战争形势就是不断消耗敌人有生力量！

然而，有一个人加入战局，让情况变得复杂起来。

这个人是林永升。

继刘步蟾之后，一旁的林永升也发现了这个战机，作为"经远"舰的舰长，林永升决定去给刘步蟾帮忙。于是，林永升命令"经远"全速冲向"比睿"，和"定远"形成前后夹击。

正在扭秧歌的"比睿"躲得开"定远"的炮，躲不开"经远"的炮；躲得开前炮，躲不开后炮。终于，在"经远"炮火的打击下，"比睿"舰上的主炮全部被摧毁，已经毫无还手之力，无路可逃！

樱井终于绝望了，命令"比睿"开足马力，撞向"经远"，同归于尽吧！临死也要拉个垫背的！

在"天皇万岁！"的口号声中，"比睿"冲向"经远"！

但是，不是你想撞就能撞得上的。在"定远"的掩护下，林永升指挥"经远"轻巧地避开了"比睿"。然后，刘步蟾和林永升分别指挥"定远"和"经远"再次调整好军舰位置，转动炮架，瞄准"比睿"——这一次，一定要击沉"比睿"！

"比睿"已经彻底不能反抗了，只有等死，唯一的动作就是"天皇万岁"的呼喊声更加响亮。樱井已经放弃抵抗，等待自己去喂鱼的那一刻。

战机的丧失：一群帮倒忙的人

然而，就在此时，让"比睿"号上的日军感到惊奇的一幕出现了："定远"和"经远"并没有发炮！他们似乎在等待什么，海面上顿时陷入一片奇怪的安静！

原因说起来好笑，在于——大家都求胜心切。

在"定远"和"经远"合力围追堵截"比睿"的时候，旁边北洋舰队的军舰也发现了击沉"比睿"的绝佳战机，又见这里打得热闹，于是它们也纷纷朝"比睿"开来，结果就是它们包围了"比睿"。

包围了"比睿"，接下来就是大伙儿一齐发炮把这艘敌舰炸个稀烂了。但这只在理论上可行，实战中不是这样的。这又是来源于海战与陆战不同的特殊情况。

海上发炮的命中率要比陆地上低，因为双方都是一个动物（正在动的物）。由于是己方几条的军舰包围着一条敌舰，北洋各军舰都不敢发炮了：万一炮弹没有击中"比睿"，就会飞过去误伤对面己方的军舰！

刘步蟾十分恼怒，简直哭笑不得。本来他有击沉"比睿"的绝好时机，然后林永升率领"经远"过来热心帮忙了。帮忙就帮忙吧，两艘军舰还是比较好一起打的，而令人没想到的是，帮忙的人越来越多，大家围成了一个圆圈儿，这下可好了，谁也开不了炮。

这种境地让"比睿"得到了喘息的机会，暂时侥幸逃过一命。

"比睿"又要逃了，这么多人拿它没办法，这个局面简直是一个三岁的顽童捉弄了所有人。林永升升起了怒火，他发现一个问题："比睿"已经被炸得不成样子了，舰上的炮座全部被炸飞了，成了光头军舰。好吧，既然我们不能击沉你，那就——活捉。

"经远"舰上的炮火停止了，携带步枪的狙击手全部跑上甲板。"经远"全速开向"比睿"，只等双方距离进入步枪射程，就用枪歼灭"比睿"号上的日军，然后俘获这艘船！

但"经远"靠近"比睿"时，接下来发生的一幕又是所有人想不到的。

只听见"比睿"舰上发出一声声"哒哒哒"的炮响，大海上腾起浓密的烟雾，所有人都不知道发生了什么。

烟雾散去，林永升惊奇地发现：那些狙击手不见了！甲板上的清兵全部消失，一具尸体都没有留下。

他们已经灰飞烟灭了。

林永升观察得没错，"比睿"舰上的炮座全部被打烂，所以它是没有机会还手的。但问题出在速射炮，在"比睿"的舷侧还有两门改装的小型速射炮。当樱井看到林永升试图俘虏"比睿"时，他已经命人悄悄地填装好了速射炮，而在接近步枪的射程之内，小口径速射炮杀伤力的威力相当于——重型机关枪。

林永升彻底怒了，他远远没想到"比睿"正是在诱敌深入。他命令向"比睿"发射鱼雷，但并未击中！

娘的，难道就拿这一条破舰没有办法吗？

"比睿"虽然接连逃脱，但是只能说明它命大，在大家看来这艘军舰迟早是要被击沉的，只是时间问题，而这时候，又来了一条可以陪伴"比睿"的军舰——"赤城"号。

"赤城"是联合舰队里航速最慢的一艘军舰（最大航速 10.5 节），在大伙儿混战的过程中，它不幸掉队了。一艘军舰孤零零地航行在海面上，四顾茫然，独自往前开。

"来远"舰舰长邱宝仁发现了这只掉队的孤雁，当然不会放弃这个绝好的机会。他拦住"赤城"的去路，先发一炮，这一炮将"赤城"舰长坂元八郎太当场炸得粉碎。接下来的炮弹击中了军舰上一个要害部件——负责为炮弹输送带提供动力的蒸汽管道。

这条管道被打穿了。

管道破了的后果不只是漏气这么简单，而是没有推力向炮位输送炮弹。如果强行输送，就必须停止使用军舰上的鼓风机（让气漏得少一点），但如果停止使用鼓风机，蒸汽动力又会减弱，军舰的航速将大大降低，基本变成蜗牛。也就是说，"赤城"要么选择强行发炮战斗，要么选择先保命逃跑，而在比它强大得多的"来远"舰面前，逃跑也不是那么容易的。

"比睿"和"赤城"看上去都在劫难逃了。而有一个人的出现却让这两艘军舰化险为夷，把它们从死亡线上拉了回来，他可以说是整个战场上最疯狂的人。

桦山资纪：一个疯狂的人

当联合舰队出征时，日本海军军令部部长桦山资纪决定要前往战场亲自观战。领导身先士卒，鼓舞士气，自然是好事，但从安全的角度着想，伊东佑亨还是拒绝了。不料桦山资纪却强烈要求前往战场，伊东佑亨只好同意了。他准备把这位固执的领导请到自己的旗舰"松岛"号上。

"我只是来观战，我上'西京丸'就好了。"桦山资纪说。

听了这句话，伊东佑亨惊呆了，这是万万不可答应的。伊东佑亨没想到这位大人物竟然疯狂到连自己的命都不要了。

我们前面介绍过，"西京丸"是一艘木船，以前用来运邮包麻袋的，跟军舰八竿子也打不着。在一般人看来，桦山资纪实在是脑子进水了。

伊东佑亨只好请求桦山资纪一定要远离战场，千万不要靠近或者进入战场。这是要掉脑袋的，很危险！

就是在"西京丸"上的桦山资纪发现了"比睿"和"赤城"的危险情况。心急如焚的部长大人忙令人用远距离信号通知旗舰上的伊东佑亨："比睿"和"赤城"危险！

伊东佑亨的"松岛"号此时已经冲过去了，他原本是不打算理会落后的这些军舰，因为"松岛"也是好不容易才冲过去，还遭受了几乎毁灭性的打击。

不过领导发话了，也不得不听。伊东佑亨只好率领"松岛"等舰全速调头回援，不顾一切地朝"定远""经远""来远"开炮，吸引住北洋舰队的炮火。

正是趁着这个空当，"比睿""赤城"总算得到了逃生机会，迅速驾驶军舰逃出战场。

桦山资纪总算可以长出一口气了，但接下来的事情也让他明白了一个词：引火烧身。

因为刘步蟾和林泰曾同时注意到了"西京丸"。

大家虽然不知道桦山资纪就在这艘船上，但"西京丸"船体宽大，桅杆很高，像一艘巨大的"巡洋舰"，感觉一定有大鱼在这艘船上。于是在压住"松岛"方向的炮火后，"定远"和"镇远"同时朝"西京丸"扑去！

桦山资纪的反应只能用一个词来形容：大惊失色。

这就是引火烧身的结果。不出意外的话，前邮政运输船很快要变成桦山资纪的尸体运输船了。

"西京丸"先是舵机中炮，然后是后部水线中炮，船舱开始进水。桦山资纪只好打出"舵坏了"信号，一边命令士兵舀水，一边令舵手使用备用的人力舵力。一二三，嘿哟！舀水！一二三，嘿哟！转舵！进水的问题还没处理完，接着又一发炮弹飞来，甲板上燃起大火。

真是水深火热啊，部长大人，我们同情你！

对于北洋舰队来说，机会又一次垂青了他们，他们将钓得一条大鱼。桦山资纪已经无路可逃，歼灭桦山资纪的人即将出场！

鱼雷手蔡廷干

这个人是个著名的海归，曾经在美国留学9年，现任北洋舰队鱼雷艇队队长、"福龙"号鱼雷艇艇长，他就是蔡廷干。这个人是个生力军，在海战爆发后他并没有出现在战场上，而是和"平远"舰、"广丙"舰留在大东港内。此时"平远"和"广丙"出港参加战斗（至此北洋舰队的参战军舰也变成12艘），于是他率领北洋舰队鱼雷艇队跟随出港。

"北洋舰队的鱼雷艇队"，这个说法其实并不准确，鱼雷艇队并不属于北洋舰队管理，他们是属于另外一个单位——旅顺鱼雷营管理。而在平时，鱼雷艇队也是和北洋舰队分开训练的，并没有进行配合作战的训练。不过这种情况并非清国海军独有，当时世界范围内重视鱼雷艇的不多。他们认为这种吨位小、只能发射鱼雷的鱼雷艇不过是军舰的一种补充设施。这种观点在日本海军中也不例外，伊东佑亨就没有带一艘鱼雷艇出征。

由于鱼雷艇队分开训练，所以也不知道他们训练的效果如何，现在，正是检验成果的时候到了。

"福龙"号驶向"西京丸"，并作好了发射鱼雷的准备。天气良好，视野清晰，蔡廷干信心满满，在距离"西京丸"约400米处，这是一个理想的距离，发射了第一颗鱼雷！

大家都以为要给桦山资纪收尸了，睁开眼睛一看——没中。鱼雷擦过"西京丸"的右舷，直接向前奔行而去了。

可能是太远了吧，蔡廷干觉得应该再靠近一些，于是"福龙"号继续向"西京丸"驶近，距离到了300米左右，调整好发射角度，再发射第二颗！

这次的结果是：鱼雷擦着"西京丸"右舷约5米处而过。哥们儿，还是偏右啊！

两次不中，蔡廷干觉得太没面子了，他决定继续靠近"西京丸"！200米，100米，60米……双方的距离只剩下了40米！结果已经没有悬念了：扔块石头都能打中了。

桦山资纪终于有了一种末日的感觉，上帝也救不了他了。这时候他一定会后悔：疯狂也是要付出代价的。只见他惊呼一声："我完了！"然后闭着眼睛等死。"西京丸"上其他的日本兵也纷纷跪地祷告佛祖，或者向天皇遥拜。

"福龙"号！"福龙"号！"福龙"号要立功了！不要给桦山资纪任何的机会！鱼雷不偏不倚地朝"西京丸"船体的中部飞速前进，但结果是所有人想不到的——没中。在众目睽睽下，鱼雷从船底钻过，向远方的水面奔行而去。

这么短的距离，方向也瞄准了，它为什么又一次偏出？这是一个技术上无法解释的难题，史学家曾经给了很多种解释，大部分的观点认为：是鱼雷发射时忘记了给鱼雷定深，以至于它从船底钻过去了。

这是一种很合理的解释。但当时的情况不是这样的，那个时代的鱼雷刚发明不久（1866年），技术上还比较粗糙，鱼雷在水中的行进路线是根据深浅机来控制的。深浅机加附在鱼雷上，它的作用是使得鱼雷在入水后按照预定定深行驶，直至击中目标。

而深浅机入水后需要一段时间上下调整，才能达到预设的定深。在调整期间，鱼雷前进的路线是一条上下起伏的曲线，这段路程大概需要100米，然后才能在预设定深上以直线前进。

现在看来，蔡廷干不是没有定深，而是在40米的距离内忘了考虑深浅机的自我调整，发射鱼雷并不是扔石头砸人，可不是越近越好。这么重要的事，艇长怎么能忘了呢？

"福龙"号连续三颗鱼雷没有击中"西京丸"，桦山资纪侥幸逃过一劫。而他也已经转危为安了，因为"福龙"号一共只携带了三枚鱼雷，已经全部发射光。而率领主力队来救援的伊东佑亨趁机缠住了"定远""镇远"等军舰，使得北洋舰队无法再去打"西京丸"，趁着这个转瞬即逝的时机，"西京丸"调头全速逃跑。由于蔡廷干的失误，桦山资纪捡回了一条命，这是真正的死里逃生。

形势急转直下！

桦山资纪的出现挽救了"比睿"和"赤城"，自己也因为对手的低级错误捡回一条命。而对于北洋舰队中的两位舰长以及军舰上的士兵来说，他们就没那么幸运了。

在先锋队从"定远""镇远"面前转弯冲过去之后，它们朝阵脚的"超勇"号和"扬威"号扑去。以联合舰队四艘最强的军舰对北洋舰队两艘最弱的军舰，这是绝对的局部优势。河原要一站在"吉野"舰上，已经动了要将这两艘军舰击沉的念头。

"超勇"和"扬威"是1881年下水的军舰，舰龄已有14年。如今它们已经是老态龙钟了，但在14年以前，这两艘军舰曾享受无上的荣誉——是作为当时世界上最先进的巡洋舰从英国定制的。它们最厉害之处不是开炮，而是撞。

在买回来之前，这两艘军舰的英文名分别叫"金牛座"号和"白羊座"号，这两个称号用到军舰只说明了一个问题：它们是属于撞击巡洋舰。在"超勇"和"扬威"上，分别有两个撞角，因此用两个有角的动物命名。

当先锋队四杀手围过来的时候，"超勇"舰长黄建勋和"扬威"舰长林履中同时想到了一招：狠狠撞击对方！这不是在路上开车，追尾是不需要负责任的，必须让日本人见识老牌撞击舰的厉害！

但这两艘军舰发挥威力还必须有一个很简单的条件——能撞上。在刻意追求航速的先锋队面前，"超勇"和"扬威"的航速已经远远落后了，当黄建勋和林履中各自命令军舰升起撞角全速前进的时候，他们发现了一个痛苦的事实——撞不上。

"超勇"和"扬威"的优势在于撞角，而劣势恰恰是炮。当四艘日本军舰躲过撞击之后，它们以弧形的阵势拦截住两艘军舰的去路，然后以速射炮织成密集火力网猛烈开炮！

"超勇"和"扬威"是木质军舰，只在外面包裹了一层铁皮，没有装甲防护，两艘军舰顿时燃起恐怖的冲天大火。

按照丁汝昌最初布阵的意图，此时附近的其他强舰必须来护卫，但强舰也有强舰的苦恼——脱不开身。它们不是被联合舰队的其他军舰炮击，就是自己主动去寻找日舰发炮。

作为旗舰的"定远"虽然火力强大，但也无法顾及。要保持一个阵形是很不容易的，特别是当这个阵形出现在海上的时候，更加不容易控制，于是"人"字阵形越来越松散，由此造成的结果是：作为尖头的"定远""镇远"离阵脚的"超勇""扬威"距离越拉越远。如此一来，"定远"即使有心想发炮救"超勇"和"扬威"，也会因为距离超出射程而望洋兴叹了。

冲在最前面、中弹最多的"超勇"舰在烈火中解体了，黄建勋被大火焚烧而死，尸骨无存，其他的士兵和军舰一起，葬身火海和海底。北洋舰队"超勇"号沉没！

　　林履中指挥"扬威"号左冲右突，总算冲出了包围，全力开向附近岛屿，但终究因为火势太凶猛，军舰失去动力，变成废舰一条，搁浅。

　　短短的时间里，北洋舰队损失了两艘军舰，刚才的大好形势已经丧失。战场上的机会是稍纵即逝的，一旦战机丢失，将马上转入对己方极为不利的局面。在连续错失机会之后，北洋舰队正在承受着这一苦果。

　　强大的北洋舰队的气势受到了压制，联合舰队已经占据上风。所有人都在等待着，等待着一个人的出现，在大家都毫无办法的时候，在敌人越来越凶残的时候，需要他的出现，来改变这一切的结果，足壮海军威！

　　他是邓世昌。

第八章
独升帅旗，邓世昌以孤舰对抗日本海军

邓世昌

1868 年，当刚刚创办的福州船政学堂开学的时候，邓世昌走进了学堂的教室，他是学堂里年龄最大的学生。大部分同学的年龄都在十二三岁，而他已经 19 岁了。

成为舰长级别的海军军官后，他有了一个外号——"邓半吊子"。我曾问过威海当地人"半吊子"的精确含义，是指那些办事特别认真又特别勇敢的人，而勇敢中又包含糊里糊涂这一莽夫般的特质。邓世昌就是这样的人。

在邓世昌的舰长生涯里，他率领的军舰可以说是北洋舰队中发生事故最多的，包括触礁、搁浅、撞坏军舰等。千奇百怪的事故都能发生在他邓大人身上，最厉害的是有一次军舰出海，不知是忘了带煤还是邓大人认为有一点煤就可以去深海，结果就是煤炭用尽，军舰在海上漂了半个月。

平时的邓世昌是一个性格内向、不爱说话，但治军极为严格的人。他的军舰虽然事故不断，但士兵们的考核成绩却是整个北洋舰队中最高的，甚至超过了旗舰"定远"。

地狱之火

在桦山资纪的危险解除之后，伊东佑亨调整了战术，将主力队和先锋队的位置和任务互换：主力队围歼北洋舰队弱舰，先锋队回航缠住"定远"和"镇远"。

伊东佑亨的决定来自战场形势的变化。"松岛"专门用来对付"定远"的 320 毫米大炮已经被摧毁，"三景舰"的其他两舰虽然还有大炮，但实战检验它们已是故障频发，不是经常性地卡壳，就是远远达不到射程，既然专门对付"定远"的巨炮没有用，不如用速度更快的先锋队来缠住"定远"和"镇远"，以便主力队可以全力对付弱舰。这是一个明智的选择。

于是，两队位置对调。主力队再次冲向阵脚，而完成围歼"超勇"和"扬威"任务的先锋队回航至阵头，扑向"定远"！

四杀手的速射炮全部打向了"定远"，形成了没有间隙的密集火力网！虽然这些炮弹无法打穿"定远"坚厚的装甲，但中炮的"定远"舰上燃起大火。火烧得十分猛烈，在巨大的消防水柱面前，仍然没有被扑灭的迹象，钢板被烤得通红，"定远"就像置身于打铁炉中。

熟悉的一幕出现了。这不是炮弹爆炸后引起的一般的大火，而是一种能在钢铁和水中燃烧的大火，燃烧的方式是贴物燃烧。这是名副其实的恐怖大火，它还有另外一个名称：地狱之火。

这一切的秘密，来源于日军使用的一种炸药，一种极其恐怖的炸药。

恐怖的炸药

了解炸药的人应该熟悉一个名词——TNT。TNT 炸药广泛应用于开山辟路、拆大楼等爆破领域，当然战争中的炮弹也是少不了它的。自从发明以后，它一直是炮弹中最常用的填充炸药。

但 TNT 能得到"炸药之王"的荣誉称号，其原因并不是威力大，而是安全性很高。

它的性能十分稳定，本身是无法爆炸的，需要引爆装置（比如导火索）才能起爆。如果没有引爆装置，TNT 是可以拿回家烧水煮饭的。在 TNT

被发明之前，用来做炸药的主要是苦味酸。它威力巨大，但稳定性却很差。用苦味酸炸药填装的炮弹，基本上你踢它一脚就会炸，可以叫作"一踢响"。所以，自从 TNT 出现后，各国基本都放弃了用苦味酸炸药填充的炮弹，不敢将它用于作战，以免伤及自己人。

唯一例外的，就是日本人。

1891 年，日本一个叫下濑雅允的工程师在原有的基础上研制出了改进版的苦味酸炸药——下濑炸药。

下濑炸药的杀伤力比苦味酸炸药又前进了一步。它爆炸后燃起的大火中心温度可以超过一千摄氏度，火焰会像汽油着火一般四散流动，所以能在钢铁和水中燃烧。

但与此同时，它的"灵敏度"也上升了，如果说苦味酸炸药是"一踢响"，那么下濑炸药就是传说中的"一碰响"。炮弹打出去即使命中一根桅绳都会炸，在搬运过程中，稍微受到外力也会炸。所以，使用下濑炸药填充的炮弹是很危险的，必须很小心谨慎地搬运，否则一不小心就在运弹手自己的手中炸了。

1893 年 1 月起，日本海军开始装备这种用下濑炸药填充的炮弹——值得说明的是，全世界装备了这种炮弹的，只有日军。

而北洋海军使用的还是传统的黑火药，但即使是黑火药也不是每枚炮弹都填充。

不装黑火药，那装什么呢？泥土和砂子。

北洋舰队的炮弹分为两种：一种填充黑火药，击中目标后爆炸，依靠爆炸产生杀伤力或引发火灾打击敌舰，这叫爆破弹；另外一种就是不填火药的"实心弹"，击中目标后不会爆炸，依靠产生的贯穿力击穿敌舰水线等要害部位，令敌舰进水。

很明显，爆破弹的威力要远远大于实心弹。

既然爆破弹的威力更大，而实心弹没什么威力，为何还要使用它呢？原因我想大家已经猜到了：钱。

火药很贵的，而砂子泥土到处都有，只要不影响市容，随便找个地方挖几担就是了。

而另外还有一个重要原因——技术。当日本人已经研制出下濑火药的时候，清国的爆破弹一直没能实现国产，还要依赖进口，两大军工企业——江南机器制造总局和天津机器局只能生产实心弹。在战前虽然由天津机器局勉强赶制了一些爆破弹装备到北洋舰队，但各条军舰上的炮弹还是以实心弹为主。

跟清国大部分的先进武器一直花钱从国外买不同的是，日军解决武器问题的思路很简单，那就是：必须想尽办法，实现国产。

我们不搞形象工程，不一味追求表面的繁荣和强大，我们更重视发展"里子"。因为我们知道，没有全体国民参与的富裕，不是真正的富裕；没有全体国民参与的强大，不是真正的强大。有一个词叫大而无当，还有一个词叫短小精悍。能够打击对方的，不是那厚厚的护甲，不是钢铁巨无霸，不是那口径越来越大的炮座，而是炮弹本身！所以我们处心积虑，精益求精，细节决定生死，一切从实际效果出发！

这就是日本人的理念。

"定远"舰上的大火在短时间内是难以扑灭的。而林泰曾虽然命令"镇远"冲到"定远"之前，用舰体为"定远"挡住炮火，并伺机发炮还击，但狡猾的四杀手采取了环攻战术。四条军舰利用速度优势，围着"定远"和"镇远"跑圈，一边躲避炮火，一边发炮，"镇远"很快也陷入了险境，失去保护的"定远"处境更加艰难。

邓世昌看到了这一幕。

"致远"号上升帅旗

北洋舰队最严重的问题并不只是"定远"中炮起火，而是另外一个问题。从前面帮倒忙的一幕，问题就已经显现出来了——舰队缺乏统一的指挥，各条军舰已经陷入了各自为战的境地。

这一切来自战斗一开始时"吉野"的那一炮。

那个时候没有无线电对讲机，也没有手机，通讯基本靠喊，而海面风浪很大，喊是听不见的。于是，舰队司令在海上指挥舰队依靠的是另一套东西——信号旗系统。不同的旗子代表不同的旗语，升起一面旗子上去，大家都会明白是什么意思。

而"吉野"发出的那一炮不仅击伤了丁汝昌，也摧毁了"定远"的信号旗系统。这个当时没有引起注意的问题，现在却导致了严重的后果。

丁汝昌在受伤后坐在甲板上督战，轻伤不下火线，精神可嘉，但他似乎忘了，他需要激励的不仅有"定远"舰上的士兵，还有整个北洋舰队的士兵。他负责的是整个北洋舰队的指挥！

正是因为没有统一的指挥，在攻打"比睿"号的时候，帮倒忙的一幕出现了。大家都来打"比睿"，结果是谁也打不成"比睿"。

这个问题很严重，但并不是没有解决的办法。

这个办法，就是依靠事先的预案。

战场上什么情况都是有可能出现的，比如突然刮来一阵风，突然下起一阵雨，人员意外受伤，武器突然失灵，等等。

所以一个优秀的指挥官在战前必须要设置很多的预案，其中最重要的，就是预备指挥梯队的人选。

如果主帅意外负伤或者战死，谁是可以接替主帅的人选？在替补出现意外后，谁又是第二替补？第二替补不保险时，谁又是小三？这些都是应该想到的。

同样的道理，也要考虑如果旗舰出现意外，哪艘军舰可以作为替补舰。

这确实很复杂，脑汁不多的不够使，但这就是战争。对于一场战争而言，除了兵力、战术、英勇、运气的较量，还有心思的较量，然后把这些都化作——临场指挥！

丁汝昌并没有制订预案，结果是北洋舰队实际上已经不能再称之为一支舰队。反正也没有统一的指挥，大家只能按照各自的想法去打，这就只能带来顾此失彼的结果。除了让"比睿"幸运逃脱，被击沉的"超勇"

和搁浅的"扬威"，亦是承担了这一后果。

正在这时，一个雪上加霜的情况又出现了。

大火烧毁了"定远"舰上高高悬挂的帅旗！

作为旗舰，除了有一套信号旗指挥系统（也叫令旗系统），还有一面高高悬挂的旗帜——帅旗。这是表示军中主帅的存在，是大家的主心骨。

这面旗子的作用是很重要的。在很多的战斗中，大家也是不要命的保护帅旗。旗在帅在！旗在，军心就振；旗落，军心就衰。而现在帅旗被烧毁后，迟迟没有重新升起来。"定远"舰上的官兵只顾着救火和战斗，已经把这事给忘了，而丁汝昌又没有注意到这一点。

如果帅旗再不升起，大家只能认为丁汝昌已经阵亡。整个舰队失去了最高指挥官，这对军心将是一个极大的影响！

这时候，需要有一个人站出来，升旗，鼓舞士气！

最先应该站出来的是刘步蟾和林泰曾。在职务上，他们是仅次于丁汝昌的总兵，即使没有丁汝昌的命令，也应该当机立断重新升起帅旗，表示仍然有最高指挥者在战场上，但是，刘步蟾和林泰曾都有自己的考虑。

帅旗代表战场最高长官的权力，在没有得到丁汝昌授权的情况下，擅自升旗相当于"军前夺帅"。夺得好，最后取得战斗胜利，一切好说；夺不好，战斗最终失败了，难免成为替罪羊。

在这个"敏感"的时刻，刘步蟾需要避嫌，他平时给人的印象就是不怎么服丁汝昌，如此更要避嫌。

而林泰曾为人一向比较低调温和，这种事一般不会干。

看来两位总兵谁也不愿意背上这个黑锅。那么，其他军舰上的舰长谁能当机立断、举起大旗就成为关键。

但是，大家都在沉默地等待。北洋舰队其实已经沾染了许多官场的风气，按照官场等级的规矩，大家多年习惯的是"看长官"，长官不在就看下一位长官，轮来轮去也轮不到自己——结局未料，还是小心谨慎吧，免得将来成为替罪羊。

但邓世昌知道，已经不能再等了。他平时就对军队中沾染上这些臭官僚规矩比较痛恨，没想到到了你死我活的战斗中，这些臭规矩仍然如影随形。当一支军队不再以取胜为唯一目的，当一个军人不再纯粹，再强的战斗力都会大打折扣。

一开始的形势是很有利的，曾经有三次机会去击沉日本军舰，还有一次千载难逢的格杀对方最高长官的战机，但是这些战机都已经失去了。转入颓势之后，在高层领导不能被指望的情况下，需要有一个人，站出来！以他的勇气、他的纯粹来扭转颓势，重整军令，重振军威！

事后有人攻击我又如何？有人找我当替罪羊又如何？我邓世昌只知战斗，不知那些规矩！

我本来就是一个冲动鲁莽的"半吊子"，为了胜利，就让我再当回半吊子吧！即使将来有人参我军前夺帅，又如何？

"在本舰上升起帅旗。"

死战！同归于尽！

"致远"号上升起帅旗之后，北洋舰队的气势果然为之一振。但是，围住"定远"的四艘日舰的速射炮火力仍然十分猛烈，"定远"的处境更加危急。

"营救旗舰，责无旁贷！"邓世昌大喝。

"致远"全速冲向先锋队阵前，它的目的是引开日舰的炮火。而那面显眼的帅旗迅速成为先锋队攻击的新目标，四艘日舰纷纷调转炮口，将火力集中攻向"致远"！

速射炮对"致远"的打击是致命的。由于没有坚厚的装甲，"致远"并不像"定远""镇远"那样能自保。"致远"水线多处被击穿，海水即将涌进军舰。

邓世昌决定：开足马力，撞向"吉野"！

"吉野"一向是最嚣张的,火力最猛,它是先锋队的旗舰。如果灭掉"吉野",无疑是拔去了敌军一颗最锋利的钉子。

而邓世昌此时并非鲁莽,他是在十分冷静的情况下做出决定的,因为他有很大的胜算。

"致远"拥有北洋舰队的最高航速(18节),可以说与"吉野"不相上下。在比较短的相向距离内,如果一艘军舰以不顾一切地勇气,存心想撞你,这是很难躲开的。

但是,撞上就意味着同归于尽,意味着鱼死网破。艰难的正是做出这个决定本身。

"我们当兵卫国,早将生死置之度外,今日之战,唯一死而已!虽死,已壮海军声威!虽死,已报国家!"邓世昌手按佩剑立于甲板之上。

"致远"全速直冲"吉野",日本人被这不要命的打法惊呆了,等终于反应过来后,它们纷纷开炮,炮弹雨点般朝"致远"飞去。但是,邓世昌毫不畏惧,"致远"舰全力向前,它的目标只有一个——"吉野"!

"吉野"上的日军被吓傻了,他们手忙脚乱地准备转舵、提速,试图逃过"致远"的相撞。但是时间已经来不及了,"致远"如离弦之箭一般朝"吉野"开来,两舰相撞、同归于尽的场面看来很快会出现了。

然而,悲剧在"致远"快要撞上"吉野"时发生了,一枚炮弹再次击中了"致远"。从口径上说,这是一枚小的速射炮弹,威力并不大,但它有一个致命的着弹点。

更致命的是,这是一枚装有下濑炸药的炮弹。

炮弹击中了"致远"位于舷侧的鱼雷发射管,引发的大火四处扩散,还引爆了发射管里的一枚鱼雷!"致远"受到了致命的二次打击。

沉闷的巨响从海底传来,"致远"全舰燃烧,犹如一颗巨大的火球滚落海面,同时舰体开始倾斜,舰尾下沉,舰首高高立起,指向天空,邓世昌和士兵纷纷坠落大海。

有心杀敌,无力回天!时不助我,奈何!奈何!

海浪中,仆人给邓世昌抛来一个救生圈,邓世昌并没有去拿;北洋舰队的鱼雷艇赶来相救，邓世昌将头转向了远方。一只名为太阳犬的爱犬游过来，用嘴叼住了邓世昌的发辫，邓世昌把爱犬的头按到水中，一同沉入海底。

他放弃了求生的机会。也许在邓世昌看来，当"致远"的两百多名士兵都沉入海底时，自己就不能再独活。当兵卫国，早将生死置之度外，首先要求的，必须是将领。

他想做的，就是一个合格的、真正受到拥戴的将领。这就是他的抉择。

平时的邓世昌是一个沉默寡言的人，并不喜爱表达，带兵十分严格，甚至到了一种苛刻的程度，但是，在他的心底一定把这些士兵当作了生死弟兄。

邓世昌并不是一个完美的人，他把自己的爱犬带上了军舰，这实际上也是违反纪律的。当年，世界上唯一准许在舰上养狗的是俄国远东舰队，因为白令海峡常年浓雾，雷达出现之前必须用军犬来导航。

但是，邓世昌却是一个勇敢的人。

这世界上有一种人，他们在困难面前从不低头，在危险关头能挺身而出，守则一夫当关万夫莫开，战则百万军中取上将首级，这种人，我们称之为有勇。

而另外一种人很聪明，上知天文下晓地理，反应敏捷，眼睛一转便有一个主意，运筹于帷幄之中决胜于千里之外，这种人，我们称之为有谋。

兼具以上两种优点的人就是有勇有谋的人，这种人是十分稀少的，属于可遇而不可求的类型。

有勇之人大多是可爱的，他们的行动不仅比嘴快，也比大脑快，闹出一两个笑话属于正常现象。

有谋之人是受人羡慕的，他很聪明。但过于聪明就会有算计，有算计就不敢失败，不敢失败就不敢成功。大部分的谋士都只能帮别人出主意，就是这个道理。

而只有聪明和勇气结合，才会产生真正强大的力量——智慧。有勇有谋的人就是智慧的化身。

邓世昌无疑是有勇的人。尽管在很多人的眼里，他就是一个撞向敌舰的莽汉，但是，邓世昌最大的勇气并不是撞沉"吉野"，而是在全军一片混乱、大家都在等待观望之时，能够勇敢地挺身而出，以自己的实际行动振奋军威，承担起原本不属于他的责任！

邓世昌应该可以安息了，因为千里之外有一个人理解了他。在详细了解了邓世昌英勇献身的过程后，光绪皇帝沉默了。他走到皇宫御桌前，默默地摊开纸笔，写下了一副对联。

对于北洋舰队，对于受李鸿章庇护的丁汝昌，对于受慈禧庇护的李鸿章，光绪有太多的不满，而这种不满，却是无法发泄！

但在军队官僚化的阵阵阴暗之中，仍然有一股透射的光芒。

此日漫挥天下泪，

有公足壮海军威！

"经远"号壮烈沉没

邓世昌的英勇激励着其他人。

"经远"舰上，林永升跑上指挥台，拔出战刀，大声宣布："虽以一敌四，但我等有进无退！"

在"吉野"逃过邓世昌的撞击后，伊东佑亨对战术进行了调整：先锋队再次穿插移动，先打远离"定远""镇远"巨舰外围的孤立无援之舰。

于是，"吉野"等全速扑向北洋舰队左翼阵脚的"经远""济远"和"广甲"。

"经远"原本是位于北洋舰队右翼的，之所以跑到左翼来了是因为那个帮倒忙的行动。帮忙不成，林永升一直处于懊恼之中，为自己赔上了几十名士兵的性命感到懊悔。

可以犯错，但决不能怯战！

日本军舰的速射炮飞向"经远"指挥台，"经远"在摇晃中燃起大火,林永升用战刀指挥,命令全舰所有的炮火集中攻向"吉野"!"吉野"不得不稍微退后,而其他三条军舰又使出了那一招——环攻。

日本军舰都有意识地把炮火集中到了"经远"指挥台。很快,又一发炮弹飞来,在林永升身边爆炸,锋利的弹片正好飞向林永升头部,林永升的头盖骨顿时破碎,血液和脑浆喷涌而出。

一旁的大副拾起林永升的战刀,默默走向指挥台岗位。几分钟后,他被炸向了天空,身体碎片落在甲板上。"有进无退!"二副再次拾刀指挥!然而,雨点般的弹片也插入他的身体,他倒下了。

"经远"舰上已经没有了主将,但是所有的士兵都没有后退的念头,他们只记得那句话:"有进无退!拼死一战!"

然而,"经远"终究抵挡不住炮弹和大火,它开始下沉。短短时间里,北洋舰队又损失一艘军舰。

"经远"被击沉的命运其实是可以避免的,如果另外一个人也能"有勇"的话。

方伯谦再次临战脱逃

他就是方伯谦——"济远"舰舰长。

当"吉野"等军舰杀过来时,方伯谦最需要做的就是和林永升配合作战,"经远""济远"和"广甲"左翼的三艘军舰结成姊妹舰,相互策应和支援,誓死抵抗,但是,方伯谦并不这么想。

由于方伯谦接下来的行为,林永升才落得个以一敌四的境地。

这个行为,就是逃跑。方伯谦目睹了"致远"撞向"吉野"和邓世昌牺牲的整个过程。邓世昌的英勇并没有激励他,他感到了阵阵恐惧,于是做出的是与在牙山湾海战中同样的决定:逃跑!全力地逃。

连上天似乎也不齿这些逃跑的人,更大的悲剧在方伯谦逃跑的过程中发生了。但悲剧并没有发生在方伯谦身上。

"扬威"号搁浅在方伯谦逃跑路线的浅滩处,只顾逃跑的"济远"

一头撞上"扬威"，直接将"扬威"撞沉。"扬威"舰长林履中见撞沉自己的竟然是自己这一方的军舰，他的心情只能用无比悲愤来形容，跳海而死。

方伯谦没有片刻停留，也没有救援。他迅速转舵，一路狂逃，经过一夜的航行回到旅顺基地。

曾经有人认为方伯谦的做法是可取的：形势危急，保存了一艘军舰。不过形势危急这并不能成为逃跑的理由——相反，应该是更加英勇战斗的理由。邓世昌已经用他的一切来做出回答了。

事实上，方伯谦的行为既不属于危机处理，也不属于正常撤退。战场上的正常撤退需要获得主帅的许可，即使主帅不管了，大家也不知道他去了哪里，但也并不等于就可以自行做主去逃跑。退一万步来说，即使"济远"不得不退，也应挂"退出战斗"旗语并得到许可后再退，而撤退也是暂时的，经过休整后要重新加入战斗。

方伯谦的行为只有一种说法——战场脱逃。

从向朝鲜运兵开始，到牙山湾海战，再到大东沟决战，方伯谦用他的行为表明了他最适合的工作是"谋士"，他是一个有谋而无勇的人。

方伯谦将为他的行为付出惨重的代价。

跟在方伯谦屁股后面逃跑的，还有"广甲"舰。"广甲"原本就是跟随"济远"行动的，"济远"不跑，它没有胆量单独逃跑，"济远"一跑，似乎就能跟着跑。而"广甲"最终没有顺利回到旅顺，在逃跑的途中触礁搁浅，"广甲"舰上的士兵在舰上放了把火后弃舰登陆上岸。后来，它被路过的日本军舰用大炮击沉。

正是由于"济远"和"广甲"的先后逃跑才使得林永升孤军奋战，以一敌四，英勇阵亡。

北洋舰队进一步转入颓势了。它原本有可以击沉"比睿"的绝佳战机，但由于各条军舰帮倒忙的原因没有抓住；它原本可以一举击毙日军的最高指挥官，但鱼雷手蔡廷干总是发不准鱼雷；它原本可以有良好的指挥，但主帅丁汝昌只是坐在"定远"甲板督战；它原本可以在邓世昌的激励下更加英勇，扭转局势，但方伯谦在关键时刻表现了一个"逃跑大师"的素质。"超勇""扬威""致远"和"经远"已经沉入海底了，黄建勋、林履中、邓世昌和林永升也已经战死，损兵折将的北洋舰队只剩下了四艘军舰在继续作战，它们是"定远""镇远""来远"和"靖远"，而它们都已经身负重伤。一种不祥的阴影开始笼罩在北洋舰队的上空。

　　15点05分，大东沟海战的下半场拉开了序幕。

第九章
强大的北洋舰队何以一败涂地？

北洋舰队被分割包围

战斗开始后，"靖远"和"来远"努力向"定远"和"镇远"靠拢，希望能重新收拢队形，配合作战。然而，先锋队挡在他们的面前，而主力队死死缠住"定远"和"镇远"，避免北洋四舰合兵！

自战斗打响以来，联合舰队主力队和先锋队一直是相互配合、相互协调，牵制北洋军舰随己方军舰回转而回转，然后抓住空当，集中局部优势力量各个击破。而通过上半场的战斗，事实证明，先锋队的火力打击是最有成效的（北洋舰队所有被击沉的军舰都是由先锋队完成）。伊东佑亨已经明白这一点，他决定抓住战机。

此时伊东佑亨发出的命令是分两步走：第一步，先锋队和主力队继续回旋阻截，打破北洋舰队试图再次合兵的意图；第二步，在分割完成后，主力队死死拖住"定远"和"镇远"，而先锋队依靠四艘军舰对两艘军舰的局部优势，击沉"靖远"和"来远"。

危险向"靖远""来远"靠近了。按照兵力对比，不出意外的话，这两艘军舰将很难逃脱被击沉的命运！

"靖远"和"来远"原本不属于相互照顾的姊妹舰，现在它们临时结队，相互协同作战。面对气势汹汹扑过来的先锋队四杀手，"来远"舰长邱宝仁和"靖远"舰长叶祖珪只能背水一战。

"来远""靖远"死里逃生

四杀手将"靖远"和"来远"围在半圆中心，又采取了它们惯用的一招——环攻。

邱宝仁不顾炮火，在"来远"甲板上拔剑而立，命令将所有炮弹集中到舰首，连续不断开炮！当炮管被打得通红发软时，士兵就用双手托起炮管。由于不断地回旋，机舱里的温度升到了200多摄氏度，轮机兵皮肤被烧焦，眉毛被烧得精光，然而他们继续坚守岗位。

来吧！即使死，也要拉上一个垫背的。

雨点般的炮弹落在"来远"舰上，短短十多分钟的时间里，中炮数很快达到了两百多发。军舰上到处是大火，尾炮全部被毁，只剩下了舰首的几门炮，船舱被烧完，所有的可燃物都燃烧尽了，"来远"舰最后竟只剩下了钢铁骨架。一艘光秃秃的铁壳漂浮在海上，令人不得不惊叹。

然而邱宝仁仍然在继续指挥战斗。

"靖远"的情况更加严重，水线被击穿，海水不断地涌进船舱，甲板上又燃着大火，如果再不采取措施，毫无疑问，它将葬身海底！

在这种情况下，唯一的办法就是冲出先锋队的阻截阵地，到浅滩处先修补军舰。而将日本军舰引到浅滩处，也会有扭转战局的机会。

不怕死的"来远"和"靖远"竟然冲出了先锋队的阻截线，向一旁的岛边急驶，而先锋队自然不会放过这个绝好的机会，它们开足马力，紧随其后。

到达岛边浅滩后，"来远""靖远"立即调转船头，背靠浅滩，再次以舰首重炮迎敌，同时抓紧时间扑灭仍在燃烧的大火。

事实证明将先锋队引到浅滩的战术是无比正确的，在这里，日舰无法发挥速度优势，也无法缠斗环攻，只能停下来，以大炮对大炮！

速射炮的优势是利于快速打击，却不利于这种静止状态下一对一的打击，北洋军舰终于发挥了重炮的威力，先锋队无法突破这猛烈的炮火，久攻不下，反而被已经伤痕累累的"来远"和"靖远"打得节节后退。

这边的战斗很快要变成持久战和消耗战，这种状态是日军最害怕的。他们向来擅长的是全速冲上去，迅速砍你一刀，砍完了就走。灵活机动的战术受到限制，先锋队只有撤退。

正是先锋队的主动后撤给了两艘北洋军舰起死回生的机会，邱宝仁和叶祖珪望着远远撤走的日本军舰，又看看自己这边被烧得光秃秃、到处是洞的舰体，平静地说了一句："赶紧补漏吧。"

"定远""镇远"拼死一战！

在先锋队追击"靖远"和"来远"之时，"定远"和"镇远"孤零零地面对着联合舰队主力队。虽然军舰数量占多，但对于战胜海上巨无霸"定远"和"镇远"，伊东佑亨实在没什么信心。"定远"的厉害，他早已经领教过了，那可怕的前主炮，那坚不可摧的铁甲，似乎预示着这座海上巨无霸永远不可战胜。

但伊东佑亨仍然抱着最后一丝希望。"定远""镇远"不沉的魔咒，必须打破！不然皇宫里的睦仁睡觉不安稳，自己将来也会睡不安稳啊。

而已经是孤军奋战的刘步蟾、林泰曾也都明白：这是最后的战斗。他们太需要击沉一艘日本的军舰了，这已经不是战败的问题，而是关系到北洋舰队最后的尊严。

刘步蟾和林泰曾在各自的舰上激励着士兵，虽然伤亡重大，虽然形势危急，但必须血战到底。

"镇远"副舰长杨用霖跑到林泰曾身边，面向士兵而立，大声喊："兄弟们，现在报国的时候到了，我准备以死报国，愿者从，不愿意的不勉强！"

众将士泪如雨下："公死，我们何以生为？赴汤蹈火，但听公的一声命令！"

来吧，伊东佑亨！来吧，日本兵！拼死一战，直至弹尽粮绝！

邪恶的炮弹让日军自食其果

刘步蟾和林泰曾再次携手配合，指挥两舰的炮火全力攻向伊东佑亨的座驾"松岛"。此时，先锋队四杀手已经返回战场，加入了支援主力队的行列。但刘步蟾和林泰曾指挥两艘军舰紧密配合，两舰之间的位置和间隔始终不变，彼此护卫，又彼此协同攻击。一时之间，在数量上占据绝对优势的日本军舰竟然占不到什么便宜。

伊东佑亨终于有机会尝一尝"定远"305毫米前主炮的威力了。15点半，刘步蟾指挥炮手瞄准"松岛"左舷第4号炮位，发射巨炮。伊东佑亨看到巨炮飞来，方向又准又狠，此时的"松岛"是抵挡不了这样的巨炮的，他的脑海里闪过一个念头：完了！

这发炮弹过后，"松岛"将难逃被击沉的命运！但奇迹又一次出现了。当伊东佑亨再次睁开眼睛的时候，他发现中炮的"松岛"竟然奇迹般地没有下沉。军舰在一阵剧烈的左摇右晃之后，又漂浮在海面上了。

"定远"发射的这发炮弹是一枚实心弹，它强大的贯穿力摧毁了"松岛"左舷所有炮位，炮管和炮架在瞬间成为碎片，然而，由于它不是爆破弹，没有爆炸，不能开花，"松岛"又幸运地躲过了下沉的一劫。

刘步蟾不是不想发射威力更大的爆破弹，原因是他手中已经没有爆破弹了。海战前，"定远"只携带了分到的55颗爆破弹，在上半场的战斗中都已经发射完了，现在能够发射的就是一颗颗不会炸的实心弹。幸运又一次降临，继桦山资纪后，伊东佑亨又一次大难不死。

伊东佑亨感谢了一下天皇，他也迅速明白了北洋舰队炮弹的秘密，准备反击。

然而，伊东佑亨还是高兴得太早了。几秒钟后，中炮的左舷突然发生一连串的剧烈爆炸，一声接一声的闷响响起，大火从各个方向冒出，附近来不及躲避的日兵衣物瞬间被烧光，所有人成为裸体，然后眉毛头发化为灰烬，烈火吞噬他们的身体，最后就像被活活扔进高温的焚尸炉，只剩下了一堆骨灰！

而其他较远处的士兵也浑身是火！

就这样，"松岛"上50名日军灰飞烟灭了，被烧成了灰，其他三十多名日兵早已被严重烧伤，身上的零部件再也找不齐全了。有的不见了一只手，有的双脚被烧掉，还有的耳朵不见了，或者鼻子被烧平，嘴巴被烧掉露出牙齿。更惨的是还有一些人胸腹被烧穿，连肠子都流出来了。"松岛"号上顿时尸臭冲天，残胳膊断腿横满整个甲板，空中还有正簌簌落下的骨头和肉末。

伊东佑亨已经被这恐怖的一幕吓傻了。他实在想不明白这是如何造成的。

情况只能用一句话来形容——搬起大石头，砸自己的小脚。在和"定远"对抗前，心思缜密的伊东佑亨做了一个充分的准备。他考虑到下濑炸药炮弹太容易被引爆，为了避免弹药库受到攻击，也为了加快发炮速度，于是下令将弹药库里的这些炮弹全部搬运到舷侧的炮位周围，伊东佑亨大人以为放在这里会比较安全一点。

于是，在"松岛"左舷受到"定远"实心弹打击的同时，堆放在一旁的下濑炸药炮弹受到震动，一枚接一枚地开始爆炸，就跟放鞭炮一样，只是这响声和威力大了点。

日军终于自食其果，在用下濑炸药炮弹击沉几艘北洋军舰后，他们也尝到这种邪恶武器的厉害。

眼前的一幕绝对让伊东佑亨惊吓过度，他忘了下令去救火，只是傻傻地站在那里。过了好一会儿，此人才彻底清醒过来，而战斗的激情也在如潮水般退去，太可怕了！可怕的地狱之火！可怕的"定远"！伊东佑亨不再幻想去击沉它了，再打下去只怕会尸骨无存。

还是撤吧。

"松岛"号上挂出了"各舰随意运动"旗语，也就是说，要让大家各回各家，各找各妈，各自逃命，用一个词来形容就是——鸟兽散。

此时的伊东佑亨虽然有点发蒙，但鸟兽散的这个命令却是无比正确的。日本军舰已经击沉四艘北洋军舰，而"定远""镇远"是不可能被摧毁的，联合舰队需要见好就收。在撤退的选择上，鸟兽散是最有利的——这样"定远"和"镇远"就只能分头追赶。

"定远"和"镇远"的情况却也好不了多少。据统计，此时"定远"全舰已中炮159发，"镇远"舰中炮220发，而先锋队仍然在不停地发射速射炮，虽然它们无法击穿装甲，但要命的是中炮后引起的大火，救火队员一次次把火扑灭，中炮后大火又一次次烧起来。再次扑灭，又再次燃烧，钢板在烈火中已经被烧得变形，人踩在上面，鞋底顿时冒出一阵青烟，如果不小心摔倒，就能换来一块块焦炭似的皮肤。

这不是最严重的情况，更加严重的是，两艘军舰上的炮弹都所剩不多了，"定远"和"镇远"都只剩下了几十发炮弹，它们当然都是实心弹，继续战斗下去，这些炮弹几分钟就可以打光。

然而，见到伊东佑亨想逃跑，刘步蟾和林泰曾没有丝毫犹豫，他们同时做出了决定：追！

伊东佑亨并没有想到"定远""镇远"真的会来追，现在，他看到成为孤军的"定远""镇远"竟然敢追击整个联合舰队七艘军舰，战斗勇气又来了，命令舰队：调头！再战！

激烈的战斗又打响了。"定远"和"镇远"的炮弹越发越少，最后的结果是："定远"只剩下了3枚，"镇远"只剩2枚。虽然有厚厚的装甲保护，但没有攻击的炮弹，在日舰持续不断的打击下，难保不会沉没。而伊东佑亨似乎也发现了"定远""镇远"弹药告急的情况，他命令联合舰队不断逼近，形成环攻，火力网越来越密！

"定远"危矣，"镇远"危矣，北洋舰队万分危急！

援军抵达

这个时候，援军到了。

岛边浅滩的邱宝仁和叶祖珪迅速修补好军舰后，虽然他们的军舰仍然残破不堪，但他们并没有撤离，而是重返战场！

返回途中，叶祖珪在"靖远"上升起了帅旗，驶往大东港港内，召集停泊在港口里的所有军舰和鱼雷艇前来参战！见到帅旗，"平远""广丙""镇南""镇中"四艘军舰以及港内外的鱼雷艇迅速前来汇合。

北洋舰队的军舰瞬间增加到六艘，另外还有四艘鱼雷艇，再一次形成编队，"定远"和"镇远"的危险被解除。

看来神兵利器总有上苍的眷顾啊。

天色渐渐暗下去，这正是鱼雷艇攻击的最佳时机，有气无力的伊东佑亨再也没有信心继续战斗，他向全队发出"停战！"信号，主力队和先锋队各自逃窜。

刘步蟾和林泰曾早已经红眼了，他们再次下令：追！

惊涛大浪中，第二次追击开始了。而伊东佑亨简直要崩溃了：你们还能打？这一次，他并没有调头再战的勇气，指示舰队：全速前进，摆脱敌舰！

"定远"追在最前面，它的目标是老仇人——"松岛"。两艘军舰的最大航速差不多，又几乎从同一起跑线出发，所以刘步蟾认为追上"松岛"是没有问题的，只要"松岛"接近射程，"定远"就能找准机会发炮。

然而，问题出现了，士兵发现全速行驶的"定远"在动力上越来越力不从心，在提速的时候，就像汽车快没油一般，加不上动力。

"定远"是蒸汽舰，需要烧煤，既然军舰储煤仓里的煤炭是足量的，这又是什么原因？

一个煤老板的嚣张

在两个月前的牙山湾海战后，丁汝昌写了一封信给唐山开平煤矿的总办张翼，信写得很客气：张大人您能不能运点块煤过来，不要总是碎煤嘛。

而张翼很快给丁汝昌回信了，他很淡定：块煤我们没有。如果你需要用块煤的话，可以自己去我们运给你的煤里筛啊。

开平煤矿发给北洋舰队的煤，煤屑散碎，烟重灰多，说是碎煤还是客气了，简直是煤渣。这种低价都卖不出去的煤连民船都不用，他们却胆大包天用来搪塞海军。而煤不仅质量差，还短斤少两，在唐山发煤五吨，到威海一过磅，却只有三吨。

北洋舰队的军煤是由开平煤矿定点供应的，也就是说，丁汝昌只能买开平的煤。而张翼在出任煤矿总办之前，他的身份是海军大臣醇亲王（李鸿章直接领导）的管家，也是醇亲王的心腹，张翼受李鸿章保举才升为开平煤矿总办。开平煤矿最大的股东是直隶总督衙门，矿上每年分红最大的一笔就是给了总督衙门，所以张翼也不怕丁汝昌去李鸿章那里告状。

我怕什么？想告状你去告吧，巴不得你告诉李大人！

开平煤矿虽然是国企，但毕竟是自负盈亏的企业，而除了要给总督衙门分红，供给北洋舰队的煤也属于行政调拨。煤运过去之后，找有关部门结款，结果就是——要钱没有，甚至连个成本价都不给。久而久之，张翼只好用这种碎煤渣去应付了。

就这样，丁汝昌的信没有起到什么作用，北洋军舰得到的仍然是一船船的碎煤渣。

这就是"定远"在关键时刻动力不足的原因。但除了煤，还有一个硬件上的原因——锅炉。

首先要来普及一下北洋军舰上锅炉的知识。北洋军舰上的锅炉分为两种：一种是火管锅炉，在炉膛里面加水，同时密布一根根炉火管道，管道产生的热会烧沸炉水而产生蒸汽；另一种水管锅炉恰恰相反，炉膛里是火，把水通进密布在炉膛的管道里而产生蒸汽。

普及这个知识的目的就是让我们明白，无论是火管还是水管，使用时间长了都会老化，火管里面会充满烟灰，水管会积淀水垢，影响热力，最终影响动力。解决的办法其实很简单，就是拆下来进行清洗或者重新更换，就像行驶一定里程的汽车需要保养一样。

但是，北洋舰队的军舰自从下水后就从来没有更换过锅炉。在1893年，丁汝昌好歹发现了这个问题，申请将锅炉进行更换。但这种锅炉还不能国产，需要进口。最后，这样的"小事"不了了之，这些老爷级别的锅炉一直使用到海战，加上那质量低下的煤，"定远"无法达到设计的最大时速也就不足为奇了。

这种状况对伊东佑亨来说是求之不得的。虽然他并不清楚北洋舰队因为什么原因而速度慢下去，但他现在要做的就是全速航行，以便全身而退。于是日本军舰开足马力，在海面上一路驰骋，"定远"和其他军舰苦苦追赶近两个小时，仍然追上无望，只好停止了追赶，收队返回旅顺。

大东沟海战结束了。

海战惨败的根源

北洋舰队的损失是惨重的。按照《东方兵事纪略》的记载，它沉没了五艘军舰，1100人阵亡，其中还包括为军舰服务的两名外国人，他们甚至都没有来得及吃一顿饱饭。而联合舰队虽然多艘军舰受到重伤，但没有一艘军舰沉没，阵亡人数仅为115人。

是时候来对这场战斗进行一个总结了。

从前面的讲述中，相信大家已经从作战过程中明白了存在于北洋舰队的一些问题，这或多或少都是北洋舰队战败的原因。但是，它们都还不是最主要原因，最主要的原因正等待我们解开。

停止追击日舰后，"定远"舰上的官兵才有时间去看望一下受伤的丁汝昌，询问他的伤势情况。丁汝昌再次出现在人们的视野中。

我们已经好久没见到这位司令大人了。

多年以来，人们对于丁汝昌在这场战斗中的表现争论不一。大部分的争论集中在他战前摆出的那个令人有点发晕的"人"字形阵形上，有说好的，也有说坏的。

通过实战的检验，我们发现，这两拨人的观点都有道理。他们只是从不同的角度去评价了这个阵形。因为任何一种阵形都是有利有弊的，并非全能，也可以说并不是最重要的。战前的布阵，只是属于战略意图中的一部分，只是一种建立在对敌对己实际情况详细分析后的估计。有的估计到了，有的没有估计到，这很正常，毕竟大家都不是神仙。

如果没有估计到，那该怎么办呢？两个字——调整。

伊东佑亨就是一路调整过来的。

在布阵上，伊东佑亨看上去很随便，他只是把联合舰队分成了两队。但这正是充分利用日本军舰的优势，让高速的军舰单独成队。

战斗打响后，一开始的战略意图是想实施包抄，实现围歼北洋舰队的梦想，但是伊东佑亨很快发现在强大的"定远""镇远"面前，围歼的梦想是不可能实现的。于是进一步发挥了日本军舰航速快、炮速快的优势，采用灵活机动的战术，积极穿插跑动，对北洋舰队不断进行分割包围，形成局部优势各个歼灭，发扬了协同作战的团队力量。

如果北洋舰队是身躯庞大的水牛群，那么日本军舰就是团队捕猎的狼群，集中力量对最弱的几头牛紧咬不放，在北洋舰队反应过来之前，迅速完成撤退。这就是伊东佑亨整场海战中的战略意图。

事实已经告诉我们：只有根据不断变化的战场形势而及时对战略战术做出调整（包括阵形），保持战令畅通，形成对整支舰队统一的指挥，才是最佳的选择。

而这也是丁汝昌最大的失误。

在意外受伤之后，他老人家就变成隐形人了，自己不出面，也没有替补出面，全军无令，舰队不整。这就像一支球队没有了主教练，后卫难免打成前锋，最后成了一盘散沙。

这就是北洋舰队失败的最主要的原因。它并不是某些装备上的缺陷，不是炮弹不多，也不是士兵们士气不高或者战斗力低——根据战后统计，北洋士兵发射炮弹的命中率，甚至还要高于日军。失败的根源是另外一个问题：包括丁汝昌在内的指挥官的问题！

北洋舰队强大下的危机

北洋舰队是朝廷投入最多的一支舰队，也是军费最有保障的一支军队。舰长们等中高级军官拿着相当于如今几十万的年薪，而普通士兵们的年薪不到中级军官的1/30。在外面看海军是个高薪的行业，天之骄子，但只有内部人员清楚，钱都被领导拿走了，职工和领导收入——差距很大。

但高薪带给北洋舰队军官们的并不是有效的管理和刻苦的训练，他们最热衷的一件事，还是赚钱。

按照《北洋水师章程》规定，在北洋舰队常年停泊的基地威海刘公岛，除了丁汝昌，各级军官都不得在岸上买房子，必须常年住在舰上。但这一条基本是没人遵守的，比如方伯谦就在威海、烟台、大沽、上海等地拥有多处房产。

丁汝昌不仅在刘公岛上盖了自己住的房子，还修建了大批商铺用于出租，然后这些租金落入了他自己的腰包。聪明的方伯谦发觉了这个发财的机会，也搞了不少出租屋，于是两位房东大人因为争抢租客问题，进行骂战。

买这么多房子，自然是为了找小三的方便。书生意气的方伯谦先是与丁汝昌同时看上一位妓女，发生矛盾，然后又与刘步蟾同时想娶一个美貌小妾而差点拔刀相向。

腐败是从中高层开始的，那就不得不影响普通士兵。上行下效，历来就是腐败学得最快。

在刘公岛基地的周边，有一排排的娱乐场所，包括赌馆、鸦片馆、茶楼、妓院等，从头数过去不下50家。它们都与军方相关，将领们有时是作为顾客来照顾生意，有时是作为幕后老板来照看生意。而大家每年最盼望的就是冬天的到来，一入冬，就可以带着军舰去南方过冬，然后泡在上海或者香港的花花世界里，乐不思归。

几年时间里，新兴的北洋海军就这样像八旗绿营一样迅速全军腐化了。

大家都忙着赚钱和享受，日本虽然被列为假想敌，大部分人都知道清日一战不可避免，但战术问题是没有人来研究的，备战工作也不是认真去办的，日本海军的情报，也是没人去收集的。

日常的训练就是走走过场而已。当有领导来视察时，旌旗蔽日，把"定远"和"镇远"拉出来，巨舰出海，让领导高兴一下。如果要看实战演练，也很好办。靶子早就在一个固定的位置准备好，几个预定的开炮点也设置好，检阅开始，军舰开到这些预定地点，闭着眼睛发几炮，百发百中，总算摸索出了一条具有北洋特色的让领导满意的视察模式。

这些情况其实也引起了朝廷的注意，言官御史们多次弹劾丁汝昌，但都被李鸿章顶了回去。李鸿章需要丁汝昌的原因前面说过了，而需要李鸿章的是谁，答案将随着战争的深入而揭晓。

方伯谦的结局

海战的结果传来了，朝廷上下一片哗然，清流言官们找到了事做：不遗余力地参奏丁汝昌。早就看他不顺眼了，更何况还战败了！于是，丁汝昌被专门参，被单独参，被在其他奏折中附带参，反正成了炮轰的对象，众矢之的。与此同时，言官还暗地里将矛头对准李鸿章，要求追究李鸿章的领导责任。

丁汝昌赶紧向李鸿章写报告，把海战的过程描述了一遍。接到报告后李鸿章仔细阅读，发现了一个兴趣点，马上给丁汝昌回电："接电，此战甚恶，何以方伯谦先回？"

丁汝昌明白了，于是他重新写了一个报告。这个新报告重点讲了讲方伯谦如何率领"济远"舰逃跑，顺便将方伯谦的逃跑定义为舰队变成一盘散沙的直接原因——"方伯谦首先逃回，各船观望星散，将队伍牵乱"。

后来，李鸿章加上一句："若非'济远''广甲'相继遁逃，牵乱船伍，必可大获全胜！"

李鸿章的意思已经很明显了：就让方伯谦成为北洋舰队战败的替罪羊吧。

但是，对于李鸿章来说，找到这个替罪羊，还需要堵住"闽党"以及朝中言官们的嘴。

他们很快想到一个人——刘步蟾。

刘步蟾属于"闽党"，借刘步蟾之手去杀掉方伯谦，无论是"闽党"还是言官，都无话可说。

要借到刘步蟾之手，还需要一道程序：让他暂时成为北洋舰队的最高指挥官（代理司令）。

于是，丁汝昌开始养伤休假，李鸿章命令刘步蟾暂时接替丁汝昌的职位。丁汝昌写好的那第二封战报，由刘步蟾签发。

按照《北洋水师章程》规定，舰队司令平时有事不能来上班，应该由左翼总兵（林泰曾）代理，左翼总兵也不能来上班时，才由右翼总兵（刘步蟾）代理。所以，按照章程规定，即使是丁汝昌有伤请假，代理司令也应该是由林泰曾来接替，而林泰曾一向老实，他是绝对不会签发把方伯谦定为替罪羊的报告的。李鸿章看中的就是刘步蟾为人强硬，能压服其他福建同乡——借刀杀人之计，很完满。

根据这个战报，李鸿章请旨将方伯谦即行正法。

朝廷当即同意，李鸿章立即将处斩方伯谦的电报发给北洋舰队，电文的签收方是"丁提督刘镇"，也就是让丁汝昌和刘步蟾同时签收，而以前李鸿章发给北洋舰队的电报都是丁汝昌一人签收——这就是说，刘步蟾必须全程参与杀方伯谦的过程。

同为福建人的林泰曾、叶祖珪、邱宝仁一齐求见刘步蟾，请求他看在大家都是老乡以及27年同学同事的分上，设法保住方伯谦一命。

刘步蟾表示："我也没有办法啊。"

42岁的方伯谦被押至旅顺黄金山山脚下斩决。

就方伯谦战场逃跑来看，他的行为属于严重地违反军纪，被正法是一点都不冤枉的。但是他又很冤枉，他的冤枉在于一个人承担了大东沟决战失败的责任，而丁汝昌解脱了，李鸿章也给了朝廷一个交代，言官们的嘴被堵上了。大家一团和气。

在死前，方伯谦曾质问："军无令，队不整，谁之过？"

这是逃跑冠军最后一次抓住了事件的核心，只是他再也没有去分析判断的机会了。

在方伯谦死后，丁汝昌的伤奇迹般地"迅速好转"了，刘步蟾当了两天代理司令的使命也宣告结束，丁汝昌重新归位，此后李鸿章发给北洋舰队的电报再也没有列上"刘镇"。

由于方伯谦是死在刘步蟾任上，方、刘两家自此世代结怨。方伯谦的后人一直保留一个祖训：先辈是被他的同学刘步蟾诬陷害死的，要向刘家报仇！据说在很长一段时间内，福州的方、刘两姓互不通婚。

海战结束，陆战开始

日本。当大东沟海战的消息传回时，整个日本都疯了。各地的人涌向东京，欢庆他们的胜利，日本铁路公司特意降低了各地到东京的火车票价。大家其乐融融，并不敢相信能够战胜强大的清国，喜悦来得有点突然啊。

伊东佑亨胜利了，他的胜利是冒险的胜利。他冒着风险打破了世界海军的权威理论，赌一把却换来了丰盛的成果。他的战术也引起了西方老牌海上强国的注意，在研究之后，欧美海军很快仿效，成为一时的潮流。

西方媒体用他们的视角关注了这一次战争，伦敦《每日新闻》挖出了清国官场的腐败。在 1894 年 12 月 13 日这篇报道上，值得注意的是标题，很生动，翻译得现代一点就是"人类已经阻挡不了清国官场的腐败"，标准翻译是"清国官场腐败危及人类道德"。

《泰晤士报》国际新闻版主编姬乐尔来到了清国，经过一段时间的走访后，他得出了结论："我们寄希望于清国的潜在力量约达 30 年之久，认为清国会崛起，但你我都知道，这种幻想是如何破灭的。在我看来，在可以预见的将来，清国很难跻身于世界强国之列，却可以列入弱国的行列之中。在清国看来，历史、地理、近代科学成就、影响西方国家政策的公众势力、公众舆论、议会、报刊，都是些没有什么意义的字眼。中华帝国正在衰亡，它的肢体已经腐烂……"

桦山资纪找到了伊东佑亨，他首先心有余悸地回顾了一下被鱼雷艇攻击侥幸逃出一命的过程，拍着伊东佑亨肩膀的手似乎还在发抖："兄弟，你不知道哇！看着鱼雷冒着气泡钻到船底下，那种感觉真的比什么都可怕……"

然后，桦山资纪要求伊东佑亨好好研究一下鱼雷艇在海战中的作用。在大东沟海战中，伊东佑亨连一艘鱼雷艇都没带，因为他并没有重视鱼雷艇的作用。回到日本后，伊东佑亨立即将全日本16艘鱼雷艇全部找来，单独编队，从此与军舰进行配合作战训练，他决心寻找出发挥鱼雷艇最大攻击力的作战方式。

及时总结经验教训、从实战中不断学习，这是一个优秀将领迅速成长起来的最大秘诀。事实上在反舰导弹发明以前，鱼雷是击沉军舰的最有效的武器，这个秘密将在接下来的威海海战中被伊东佑亨发现。

结束了，一切都结束了。这边大清朝廷在杀掉了方伯谦后，一切归于平静。北洋舰队虽然失败，但并非完败，它仍然有不容忽视的实力对日本舰队构成威胁。只要认真反思战败的真正原因，认真思考接下来的应对策略，接下来的战局是会有好转的。

而这一切并没有发生。李鸿章大人一如既往地对丁汝昌发出"避战保船"的命令，此后的北洋舰队将只能在威海与旅顺之间游弋，一碰到日本舰队就要躲开，让日本军舰在黄海、渤海横行无阻。

李鸿章不知道的是，他的消极防御战略，又将对接下来的陆战带来严重的影响，清国军队又将陷入失败的命运。

一场大规模的陆战，已经从平壤打响了！

第十章
安东沦陷，日军史上首次跨过鸭绿江

疯狂的日本陆军统帅：山县有朋

前面的讲述中我们已经了解了清日海战的过程，接下来要讲述的，将是时间跨度更长的陆战。按照我的习惯，我们需要先来了解一下清日在陆军方面的兵力对比。

两国陆军兵力的总人数前面已经介绍过，日本常备军 7.5 万，其中包括炮兵 6000，骑兵 4000；而清国的常备军 60 万，其中包括步兵 47 万，骑兵 10 万，炮兵 3 万，另有民兵 100 万。如果光从数量来看，日军这不仅是拿鸡蛋碰石头，简直是碰蒸蛋器。

但除了数量问题，还有一个更为重要的质量问题。

两国开战以前，日本陆军已经完成了"师团制"的改革，也就是常备军以师团（相当于师）为建制，组建成六个师团。它们分别是：第一师团（东京师团）、第二师团（仙台师团）、第三师团（名古屋师团）、第四师团（大阪师团）、第五师团（广岛师团）和第六师团（熊本师团）。

另外还有一个正在组建中的师团，它是睦仁的御林军——近卫师团，以及计划组建的第七师团（旭川师团），这个师团属于半农半兵的"屯田兵"，平时主要工作是在旭川地区的北海道插秧，所以日本全国可以用来战斗的只有 6 个师。

从表面上看，实行"师团制"的编制改革似乎没什么意义，但如果我们了解一下日军原先的编制就可以发现厉害所在了。原来的编制跟清国军队的编制类似，是在驻扎地基本不运动的"镇台制"，主要任务是维护当地的治安，镇压农民起义等。而改成师团制后，军队的主要任务改变了。

这个新的任务就是野战，换言之就是侵略战争。

大东沟海战开始前，第一师团和第三师团三万人已经在仁川集结完毕，组成第一军，由山县有朋指挥，准备北上总攻平壤。

这位曾经在征讨幕府和平叛西乡隆盛的战争中立下赫赫战功的战将，被称为"日本陆军之父"。获得这个荣誉称号除了因为他的战功之外，还有一个更重要的原因——忠心，这可以从一件小事中看出来。

睦仁上台不久，他的御林军因为待遇等问题发生了一次哗变。山县有朋快刀斩乱麻，将哗变士兵50多人全部诛杀，成功地保卫了睦仁的安全。此后，山县有朋开始下大力气整顿军纪，最狠的一招是颁布了日本历史上著名的《军人训诫》，要求每一个日本军人都严格做到对天皇绝对忠诚、绝对服从、绝对有保障，做到天皇指哪儿，军队就打哪儿。

日本军队对天皇极度效忠的传统便出现了。

山县有朋不仅是一个狂热的战争爱好者，也是一个居安思危的人。1889年，他提出日本必须捍卫两条线：一条是常说的"主权线"；另一条就是"利益线"。

在山县有朋看来，日本的利益线有两个焦点：一是北面的朝鲜；二是南面的台湾。打下台湾，这是永固皇国南门；打下朝鲜，这是实现大陆政策的跳板。

在山县有朋手里，大陆政策被细化了，他策划的方案分为五大步骤。第一步：占领台湾；第二步：占领朝鲜；第三步：占领清国东北以及内蒙古；第四步：占领清国全国；第五步：占领东南亚乃至全亚洲，直至整个地球。

没错，就是整个地球，这就是以山县有朋为代表的日本军人的梦想，没有把全宇宙计划进去已经是外星人的福利了。

清日战争打响后，山县有朋主动请战，要求亲自上前线指挥。此时平壤已经集结了1.5万名清军，在仁川，山县有朋决定先调遣与清军相同的兵力作为先锋队，向平壤进发。各路大军要在9月15日之前全部到达平壤，随即发起总攻。

从军事上看，山县有朋的这个举动无疑是疯狂的。因为这一万多人的大军并不是整体出动，而是分四路进发。

从仁川到平壤有几百公里的路程，途中山峰连绵，险关重重。分兵后，每路大军都只剩下几千人（最少的只有两千多人），而他们走的是不同的行军路线，彼此信息不通，一旦清军在途中设伏，日军将被各个歼灭，全线崩溃。

更疯狂的还在后面。山县有朋命令大军要在发起总攻后48小时内解决战斗，为了便于行军，军队无须组织专门的粮草队，每名士兵随身携带至9月17日的粮食补给就可以了。

分兵冒进，还不多带点吃的，所有人都被山县有朋这个疯狂的举动惊呆了。将领们忐忑不安地走出了帐营，如此疯狂的领导，可谓平生未见。9月15日，日军四路大军全部安全到达平壤城外，一路上除了发现一两个清军哨探外，没有遇到任何抵抗和埋伏。

山县有朋的判断是对的。平壤清军在叶志超的率领下，一直准备依靠平壤坚固的城墙和堡垒死守。主动出击？这么冒险的事情是不需要考虑的，大家还是安全点比较好。

不过日军接下来要进攻平壤，并不那么容易。

从地理上看，平壤的四周都是城墙，最高处达到十米，相当于三四层楼的高度，而最厚处竟然达七米，炮弹是很难炸开的。城墙上遍布着大炮据点，居高临下射击时的威力可想而知。平壤城内储存着够清军吃一个月的粮食，而城外的日本士兵每人只剩下了两个饭团子，军官们每天只有两碗稀粥喝。

自古以来，攻城之军，一般需要有三倍兵力，在粮草充足、人员齐整的情况下发动进攻，饿着肚子是没办法打仗的。日军不仅肚子饿，精神也不好，一路跋山涉水，没有休息，马上又要发动总攻。看来，占据有利地形的清军如果能据险而守两天以上，等到城外的日军最后一点东西吃完饿得头晕眼花之时，出城砍上几刀便大功告成了。

从牙山逃回来的叶志超是被李鸿章强令留在总指挥位置上的。在日军到达平壤的两天前（9月13日），叶志超向李鸿章请病假，声称自己连饭都吃不下，即将病危，守卫平壤的重任还是交给别人吧。李鸿章严词拒绝了。然后，叶总指挥又给李鸿章发了一封请求再派援军的电报。

接到这封电报的李鸿章，派出了增援平壤的陆军前往大东沟，并由北洋舰队护卫运兵船。然后，到达平壤的日军做了他们的第一件事：割断电报线。

叶志超更加郁闷了。没了电报线，平壤就和天津方面彻底失去了联系，叶志超大人有点六神无主，紧张的气氛从他开始四处蔓延。在高级将领的军事会议上，他主张先撤到鸭绿江，一开始大家都沉默不语，毕竟大军来平壤就是来守城的，现在据险而守，以逸待劳，却不战而退，至少面子上就说不过去。

经叶志超同志再三做思想工作，部分将领的信心开始动摇了，他们发言："现在还不能撤，等日军攻过来，我们就撤。"

叶志超找到了知音，连忙说："好！"眼看大家就要对主动弃守形成统一意见。

正在这时候，有一个人站出来了，他并不同意叶志超的意见，并且大声呵斥了要求撤兵的将领，他慷慨激昂地说道："敌人孤军深入，正是出奇兵痛击，令敌止步于此的好时候！国家设机器，养军兵，年耗军费数百万，正为今日！如若不战而退，我们何以报效国家？"

左宝贵的选择

两个多月前，当清日局势出现紧张时，李鸿章给奉军统领左宝贵写了一封信，请"左宝贵吾弟"帮忙出兵，应对可能要爆发的朝鲜战争。7月3日，这封亲笔信到达了左宝贵的案头。

虽然左宝贵的级别要比李鸿章低很多，但他可以有两个选择：答应或者拒绝。

为了揭开这个奇怪的答案，我们需要来了解一下清国军队的情况。

最早的军队是我们熟知的满洲骑兵，总称"八旗"。八旗实际上有二十四旗，因为它有满族人的八旗（满八旗）、蒙古人的八旗（蒙八旗）和汉族的八旗（汉军八旗）。

蒙八旗是满人打天下的合作伙伴，而汉军八旗是那些在入关前与满人合作的明朝将领的军队，总之他们都是为打江山出过力的。于是，在坐江山的期间，他们享有特权。只要你是旗人，你的儿子生下来就是国家养的军人，有固定的工资和口粮，这就是八旗子弟，世袭待遇。为了保证八旗血统的纯正性，满汉之间是不能通婚的（汉军八旗除外）。这就使得皇帝只能在满人或旗人中选秀女，相亲对象很是狭窄，喜欢汉族美女的乾隆皇帝只好多次去江南，给现在的电视剧编剧们留下了无数创意源泉。

作为一支军队，八旗军的特殊性在于没有任何一位汉人可以调动它，它归朝廷直接控制，汉人督抚是没有权力调动八旗兵的。这种体制虽然一定程度上保证了统治的长治久安和军队的"不变质"，但由于饭碗来得太过容易，腐败问题是八旗军后期最为严重的问题。

举个简单的例子，骑射本来是八旗军的绝技，而军官们却以骑马为耻，外出要坐轿子，久而久之，连上个马都困难。每座八旗军兵营的周边几乎都有娱乐一条街。一到夜晚，就停满这些八旗军将领的轿子，而士兵们也有事干，斗鸡、斗蝈蝈，遛鸟听戏，反正也不愁吃喝。军队内部的升迁是拿银子开道，买个什么样的军职需要多少银子，明码标价，童叟无欺。

武功再高，战功再多，没有银子打通关节，那也是很难升迁的。

毫无疑问，这不再是一支军队，而是一群寄生虫。朝廷对这种现象很忧虑，知道一旦真正有战事，这群人是指望不上的。干脆继续拿钱养着他们，但在国防军事上抛弃八旗军，开始从汉族人里征兵，编练另外一支正规军——绿营军。

绿营军是由汉人组成的。正是这个缘故，朝廷始终对绿营抱有戒心，不仅投入很少，武器和军饷都无法完全到位，指挥绿营的还是一批不懂战事的文官（提防武将造反）。这时候发生了一件严重的事情，那就是太平天国起义，八旗和绿营两支中央军被打得落荒而逃，朝廷面临无军可用、无人可打仗的局面。

危急之时，朝廷只能大肆招兵，44个来自全国不同地方的大臣都接到一道旨意：你们回自己老家去招兵吧。其中有一个叫曾国藩的人，他在湖南组建了湘军。湘军是出钱请人打仗的，实际上是一种雇佣兵。在组建湘军时，朝廷除了给予政策支持，基本上也没出钱出力，靠曾国藩自己想办法，造成的一个结果是湘军只听老板曾国藩的，基本相当于曾国藩的私人武装部队。这支军队后来在曾国藩的主动申请下大部分被裁撤，但另外一支私人武装部队却被保留了下来。

这就是李鸿章的淮军。曾国藩帮助了他的徒弟以湘军的模式组建了这支部队，帮着打太平天国，当太平天国起义被镇压下去后，北方又爆发了农民起义（捻军），淮军就这样被保留了下来。而淮军与之前其他所有军队不同的是，它是一支在整体上告别了长矛大刀的军队，装备的是洋枪洋炮，在朝廷现存军队中战斗力最强大。

为了加强军事力量，也为了防备淮军，朝廷又开始想办法了。从绿营军里挑选了一些人，按照淮军的模式，装备洋枪洋炮，称为练军。练军是属于中央军的，它还有很多地方版，这就是维护地方治安的武装部队，比如奉天就有奉军，负责剿灭胡匪。

这些军队属于地方编制，由地方负责供给，士兵不是国家公务员，搞不好什么时候就被裁撤了。为了安抚人心，朝廷把军官安插到绿营的编制内，哪里能插下就插哪里。奉军统领左宝贵在体制内的职务就是：广州高州镇总兵，但他的工作和广州半毛钱关系也没有，一直在辽宁剿匪。

现在我们知道了，清国的军队情况是比较混乱的，派系很多，基本都是政治大军，为不同的利益集团掌控。朝廷为了防备汉人造反，利用不同系统的军队去互相牵制，于是出现了前面左宝贵的情况。

左宝贵和李鸿章不属于一个系统，从组织层面讲，李鸿章无法调动左宝贵的军队，接到李鸿章的信后，左宝贵可以拒绝李鸿章的理由光明正大——剿匪也很重要。大家都知道和日本人作战比较危险，于是纷纷劝说左宝贵借故推托。

但左宝贵没有任何犹豫，在奉天，他一一拜访自己的好友，跟他们做最后的告别。

"这次战争与剿胡匪不同，我怕是不会回来了！"

在接到信的那一刻，左宝贵就做好了带兵入朝的准备。

我并非不清楚前方路上的凶险，我并非不知道有充足的理由去躲避这一场凶险，但我依然前行了。明知不可为而为之，明知有危险却一往无前，因为我知道，光明总是要靠一些人去争取，也许作用一时很渺小，也许不会名垂青史，但我还是要这么做。在需要的时候用鲜血去染红旗帜，激励更多的人去战斗——因为这是我的信念。别人可以为我的坚守而嘲讽，我却因有一份坚守而从容。

左宝贵带领他的 3500 人的军队出发了。

在出军后，左宝贵变成了一个不省事的主，他一路给李鸿章发电报，不断地向李鸿章要兵、要枪和炮。李鸿章已经尽己所能提供了枪炮子弹，但左宝贵似乎永远不知道满足。

很多人认为左宝贵是趁机要挟，仗着是被请来的，借机增加自己部队的战斗力，中饱私囊。这话传到了左宝贵的耳朵里，左宝贵很沉默，他没有解释，他相信自己这么做的原因，人们总有一天会知道。

在军事会议上，左宝贵怒斥了叶志超不战而退的行为，为了防止叶志超逃跑，左宝贵派亲兵看住叶志超，一个部将派兵看住主帅，这也算是一种奇观，而事实证明，叶志超早晚是要跑的。

总攻开始

9 月 15 日凌晨，刚刚抵达平壤城外的日军没有经过休整就发动了对平壤的总攻。

进攻的日军兵分三路，分别从平壤的正南、西南和东北部进攻。从地形上看，平壤的南门地势开阔，而东北部的玄武门临近高山，地势险要，易守难攻，位于距日军驻地最远之地。叶志超判断日军的主攻方向应为南门，需要将清军主力布置在南门，日军绝对不会舍近求远去攻击玄武门，所以玄武门应该布置最少的兵力。

左宝贵就带着分配到的1500人守卫玄武门。对于这样的兵力分配，左宝贵存有异议，日军狡诈，玄武门不一定安全，1500人不足以守卫。

而叶志超回答他手里也没兵了。左兄不好意思，我也很为难啊。

叶志超如此分配兵力有一个秘密：他抽调了3000人驻防在平壤以北170里外的安州，用总兵力的1/5来保护退路，可见这场仗他还是硬着头皮打的。

而叶志超对日军主攻方向的判断完全失误了！玄武门正是日军的主攻方向。总攻开始后，日军采取了声东击西的策略，首先用一部分兵力在南门佯攻，吸引清军主力，其余7800名日军绕道到了玄武门外。如此一来，日军进攻的兵力是左宝贵守军的五倍！

左宝贵面临的是一场艰巨的生死之战！

以少抗多，这将是一场没有存活把握的战斗。但我早已经做好了以死报国的准备。而我不会无谓地牺牲的，我将用最强的战斗力去抗击日军。我知道这是一场激烈的生死之战，所以我准备了充足的弹药，一定要大战一场。我渴望胜利，渴望击败日本人，如果不幸战败，也要多拉些日本人来垫背，我相信我的英勇会激励后来人。

在接受请求的那一刻，在告别亲人朋友进军朝鲜的那一刻，我就已经做好了准备，无论是什么样的情况，我将实现我的诺言。

来吧！

左宝贵死战平壤

战斗打响了，几百名日军将大炮抬上高山，准备用炮开路，俯轰玄武门。玄武门的城墙在炮火中被洞穿，这时，日军步兵发起冲锋，而玄武门内一直没有还击，阵地静悄悄的，似乎已经人去城空。

日军大胆地摸到了城墙下，正当他们准备从缺口进入时，埋伏在两旁的13连发毛瑟枪一齐开火，冲锋的日军被打成了靶子，全部中弹，无一生还。

原来，左宝贵事先要求不要无谓地和对方对射，在对方居高临下的不利条件下，要引诱日军深入阵地，诱使他们发动冲锋，而自己的军队埋伏两旁，等日军接近时，一举格杀！

日军大概不知道，对方军中的这位指挥官，就是以打山上的土匪而闻名的。

日军损失惨重，连正在指挥的支队长都中弹负伤。见强攻不成，日军稍稍退后，又利用大炮居高临下轰炸。十几门大炮一齐开火，炮弹如猛雨骤至，玄武门城墙上很快遍布死尸。在炮火掩护下，日本工兵又一次摸近了城墙，用绳梯攀爬上城墙。打开城门，日军占领了玄武门外城。

占领外城并不意味着玄武门失守，因为前面还有更加坚固的内城，但如果内城也被攻破，日军就可以长驱直入平壤城，对南门的清军主力实施夹击。

内城的守军正在静静地等待日军的到来，这是左宝贵布置的第二道重点防线。由于战前连续不断地紧张工作，左宝贵突发中风倒地，只能躺在床上听战报，但日军再次发起冲锋的时候，左宝贵强行站起，出现在墙头。

起床时，左宝贵要求换一件衣服，就是当年皇帝御赐的黄马褂。身披黄马褂的左宝贵抽出战刀，屹立城头，亲自指挥。

日军的冲锋多次被打退了。但玄武门是日军必须要拿下的阵地，必须以此打开进入平壤的缺口。不怕死的日军很快又重新集中，发动强攻。这次进攻的人数更多，炮火也开始往前移，城墙上的火力再一次被压制，冲锋的日军已经接近城墙之下，阵地又一次危急！

左宝贵仅有的四门大炮终于发挥作用了，他在这里布置的就是炮兵防线。左宝贵命令士兵将大炮推到他面前，亲自发炮。日军不断地冲锋，左宝贵不断地发炮，连发几十颗炮弹，日军的冲锋又一次被打退。

日军已经明白，只要有左宝贵在，玄武门就很难被攻下。于是他们将炮口一齐对准左宝贵开炮。大家劝他换掉黄马褂，以免成为日军的目标，但左宝贵知道，这是一种精神支柱，在关键的时刻，精神支柱万不能丢，哪怕自己战死，也要让誓死抵抗的信念长存。

左宝贵拒绝了，大声喝道："敌人注目，吾何惧乎？"

众亲兵想把他架下城墙，左宝贵双眼喷火，一掌推开："主将岂能下火线？誓与城墙共存亡！"

日军又一次发起强攻，工兵携带绳梯攀爬城墙，清军虽然以少打多，但受到统帅的感染，士气大振，他们在墙头与日军殊死搏斗，日军的进攻再一次被打退了。

日军的子弹和炮火更加集中地对准左宝贵，一发炮弹飞来，左宝贵来不及躲闪，飞起的弹片顿时将他的额头整整削去一块！左宝贵扯下白布，包扎好伤口再战！而又一块弹片击中肋下，腹部被切开，肠子流出，左宝贵终于倒下了。他以战刀支地，圆睁双目，命令其他士兵死守城墙！

日军狙击手瞄准左宝贵，左宝贵左胸连中数枪，终于再也无法支撑，倒地阵亡。在倒下之前，左宝贵向他的士兵发出了最后一个指令：人在城在！

虽然已经伤亡惨重，虽然已经没有了主帅，可是清军没有人放弃坚守。士兵们高喊着左宝贵的遗言，再次集合起队伍，在城头向日军开火。当日军冲锋到城墙下时，清军朝日军头顶上跳下，将他们扑倒，然后赤手相搏！

日军被这一幕惊呆了。自进入朝鲜战场以来，日军第一次见识了清军的英勇，这种不要命的打法是很恐怖的。而当日军稍微后退时，内城的清军竟然乘势发动反扑！

玄武门日军终于带着懊恼和一丝不解的心情撤退了。他们原本以为用绝对优势兵力攻下玄武门是轻而易举的，没想到却遭遇如此顽强的抵抗。左宝贵给了他的士兵最好的武器、充足的弹药，更重要的，是他的精神不死。

在城南和城西南的战场上，清军都击退了另外两路日军的进攻。形势对清军大为有利。日军伤亡人数高于清军，而他们的炮弹快打光了，步枪子弹也所剩不多，更重要的是饭团子也吃光了，只好去挖野菜。很多人冲锋一天都没有吃到饭，偏偏天公又不作美，平壤下了大雨。瑟瑟发抖的日军挤在一起，又累又饿，疲惫万分，伤兵没有药，只有不停地哀号，全军士气全无，陷入悲观境地。

而对于平壤守军来说，这是一次全歼日军的绝佳战机。清军要做的只是主动出击，连夜发动偷袭，日军的饥饿之师和疲惫之师，根本无力抵挡。

为了防备清军可能连夜发动偷袭，日军决定整体撤退。

对于这个结果，山县有朋其实并不是没有心理准备。在日军从仁川出发前，山县有朋已经做好了最坏的打算，宁为玉碎不为瓦全（"玉碎"后来成为日军在战场集体自杀的代名词），一定要为天皇"尽忠"。"万一战局极端困难，也绝不为敌人所生擒，宁可清白一死，以示日本男儿之气节，保全日本男儿之名誉！"

各路日军已经做好了撤退的准备，正在收拾行李，其实行李也没什么好收拾的，因为他们本来带的就不多，日军在等待最后的奇迹。

叶志超的决定

平壤城内，叶志超正在作着他的决定。

左宝贵战死了，尸骨无存，留下的只有一只靴子。叶志超对这个结果又惊恐又兴奋。

兴奋的是，已经没有人能阻止他逃跑了。

准备拍拍屁股走人的日军惊奇地发现，平壤城头竟然挂出了白旗！于是日军后撤的行动停了下来，想看看到底发生了什么事。

一名朝鲜人出城给日军送信，他正是叶志超派出的，叶志超以平壤朝鲜官员的名义向日军投降，说明清军已经同意停战退出，希望日军遵照国际公法夜间休战，再不要发一枪一弹，双方第二日再正式谈判如何投降的问题。

日军怀着无比惊讶的心情接受了投降书，同意了投降书上的内容，把朝鲜人打发走了。然后日军开始在平壤后路布置——埋伏。

凭着对叶志超的了解，日本人知道：所谓第二天谈判只是一个幌子，他一定会连夜逃跑的！这是一个绝好的全歼清军的机会。

夜晚到来了，狂风中大雨滂沱，电闪雷鸣，饿着肚子的日军出动全部主力，急行军到平壤后路，埋伏在道路两侧。

日军很快就证实了他们的猜测，天一黑，叶志超就带着亲兵冒雨悄悄先跑了。主帅不见了的消息很快在军中传出，于是平壤守军全部溃散。他们来不及带上武器和辎重，争先恐后地冲出城门，向平壤后路逃去。

埋伏在道路两旁的日军看准时机开火。

漆黑的夜色中，只顾逃命的清军不知道发生了什么事，前面的清兵被枪击，惶恐之中便调头向后，后面的清兵也不清楚情况，只顾拼命向前，于是互相踩踏残杀。日军又趁机包围开枪，一时间，道路上死尸遍地，1500多名清军被当场射杀，或者被自己的同伴踩踏而死，另有七百多人成为俘虏，清军大溃败，而日军绝地逢生！

平壤就这样失守了。李鸿章精心布置的平壤防线在24小时内便告失守。9月16日，日军开进了平壤城，获得了他们想象不到的战利品——炮弹792发，子弹56万发，大量的克虏伯炮和连发毛瑟枪，大量的金银，其中金砖就有43公斤。

而这一天，丁汝昌正率领北洋舰队护航支援平壤的军队前往安东。无论是派兵的李鸿章、运兵的丁汝昌还是登陆的清军都不知道，就在他们抵达安东准备进入朝鲜时，平壤已经失守了。第二天（9月17日），大东沟海战发生。

叶志超一口气跑了六天，一路上他没有做任何停留，逢山过山，遇河过河，狂奔五百多里。在朝鲜崎岖的山路中，平均每天跑出八十多里，速度堪比越野车，竟然从平壤一直跑到了鸭绿江边，才心有余悸地停下脚步。

叶志超终于以两次逃跑结束了他在朝鲜的演出，而他的军人生涯也宣告结束了。

叶志超曾是淮军猛将，年轻时因为作战勇猛，经常在战场上拼命，大家都叫他"叶大呆子"。可是自从当了军官后，他就迅速腐化堕落、贪生怕死了，曾经的淮军猛将和八旗将领已经没什么区别。

除了全面腐败的社会环境带来的染缸作用，他们也有很多的苦衷。李鸿章说过，大清是一间纸糊的破屋子，而他自己就是糊裱匠。即使如李鸿章位极人臣，很多事也是他想办而办不成的。世袭的八旗兵，也有很多转为文职大臣。大字不识一个，只是由于出身"官二代"，就成为那些从小寒窗苦读的汉官的上司。无论汉官工作有多勤奋、才能有多高，他们的头上总有"官二代"们来压制，李鸿章也是如此。

而当他们投身于洋务运动，睁眼看世界的时候，才发现外面的世界很精彩，自己的世界很无奈。

叶志超正是这样的"聪明人"，他清楚清国的问题已经不是某一支军队的问题，而是整个军队系统的问题；不仅是整个军队系统的问题，也是整个朝廷的问题。叶志超对这场战争的前途充满根本上的悲观，他明白即使自己英勇，别人也不见得会来配合你，与其进行一场没有希望的战争，不如保命要紧。

而叶志超清楚，李鸿章也一定会保他的。李大人虽然有很多的苦衷，但他也代表着一个利益集团，是朝廷中许许多多利益集团中的一个，而且是比较大的一个。自己与李大人有着密切的利益关系，李大人不得不保住自己。

叶志超没有料错。当叶志超以临阵脱逃被判斩监候后，李鸿章动用他的关系将叶志超保了下来，罪无可恕的叶志超竟然又无罪释放。李大人不会杀自己人，无论这个人有多么该死，所有淮系的人都明白了这一点。

日军夜渡鸭绿江

山县有朋以他的疯狂赌博赢得了平壤之战的胜利，而接下来的事情将要证明，他不仅是一个疯狂的人，还是一个会使诈的人。

攻陷平壤后，日军2.5万大军集结在朝鲜边境城市义州（今新义州）。

鸭绿江对岸，三万清军重兵集结，指挥他们的是德高望重的74岁的白发将军——宋庆。宋庆虽然也属于淮军将领出身，但他是山东人而不是安徽人。由于平壤失守和大东沟海战战败，日本人已经到了边境线后，清军的最高指挥官第一次由不是李鸿章老乡的人来担任。

这是朝廷"帝党"和"后党"相互妥协的结果，这个情况我们以后再介绍。现在我们只要了解，利益集团不仅出现在封疆大吏之间，也出现在最高权力中心——皇宫里。战火已经烧到家门口了，大家还在互相拆台。

出发之前，74岁的宋庆颤巍巍地写下血书：死守国土！

宋庆以九连城为中心，将兵力分布在近百里长的江边，沿鸭绿江布防。清军日夜赶工修建了高三米、厚一米的连环堡垒，堡垒上每隔一定的距离都有一座炮台，可以俯射江面。堡垒外埋设地雷，再往外就是鸭绿江天险，日军渡江作战难度很大。

了解到清军的防卫情况后，山县有朋一反常态，并没有急于出战，而是严令主力部队全部回缩，然后派出了一支支小股部队。他们每天在江边来回奔跑，摇旗呐喊，做出进攻的态势，而他们的真正目的是：掩护一伙人的行动。

这伙人就是侦察兵。

掩护之下，侦察兵拿着望远镜、长竹竿（试探水深）、绘图工具在江边来回测量。他们发现了鸭绿江对岸一个绝佳的攻击地点——虎山。

虎山位于九连城外，是进入九连城的制高点，一旦攻下它，可以在那里架设大炮，对着九连城俯射，是一个十分理想的据点。但虎山有大量清军把守，要正面渡江攻击几乎不可能，于是山县有朋制订了分路包抄的计划。

10 月 24 日凌晨，500 名日军组成的敢死队在夜色中抵达了鸭绿江上游的安平河口。这个地方也是侦察兵精心选择的，它位置偏僻，把守的清兵只有几百人，而且水流较缓，水不深，敢死队计划从这里游过去。

看上去不错，但是有一个比较严重的现实问题：冷。十月底的鸭绿江江水已经到了快结冰的程度，而且还不能白天游，只能在下半夜清军岗哨防备最松懈的时候游。打仗是打仗，没想到还要来个冬泳。

而敢死队就这样悄悄地游过去了，等岸上的清军哨兵发现时，一切都已经晚了，第一批踏上清国领土的日军就这样上了岸。

按照山县有朋的部署，敢死队在上岸后要坚持一天，摸索到虎山脚下埋伏，等待主力部队过江。

渡江之前，山县有朋特意搞了一次阅兵式。

300 年前，丰臣秀吉带着"饮马鸭绿江，攻下北京城，实现三国归一"的梦想，率领日本远征军进攻朝鲜，但是他的部队刚到平壤就被明军打败，丰臣秀吉也被活活气死。

300 年过去了，山县有朋没有想到他自己成了"饮马鸭绿江"的第一批实践者。

"你们，是到达鸭绿江边的首批日本军人！"

阅兵场上每一名日本兵都挥舞着刺刀，欢声雷动，喊声震天！

"但我们还要攻进北京。"

25 日晚上，山县有朋发出命令：工兵架设浮桥，主力过江！

午夜时分，工兵队出发。他们小心翼翼地摸到江边，开始架设浮桥。一切都在黑暗和寂静中进行，工兵在冰水中紧张地忙碌着，可是岸上竟然听不到任何击水的响声。防守松懈的虎山清军也自始至终没有发现眼皮底下的架桥行动。

等到天亮之后，虎山上的清军才发现江面上突然从天而降三座浮桥，他们顿时都惊呆了。接到报告的宋庆也大惑不解：一夜之间（准确地说是半夜之间），日军是怎么偷偷摸摸地完成了这么庞大的工程？

宋庆当然不会知道近代化的军队中有一个专门的军种——工兵。他们的任务就是架桥铺路、挖沟凿墙，而日本工兵日常的魔鬼训练使得他们在战场上能极为迅速地完成任务。所谓平时多流汗，战时少流血，这话看来是很有道理的。

浮桥架设完毕后，日军主力全部出动了！所有的大炮都被拉到江边，向江对岸猛轰，步兵们冒着炮火冲过浮桥，向虎山强攻！

驻守虎山的清军将领是聂士成，他是跟随叶志超进入朝鲜的将领，参加了牙山和平壤之战，也算是日本人的老对手。仇人相见，分外眼红。

过江的日军在虎山山脚发起一轮又一轮的强攻，聂士成率领清军奋力作战。此时，埋伏在虎山后侧的日军出动了，他们对清军发动出其不意的袭击！聂士成猝不及防，阵地被夺了过去。但是，聂士成重新组织起清军发动冲锋，又把虎山给夺了回来！双方反复争夺，形成拉锯战。

江对面，山县有朋焦躁不安地看着这一切。如果战事形成拉锯，对日军是极为不利的。因为日军是背水作战，虎山清军如果得到主力支援，发动反攻，只需要把日军往江里赶就行了。

山县有朋命令：必须争分夺秒，抢在清军主力到来之前拿下虎山，预备队上！日军真正倾巢出动了，没有投入战斗的只有山县有朋的几个警卫。日军在山脚分成三路，再次向山顶发动冲锋！

面对急于进攻的日军，聂士成也明白了形势，他决定死守虎山，同时能否等来援军成为取胜的关键，于是他向九连城里的宋庆告急，请求增援。

接到报告的宋庆立即下令：大军出城，增援聂士成！

清军主力出动，眼看取胜在望，而下完军令的宋庆发现了一个几乎要令他气炸的现象：军令虽然下达了，却没有人执行。

援军无法出动的原因是一个老生常谈的话题了。前面我们已经了解清国的军队是分为很多派别的，门户众多。而宋庆统领的就是一支杂牌军，番号五花八门，分属的派别林林总总不下十余种。他表面上统领三万大军，实际上在这三万大军中，有一半是他无权调动的八旗兵

（宋庆是汉人），还有另外一小半，就是刚跟随叶志超从平壤溃退而来的士兵。他们见识过叶总指挥丢下大军独自逃跑的神速，不得不怀疑宋庆和聂士成就是下一个叶志超，所以，当日军一进攻，他们就开始在做逃跑的准备。

在虎山上苦盼的聂士成绝望了，部下伤亡严重，日军兵力几乎已经达到了他的十倍，继续守下去，很快就要全军覆没，无奈之下，聂士成只好撤出虎山阵地。

当聂士成后撤时，九连城里的各路军望风而逃，宋庆也只好带着聂士成和几百名亲兵，放弃九连城，向西边的凤凰城撤退。

日军开进了九连城，这是日军在清国领土上的第一个落脚点。第一次踏上清国国土的日本人还是很有礼貌的，山县有朋特意严厉要求士兵遵守军纪，并贴出告示：禁止军队扰民，免除本地赋税一年，但九连城的老百姓还是都跑了。

日军在这里又获得了更加丰厚的补给：74门大炮，三万多发炮弹，4400支连发毛瑟步枪，四百多万发子弹，几千顶行军帐篷和五千多石军粮！

这真是世界上最发财的生意。

有了九连城这样的据点，就可以放心大胆地前进了。中午，日军马不停蹄，奔向二十多里外的安东。安东县城早已经是人去城空，日军没开一枪，进入安东城内。

在安东，日军干了一件特别的事：成立日本本土之外的第一个民政厅。这是日本在大陆上建立的第一个县级民事行政机构，象征着长期在海岛上捕鱼的日本人，终于有了一个"大陆县"。电报传回国内后，日本民众的战争热情又一次被点燃了，整个日本几乎再找不到一个反对战争的人——谁也无法拒绝这笔利润巨大的生意啊。

以"安东民政厅"名义发布的《告十八行省豪杰书》张贴在安东城内的大街小巷，它的内容是劝告清国各地的"豪杰"起来推翻清国政府。这张告示的内容是令人惊奇的，而起草这份告示的人更加令人惊奇，以后我会讲到。

安东失守后，日军又迅速攻下了宋庆的退守地——凤凰城。凤凰城里的宋庆原本也想重新收拢部队，据城一战，可是，溃兵们不给他这个机会了。他们与"胡子"勾结在一起，在凤凰城的南门外放了一把火，高喊："日军到了！"然后，乘势对百姓进行抢劫，抢完之后再继续逃跑，大火烧了一昼夜，城南一千多户百姓人家的房子化成灰烬。灰头土脸的宋庆只好带着聂士成，又一次向西撤退。

三天之内，朝廷花大力气打造的国防线全线崩溃。在九连城之战中，山县有朋从发起主攻到结束战斗，仅用了不到一天的时间就完成了渡江、攻山、占城的全部任务。胜利的轻易取得让山县有朋豪情大发，他认为接下来的主要工作就是清点行军途中的战利品，清军永远是不堪一击的。

豪情满满的山县有朋特意写下了一首诗，在鸭绿江边迎风朗诵：

对峙两军今若何？
战声恰似迅雷过。
奉天城外三更雪，
数万天兵过大河！

不错。在山县有朋看来，渡过鸭绿江只是小小的第一步，迅速攻下奉天才是值得庆贺的。在战报上奏给睦仁后，山县有朋再一次集合了大军，集合起来只是要进行一句简单的问话：

"你们想不想去奉天过新年？"

他似乎看到了奉天城外的烟火。

志得意满的山县有朋并没有料到，因为一个人的出现，他的野心很快就要破灭了。他即将迎来第一次严重的失败，不得不结束在清国的作战生涯。而他手下的士兵，只能在冰天雪地里饥寒交迫，冻死冻伤，山县有朋即将为他的狂妄付出惨重的代价！

第十一章

摩天岭阻击战，清军唯一一次胜仗

山县有朋的对手——聂士成

占领凤凰城后，山县有朋立即命令大军继续向奉天方向进攻！首先必须拿下的是奉天门户——辽阳。

进攻辽阳有两条路线可以选择：一条绕道海城，路比较好走（平原），但路程比较远；另一条就是抄近路翻越群山——摩天岭，路程虽近，但从摩天岭的名字上就可以看出它的凶险。

山县有朋决定：走近路！他狂舞着战刀，命令大军向摩天岭急速行军。踏着夜晚的冰霜，踏着早晨的露水，前进！

地势险要的摩天岭上，一路西撤的聂士成重整大军，驻守在此。在摩天岭的正面，他布下了重兵防线，而在他的侧翼，是有"虎将军"之称的旗兵将领——黑龙江将军依克唐阿率领的大军。

阻截山县有朋的，正是聂士成。

聂士成现在已经是摩天岭守军的最高指挥官了，虽然之前一路溃退，但聂士成也在不停地总结对日作战的经验。和日军的多次交手中，他已经渐渐地摸清了对付日军的门路，而在他总结作战经验教训的过程中，最重要的一个启发来源于一次谈话。

左宝贵与聂士成的一次谈话

平壤大战之前，左宝贵来到了聂士成的营中，商讨防务。

"目前您最忧心的是什么？"聂士成问。

"还是补给。"左宝贵回答。

"我们已经存了一个月的粮食。"聂士成告诉左宝贵。

"我军要做好准备，倭人国小民穷，必求速战速决，我等须以持久之战对之。"

"持久之战。"当听到左宝贵说出这四个字的时候，聂士成很兴奋，因为这与他的想法不谋而合。

无论在朝鲜还是在清国战场，日军的行军和进攻都是十分大胆和神速，用快攻和强攻，迅速打开缺口，突入阵地中心地带，似乎从来没有考虑过进攻受阻的问题，动不动就跟你拼命，进行浴血厮杀。

其实这也是逼出来的。

因为日军有日军的不利条件，那就是孤军深入异国内地，后勤补给极为困难，所以他们一直希望速战速决。

具体到每次进攻时，日军的战术看上去灵活多变，但核心只有一条，那就是：包抄。每次进攻必然要出动几路大军，一部分伪装成主力佯攻，而真正的主力总是会出现在清军的薄弱环节（战前准备工作细致），实施包围，利用局部优势使对方腹背受敌，接下来就是迅速合拢包围圈，集中歼灭。

一旦遇到强敌（比如平壤玄武门之战），他们也是谨慎的，有利就起早，无利就退后，再想尽办法和创造条件进行夹击。这时他们就会发挥坚忍、沉着的精神，等待战机迂回前进。这其实是唐太宗李世民还是秦王的时候在战场上善用的一招：有利则速进，无利则速退。此外，他们还有惯用的一招：偷袭。这伙人最喜欢的是在深夜或者凌晨突然发起冲锋，因为这个时候正是对方防备最为松懈的时候。

这是日军的特点。对付日军的方法只有一个：以进攻对进攻！但如何进攻，则需要比日军更有耐心和更加出奇制胜。

聂士成总结出来的方法就是在战略上持久，在战术上开展山地运动战和敌后游击战。"率精骑数千人直出敌后，往来游击，或截粮饷，或焚积聚，多方挠之，令彼首尾兼顾，防不胜防，然后以大军触之，庶可得手也！"

而摩天岭之战，正是清日战争以来日军第一次离开平原进行山地作战。麻烦，很大的麻烦在等着他们。

爬山真不是件容易事儿

11月，在漫天的大雪中，日军到达摩天岭山脚，开始攻山！

聂士成不再在山上修筑防御工事，避免与日军主力正面激战。清军主力部队埋伏在山脚，而在山上布置疑兵。日军爬到半山腰时，山上的密林中突然旌旗招展，战鼓齐鸣，造成有大量守军的假象，日军果然不敢再前进了，主力开始撤退。而这正中了聂士成的圈套。

等日军主力部队撤得差不多，只留下断后部队时，埋伏在山脚的清军主力部队发起反攻了。断后的日军被打了个措手不及，在兵力上又是绝对的劣势，伤亡重大。

不过，日军很快探清楚了虚实，主力部队又重新攻山。此时再用疑兵这一招已经不灵了，聂士成命清军依靠山上的有利地形，不停变换阵地。这里放几枪，那里又打几炮，在日军被分割后，清军主力再次集中优势兵力围歼分散的小股日军——这一招就叫各个击破。

在接下来的战斗中，聂士成依靠灵活多变的山地运动战，以及骚扰突袭的游击战，指挥清军抵挡了日军发动的十几次进攻。山县有朋终于不再认为攻下摩天岭就是去爬个山而已，他第一次遇到了真正厉害的对手！

在抵挡住日军的"攻击波"后，聂士成决定：发动反攻！并且要用日军常用的一招——偷袭。

清军反攻，这是日军做梦也没有想到的，因为自开战以来清军还没有过一次反攻。日军以为清军只会防守和逃跑，而他们已经被聂士成的运动战调动得相当疲惫，所以他们在自己的宿营地睡得很香。

晚上，聂士成亲自率领的偷袭队出发了。他们埋伏在日军兵营前的雪地里，等待最佳时机。身上盖满了雪，结成了冰，北风迎面而吹，没几分钟身体便开始冻僵，但谁也没挪动或者出声，所有人都一动不动，静悄悄地等待发起攻击。

凌晨两点，日军哨兵的防备开始松懈。"攻击！"聂士成从雪中一跃而起，带领队员向最近的营地帐篷发起了冲锋，正在熟睡中的日军立刻做了枪下之鬼。然后清军冲进另外的帐篷，继续格杀！

被惊醒的日军士兵根本不知道发生了什么事，只好争相逃命。等他们长出一口气终于逃离营地，认为到达安全地带时，事先接到聂士成通知的依克唐阿早已埋伏在此，大军再次冲击格杀。自开战以来，清军从来没有如此痛快淋漓地杀过敌，所以他们都无比勇敢，将复仇的子弹一排排射进日军的身体。整个战地杀声震天。

日军终于崩溃了，他们连滚带爬地后退几十里，竟然又一路逃回了凤凰城！

摩天岭阻击战是甲午战争中清军对日军的唯一一场重大胜利，这场胜利是聂士成取得的，而也有左宝贵的功劳，聂士成继承了左宝贵在平壤战场上的英勇，更总结了战争的智慧。聂士成可以告慰左宝贵的英灵了。

夜空下，摩天岭的大雪中，聂士成久久站立。英雄远去，英灵不散！

日军第三师团误入清军包围圈

山县有朋终于明白，他面对的是一支与以往清军完全不同的队伍。

这支清军已经学会打仗了。看来聂士成是很难战胜的，山县有朋决定：改道，走海城！

但是，改走海城又不能把凤凰城丢下，必须留下一支军队防备聂士成的反攻，于是山县有朋做出了一个冒险的决定：分兵。他命令第五师团继续留守凤凰城，而第三师团六千多人孤军深入，长途奔袭海城，打通从凤凰城经海城进入辽阳的通路。

山县有朋这个命令是没有经过大本营同意的——不是山县有朋没有上报这个命令，而是大本营根本反对这样做。大本营的意见是：鉴于已经进入了严冬时节，应该放弃冒险进攻，继续留守凤凰城，等待第二年天气暖和了再进攻奉天。

但是山县有朋把大本营的军令丢到了一边。他这个冒险的决定，只是为了兑现夸出去的要在奉天过年的海口。

11 月 28 日，第三师团孤零零地向海城进发了。他们首先要面对的就是极端不利的条件——寒冷。

曾经有一个笑话，说的是一个南方人在冬天去东北出差，到饭店了想喝啤酒，于是他对服务员说："给我拿瓶啤酒来！"

"请问是要冰冻的还是要常温的？"服务员问。

这人大怒："这么冷的天你还要我喝冰冻的，当然是拿常温的来！"

"冰冻的零下 1 度，常温的零下十几度。"服务员很淡定地回答。

6000 名士兵就在这样刺骨的寒冷中出发了，这么冷的天，要是有一件羽绒服该有多好啊，哪怕有件毛衣也行啊。不好意思，这个真没有。

由于补给运输的问题，能穿上军大衣的都还只是一小部分，大部分士兵都还穿着裙子（日式夏服裙）。

既然穿不暖，能喝口热水、吃口热饭也好啊。不好意思，也不行。随身携带的饭团子，在零下十几摄氏度的环境中，变得硬度很高，一口咬下去，"咔嚓"一声，半颗牙掉了。至于喝热水，没柴火烧。

那么喝生水？所有的河流都冻上了。水是没得喝的，只能抓把雪吃。

从凤凰城到海城的路上多是渺无人烟的山野。到了晚上，睡觉就是找点儿枯草来（不一定找得到），大家抱在一起人体取暖，第二天醒来雪已经埋到脖子了。

大批的士兵和战马冻成重伤或冻死。其实这伙人还不是最惨的，最惨的是另外两个兵种的士兵。

由于大家都不识路，工兵就需要去探路。鞋子踩在坚硬的冰面上，很快就磨破了，双脚鲜血直流，然后很快结成冰块。他们的任务不仅是探路，还要负责在坡道地方打扫积雪；遇到结冰的河流，需要去找沙土洒在冰上防滑。而抬着大炮的士兵是不能踩着冰块过河的，这时候工兵就要破冰架桥。架桥要看运气，并不是每个过河的地方都适合架桥，有时候工兵就只能用铁棍将冰块敲碎，让炮兵抬着大炮，从冰水中过河。

当时过一条稍宽一点的河，要花上三四天的时间，而行军最艰苦的时候，一天只能前进三四里！

估计这时候再也没人想去奉天过新年了。

在历经整整半个月千辛万苦的行军后，第三师团终于到达了海城。当他们看见海城城墙的时候，所有人都哭了起来。

海城里的清军防备十分松懈，甚至连一个哨兵都没有，谁也不会想到天寒地冻的时候会冒出一支日军来。第三师团成功地在半夜偷袭进城内。可是，他们还来不及高兴，胜利的喜悦就变成了巨大的恐惧。

因为海城的四周都是清军。

海城靠近辽阳，而辽阳又是奉天的门户。对于奉天，朝廷是要力保的，这里不仅是"龙兴之地"，还是老祖宗在地下睡觉的地方——"陵寝重地"，皇太极等老祖宗都埋在这里啊。朝廷担心地底下的老祖宗睡不安稳，所以才集结重兵为皇族守祖坟。如果祖坟都守不住，王公大臣难免要哭闹上吊，这是绝对不能允许的。

为了让老祖宗在地下安安稳稳地睡个好觉，朝廷早已经调出重兵，在这一地区集结170个营近八万人的兵力，从北面的鞍山、西面的田庄台、南面的营口对海城形成三面包围。10倍于日军的清军如果大举进攻，就算战斗力再差，踩也能把日军踩扁啊。

第三师团就这样一头扎进了清军的包围圈中，他们万万没有想到，自己辛辛苦苦，一路长途跋涉，就是前来送死的。在前无策应、后无援军的情况下，他们只有孤守海城。而山县有朋之前从海城打通去辽阳通路的计划想都不用想，能保命就不错了。

情况传回了日本，大本营和睦仁都对山县有朋的狂妄造成的严重后果大为吃惊。兄弟，全国一共才六个师团呐，你竟让一个师团去送死！

第三师团的结局山县有朋已经没有机会看到了。因为领导十分生气，睦仁决定必须处置山县有朋，山县有朋将为他的狂妄付出代价。

狂人的落幕

当睦仁决定要处置山县有朋的时候，他很犹豫。山县有朋虽然狂了一点，不计后果，但对天皇是忠心耿耿的，对战争也是不遗余力，不惜牺牲自己的性命。有这样一位大将，睦仁感到莫大的安慰。虽然他在前线，睦仁在广岛，但眼前经常浮现出他可爱的面容，实在不忍下手啊。

而山县有朋又已经带头严重违反军令，犯下致命错误，如果不处置他，将来如何维护军纪？

虽然你功勋卓著，虽然你忠心耿耿，但犯了错就要接受惩罚。因为日本整个国家都押在这场战争上，只许成功，不许失败，所有人都是在为这场战争服务的，我也不例外。

最公正的结果当然是就地免职，但是睦仁清楚，凭着对山县有朋这么多年的了解，如果公开罢免他的职务，这个狂人只怕会当场抽出战刀——切腹。这个结果是睦仁不忍看到的。睦仁左思右想，终于想到了一个办法。

他下了一道圣旨。

"朕卿不见久矣，今又闻卿身染疾病，不堪轸念。朕更欲亲闻卿述敌军之全部情况，卿宜迅速归朝奏之。"

亲，你快回来，让大夫来给你把把脉。

接到圣旨的山县有朋大怒，他准备电告大本营，请大本营上奏睦仁：我没病，还能打！

但山县有朋最终冷静下来了。他开始灰溜溜地收拾行李回国，这是他的失败，算得上从军以来最大的失败，自己曾夸下海口要征服整个地球，事实却是连一座山头都征服不了。山县有朋以他的经历证明了一个道理：哪里有侵略，哪里就有反抗。侵略的力量永远不可能击垮反抗的力量。

但对于日本来说，他们还将继续。战争开始之前，睦仁是住在东京皇宫的，现在他来到了广岛。战时大本营、议会等机构也随着他迁往了广岛，这并不是因为广岛的空气好，风景好，而是便于睦仁坐镇后方指挥。从地理位置上看，广岛比东京离清国更近，也更加靠近前线战场，有天皇的坐镇，会更加激励前线的士兵。

即使我去不了前线，上不了战场，我也会来到更接近你们的地方。士兵们，冲锋吧！

随着山县有朋的黯然离开，日军第一军的军事行动也告一段落了。

我们需要将目光转向东北战场的另外一支日军。

当山县有朋率领第一军在朝鲜战场厮杀时，大本营认为，清国疆域辽阔，人口众多，即使占领整个东北，也不能决定全局的胜负，不能使清国朝廷感到切肤之痛以至签订城下之盟，所以还必须派出一支军队从别的地方侵入，以便和第一军分路夹击奉天，同时也更便于攻入北京。

这就是第二军，由日本本土的第一师团和第四师团组成。

1945 年，日本在第二次世界大战中战败了，盟军总司令麦克阿瑟要求日本拆去国内军国主义分子的雕像，但有一个人的铜像被破例允许保留了下来，因为此人正是麦克阿瑟的偶像，他的画像一直挂在麦克阿瑟的书房里。他就是西乡隆盛的堂弟——第二军总司令大山岩。

1894 年 10 月 24 日，在第一军敢死队从安平河口游过去进入清国境内的同一天，大山岩率领他的第二军在旅顺附近登陆。

这里将是比第一军更大的战场，也是李鸿章淮军真正精锐主力的所在地，随着旅大战场的展开，我们将很快见识淮军精锐的真正实力。

第十二章
旅顺失守，大清最强防御体系被轻松突破

日军第二军登陆桃花浦

第二军没有走朝鲜的陆路，而是在联合舰队的护航下，乘坐运兵船来到了黄渤海海域，选择登陆地点。

摆在他们面前的，有两条路。

第一条路是从天津大沽口或者北塘登陆，上岸可以迅速杀入北京，但这里防守严密，登陆代价太大。

另一条路是从旅顺口登陆，以旅顺为根据地，北上经营口攻破山海关，走当年清军入关同样的路线攻占北京。

看来必须在旅顺附近选择一个登陆点。

在接到必须为第二军寻找一个理想登陆点的命令后，伊东佑亨翻出了自己珍藏的几大箱中华历史地理典籍，满头大汗地翻书查找。最后，他找到了一个叫桃花浦的小地方。公元645年，李世民亲自率海陆大军，从洛阳出发东征高句丽（今辽东），当年雄壮的大唐水军选择的登陆地点就是桃花浦！

从地图上看，桃花浦不失为一个理想的登陆点，登陆后往北可以到达九连城、安东，与第一军会合；往东南可以经金州、大连湾包抄旅顺后路，攻占旅顺。通过军舰的实地侦察，发现这一带只有几十户民居，人烟稀少。而清国的海防兵力基本是按照人员分布的密度来安排的，所以在这里基本没有设防，是一个很安全的登陆地点。

桃花浦，就是今天的花园口。

10 月 24 日，在得知当时的第一军总司令山县有朋将于当天偷渡安平河口后，大山岩决定，在同一时间，第二军登陆桃花浦！选择同时登陆是因为清军守军已经被第一军成功地吸引到鸭绿江边了，岸上守者寥寥。

夜色之中，联合舰队 16 艘军舰护卫的 40 艘运兵船出动了，为了保持安静，他们分成了四队，每队十艘，共 2.5 万日军。24 日凌晨，舰队到达桃花浦外海海面。伊东佑亨命令大部分军舰停泊在外海警戒，三艘军舰悄悄行动，尽量靠向海岸，在不能前进后，军舰上放下小汽船，牵引舢板驶向岸边。在舢板上的，是联合舰队海军陆战队，他们组成了敢死队为陆军探路。

岸边没有一个清兵。

从这天起，直至半个月后，第二军在桃花浦不慌不忙地登陆。2.5 万名士兵、3000 匹战马和大量的枪炮武器统统被搬上岸，其间没有遇到清军的一丝抵抗，竟然好像是在本国海岸进行的军事行动。对于日军来说，他们保持着世界军事史上的一个登陆奇迹，而对于清国来说，这是真正的耻辱。

相信大家有了一个疑问:在日军登陆的过程中，北洋舰队干吗去了？

答案是：躲着。

在登陆过程中，为了防止北洋舰队突然袭击，联合舰队派出了大量侦察舰监视北洋舰队的行踪，其中有两艘军舰分别驶向了威海和旅顺军港。事实证明，伊东佑亨的这种担心是多余的。

大东沟海战之后，"定远"和"镇远"军舰受损伤，此时正在修理，北洋舰队实施了更加彻底的"避战保船"方略，见了联合舰队躲还来不及，绝对不会送上门来的。你们想上岸就上岸吧，动静小点啊。

在接到日军正在桃花浦登陆的消息后，李鸿章指示丁汝昌率领北洋舰队在桃花浦外海海面上远远地"巡逻"一圈，威胁一下日本人，但不要靠近联合舰队。李鸿章认为既然打不过联合舰队，还是躲得过的。

好吧，海面上的威胁消除了，但日军的登陆活动整整进行了 14 天，即使桃花浦无兵，从周边地区调一支军队来阻截也是来得及的。登陆作战要冒很大的风险，而反登陆作战相对比较容易。敌军一半在水里，一半在陆上，这样的仗是最好打的。

24日当天，桃花浦清军岗哨发现日军正在登陆，立即将情况上报给了附近最大的陆防军官——金州副都统连顺。按照惯例，连顺又报告给了他的领导——盛京将军裕禄。裕禄分析，这支日军上岸后有两种可能：一是向东南进攻金州，然后攻取大连湾、旅顺；二是不攻金州、旅顺而向北配合山县有朋第一军，去包抄九连城（此时第一军先头部队刚刚渡过鸭绿江）。裕禄大人思考良久，认为：日军的选择是后一种，进攻金州可能性不大，所以连将军你不必过多理会。

这是八旗将领裕禄第一次出场。作为官僚，此人吃透官场，一路荣升，但作为军事将领，他有个最大的特点——经常性地判断不准。这并不是裕禄大人的最后一次误判，他的这种风格一直保持到几年后的八国联军侵华战争中，那个时候他已经是直隶总督了，但老毛病一直不改。

连顺很不放心，他不太相信裕禄对日军的判断。从种种迹象来看，日军是大兵团登陆，而金州的守军只有七百多人，不足以阻截日军的登陆。于是连顺立即赶到了大连湾，请求大连湾守将赵怀业立刻派援兵到金州，共同去桃花浦阻截日军登陆。

赵怀业也感觉到了事态的严重，但派援兵的问题让他很为难，因为支援金州需要得到领导的批准。

连顺的领导，是裕禄。

而赵怀业的领导，是李鸿章。

这是两支不同系统的军队。按照清军编制特色，整个东北地区原本都属于八旗防区，辽宁这一块就归盛京将军裕禄管，只是后来由于北洋舰队在旅顺、大连湾修有基地，于是，这两个地方划归李鸿章统领，裕禄就不管了。

日军要破大连湾、旅顺，必先破金州，反过来，日军破了金州，必破大连湾、旅顺。因为只有这两个港口才可以打通日本从本土运送大兵团到清国陆地的海上通路，所以赵怀业立刻向李鸿章发了一封电报，请求李中堂速派北洋舰队在海上阻截日军（哪壶不开提哪壶），并速派援军支援大连湾、金州。"一旦金州失陷，大连必唇亡齿寒！"

赵怀业以为他的这个报告一定会得到李鸿章的支持，没想到等来的却是一封臭骂的电文：你守你的大连湾，并无守金州的责任！

赵怀业被训得一肚子火，赶紧把连顺打发走。

连顺没有办法，搬不动大连方面的援军，就直接向旅顺求援吧，毕竟那里兵多。旅顺方面的负责人是北洋海军水陆营务处会办龚照玙，此人是李鸿章的老乡，当年经李鸿章推荐上任。当连顺赶到旅顺，向龚照玙讲明金州同旅顺唇亡齿寒的利害关系时，龚照玙表示："旅顺离金州还很远呢……我也没有办法，这样吧，现在正有一支从福建来的军队，他们原本是李鸿章大人调来增援旅顺防务的，为了表示对兄弟你的同情，我把他们让给你了。"

总算有了援兵，连顺欢喜地回去了。等了解到福建军的行军进度，他更加惊喜了：因为福建军已经开到了距金州不过80公里的复州，正常情况下两日之内就能到达金州。

连顺满怀期待地给福建军发去急电：金州形势万分危急！请贵军速速前来！

福建军本来是按正常速度行军的，但连顺的这封电报引起了他们的注意：万分危急？危急到什么情况？于是他们派人前去打听——已经有两万多名日本人正准备进攻金州！

于是，福建军官回电：我军是奉命来增援旅顺的，并无去往金州之命。

在了解到金州方面的情况后，福建军官命令部队原地休息，哪儿也不去了。奶奶的，让我们去当日军的靶子，想得美！君子不立于危墙之下，这个道理谁都懂啊。

连顺心急如焚，这回他没有发电报，而是拿起笔来写了一封亲笔信：求你们恩慈，救金州父老一命！

援军还是不见动静。

写信加发电报连催七次，可是对方依然屹立如泰山——估计连泰山都能被感动了。

好吧，到现在为止，连顺已经处于崩溃的边缘，不如改名叫"连不顺"。就是在这继续四处求爷爷告奶奶的日子里，时间已经过去了半个月——日本第二军连同武器辎重已经完全登陆了。

金州岌岌可危！

连顺四次求援，却没有求来一个援兵，自己的领导不管他，别人的领导也不管他。这是一个怪圈。这个怪圈背后的一个根本原因，是我们前面说过的——利益集团。利益集团不仅出现在政府部门中，还渗透到了军队中。于是各人自扫门前雪，莫管他人守城急，似乎不归自己管的地方就不是清国的领土，守好自己的就行。大家各自为战，自求多福吧。

当清日战争还只是在朝鲜打的时候，大家都认为这场战争只是"北洋"（李鸿章）的事，所以，李鸿章并没有得到其他军队系统的支持。现在，当日军进入东北，战事又扯上了八旗，李鸿章大人也当然认为"北洋"没有必要去支持八旗。淮军犯不着为裕禄去守卫金州，要拼命保存"北洋"的实力。

而裕禄终于弄清楚了：日军的首要目标就是进攻金州。他需要立即增援，然而此时，还有一个在裕禄看来更为重要的地方。

那就是奉天。

第二军登陆期间，山县有朋的第一军闪电般攻下了九连城、安东和凤凰城，正在向奉天方向挺进。奉天在朝廷眼里的重要性我们前面已经讲述过了，陵寝重地嘛，死人睡的地方比活人睡的地方还重要，万一有所闪失，裕禄这个盛京将军不仅升迁无望，脑袋也难保。

于是裕禄将辽宁所有的军队都开到了辽阳，准备死守辽阳，而对于金州这样的小地方他无暇顾及，更何况他也有跟李鸿章一样的思维方式——大连湾、旅顺失守，那是李大人的责任。

裕禄再次给连顺回电：我这里也无兵可调了，连将军你只有与大连湾、旅顺方面两军联合，竭力防御吧。

连顺又来到了大连湾，说动赵怀业联名电请盛宣怀，希望能通过李鸿章身边的人打通关节，多少派几个兵过来，而盛宣怀回电相当简洁：无兵。

连顺看着赵怀业，赵怀业说："你别看我啊。"连顺说："你借点兵给我吧，要不我跪下来求你？"赵怀业说："啊……你别……"

连顺已经跪下了。

没有长官的命令，赵怀业是不敢私自借兵给连顺的，所以他只能表示同情。

正当连顺感到彻底绝望之时，有一个人站出来了。他并不是淮系，他手上的兵不多，但是，他坚定地向连顺表示："为了金州，为了金州的百姓，我将带领我这2000人的部队开向金州，与连将军一起守卫古城，共抗日军！"

徐邦道的坚守

正定镇总兵徐邦道，四川涪州人，他与左宝贵属于同一系统——地方军出身，此时正率领2000人协守大连湾、旅顺。虽然赵怀业和龚照玙都不发兵，但徐邦道认为连顺说得并没有错，一旦金州失陷，旅、大失去门户，唇亡齿寒，所以必须在金州就构建起阻截日军的防线！

率军到达金州后，徐邦道和连顺进行了布防。徐邦道驻守城外，他在日军的必经之路上设伏，在道路两边的山上修建临时炮台，将大炮抬了上去。而连顺在城门外埋设地雷，金州全城的百姓都被动员起来了，连老人和孩子都跑来帮忙。家家户户通宵烙制大烧饼，一筐一筐地送往前线。

一场大战即将开始。

11月5日，日军先头部队出发了。率领先头部队的这个人要特别介绍一下，在10年后的日俄战争中，面对俄军坚固工事里的猛烈炮火，他以命令士兵集体肉搏冲锋的"人肉战术"震惊了全世界，而现在，他是第一师团第一旅团旅团长——乃木希典。

乃木希典率领日军快速地前进着，他根本不会想到等待他的将是徐邦道的一场伏击。据之前日军间谍得到的消息，连顺大人并没有搬来救兵，对付区区700人，估计半天就能解决战斗。

当乃木希典的部队进入埋伏区时，徐邦道发出了进攻的命令。山头上数炮齐发，路上的日军被炸得七零八落，晕头转向。乃木希典喊出了那句著名的口号：

"有埋伏，撤退！"

见到日军撤退，徐邦道命令士兵发起冲锋。他们一路追在日军后面开枪，乃木希典不得不狼狈地逃回驻地。

跟在后面的部队听说先头部队竟然中了埋伏，对喘着气的乃木希典说："别怕！跟我们上！"于是乃木希典又跟着援军杀回来了。这次日军用大炮做掩护，朝山头发起强攻！徐邦道正巴不得日军援军来攻，因为敌军越多，居高临下的大炮发挥的威力也就越大。战斗持续了三个多小时，虽然日军的援兵越来越多，但他们始终无法突破山顶的火力，失败后撤。

接到战报的大山岩很意外，他一连问了几遍："徐邦道是谁？"之前他从没听过徐邦道的名字，而此人却让大军出师不利！

对于接下来如何攻破徐邦道的防线，乃木希典的意见是再多组织点人，冒着炮火强攻，直到攻下来为止（有个性）。而这个方案被大山岩否定了，军事会议上，在听完大家的发言后，大山岩简单地说了一句："打得赢就打，打不过就跑，跑完了就绕，绕过去再打。"

然后，大家又听到一句更为简单的话："如果这样你们还不能攻破金州城，那就不要再回来了。"

大山岩是一个比山县有朋更冷静的人，也是更讲策略的人。他与山县有朋最大的不同是他们要同样的结果，但他有更多的手段。

在日军后撤后，徐邦道也没有放松警惕。他知道，白天虽然取胜，但日军的大部主力还没有出动，日军一定会连夜发动进攻的。清军虽然占据有利地形，但无法阻挡日军大部主力，徐邦道立即派人向赵怀业求救，请求赵怀业急派大连湾守军驰援。

半夜，日军的主力全部出动了。这一次他们兵分两路，一路绕过徐邦道的防线从金州西北门发起攻城，另一路大军继续猛攻徐邦道防线。在接近防线之后，日军并不急于进攻，而是先把几十门大炮抬上了对面的山头，希望借助更多的大炮压制徐邦道的炮火。

大战重新开始，徐邦道的炮火不得不被对面山峰上日军的炮火所吸引，双方展开对轰，而蚂蚁般的日本步兵从山脚发起了佯攻。日军在人数上占据极大的优势，但徐邦道并没有后撤，指挥清军坚守山头。他相信，只要自己能够坚守到天明，等到赵怀业的援军到来，凭着占据的有利地形，一定能够打败日军。

徐邦道和山顶的清军坚守到天亮了，但是，他们苦等一夜，赵怀业的援军始终不见踪影。而清军伤亡重大，日军即将冲上山顶，进行合围，为了避免被日军围歼，徐邦道不得不指挥士兵后撤，金州城外的防线被攻破了。

两路日军在金州城下合兵，他们在金州城外的东、南、北三面高地架设大炮，金州沦陷了。

大山岩命令：不必休整。留下1000人守金州，其余的快速进攻大连湾！

熟悉的一幕：清军不战而逃

辽东半岛最南端，有一个风景优美的海滨城市，汉朝时它属辽东郡，称三山浦，明朝时称青泥洼，清朝时叫法比较多，有时叫三山海口，有时叫金州海口或者大连湾。李鸿章筹建北洋海军时，来到这里实地考察，在给朝廷的报告里使用了"大连湾"一词，从此，这里就得名大连湾了。

也许是风景优美气候宜人的缘故，这里盛产长相俊美的年轻男女，性格更是豪放刚强。曾经有位日本间谍乔装为广东人潜入大连湾，娶了一位当地女子为妻。当地政府起了疑心，但苦于没有证据，只好暗中嘱咐那位妻子注意他。后来这位妻子终于发现他的确是日本间谍，她怒不可遏，把他倒拖进厨房，一菜刀将其砍死。

作为战略海港，大连湾的防御体系也是十分严密的。清国朝廷在这里花了六年时间来修建防御炮台，这些炮台绝对称得上是当时全世界最先进的炮台。它们修建在山上，基座用混凝土加上厚厚的花岗岩砌成，不仅子弹打不进，炮弹也无可奈何，绝对可以用坚不可摧来形容。

而更厉害的是炮台上使用的炮，它们都进口自德国克虏伯公司，炮可以 360 度旋转，从任何一个方向都能打击到敌人。

大山岩计算了一下，有这些防御工事帮忙，大连湾方面只要派两个连死守，就足以抵御整个第二军的进攻。于是，他心情沉重地叫来副官，交给他一个任务：挑选敢死队。让敢死队在前面冲锋，用身体挡住炮火，后面的主力再发起猛攻。

500 名敢死队员很快被挑选出来，大山岩来到他们面前亲自做战前动员。大家都明白这是去送死的，所以也没什么好说的。"吃好吧！"大山岩说道。于是 500 人饱餐一顿，写好遗书，安排好遗物，把身上的香烟分干净抽完，凌晨四点，他们出发了。

每一名敢死队队员身上都没有携带任何干粮，表示死战的决心。

敢死队小心翼翼地摸到了炮台的山脚下，他们打着赤膊，扎着白头巾，号叫着冲向山顶。不是吧？见过空手夺白刃的，没见过空手夺炮台的啊。炮台里的清军打出两发炮弹，落在敢死队阵中，顿时硝烟滚滚，敢死队被炸得七零八落。

等这些人爬起来之后，他们又继续往山顶上爬！

离山顶的炮台越来越近了，清军如果此时再发几炮，或者开几枪，敢死队就将尸横遍野。他们胆战心惊地往上爬，然而，在那两发炮弹之后，炮台里的清军就再没有发炮。整个炮台一片寂静，让日军百思不得其解。

敢死队只好继续往上爬，不知不觉，竟然已经摸到了炮台底下，炮台里却依然寂然无声，巨炮指向天空，如睡着了一般。敢死队队员十分纳闷，他们从地上爬起来，犹犹豫豫地爬进炮台，此时，连他们自己都不敢相信，这又是熟悉的一幕。

炮台里的清军已经全部不见踪影，里面空无一人！

两发炮弹，这就是清军在大连湾的发炮记录。发完这两发炮弹，他们全部逃跑了。而清兵之所以敢跑，是因为他们的领导——赵怀业早已经不见了。

要问赵怀业现在在哪里，他已经快到旅顺了。

当从连顺那里得到桃花浦发现日军的消息后，赵怀业做了一项行动的准备工作——逃跑。先是派人把自己囤积多年的军米运到烟台出售，换成了现银，然后清点家装行李，准备打包。徐邦道向他求援时，他正在大连湾码头督促家丁搬运行李，无暇他顾。而在日军进犯大连湾之前，赵怀业已经登上了去旅顺的船。

日军几乎兵不血刃地占领了大连湾，然而，接下来进攻旅顺就没那么容易了。

驻守旅顺的是淮军真正的主力——33 个营，共 1.47 万人。不仅守兵众多，这里的防御体系也是更高级别的。旅顺军港前后花了 15 年时间建造，由德国工程师主持修建，打造成了朝廷军事防御体系的样板工程。敌军首先需要突破 17 座陆路炮台，它们都修建在陡峭的山上，居高临下。当敌军奋力攀登这些险峰时，炮台里扔块石头都可以让他们很帅地滚下山去。此外还有 13 座海防炮台，陆路炮台和海防炮台的大炮总数是 149 门（包括重炮、轻炮和机关炮 24 门），这些大炮也几乎都是先进的克虏伯钢炮，可以 360 度回转，从任何方向打击来犯之敌。

如此严密的火力网，在当时世界各国的军港中都是数一数二的。当时西方人在参观完旅顺防御体系后，根据火力计算：即使海面上有 50 艘坚固的军舰，陆地上有 10 万陆军，同时进攻旅顺，攻下旅顺的时间也需要六个月。

铁打的旅顺，果然名不虚传！

为了取得作战的把握，大山岩命令：全军在大连湾休整 10 天，然后全力进攻旅顺！

进攻旅顺的任务又落在了乃木希典的头上，他又在组建敢死队，乃木希典向大山岩报告了预备的敢死队队员名单：500人！

"少了！"大山岩说。

于是增加到800。"还少！"

那增加到1000吧。"还少！"……敢死队的人数最终增加到了1500人！

大山岩已经做好了付出重大伤亡的心理准备。

乃木希典率领作为先头部队的敢死队出发了，他们首先进攻的是陆路上的椅子山炮台。这次乃木希典吸取了前几次战斗的经验教训，并没有一开始就强攻送死，他命士兵先把大炮抬上椅子山，作为临时炮台与对面的清军炮台对轰！一阵猛轰后，日军的炮火终于占据了上风，清军的炮火被压制，敢死队随即发起了冲锋！清军居高临下射击，日军纷纷中弹倒地，滚落山谷，但他们冒着子弹，踏着尸体前进，再次冲锋！然而，山顶的火力还是过于猛烈，敢死队一时无法攻上山顶强夺炮台。

乃木希典命令：停止冲锋，重新部署。大炮从正面集中对清军火力进行压制，敢死队则从两侧迂回前进！

清军虽然占据地形优势，但无法顾及日军从两侧冲锋，而这还不是战势落于下风的主要原因。主要原因是清军一味地依靠炮台，没有从炮台里冲出来发动反冲锋的勇气。清军居高临下，向下冲锋是"一阵旋风冲下，杀敌无数"，而日军是仰攻，不利瞄准，不利射击，不利跑动，脖子那叫一个酸。

冲锋的日军离炮台越来越近了，距离已经不到一百米，他们一面开枪，一面不要命地向炮台冲去。而炮台里的清军也终于冲出来了——不过他们不是冲向了日军，而是朝背山的方向——逃跑！日军成功地强夺了陆路上的第一座炮台——椅子山炮台。

紧接着，二龙山炮台也被日军用同样的方法强夺。

而徐邦道率领他的士兵驻守在鸡冠山炮台。

从金州撤退后，徐邦道重整了军队，主动驻防在此——陆路上最重要的炮台之一。对于徐邦道，乃木希典已经领教了他的厉害，不敢怠慢。他命令敢死队重新集合，而后方也派出了大批量的增援部队，从四面包围，向山顶强攻！

徐邦道拔刀立于炮台之上，他很清楚：他面临的又将是一场失败。无论何时何地，日军总是士气高昂，奋不顾身，一往无前，不论采用什么方法，他们一定要达到目的，当进攻受阻时，他们的援军总是会很快到来，而相反，清国的士兵，他们不知道自己在为谁而战，谁值得他们去牺牲性命，他们等待援军就像在等待一个传说一样。当一个人认为自己的英勇没有任何意义的时候，很快就会走向它的反面——懦弱、怯战。

这是两种不同的军人的处境。

失败并不可怕，大部分的失败是"成功的失败"，为成功积累经验，而有一种失败是完败，一败涂地，一败到底。

即使我无法改变失败的根源，即使无力去影响别人，我也要让敌人付出流血的代价。一死以殉朝廷，如果朝廷不值得殉，那么一死以殉道，一死以殉战，这是作为军人的选择。

"发炮！"徐邦道大声断喝，双眼喷血！

在徐邦道的鼓舞下，日军的前几次进攻被打退了，但他们从来没有退却的迹象。退回去整理好队伍，又重新开始往上爬！从进攻金州开始，日军一直在进行这样的爬山运动，不论生死，不计后果。徐邦道又一次面临敌军数倍于己的危境，但这时候，他发现了一个绝好的机会。

指挥作战的日军少佐进入了射程，徐邦道指挥炮手瞄准，一炮过后，少佐阵亡，被炸成两截，这是清日战争以来日军牺牲的最高军官。徐邦道觉得赚了，在日军合拢包围圈之前，他率兵突围了。

鸡冠山炮台的战斗也是日军第二军在陆路上遇到的最强抵抗，随着鸡冠山炮台失陷，其他陆路炮台一个个也沦陷了。日军立即向旅顺港口推进，去攻破海防炮台！

在海防炮台体系中，第一个拦路虎就是黄金山炮台。黄金山紧邻旅顺军港，是进入军港的门户，地势较高，站在黄金山炮台上可以俯瞰旅顺全城。由于战略位置极为重要，这里修建了整座旅顺军港最大的炮台群，1600名清军在这里扼守。

日军又在补充敢死队的人数。不过，他们将很快知道，这个行动是多余的。

因为龚照玙大人出场了。

旅顺驻军虽然都属于淮军，但由于海防和陆防是分开的，没有统一指挥。为了解决这一问题，驻军中设有前敌营务处，负责调配各军，也就是说营务处负责人相当于统帅。前面我们知道了，领导叫龚照玙。

龚照玙是来自安徽的"富二代"，李鸿章的老乡。他既没有参加过科举考试，也没有参过军，一路升迁全靠花银子捐官和老乡提拔。金州失守的当天，龚大人就害怕了，自己坐鱼雷艇跑到了烟台，又从烟台跑到天津，投奔李鸿章。李鸿章见到这位狼狈逃回来的前军主帅，雷霆大怒，一口水也没给他喝，唾沫星子倒是喷了龚照玙一脸："滚回去！离开旅顺一步即是你死地！"

见到老领导勃然大怒，龚照玙勉强回到他的办公室。不过在他逃离期间，旅顺港内除了房子，其他能搬走的公共财物基本都被他的下属们搬走了。仓库和办公室被洗劫一空，连控制地雷和水雷的电线都被割走了。龚照玙真后悔没在电线旁边立块牌子：电线不含铜，偷了不值钱！

日军发动旅顺之战后，龚照玙在办公室里坐等战报，人们发现他握住茶杯的手总是在抖。

当旅顺陆路炮台被攻占的消息传来，龚照玙再也坐不住了。也不管李鸿章骂不骂，带上了海防炮台总兵黄仕林（安徽庐江人）以及白玉山炮台统领卫汝成（安徽合肥人），三个人换了衣服一块跑——都是老乡，路上好有个照应。

来到码头后，黄仕林带着他打包好的家产独自乘船逃了。由于逃得比较急，船在大海上竟然翻了，黄仕林被路过的轮船救起。上岸后，他被捕，以临阵逃脱之罪被判处斩监候，不过他的家产够多，后来以三万两银子疏通关节，不仅从死牢里被放了出来，还成功复出。

而龚照玙与卫汝成两个人挤在同一艘小船上，船小浪大，两人在海上整整漂流了四天才到达烟台。卫汝成很聪明，知道临阵逃脱是死罪，一上岸就化装成船工潜逃，从此亡命天涯，人间蒸发，大清刑部发出许多通缉令都没能将他抓捕归案。而龚照玙又去找李鸿章了，这次李鸿章也无法保他，朝廷同样判处龚照玙斩监候，准备秋后问斩。不过这一"问"就问了六年，直到1900年，趁着北京城里大乱，龚照玙买通刑部大牢的主管，成功脱身。

在三位领导出逃后，得到消息的旅顺守军全部扔下武器，四散而逃！正在黄金山脚下准备发起冲锋的乃木希典茫然地看着这一切，他没有预料到胜利会来得如此之快！出征时没有携带国旗，只好以人血在白布上画个太阳，作为临时旗帜升到军港上空。

一天之内，享誉全世界的"铁打的旅顺"就这样全部沦陷了。日军陆军在清国本土获得了一个坚实的根据地，海军获得了一个优良的军港，接下来将发动更大规模的作战。

在这一战中，日军还获得了数不清的战利品。仅大炮一项，从金州、大连湾到旅顺，日军就缴获278门。这个数字是比较枯燥的，但如果我们了解另一个数据就知道它的含义，日军全军所有的野战炮加起来也不过300门！

对于清军来说，这就像一场故意输掉的比赛，实在令人匪夷所思。前面讲述中我们已经知道，清军在兵力上并不处于劣势（局部兵力过少是指挥调配的问题），在野战工事上更是处于绝对的优势。金州、大连湾、旅顺的工事前后都修了十几年，以逸待劳，专门御敌，而日军根本没有时间在地上去挖工事。

清军还有一个优势是我们想象不到的——单兵武器先进。1870年，日本将长崎的一座制铁所（炼铁厂）迁往大阪，改为大阪兵工厂。以这个兵工厂为中心，日本在大阪建立了军事工业基地。

虽然大阪兵工厂一开始也是从国外购买武器，但他们从来没有依赖进口——要自主研发。

11 年后（1881 年），兵工厂研制出了射程 5000 米的青铜野炮和射程 3000 米的青铜山炮。与此同时，陆军在进口步枪的基础上，进行自我设计和改进，研制出了完全国产化的步枪——村田铳（以研发者村田经芳命名）。从这个时候起，国产化的大炮、步枪包括后来的下濑炸药，成为日本陆海两军主要装备的武器。

日军的这些国产化枪炮在杀伤力和性能上都比进口的要差，大炮的性能比清军从德国进口的克虏伯炮要差，步枪更是不如清军从德国进口的 13 连发毛瑟枪。但是，日军一直在坚持吸收国外的技术，实现国产，直至后来研制出三八式步枪（产于明治三十八年，1905 年），反而可以出口到清国。

石田千亩，谓之无田；弱军百万，谓之无军。武器不差，天时地利不差，差的只是人以及“人和”（制度）。很明显，清军的失败已经不能单纯地依靠师夷长技和改进武器来解决，因为这种失败越来越趋向于完败。

而失败是要付出代价的，从第二军登陆的那天开始，在大山岩、乃木希典等将领的直接命令下，一场罕见的大屠杀开始了。旅顺大屠杀发生在 1937 年南京大屠杀之前，这是一场震惊世界的惨案。

主持这场大屠杀的，正是大山岩、山地元治和乃木希典。

旅顺大屠杀

攻破金州后，日军将全城的男人捆绑成串，用于人体排雷。在踩地雷行动中的幸存者被日军押到一口大锅前，用刀割了身体往锅里放血，直至痛苦地死去。女人们被强奸了，甚至连孕妇也不例外。金州城西街一户姓曲的普通人家，家里只剩下 7 个女眷和 3 个未成年的小孩，当日军快要进入他们家时，为了避免被日军凌辱，一家十口全部跳进同一口井自尽！

在攻下旅顺后，大山岩下令：开始为期四天的全城大屠杀！

抓来的老百姓先被绑成几排，然后往死胡同里赶，当胡同再也塞不下时，日军开始扫射，胡同很快血流成河。其他的难民被集中赶往湖里，步兵开枪射击，对于那些侥幸没死还奋力游回岸边的人，等待他们的是岸上的刺刀，老百姓的躯体被砍得残缺不堪，更多的人被开膛破肚。

旅顺全城变为了一片血海，孕妇被用刺刀剖开肚腹，婴儿的身体被用锋利的铁钎钉在墙上，老人们的四肢和头颅被砍下，妇女被强奸……这是真正恐怖的人间地狱。

在四天的大屠杀里，总共有两万多平民惨死于日军的刀枪下，全城活下来的仅有 36 人，而他们是日军特意留下来处理尸体的。全城的尸体全部火化，骨灰被装进三口棺材，埋在旅顺白玉山山麓，这个地方后来被叫作"万忠墓"。

这是日本人第一次在中华领土上大规模地屠杀平民，而它似乎很少被人提及。2012 年，我来到了旅顺，在墓前敬献了一束花，在我看来，他们和邓世昌、左宝贵等人一样，是值得被铭记的。

他们当中并不是没有任何抵抗。他们用血肉之躯，用简单的武器，用抗击侵略者的意志，抵御外敌。

辽东百姓一向有抗击倭寇的传统。当日军在桃花浦登陆，清军不见踪影时，桃花浦周边八百多百姓就扛着锄头、铁锹等各种农具，冲向了日军。日军用步枪射击，农民军被打散了，但日军的噩梦没有就此结束，他们接下来要面对的，是暗杀。

当晚，第一师团师团长山地元治（一目失明，外号"独眼龙"）暂住在一位地主家里。他引起了地主家两位长工——来自金州的打铁匠的注意，铁匠虽然不知道山地元治是什么官，但判断他肯定是个日军的头目，于是他们决定趁夜刺杀山地元治！夜深人静时，俩铁匠怀揣着打好的短刀摸到了山地元治睡房前，悄无声息地干掉了卫兵，冲进房内，但山地元治被惊醒了，他大声喊叫，赶来的卫兵将两位铁匠射杀。

日军加强了警戒，但他们没有想到的是，就连大山岩也遭遇了暗杀！三名勇士悄悄接近了大山岩的住处，准备暗杀这位大模大样的高级军官。

但司令部的戒备森严超出了勇士的想象，他们潜伏半夜，一直找不到下手的机会，三勇士不愿空手而归，冲向了哨兵，在砍死几个人之后，从容受死。

日军不得不昼夜巡逻，加强戒备，他们再也没有遇到暗杀，晚上终于可以睡个好觉了。不过在他们向金州进发的路途中，当地的猎人早已挖好了陷阱，陷阱里面插的是锋利的竹签！日军经过的时候，人仰马翻，死伤数人。

这些英勇的人都没有在历史上留下名字，但我仍然要记录这些勇敢的无名英雄。从结果上看，虽然他们起到的作用很小，无法抵挡日军的铁蹄，但在入侵的外敌面前，他们仍然表现出了勇气，表现出了热血。勇气和热血是不会死的。

日军战时大本营中的两种意见

旅顺失守的消息传到北京，朝廷震惊了。九连城和凤凰城的失陷还可以说是"边患"，但丢掉旅顺的心情就大不一样了，它已经威胁到了京师，旅顺隔着渤海就是天津和北京！

朝廷真正感到了恐慌。

而在广岛，睦仁亲自给大山岩发来了贺电，祝贺他将旅顺一举攻下："天气渐寒，前途尚远，汝等宜自爱奋励！"

时节已经进入冬季，天气严寒，在东北作战的第一军和第二军下一步该怎么走？大本营产生了两种意见，一派主张乘势立即攻入北京，尽快与清军主力决战，直捣京师；而另一派主张冬季暂时屯兵，待到春夏时节再出击。

虽然大本营同意了前一派的意见，决定在辽宁开展冬季攻势，但这两派的意见，目光都没有离开已经登陆的东北地区，并且只考虑到了陆军作战，睦仁对此都觉得不满意。

谁能制定出更为理想的战略？睦仁想到了一个人，一个不是军人的人。

伊藤博文的战略

伊藤博文带着他的《进击威海卫、攻略台湾方略》来到了大本营。

按照大本营条例，大本营的会议历来只允许陆海两军最高长官和参谋长参加，伊藤博文虽贵为首相，但他也是没有资格参加大本营会议的。现在他得到睦仁的特许，以文官的身份出席大本营最终决策会议，并且将发表他的意见。

"一个文官能懂什么作战？"大家对于伊藤博文的到来毫不在意。

而所有人没想到的是，伊藤博文即将语惊四座。

对于这两派意见，伊藤博文都提出了尖锐的批评。他的观点是，战争一旦开始，最大的难题就是怎样结束战争。这就像恋爱一旦开始，最大的难题就是结束恋爱期（结婚）一样——不以结婚为目的的恋爱都是耍流氓。

从奉天攻入北京固然痛快，但可言而不可行，代价巨大。因为东北天寒地冻，行军艰难，很容易陷入对日军极为不利的持久之战；即使凭着日本将士们的英勇，军队能克服千难万险一路打到北京，但作为一个战略家，不能只考虑打下北京，更应该考虑——北京打下来了，以后怎么办？

伊藤博文认为：很显然，北京失陷将给清国带来亡国性的打击，难免暴民四起，清国朝廷土崩瓦解。以日本现在的国力，无法吞下一个无政府的清国，到那时，日本便要失去和谈的对手，白给西方列强以渔人之利！所以，清国朝廷虽然很可恨，但对于日本又是如此重要，必须保证这个朝廷不灭亡。

而与此同时，又要给予清国朝廷以切肤之痛的打击，只有这样，清国朝廷才能与日本签订条件苛刻的和约。

什么能让清国朝廷感到切肤之痛呢？

只有北洋舰队的灭亡。

这支舰队是清国花费了漫长时间和无数金钱堆积出来的舰队，是清国国防安全的寄托。从装备上看，它在亚洲排名第一，世界排名靠前，清国朝廷中很多人都陶醉在这个梦幻里，是时候去粉碎他们的梦幻了。

伊藤博文认为，接下来的战斗最应该围绕着如何歼灭北洋舰队展开。

为了达到目的，陆军应该以最小的兵力留守辽东，派出主力转战山东，这里不仅是比东北更适合冬季作战的地方，还有威海军港和北洋舰队这样绝好的攻击目标，能够在较短的时间内以较小的代价获得巨大的战果——一举歼灭北洋舰队，威震清国京师。与此同时，派遣分队南下进攻台湾，使日本获得这个绝好的岛屿，最后迫使清廷签下最不平等的条约。

伊藤博文接着分析：全歼北洋舰队是完全可能的。因为这支舰队在大东沟海战之后对日本舰队表现出极大的畏惧，战胜一支怯弱之师是不需要花费太多精力的。至于台湾，一直是日本帝国魂牵梦绕之地，这次清日战争一定要保证日本得到台湾，而得到台湾的前提必须是先实施军事上的占领，哪怕将来讲和，也要先拿下再说。

大师，真正的大师。扬长避短，直取目标，不纠缠、不折腾，这是真正的毒辣！

大家都被这天才般的战略惊呆了。

第十三章
全军覆没：北洋舰队最后一丝希望被党争掐灭

进攻威海，日军倾全国之力

大本营立即决定组建山东作战军，由留驻本土的第二师团和第六师团外加从第二军中抽调的一部分共同组成，在旅大之战中表现出色的大山岩出任总司令，继续攻向威海。

此时的日本已经派出了国内的第一至第六师团，本土实际上只剩下了保护睦仁的御林军，真是连老本都搭上了啊。

按照大本营制订的计划，日军进攻威海将是进攻旅顺的翻版：陆军必须先选择地点登陆，然后从后路包抄，再派出联合舰队从海上进攻，夹击北洋舰队。

伊东佑亨将登陆点选在离威海 30 海里以外的荣成湾。有了旅顺的成功经验，这一次大山岩完全相信伊东佑亨。1895 年 1 月 10 日上午，广岛的 50 艘运兵船出发了，它们将在伊东佑亨率领的联合舰队的护卫下，将 3.46 万日军运往荣成。

兵力分布的秘密

大军压境，山东的陆上防卫此时已经显得尤为重要。朝廷在山东的陆军兵力为 2.1 万人，按照清国军队的特色，它们分属两位不同的领导。

一位领导是李鸿章，管辖范围是威海军港以及刘公岛陆军，兵力五千，而包括荣成在内的山东其他地区的 1.6 万名士兵，则是归另外一个人管——山东巡抚。

当李鸿章得知新任山东巡抚是李秉衡时,他大叫了一声——"不好!"

李秉衡是著名的帝党新锐人物,被光绪帝和帝师翁同龢极为看重。他跟李鸿章不仅分工不同,各自的利益集团也不同,一个是帝党新锐,一个是后党砥柱,两人分属朝廷两个死对头的利益派别。就像李鸿章只关心他的"北洋"势力一样,李秉衡也只会重点关心山东威海之外的陆路防务——丢了威海和北洋舰队,他没有多少责任,那是李鸿章的事,在关键时刻,李秉衡也不会为了"他李鸿章的威海"而赔上自己的精兵。

在日军出动前,李鸿章已经得到日军可能会在荣成湾登陆的情报了。于是他以商量的口吻发电报请求李秉衡帮忙加强荣成一带的防御,多派些兵过去,而李秉衡的做法是把这个电报扔在了一边,然后他向朝廷上了另一道奏折:要求朝廷清算淮军之前跟日本作战失败的责任,将丁汝昌等淮军败将处死!

作为帝党势力的代表,李秉衡在就任山东巡抚前被光绪皇帝叫到皇宫密谈了三次,谈话的内容我们无从知晓,但从李秉衡的表现来看,他要做一件事——拆李鸿章的台。

如果朝廷处置李鸿章的淮军将领,那么谁来接替对日作战的指挥官呢?当然是帝党的人。

大家都争着当这个指挥官,是不是大家很英勇,争先恐后地要去抗击日军,不惜战死沙场?我相信有这个原因,但这绝不是主要原因,主要原因隐藏在争夺指挥权背后的秘密里。

这个秘密就是:争夺到了作战的指挥权,相当于争夺到了军权!对于皇宫里的光绪和慈禧,谁把住了军权,谁将是这个朝廷实际的统治者。

一切秘密都已经揭晓了。尽管淮军一败再败,从朝鲜败到了清国,但作为慈禧集团的代言人,李鸿章不得不硬着头皮上——以便军权始终在后党阵营手里。如果淮军表现良好,能击退日军,哪怕就打一次胜仗,作为朝廷中弱势的帝党都没什么机会。但淮军太不争气,军事行动的失败也给了帝党可乘之机。随着清日战争的进行,帝党分子一面出动清流言官攻击李鸿章和淮军将领，一面寻找机会，伺机夺权！

这是李鸿章大叫一声"不好"的真正原因。在慈禧的撑腰下，李大人手忙脚乱地向朝廷"保"下自己的这些嫡系。然后，他惊奇地发现了李秉衡做出的兵力部署：

烟台9200人，蓬莱3000人，莱州4000人，而荣成——没人。

在日军向荣成湾进军的过程中，伊东佑亨派出几艘军舰开往蓬莱海域，时不时往蓬莱打几炮。如果我们看一下地图就会发现，荣成位于威海的南面，而蓬莱位于威海的北面。伊东佑亨正是要声东击西，诱使山东陆军误以为日军要在烟台、蓬莱一带登陆。果然，李秉衡似乎上当了，他将重兵集结在了烟台、蓬莱一带。

李秉衡的兵力分布是大有问题的，即使他没有预料到日军会在荣成登陆，那么，最多的兵力显然也应该留驻北洋舰队的基地——威海，而不是烟台。但在李秉衡看来，一旦威海有失，那是李鸿章的责任，朝廷会找李鸿章算账的，而一旦烟台有失，则要由他这个山东巡抚来负责。

李鸿章只好再次发电，几乎低声下气地请求李秉衡"照顾一下荣成"。

于是在日军登陆前，荣成好歹出现了1800名守军。人数看上去不少了，但我们需要来了解一下这1800名士兵的构成。

在接到李鸿章的第二次请求后，李秉衡很大方：那就派1500人过去吧！但他们与其说是士兵，不如说是另外一种身份的人群——民工。

他们是平时负责修黄河大堤的民夫，以军事化组织和管理编成"河防军"，每300人编成一营，每营有一件共用的武器——鸟铳或者抬枪，其余的就是扁担锄头了。

见到李秉衡一直在敷衍，李鸿章也顾不得那么多了，只好命令自己的部下——威海陆路炮台统领戴宗骞想办法。荣成的防务是归李秉衡管的，不归戴宗骞管，戴宗骞只好"越权"向荣成派出了300名正规军，配备四门行营炮——于是就有了这1800人。

面对这1800人的弱旅，荣成日军用几发炮弹就解决了战斗，然后三万多名日军、三四千匹战马和大量武器弹药，只用了五天完成全部登陆。

李鸿章没有求到李秉衡的援兵，但是，在日军登陆期间，光绪曾向李鸿章下达命令，要求北洋舰队出动，从威海基地开到荣成阻截日军登陆，而李鸿章也没有执行这一命令。在他看来，北洋舰队只有老老实实待在威海基地，才是安全的。

日军登陆后，大山岩在荣成县城设立了上岸后的第一个司令部。日军接下来的行动连小孩子都知道了：进攻威海。

由于威海兵力空虚，而李秉衡的重兵仍然集结在烟台、蓬莱一带，李鸿章只好再一次请求李秉衡增派援兵，但李秉衡表示："就算我把整个大军都派过来，总兵力也只有日军的一半。我要先向朝廷求援军，请军机处出面派大军驰援山东。"

李秉衡请求朝廷加派援军的急电发到了军机处，李秉衡和李鸿章都在等待着朝廷的援兵。等着吧，耐心一点，一定会有结果的。

有人可能要问了，作为国防大省，山东全省的兵力为何会如此之少？这个问题的答案是：山东原本的兵力是不止这些的，但他们被调走了。

调去了哪里？奉天。

当日军在东北进攻危及奉天的时候，朝廷在奉天周边集结了10万兵力。现在，日军在东北战场还留有第一军和部分第二军，只要日军不撤，朝廷就不敢调走奉天周边的重兵，哪怕总兵力是日军的好几倍，也不敢调走一兵一卒——因为那里是"陵寝重地"。

所以，尽管在东北的日军采取了守势，而且离奉天还很远，尽管军机大臣们知道当务之急是将奉天一带的山东军回调，但没有人敢上这个折子。

还是别找骂了吧。奉天的死人是要比山东的活人还重要的，这就是朝廷的逻辑。

那么就近调天津的吧？王公们更不会同意了。

天津乃京城门户，京畿重地，大家的金银财宝以及豪宅名马都留在京城，万一京城有失，谁可担罪？虽然大部分迹象显示，荣成日军下一步将进攻威海，但谁能保证他们不绕道进攻北京？日军"狡猾狡猾滴"，不得不防啊。

所以，无论旧都奉天还是新都北京的守军，都是不能调的。前者是死去的权力阶层安葬的地方，后者是现在的权力阶层生活的地方，从这两个地方调一兵一马也不行。李鸿章很明白朝廷的心思，提出了他的战略：海军严防渤海以固京畿，陆军力保奉天以安陵寝。不出所料，这个战略很快得到朝廷（慈禧）的批准。还是李大人聪明啊。

军机处最终决定：调南方的！上次为协防旅顺，调动的是福建的部队，这次调贵州的好了。

李秉衡大人开始眼巴巴地等着贵州古州镇总兵丁槐率领的云贵援兵到来。这支援兵最终在什么时间到达，我们以后会知道。不过，在李秉衡看来，既然他没有得到朝廷的援军，而日本军舰仍然在蓬莱、烟台打炮，他就不能把大军派向威海。尽管从烟台到威海十分的方便，但调兵又不是去上班，不是路途方便能起决定作用的。

好吧，从慈禧、光绪到李鸿章、李秉衡，从最高统治者到总指挥到中层将领，各有各的打算，各有各的账。所谓指挥混乱，没有统一的指挥，也没有一致的战略，它并不是来自别的地方，而是来自清国最高权力中心——皇宫。

这真是一场自上而下开始的大混乱。现在我们知道了，威海陆路防卫面临的情况是：无援军。威海的陆军只能依靠5000人去对付日军的三万大军，一个兵的支援也没有，你们守吧！

1895年1月25日，日军离开荣成向威海进发了。这将是一场炮台的攻击和守卫之战。当荣成的日军还在登陆状态，没有完全登陆时，威海陆军统领戴宗骞向他的领导李鸿章建议，自己应该率军主动出击，去荣成阻截日军。即使不能阻截，也能够以游击之战骚扰迟滞日军向威海的进军，为威海等来援军赢得时间。

李鸿章把戴宗骞的这个建议毫不留情地拒绝了，因为威海陆路上有李鸿章十分看重的东西——炮台。

从战术上看，戴宗骞这个想法属于积极迎战，不必死守炮台，发挥灵活机动的战术，袭扰和疲惫日军。炮台虽然坚固，易守难攻，但任何事物都是有利有弊的，一味依靠炮台就会限制士兵的灵活性，从而限制战斗力，这种情况我们在电影中见多了。后来的"日本鬼子"也犯了同样的错误，在侵华期间，他们在据点修建了无数更加坚固的新式炮台——碉堡，却被手持老式步枪的八路军游击队袭扰得痛苦万分。

事实上日军最害怕和担心的并不是进攻炮台，无论炮台如何坚固，它都是个不动产，日军都有信心强攻拿下——大不了多消耗一点"炮灰"（敢死队）。他们害怕的不是清军固守某个阵地，而是采取灵活机动的打法，使日军不得不陷入对他们最为不利的持久战。

摩天岭战场上的聂士成已经证明了这点。

但戴宗骞没想到的是，这个令他兴奋的"建设性意见"，从李鸿章那里换来的却是一顿骂。他只好硬着头皮回到威海，回到李鸿章大人心爱的炮台里。

1398 年，为防倭寇侵扰，在此地设立军事要塞，以威震海疆之意取名威海。在清国北洋舰队以威海卫为基地后，以威海城为中心，分别修建了南北两大炮台群——南帮炮台群和北帮炮台群。600 年过去了，这里又成为抗倭中心。

威海陆路的炮台之战打响了。

威海陆路炮台失陷

三万日军向南帮炮台群发动进攻了，虽然日军占据兵力上的绝对优势，但在炮台攻防战中，清军仍然涌现了英勇的战士。日军没有想到，在兵力上处于绝对劣势的炮台群守军，发起了无比凶悍的反抗之战！

摩天岭炮台攻防战中，400 守军在守将周家恩的率领下，殊死战斗直至最后一刻。炮台守军全部阵亡，周家恩身负重伤，大腿已经打断，小腹被子弹洞穿，肠子流出。抱着绝不做日军俘虏的信念，周家恩强忍剧痛，双手托着肠子，拖着一条断腿卧在冰雪中爬行十多里后，血尽而死。

在所前岭炮台攻防战中，驻守在这里的守军只有一哨（相当于一个连，100人），而大炮也只有三门。在炮台的帮带逃跑后，一名低级军官主动担负了指挥的重任，他姓徐，大家就称他为徐帮带。徐帮带和炮台守军战至无一人生还。徐帮带的妻子抱着刚满周岁的儿子准备跳海自尽，却被日军将孩子夺走，在岩石上摔死，而徐帮带的妻子被乱刀刺杀！

遭受顽强抵抗的日军就是用这种方法来泄恨。

南帮炮台群失陷，剩下的就是北帮炮台群了，当日军准备发起进攻时，丁汝昌做出了一个决定。

这个决定就是派遣北洋舰队陆战队将北帮炮台群全部炸平。

痛苦的丁汝昌不得不亲手毁去这些炮台，北帮炮台群离威海军港更近，里面的大炮只要调转炮口就能攻击港内的北洋军舰。炸平它们，是为了避免这些炮台落入日军之手！

威海陆路全部失陷了，戴宗骞自知守土不力，赶在朝廷追究之前吞鸦片自杀。日军占领了威海港陆地，对港内的北洋舰队后路形成了威胁，而在港口外的海面上，伊东佑亨率领的联合舰队已经拉开战势。北洋舰队正面临背腹受敌、双面打击的严峻形势，日军的目标是全歼北洋舰队。在大东沟海战中遭受重创的北洋舰队，走到了它的最后关头。

1895年1月30日，漫天的大雪中，日军对北洋舰队发起了总攻。

日军鱼雷艇重创"定远"

伊东佑亨虽然想一举攻下北洋舰队，但并不是那么容易。

威海港内的北洋舰队有13艘军舰，包括："定远""镇远""靖远""来远""济远""平远""广丙"，炮舰"镇东""镇南""镇西""镇北""镇中""镇边"；另外还有13艘鱼雷艇。可以说北洋舰队主力仍在，实力尚存。

在几天的炮战进攻失败后，伊东佑亨想起了一个生力军武器——鱼雷艇。

在大东沟海战中，伊东佑亨见识了鱼雷艇的厉害，认为鱼雷才是对付"定远"和"镇远"有效的进攻武器。于是他在战后立即将全国所有的鱼雷艇都编入联合舰队，进行了与军舰协同作战的训练。在发起进攻前，伊东佑亨和他的参谋们已经专门为鱼雷艇量身定制了作战计划——《鱼雷艇队运动计划》。

这个计划的核心就是：偷袭。

当伊东佑亨了解了港口前的航道情况时，他的心又凉了，因为即使是比军舰小得多的鱼雷艇，也无法进入威海港内。为了防止被敌人偷袭，丁汝昌派人在港口前设置了极为厉害的防卫武器——水雷拦坝。

这种水雷拦坝是用大铁索将很多一丈多长、几尺粗的木头连起来，形成栅栏，每隔一定间距再用铁锚固定在海底，栅栏上挂满了水雷，当敌船靠近时，就等于自投雷网。

大家是不是觉得这种防卫武器很熟悉？对，它曾在三国时期的长江要塞上被用过。当时位于长江下游的东吴为了防备上游的西晋，选择了在湖北大冶西塞山一带，用一根根巨大的铁链横断长江，以阻挡西晋大将王濬巨大的楼船。后来王濬找来几十艘木筏，木筏上载着麻油火炬，生生将铁链烧得融化，楼船才得以通过。唐朝诗人刘禹锡在《西塞山怀古》中记录了这次战争的经过：

> 王濬楼船下岳州，金陵王气黯然收；
> 千寻铁锁沉江底，一片降幡出石头。
> 人世几回伤往事，山形依旧枕寒流，
> 从今四海为家日，故垒萧萧芦荻秋！

伊东佑亨没有用火攻，在军舰的掩护下，敢死队出动了。他们登上舢板，划到拦坝前，把铁索拉到舢板上，用事先准备的巨斧不停地砍。

铁索拉得很紧，用力砍几下就断了，木栅栏失去依托，随潮水漂走，水雷拦坝就这样被破坏了。

凌晨三时，在伸手不见五指的寒夜，联合舰队鱼雷艇队满载鱼雷，全部熄灭灯光，以两艘为一组，悄悄驶进港口！在全部进港之后，北洋舰队哨舰终于发觉了异常情况，立即向鱼雷艇开炮！但是寂静的夜晚突然响起炮声，港内的北洋各军舰不清楚发生了什么情况，以为联合舰队开进来了，于是他们跟着稀里糊涂发炮，港内一片骚乱。

混乱之中，一艘胆大的日本鱼雷艇竟然插到了北洋舰队的鱼雷艇队中，跟着队伍前行，而北洋舰队的鱼雷艇竟没有发现！连日军也没有想到，北洋舰队的鱼雷艇队是向旗舰——"定远"靠拢的！当这艘混进队伍中的日军鱼雷艇发现这一切后，前方 300 米外，就是"定远"巨舰！

天赐良机，这艘鱼雷艇决定与"定远"同归于尽，舍艇炸"定远"！它箭速从队伍中穿出，朝"定远"发射鱼雷！鱼雷破浪前行，同时，"定远"舰上的炮手也发现了偷袭的鱼雷艇，立即朝它发出巨炮！

两声巨大的爆炸声几乎同时响起。"定远"剧烈地晃动，舰体被鱼雷洞穿，海水突破了所有密闭水仓，喷涌而入。刘步蟾急忙命令砍断锚链，疾驶至刘公岛岸边使它不至下沉。从这一刻起，"定远"丧失了航行能力，只能在岸边搁浅。

而那艘偷袭的鱼雷艇怎么样了？它已经变成碎末了，艇上人员无一生还！日军其他鱼雷艇见状，全部加速逃出港外。

伊东佑亨接到战报大喜。用一艘鱼雷艇的代价换来了重创"定远"，值！

没有了"定远"，伊东佑亨胆子大多了，他怀着激动的心情向全舰队下令：等天一亮，除了三艘军舰担任外海的警戒外（警戒那永远不可能到达的南洋舰队），其余所有的军舰、炮艇等战斗船只全部冲向港口，一定要歼灭北洋舰队！

联合舰队其余 22 艘战船在港口外并排排列，轮番对港口内的北洋舰队进行炮击，北洋舰队在丁汝昌的指挥下立即发炮反击！当日本军舰无法发挥速度优势，只能互相比赛打炮时，它们就无法压制住北洋军舰巨炮的火力了，始终不能靠近港口。伊东佑亨只好垂头丧气地命令：停止进攻，后撤！

北洋舰队又一次击退敌人的进攻了。但是，他们应该来不及高兴，因为伊东佑亨的退兵举动是别有用心的。

当天晚上，尝到甜头的伊东佑亨决定照葫芦画瓢，用鱼雷艇再次偷袭。而丁汝昌和北洋舰队并没有从前一晚的被偷袭中吸取教训，他们认为日军刚进行偷袭，白天又激战了一天，晚上不可能再来了。所以，他们还是不了解日本人。

战争中的日本人根本不是人，或者说他们是另外一种类型的人——机器人。他们可以没日没夜地发动冲锋，轮番攻击，不需要吃饭，不需要睡觉，不需要休整。只要尝到了甜头，就会把它吞尽；只要发现了机会，就会把它榨干，想想一群饿狼是什么样子吧。

凌晨四时，日军鱼雷艇队又开始偷袭行动了，这次发起偷袭的时间特意比第一次晚了1小时，日军向来重视这样的细节。这一次它们更加轻车熟路，而北洋舰队却防备松懈。鱼雷艇集中朝"来远""威远"两艘军舰发射鱼雷，在十几枚鱼雷的同时打击下，"来远""威远"号沉没。

伊东佑亨趁热打铁，天亮再次命令联合舰队全队发起进攻。经过两次偷袭，北洋舰队能作战的大型军舰已经所剩不多了，他相信，全歼北洋舰队，这次一定会成功的。

而此时，在陆地上的大山岩已经命令陆军日夜赶工，修建好了临时炮台，并在炮台上安置了速射炮。在联合舰队朝港口内的北洋军舰发炮的时候，陆地上的各种大炮也会朝着北洋军舰狂轰滥炸。北洋舰队真正地陷入了最为不利的局面——腹背挨打。

丁汝昌仍然在沉着应对，他指挥北洋舰队分出几艘军舰，去对付陆地上的炮火，其他的军舰全力压制港口外的火力。"定远"虽然搁浅，但它的巨炮仍然可以发挥作用，一枚枚巨大的炮弹从"定远"舰上飞出，联合舰队四艘军舰都中炮受伤——即使是腹背受敌，日军仍无法占据上风。北洋舰队本来就是"船坚炮利",现在正是它们发挥优势的时候。

见到形势有利,此时的丁汝昌做出了一个决定:在炮战结束后,派鱼雷艇队夜袭联合舰队,以其人之道还治其人之身!让日军也尝尝北洋舰队鱼雷艇的厉害。

丁汝昌命令鱼雷艇队队长王平为晚上的偷袭做好准备,但令丁汝昌万万没有想到的是,他的这个命令却带来了一个意想不到的结果。

因为王平在接下来做出了一个令所有人都吃惊的举动。

双方还在炮战之中,北洋鱼雷艇队13艘鱼雷艇突然发动,在王平的带领下全速朝港口外开去!这边的丁汝昌对王平的这个突然举动实在搞不明白:是叫你们等到晚上出战啊,现在还是白天,你们冲过去要干什么?

"松岛"号上的伊东佑亨也发现了这一幕,他迷茫了:这是要干什么?冲过来同归于尽?手忙脚乱中,伊东佑亨急令各舰做好准备,防御鱼雷!同时将炮口调转,转向鱼雷艇,一旦鱼雷艇拼命,联合舰队将面临很大麻烦。

丁汝昌和伊东佑亨都很快得到了答案:王平带领的鱼雷艇队不是去冲锋,而是逃跑!

这又是熟悉的一幕。前面我们已经说过,鱼雷艇队虽然跟随北洋舰队出战,但它们跟北洋舰队并不是一个单位的,它的上级单位是旅顺鱼雷营。从组织层面上讲,丁汝昌并不能指挥鱼雷艇队。当"定远"负伤、"来远"和"威远"沉没后,全军覆没的巨大恐惧就占据了王平的头脑。丁汝昌要求鱼雷艇队当晚夜袭,王平和蔡廷干想的却是如何躲过夜袭的任务,趁机逃跑。

蔡廷干同志我们熟悉,他是"福龙"号鱼雷艇的艇长。在大东沟海战中,桦山资纪就是在他手下捡回一条命的。

见到鱼雷艇只是逃跑,伊东佑亨悬着的一颗心放下了。接下来就是生擒这些鱼雷艇的时候,之所以要生擒,就是舍不得炸,要把它们补充到自己的队伍中。

结果，王平乘坐的性能最好的鱼雷艇"左一"号成功地逃走了，但其他12艘鱼雷艇全部被俘虏或者被击沉！北洋舰队鱼雷艇队全军覆没，对日军来说，这是一个谁也没有想到的意外胜利。但是，对于丁汝昌和北洋舰队来说，只能是雪上加霜。

最后的求救

从战斗开始，北洋舰队一直处于日军陆路和海路的围困之中。陆地上是三万大军，海面上是整支日本舰队，用困兽犹斗来形容一点不为过。他们似乎被抛弃了。王平率领鱼雷艇队首先逃跑也带来了人心浮动。成群的士兵涌向丁汝昌，甚至连一向最忠于职守的炮手也离开炮座，他们围住丁汝昌，群情激动："大家在这里苦苦支撑，对外面的情况毫不知情。是生，是死，还是已经被抛弃？请丁帅坦言相告！"

说实话，丁汝昌也不知道。但面对群情激愤的士兵，他要做的就是稳定军心，因为一旦处理不好，不给士兵们一个明确的交代，很可能就会酿成兵变。丁汝昌镇定下来，告诉大家："援兵很快就会到来的，请大家放心，只要我们坚持到2月11日，援军就会到来。"

丁汝昌说的11日，就是军机处调派的贵州古州镇援兵预计到达的时间。

可是大家仍然不满意，心里都没有底。

"如果到时援兵还不到，汝昌一定会放大家一条生路！"丁汝昌痛苦地说。

在几日之前，为了确保援兵按时到达，丁汝昌已经派出了送求援信的人。

一名勇敢的水兵，乔装成普通百姓，在刺骨的冰水中游泳上岸，消失在夜色之中。他身上携带的，是丁汝昌写给烟台道台刘含芳的求救信，字字泣血：

我们现在只有拼死守住，粮食可以坚持一月，但弹药和药品已经不允许……请速将情况电告各帅，我等急切盼望他们能星夜前来！若11日救兵不至，则船岛万难保全……

然而，伊东佑亨并不会给北洋舰队喘息之机。2月9日，联合舰队再一次发动海上进攻。这一次，伊东佑亨连担任警戒的三艘军舰都撤了回来，所有的军舰全部集结在港口发炮，而大山岩也指挥陆路炮台一齐发炮。威海港口里，百炮齐鸣，水柱冲天，北洋舰队淹没在炮火之中。

丁汝昌将旗舰移到"靖远"，立在"靖远"的船头指挥军舰迎战！联合舰队的炮火立即集中发向"靖远"，"靖远"身中数炮，开始下沉，最终开到浅水区搁浅，丁汝昌在士兵们的掩护下才逃出一命。此时，北洋舰队主力战舰已经全部损伤。

2月10日凌晨，在漫天的大雪中，伊东佑亨又派出了四艘鱼雷艇进港偷袭，但这次丁汝昌做好了防备，偷袭被打退了。然而北洋舰队已经到了生死关头。

北洋舰队的炮弹即将打光，已经无法再组织起一次有效的抵抗。

药物也已经用完了，伤员排着长队等着做截肢手术，更加恐怖的是连麻醉剂也没有。为了不使伤员伤口化脓，军医们只好在不使用麻醉剂的情况下为伤员截肢。伤兵哀号连天，受不了剧痛的伤兵用刀自杀，情景令人观之落泪！

而没有负伤的士兵因为没日没夜地战斗，疲困至极，加上精神高度紧张，已经有人精神崩溃了，跳海而亡。终于，受不了的士兵们冲到丁汝昌面前，厉声责问丁汝昌："你不是说有援军吗，现在，援军在哪里？"

激愤之中，有的士兵抽出战刀，想逼迫丁汝昌投降！

"你们要杀我现在就杀好了。"丁汝昌平静地说。

明天，2月11日，就是他承诺的最后期限，但援军仍然没有音讯，也没有要到来的迹象。

丁汝昌不知道的是，他和北洋舰队所有将士苦苦期盼的援军，永远不会到来了，一切都将停留在传说之中。

2月5日，贵州援军已经到达黄县，按照正常的行军速度，11日之前他们是可以到达威海的，但是，贵州援军在这里见到了一个人。

他就是李秉衡。

李秉衡告诉贵州军：你们的援军太少，无法突破日军三万大军的防线，必须在此再招募 20 个营的新兵，等训练纯熟，一切准备妥当后，"再会同从辽东和天津来的大军，一同谋划如何驰援威海"。

应该说李秉衡的话有一定道理，就当时的情况来看，兵力较少的贵州援军是很难去突破三万日军防线，但是，打不过就能不打吗？战场上的军情十万火急，救援如救火，对于苦苦坚持的北洋舰队来说，哪怕只是见到日军有松动的迹象，哪怕只是听到本国军队呐喊的声音，都无异于雪中送炭，让身处困境的北洋士兵们燃起生的信心和希望。

对于这个道理，李秉衡不会不懂。然而，他的信条是"不给李鸿章制造麻烦，也不要帮李鸿章的忙"，北洋舰队最后一丝求生的希望，终于在朝廷党争中被掐灭了。

最后关头，丁汝昌终于等来一个指示，这是一封电报，来自李鸿章。这封电报几天前就发出了，现在辗转到丁汝昌手上。多少年来，丁汝昌一直习惯听从李鸿章的指示，但是对于这封电报的指示，丁汝昌万念俱灰。

烟台道台刘含芳接到了丁汝昌派出的求救信后，立即电告李鸿章。李鸿章已经明白：北洋舰队在劫难逃，而援军也不可能到达。他只好让刘含芳想办法给丁汝昌送回电：到万不得已时，丁汝昌率舰队趁黑夜突围，逃往上海吴淞口与南洋水师汇合。

晚了，要冲早冲出去了，何必等到现在？如今战舰已毁，炮弹已尽，军心已散，联合舰队在外海严密封锁，凭着剩下的这些破损战舰去冲，谁都明白：这就是自杀性袭击。

李鸿章并非不知道这是自杀，但是他仍然要命令丁汝昌去冲。对于李鸿章来说，他最担心的不是北洋舰队全军覆灭，而是另外一种结局：投降。

战争开始时，李鸿章只想保存北洋舰队的实力，他一再命令丁汝昌

"避战保船"，就是为了保存实力。然而，在这最后关头，李鸿章已经绝望地发现，要保存北洋舰队实力是不可能了，等待北洋舰队的就是全军覆灭的命运。这支舰队是李鸿章一手建立的，是他花费了朝廷大把大把的银子建立起来的，如果要毁灭，也要在有将领们当"炮灰"的情况下去毁灭！

这是李鸿章对朝廷的一种交代，也是朝廷对天下百姓的一种交代。李鸿章花的钱，是朝廷的钱，而朝廷的钱，就是百姓的钱。百姓们总是善良的，只要舰队最后不是逃跑，守军们英勇战死，李鸿章就可以尽可能地保住顶戴，百姓们也可以保持对这个朝廷的信心！

冲吧，你们尽力地冲吧，哪怕最后一舰不剩，一人不剩，哪怕这只是一种形式，一种姿态，也要冒死往前冲。明知道冲不出去，明知道是注定的"炮灰"，也需要你们来完成这样的仪式。你们的失败和灰飞烟灭不会毫无意义的，这个意义就是：它可以让这个无力量的朝廷再继续存在下去！

而将士们对这样的命令愤怒了，绝望的气氛开始在北洋舰队中蔓延。当丁汝昌召集舰长们开会讨论冲港方案的时候，大家无言转身，默默离去。

舰队坐以待毙，朝廷没有援军，却让我们去送死！

士兵又开始围住丁汝昌，要求他兑现"给大家一条生路"的承诺。所有人都已经明白，所谓的"生路"，其实就是投降。谁能想到，亚洲排名第一、当年不可一世的北洋舰队最后的结局是：不可战，无力守，唯有降！

士兵们围住丁汝昌，声泪俱下，苦苦哀求丁汝昌发话投降："既然朝廷无能，不能让大家都去送死吧……"

丁汝昌已经没有任何语言能够劝阻士兵，在现实面前，语言都是苍白的。他的口袋里，放着一封由伊东佑亨亲笔写给他的劝降信，信中说只要他率领北洋舰队投降，日军保证优待。

来吧，让一切都来吧。人之将死，军之将亡，是时候该给自己、给北洋舰队，也给手下所有的士兵一个了断了。

让所有的一切都来吧。丁汝昌知道，冲出去的任务是不可能完成了，他必将要违抗李鸿章的命令。这也许是他上任以来第一次违背李鸿章的意愿，是第一次，也将是最后一次，因为以后再也没有违背的机会了。

北洋舰长们的集体自杀

投降是丁汝昌绝对不能接受的。他早已表示，作为北洋舰队的司令，自己决不投降，也不会让投降的一幕在自己眼前发生。

在舰长会议时，有一个人缺席了，他是永远的缺席，他就是"镇远"舰舰长林泰曾。

平时沉默寡言、性情温和的林泰曾大概是丁汝昌在福建籍舰长中唯一一个真正的朋友。

而最早的自杀就发生在他身上。

在日军进攻旅顺前，北洋舰队在丁汝昌的率领下到了威海。此后，按照李鸿章的命令一直蛰伏在威海，因为实在受不了言官的攻击，11月13日，在旅顺失陷的前几天，丁汝昌率舰队抵达旅顺，却只是在旅顺外海游弋了一圈，当天就返航威海。

这个做样子的行动没有给日本人制造麻烦，却将噩运带给了林泰曾。

在返港时，由于连日的大风将港内泊位的航标推移，"镇远"不幸误入暗礁区，舰体遭到严重损坏，紧急赶修后虽然勉强堵塞漏洞，但已不能出海作战。对于在大东沟海战后刚刚修复的军舰又遭损坏，老实人林泰曾十分内疚，认为是自己的失职。他已经看到了丁汝昌承受的巨大压力，他不想让言官们说他是"为了避战故意损伤舰体"，决心以死谢罪，也以一死证清白。

11月16日，林泰曾吞鸦片自杀。北洋舰队左翼总兵、在大东沟海战中英勇无畏的"镇远"舰舰长就这样离北洋舰队而去。

接下来的是刘步蟾。

不要让军舰落入敌手吧！它曾经代表帝国的尊严，曾经是一群天之骄子的荣耀，在覆灭之前，它们要庄严地死去。军舰上面永远只能飘扬着大清国的龙旗，那是属于大清的东西，它可以毁灭，但不能成为日军的战利品。

将"定远"击沉！

接到任务的"广丙"舰出动了，它先朝"靖远"发射鱼雷，在刺耳的爆炸声中，"靖远"下沉。注视着这一切的北洋士兵已经没有眼泪，无人阻止，也无人出声，大家默默地看着这一切。但是，当士兵将"定远"绑上炸药，即将引爆时，有一个人出来阻止了。

他是刘步蟾。

刘步蟾最后一次站在自己心爱的军舰上，这艘军舰是他人生的光荣与骄傲，是他眼中神圣的力量。当年花费巨资打造的这个强大的武器，是北洋海军的精神支柱，抚慰帝国心灵的神兵利器，如果现在将它炸了，那将是对所有人一种绝妙的讽刺。"定远"舰长刘步蟾相信"定远"是永不会沉没的，它曾经令敌人心惊胆寒，它曾经是海上霸主，它曾经多么威风凛凛！

刘步蟾对它的感情，就像关老爷对他的大刀。刀在人在，刀失人亡！他朝"定远"投去最后一瞥，再看一眼这艘陪伴自己多年的伙伴吧，这是最后的机会。刘步蟾推开众人，缓步走进他的舰长办公室，摸出一袋鸦片，吞鸦片自杀。

士兵引爆炸药，"定远"下沉。

在"镇远"舰上，接替林泰曾成为舰长的杨用霖坐在船舱内，他把手枪枪口伸进自己的口中，扣动了扳机。

李鸿章的外甥，刘公岛护军统领张文宣吞鸦片自杀。

丁汝昌表现得很平静，他知道，是时候轮到自己做了断了。

这一切丁汝昌早有准备，几天前他特意让人给自己买了一口棺材，还亲自躺进去试了试大小——活着有太多的痛苦、不满、恐惧和委屈，只希望在死后，在天国能睡得安详。

1895 年 2 月 12 日零时——在承诺的最后一刻，丁汝昌吞鸦片自尽。

自杀的过程持续了七个小时，他一口一口地吞着，似乎还在等待着什么，直到腹部胀到再也装不下为止，受尽痛苦的折磨后，丁汝昌离世。

北洋舰队的三位最高指挥官——主帅、左翼总兵、右翼总兵全部以自杀的方式结束了自己的生命。

而丁汝昌死后入土为安的遗愿却没有实现。

丁汝昌的归宿

死前，丁汝昌将他的帅印交给了牛昶昞，要他马上将帅印毁去，免得在他死后有人拿着帅印去向日军投降。牛昶昞答应了，丁汝昌安然地离世。

牛昶昞是威海水陆营务处提调，二品顶戴，此时他已经是活下来的最大的官。

当牛昶昞从丁汝昌手里接过帅印的时候，一个念头已经在他的脑海里升起——利用帅印投降。

丁汝昌死后，牛昶昞并没有毁掉帅印。他在起草投降书后，把丁汝昌的大印盖上去，代表北洋舰队投降，交给伊东佑亨。

投降书上盖的是丁汝昌的帅印，战后所有的清流言官再一次声讨丁汝昌。李秉衡又一次上了奏折，指明丁汝昌的自杀"仅能抵战败之罪"，希望朝廷不要心软为丁汝昌追加抚恤。而朝廷正需要正反两方面典型，在追封了林泰曾、刘步蟾等正面典型后，丁汝昌就是反面典型的人选。

丁汝昌全家被抄，财产充公，家人流离失所。在丁汝昌的棺材被运回安徽原籍后，不许下葬，用砖头围砌在村头，棺材全身涂黑漆，用三道黑漆铜箍紧锁，以示在死后继续"戴罪"。

生前饱受非议，死后不得安宁。丁汝昌也许只是一个普通人，才干平凡但也算是一个好人。而战场从来不是好人的舞台，却是狠角色的盛宴，不知道最后一刻的丁汝昌是否已经明白：被李鸿章强制安插在北洋舰队最高指挥者的位置上，这对他而言，绝不是幸运。

他的一生至今没有盖棺定论，他仍然以巨大的争议存在于历史当中。而北洋舰队，已经灰飞烟灭了。

北洋舰队全军覆没

1895年2月17日，上午8点半。作为胜利者的联合舰队驶入威海港，接受投降。一直到最后，他们都没有攻进来，这一次却是坦途。"镇远""济远""平远""广丙""镇东""镇南""镇西""镇北""镇中""镇边"十艘军舰，全部降下龙旗，改挂日本国旗。

"叫你们抛锚啦！"趾高气扬的日军用汉语对着北洋舰队官兵大声呵斥，每一个北洋士兵都低下了头。

这十艘军舰全部归了日本，被编入联合舰队，日军将它们保留了中文舰名，这是为了继续羞辱北洋舰队。强大的"镇远"舰被日军拖到旅顺修复，装上速射炮，10年以后，它作为联合舰队的一等海防舰，出现在日俄海战的战场上。日军打捞起了沉入海底的"定远"，把舰体分拆后运回国内。舵盘成了一张咖啡桌的桌面，甲板成了两扇大门，其余的物品作为陈列品供游人拍照、观看，一直到现在。

伊东佑亨"特别恩准"练习舰"康济"号仍然属于清国，作为丁汝昌等人棺材的运送船，在接受检查后开往"华界"。哀鸣的汽笛响起，装载着丁汝昌、刘步蟾、杨用霖、张文宣、戴宗骞五具棺材的"康济"号，凄然离去。投降的士兵默然地看着这一切，在被勒令交出武器、保证再不参战、接受检查后，他们也将随"康济"号开赴"华界"——是的，和旅顺一样，威海现在已经不属于大清帝国的版图了。

牛昶昞来到了伊东佑亨身边，请求伊东佑亨"再次开恩"归还"广丙"舰。牛昶昞说明"广丙"是广东舰队的，产权属于两广总督，不属于北洋舰队，只是因为前来北洋会操临时被征用。如果日方同意，"广丙"可以拆掉所有大炮武器，"虚舰而归"。这种在帝国官场看来很正常的逻辑，被日军大为嘲笑。伊东佑亨拒绝之后，特意命人将牛昶昞的这封乞求信刊登在日本报纸上，这在很长一段时间，都是日本媒体的笑柄。

然后，日军在刘公岛上岸，将全岛拆迁，除了泥土和石头，能搬走的物品都搬走了，北洋舰队的总部基地成为一片废墟。

落日的余晖静静地照在威海港上，盛极一时的北洋舰队，全军覆没了。2012年的某个周日，我来到了威海，来到了刘公岛，这里已经是一派车水马龙的繁华景象。而在百年之前，这里承载着极大的苦难与屈辱，记录了北洋舰队将领多舛的命运。在接下来的讲述中，我们将发现，这样的命运只是整个大清朝命运的一个缩影。

伊东佑亨带着胜利者的微笑离开了，他是有理由骄傲的。他在战争中学习了战争，最后竟然以损失两艘鱼雷艇的代价，全歼了不可一世的北洋舰队。占据威海的任务交给了陆军，而战争还远远没有结束，在东北战场上还有第一军和第二军，形成对奉天的进攻和包围之势。日军将继续进攻，清国将继续抵抗，所有人都在等待甲午战事的最终结局。

第十四章

战败的根源：为什么大清不能打一场持久战？

帝党上台指挥清军

旅顺失陷，北洋舰队全军覆没，李鸿章的战争总指挥的职务也宣告结束了。朝廷摘去了他的顶戴花翎，以示"薄惩"。随着李鸿章的倒台，后党对这场战争的指挥权也失去了，接着登台的，是帝党。

战争一开始，帝党就一直在指责后党无能，懦弱怯战，指挥无方。现在，帝党上台，是骡子是马拉出来遛遛。

帝党启用的，是两江总督兼南洋大臣刘坤一，他取代了李鸿章的职务成为战争总指挥。而具体负责的是原湖南巡抚吴大澂，他将接替宋庆的职务，来到东北战场，指挥清军。

大战开始之前，我们需要简单了解一下东北战场的战势。

日军方面，第一军分为两部分，在进攻摩天岭被聂士成军阻击后，山县有朋命令第五师团留守凤凰城，第三师团6000人孤军深入到海城。山县有朋由此丢掉了总司令的职务，接替他的是第五师团师团长野津道贯。

而第二军在旅大之战后，占据了金州、大连湾、旅顺。

清军方面，以八万兵力对海城形成三面重围，他们是：海城北面鞍山的八旗军一万多人，分属盛京将军长顺和黑龙江将军依克唐阿；西面田庄台的六万兵力，由吴大澂亲自指挥；海城南面营口的一万多兵力，由宋庆指挥。

也就是说日军第三师团6000人的兵力，掉入了清军八万人的包围圈。

大本营一开始派出了第二军一个旅团的兵力从旅顺北上前往救援，而率领这个旅团的，正是攻下旅顺的乃木希典。

乃木希典并没有完成这个任务，在北上攻下盖州后，他就再也无法前进了。因为营口是继续北上的必经之地，而乃木希典无法突破宋庆大军的防线。

大本营只好命令在凤凰城的第一军第五师团，在野津道贯的亲自率领下，前往海城解救被围日军！

清军当然不会坐等日军援军的到来。鞍山的八旗军最先发起了对海城的两次反攻，兵力是日军的两倍多，但结果却令人大跌眼镜，两次反攻八旗军阵亡了一千多人，而海城日军阵亡的人数很"可观"：八个人。反攻被困守在海城的日军生生打退，连城墙都没有摸到。

这样的结果连深宫里的光绪都震怒了，他大骂一声："一群废物！"如果不是身上这件衣服换下来就没人敢穿，估计他早就脱下龙袍冲出去了。而日军占据海城一天，对奉天的威胁就一天不能解除，皇家老祖宗也就一天都睡不安稳。于是军机处决定先收复海城，吴大澂就是在这种背景下走马上任的，他率领大军来到了海城西面的田庄台。

山水画名家吴大澂

江苏人吴大澂，历史上对他的评价是：著名学者、金石家、书画家，尤其擅长山水画，小桥流水，栩栩如生。这个人从来没有带兵打过仗，在京城任官时，与李鸿章和淮军将领渊源较深，但在1892年到湖南当巡抚后，又跟湘军扯上了关系。清日开战后，他多次向朝廷奏请带兵参战（可以升官）。而朝廷最终能任命他为新的对日作战指挥官，其实是帝、后两党妥协的产物——对于帝党来说，起用刘坤一、吴大澂和湘军等于排挤掉了李鸿章和淮军；而对于后党来说，吴大澂也是一个可以接受的人物，毕竟这个人在历史渊源上跟淮军还"有过一腿"。

吴大澂似乎很得意自己这个"优势"，战前，他分别拜会了李鸿章和刘坤一，信心饱满地说："定使湘淮军连为一气，妙手回春！"

吴大澂的意思是：我就是一个中间派人物，有我在，由我来出任指挥官，帝、后两党就能团结起来，一致对外！

现在，我们需要来了解吴大澂率领的这支特殊的湘军。

打败太平天国的那支湘军已被曾国藩裁撤掉，吴大澂的湘军早不是当年的湘军了，它只是从湖南调出的军队——也就是名义上的"湘军"。这支湘军起用了几位老湘军将领，而士兵基本是仓促招募而成的，没有经过多少训练，甚至连军服都没有配齐就开赴了战场，堪称乌合之众。

吴大澂能不负众望吗？

对海城的第三次反攻开始了。统帅着八万大军，吴大澂胜券在握。来到前线后，他很快显露出一个没带过兵的将领的特质：他把战术问题全部交给幕僚处理，对战场情况的掌握全靠听汇报。吴大澂认为自己既不需要上战场视察敌情，也不需要到阵前激励士兵，主帅嘛，自然是要运筹于帷幄之中。

而接下来做的事情，显露出吴大澂同志不仅不是一位熟悉战场的军事将领，更是一位浪漫的书生。

他集中精力做好了以下两件事情：

第一，请一位著名的算命先生算出哪一天能克敌制胜，定好发动总攻的良辰吉日。

第二，吴大帅亲自动笔，给海城里的日军写了一封信，通告日军他即将亲率大军杀入城内，一旦大军入城，日军将被杀得片甲不留。所以他特意在海城外立了数面免死旗，如果你们走出来，跪到旗前，我就法外开恩不杀你们了，送你们回国。

吴大澂说到做到，派人在海城四周的山上插上多面白旗，上面写着大大的"吴"字。在吴大澂看来，接下来要做的事情就是等日本人前来跪拜了。

吴大帅等了几天，却不见日军出来受降，他失望了。于是等良辰吉日一到，他令旗挥动：进攻！

接下来的结果令吴大澂更加失望。

一个天真的书生带着一群乌合之众，结果可想而知。战斗打响后，六万"湘军"中真正上前线开枪的只有两万人，而协同作战的另外近两万名八旗军经历过前两次反攻失败，对日军产生了畏惧心理，只敢远距离放炮。

第三次反攻海城的结果是：清军战死数百人，海城日军战死三个人。第一次亲自指挥失败了，吴大澂也有他的说法。他认为这次失败的原因是湘军没有出动主力，而八旗军拖了他的后腿，如果六万湘军全体参战，一定可以打败日兵。于是，第四次反攻开始了，这也是清日开战以来清国最大的一次出兵——六万湘军全数上阵。以 10 对 1，没得说了吧？

结果还是很绝望：湘军战死近千人，望风而逃者不计其数，海城日军战死两个人——竟然比上次还少一个！

这次不能再把责任说成主力没出动，也不能把责任推卸给八旗军了。皇宫里的光绪再一次震怒了，他一掌拍飞了御桌上的笔筒，喊道："大军云集，枪械亦齐，尔等为何就攻不下一座四面被围的孤城？"

第五次反攻海城开始了，这次是光绪亲自下令，要求：辽南各军齐心并力，迅速克复海城！

皇帝亲自下的命令，大伙不得不认真对待，湘军和八旗军知道再也丢不起这个脸了。他们全体出动，营口的宋庆也分兵前来支援，加上各支小部队，兵力总数已经达到了惊人的十万。也就是说，清军有十万大军攻城，而日军守军只有六千。

但是，收复海城的最佳战机已经过去了，日军的援军即将抵达。战场上的机会是不会永远存在的，人家是要来救援的，日军给了清军四次反攻的机会，而清军一次次白白浪费。机会不等人啊！

日本兵法家野津道贯

在乃木希典北上救援受阻后，大本营命令凤凰城的第一军第五师团前往救援，由新任第一军司令野津道贯亲自率领！

临危受命，野津道贯即将开始他的表演。

如何解海城之围？按照一般的思路，直接把援军开过去打就行了。但如果野津道贯也这么想，就太对不起他名字中的这个"野"字了，他走的是野路子。

野津道贯认为，直接解围是最常规的方法，也是最愚蠢的方法，最高明的方法应该是让对方自动撤去包围圈。

具体来说，援军要放弃之前攻城略地的战法，要始终掌握战场的主动权，大范围奔袭，积极调动对方，最后不仅要解围，还要寻找机会对东北战场上的清军实施各个歼灭！

听上去很妙，但是如何实现？野津道贯认为，必须抓住清国朝廷的心理，攻打他们最惧怕的东西。而对于清国朝廷来说，他们最害怕的就是奉天有失、祖坟被挖。

分析完这个要素，野津道贯的战术确定了：乃木希典先拖住海城南面和西面的宋庆、吴大澂大军，然后他亲率援军向鞍山以北的辽阳进军，造出即将进攻辽阳的态势。辽阳是奉天的门户，一旦辽阳失守，必将危及奉天，所以清军对这一举动必定大为紧张，在鞍山的八旗军必定会主动撤出鞍山，移往辽阳。此时，日军援军开进鞍山，从海城北面撕开一道口子，海城之围自解！

这一招其实是从我们老祖宗那里学来的，叫"攻其必救"。没办法，野津道贯和睦仁、伊藤博文、伊东佑亨一样，都喜欢读点中国兵法和历史方面的书。

战术得到睦仁和大本营的批准后，野津道贯率领援军出发了，1.1万名大军直奔辽阳方向而去。果然，在鞍山的八旗军开始紧张了，他们飞速地思考着这个问题：日军往辽阳而去，难道会放弃解救海城，直攻辽阳然后再取奉天？

　　而朝廷军机处宁愿相信野津道贯可能进攻奉天，祖坟比较重要，谁也承担不起这个责任。于是，预估的那一幕发生了：在日军到达之前，八旗大军主动撤向辽阳！

　　见此情况，野津道贯立即率大军迅速开向鞍山。在开向鞍山的过程中，日军发挥了魔鬼般行军速度的本领，等清军反应过来时，他们已经抵达鞍山，成功地插入清军包围圈！

　　随着鞍山清军撤守，海城之围就这样被撕开了一道口子。吴大澂对野津道贯援军的到来十分紧张，第五次反攻也就不了了之——援军都到了，还攻什么攻，赶紧守吧！

　　野津道贯的第一步目标实现了，接下来，他将继续按照他的计划行动，而吴大澂也陷入了思考之中。

　　现在的状况很明显，野津道贯是冲着海城而来的。所以吴大澂立即将大军从田庄台开赴海城前线，正当吴大澂以为野津道贯的大军会乘势从鞍山进军海城时，结果又一次出乎了他的意料。

　　在鞍山，除了喝口水，野津道贯并未做片刻的停留，而是立即挥兵，以疾风之势绕过海城，向牛庄进军！

　　从地图上看，牛庄位于田庄台以东，海城以西——也就是夹在田庄台和海城的中间。这是一个小小的街镇，小到连城墙都没有，所以驻守在这里的清军很少。

　　经过一番思考，吴大澂同志认为，野津道贯的大军进军牛庄跟之前进军鞍山一样，只是要取得一个进攻海城的据点——毕竟他们是来解海城之围的嘛。既然野津道贯的大军迟早要进军海城，不如现在就放弃牛庄，让日军去占领，而自己的大军在海城以逸待劳。

　　吴大澂的这个想法遭到了一个人的反对，他就是牛庄的守将魏光焘。

　　湘西人魏光焘是魏源的侄孙，早年曾在左宗棠军中效力，在左宗棠收复新疆后他留在了当地，出任新疆财政厅厅长（藩台）。当朝廷下令起用湘军时，他以老湘军将领的身份带领一支部队，跟吴大澂一起来到了东北战场。

对于吴大澂的安排，魏光焘极力反对：很明显，牛庄虽然不起眼，但位置十分重要。田庄台和海城将同时受到威胁，而田庄台不仅是吴大澂大军原先的驻地，还是清军大本营、粮草重地和军火中转基地。一旦野津道贯占据牛庄，按照这个人的野路子风格，他很可能不去管海城而首先进攻田庄台。到时候，海城的清军又不得不回援，正中了野津道贯企图大范围调动清军之计。

另外，从整体战场考虑，牛庄往南就是宋庆大军驻守的营口。营口再往南就是乃木希典率领的日军，一旦牛庄失守，野津道贯也很可能直接南下营口，与乃木希典夹击营口的宋庆驻军。到那时，海城前线的清军也不得不增援营口，这同样中了调动之计。

总之，虽然反攻海城是之前制订的战略，各路清军也一直在执行，但是当野津道贯的援军到来之后，战场形势已经发生新的变化，此时就不能再继续机械地执行进攻海城的命令了，而是应该根据新的情况制订新的计划。野津道贯的援军长途跋涉，此时正是围点打援的好时机。清军只要派出一部分兵力继续围住海城，然后，大军主力合力围歼野津道贯的援军，就可以一举挫灭日军锐气和企图。

而按照吴大澂的计划，不管援军仍然坚持去打海城，让日军重兵集结在后路，给野津道贯多个选择的机会，相当于把战场主动权拱手相让，这对接下来战势的发展极为不利。

战争，除了要消灭敌军有生力量，还要消灭敌军的选择！让敌军只有一种选择是上策，让敌军没有选择更是上上之策。

这么简单的道理，吴大帅不会不明白吧。

但魏光焘不知道的是，吴大澂坚持先进攻海城，有他自己的考虑。为了保护奉天陵寝重地，朝廷是急于收复海城的，而在重兵压境几次反攻海城不成后，吴大澂很抓狂。作为总指挥官，他很没面子，他急需拿下海城为自己正名。而且海城的日军被围已久，兵疲将乏，还是打它比较保险，第六次反攻海城大有胜算。

就这样，战斗打响之前，魏光焘和吴大澂发生了严重的分歧。尽管魏光焘向吴大澂陈述了牛庄的重要性，并请求大军回援，但吴大澂的意见仍然是：不同意，要打你去打。

魏光焘孤军抵抗

当野津道贯率领一万大军到达牛庄时，魏光焘的兵力仍然只有原来的3000人。他决定死守这里，弃城而走绝不是一个守将应有的所为！

日本人，来吧！让你们在这里见识一下左宗棠大人传下来的老湘军的血性，让你们见识一下什么是真正的湘军！

战斗打响了。面对超过自己三倍的精锐之众，魏光焘命令士兵在街头修筑土墙进行抵抗。他骑上大马，亲自督战，战马被炸死，就换马再战！

拥有优势兵力的野津道贯并不急于发动步兵冲锋，先让大炮发挥威力。几十门大炮从早晨炸到中午，土墙全部被炸毁。防御工事被摧毁了，清军阵地里一片寂静，他们似乎已经撤走。

见到这个状况，野津道贯放心地命令步兵：冲锋！步兵端起步枪就往前冲，而厄运正在等着他们。当日军靠近街道时，埋伏在两旁的清军密集射杀！日军猝不及防，倒下了一大片，调头后撤。

原来，魏光焘采取了诱敌深入的战术，引诱日军前进，然后近距离格杀。

野津道贯尝到了厉害，于是他又想起了大炮，下令：继续开炮！日军对着街道两旁的房屋逐间进行轰炸，炸掉一间前进一步，直到全部炸光为止。猛烈的炮火很快将牛庄的街道夷为平地，没有了掩体，魏光焘率领士兵退守街巷，与日军展开了英勇的巷战。在魏光焘的指挥下，所有的军官们都冲在最前面，拿起刺刀刺向敌人，受伤了，扯块布包住伤口再战，他们誓与牛庄共存亡。

然而，日军毕竟在兵力上占据绝对优势，进攻的人越来越多。魏光焘步步后退，从一条街巷退到另一条街巷。战斗难解难分，天黑后，魏光焘身边只剩下了几百人。大家已经激战一天，滴水未进，但是每个人都士气高昂，继续战斗。而日军采用车轮战术，轮流发起冲锋，双方一时间都杀红了眼。

凌晨，魏光焘率领的部队已经退到了最后一条小巷，魏光焘身上多处负伤，鲜血已经将战袍全部染红，而由于连续激战，双手的手指无法再扣动扳机。魏光焘知道，同归于尽的时候到了。他默默地命令士兵将剩下的炸药全部堆在身边，准备等日军围上来时，引爆炸药。

"守将不能死，以图将来！"身旁的士兵单膝跪下，他们不能看着主帅死去。几名士兵不由分说抬起魏光焘突围，在这些士兵的前面，是上百名士兵组成的人墙，他们用身体挡住日军炮火，掩护魏光焘突围。

天亮后，战场恢复了平静。掩护魏光焘的士兵终于成功突围而去，1880名湘军士兵全部阵亡，魏光焘以下所有的军官全部牺牲，而日军也付出了伤亡389人的代价。这是野津道贯遇到的第一场硬仗，能在一天之内攻下旅顺要塞的日军，竟然在这里被一支3000人的小部队阻截了一天一夜。

可以说，除去兵力和武器对比，魏光焘和他的士兵并没有输掉战斗！在牛庄之战中，魏光焘身先士卒，以他的英勇激励着士兵，指挥士兵沉着应战，这才是一支真正的湘军。牛庄之战虽然失败了，但它向世人展示了清军并不是天生无战斗力，日军也不是不可以战胜，只要将士英勇，指挥得当，胜利同样可以属于清军。

而在占据牛庄后，野津道贯再一次使出了奇招。

跟魏光焘的预料一样，野津道贯并没有向海城进军，但也没有单独进军田庄台或者营口，而是兵分两路，同时向田庄台和营口进军。

在兵法上，分兵是大忌，野津道贯兵分两路的进军，只是试探性的进攻。他没有决定先主攻田庄台还是营口，他在等待清军的变动，露出破绽，再打乱吴大澂的部署，牵着对方的鼻子走。而吴大澂果然上当了，由于田庄台是清军重要的战略后方，一旦田庄台失守，粮道受影响，清军就要挨冻饿肚子了。于是，吴大澂也顾不得再去进攻海城了，迅速把部队回撤——再次回到田庄台！

在回军的路途中，吴大澂畏敌的老毛病又犯了。他觉得光靠他的大军可能挡不住日本人，于是叫人急电给营口的宋庆，要求宋庆率领主力前往田庄台。

宋庆手下的大军有两万多人，虽然他认为吴大澂的兵力足够对付日军了，而且自己大军一走，营口将会变成一座空城，日军可以轻而易举地占领。但是，现在吴大澂是他的领导，考虑再三，他觉得还是应该先听领导的，留下3000人驻防营口，其余兵力在他的率领下开往田庄台。

营口清军变动的消息很快传到了野津道贯的耳朵里。机会来了！清军终于出现了破绽！这种局面正是野津道贯希望看到的，吴大澂大军从海城前线撤走，海城之围自动解除，海城里的日军不仅可以出来晒晒太阳、拍拍手、跺跺脚，还可以与自己的援兵合兵；而宋庆大军从营口开赴田庄台，营口兵力空虚，可以一举攻下，被阻截在营口以南的乃木希典的大军也可以实现合兵了。

如此一来，原本分散各地的日军实现合兵，到时候再调转枪口，去总攻田庄台，胜算也会大增。

如此好的战机，野津道贯并没有错过，他命令小股日军继续佯攻田庄台，调动吴大澂和宋庆主力扑向田庄台，而日军主力兵不血刃，用了不到一小时就占领了营口。

战场上如何抓住战机

现在，我们来总结一下野津道贯自出兵以来的行动。这支明明是来解围的军队，在到达海城后，偏偏只在周边作战而不去进攻海城，到现在为止，野津道贯甚至没有让自己的一个兵跑到海城城下，他似乎很无视被围的海城的存在。

野津道贯的兵法看似复杂，其实很简单，就是我们前面提到的攻其必救。大范围调动对方，让对方去跑步，而对方的破绽总会在这个过程中露出来。一旦发现了破绽，就要毫不犹豫，抓住就打，并击其弱部。先打孤立无援之敌，以自己的优势兵力歼灭敌军的有生力量，实施各个击破，直到把这次机会榨干。

不要认为步枪等热兵器出现以后，就不需要兵法，决定战争胜负的最终是人以及如何使用人，而这就是兵法的核心。

战场上的机会是均等的，发现机会不等于抓住了机会。除了靠良好的判断力抓住战机，还有一条极为重要的因素：冒险。

事实上所有的机会，都是冒险得来的。有时候，冒险越大，机会越大。而作为一个军事统帅，他最重要的工作就是承担风险，做出决断，下达命令。这个命令在下达之前，可以深思熟虑，可以反复权衡，但是一个好谋无决的人绝不是一个优秀的统帅，公说公有理，婆说婆有理，谁是谁非还需要自己拿主意。对于统帅来说，在关键时候，必须能压下所有的争论，抹去所有的唾沫——拔刀！让战刀出鞘！

而一旦战刀出鞘，剩下的就是为之战斗了。这时候就不必东想西想、左顾右盼、瞻前顾后，也不必患得患失，成功的人在关键时刻都是能够豁得出的，统帅也不例外。当你坚持到自己都忘了是为何而坚持的时候，也许胜利的曙光就来了。

一个优秀的统帅必须像信仰神一样信仰自己的决断。

大家知道这个情况不只是在战场上如此。

在商场甚至情场上的很多成功者，他们都具备敢于冒险的天性。因为他们知道，真正属于自己的机会是不多的，错过了这一次，很可能就没有下一次，所以他们一般不会在机会面前犹豫不决，而是会积极出击，即使有那么多不明白的事情，也是在做的过程中去明白，而不是在等待中想破脑袋。

知行合一，欲穷千里目，先走到一楼，做起来再说。

曾经是有很多机会摆在吴大澂面前的，但他没有抓住。

同样的方法敌军可以用，自己也可以用，所谓以彼之道还施彼身是最美妙的现象。即使在野津道贯占据牛庄之后，分兵向田庄台和营口进军，吴大澂还有以牙还牙的机会。

这个机会就是：不需要管田庄台和营口，只需要再一次反攻牛庄。在野津道贯大军出动后，牛庄只留下了日军的小股部队，吴大澂以绝对优势的兵力袭击牛庄。如果野津道贯派兵来救，正好就可以解田庄台或者营口之围，让日军跑步，把战场主动权又夺回来。如果不救，那也好办：先把牛庄的日军剁了包饺子，大大挫灭日军的锐气，再与营口的宋庆大军南北夹击日军，反而将野津道贯的援军堵在包围圈内！

而吴大澂之所以在一开始不愿意放弃海城，现在紧赶慢赶地跑回田庄台，有他的秘密。

一位画家的最后表演

在得知宋庆大军已经从营口出发，田庄台可以由宋庆大军去防卫后，吴大澂将大军拉向了位于田庄台后方的双台子。一旦宋庆战事失利，从这里他可以很方便地跑到锦州，然后跑回山海关，在关内待着挺安全的。

吴大澂现在考虑的就是自己的后路问题。

在最初的激情过去之后，吴大澂同志发现仗并不是那么好打的，甚至连怎么指挥士兵都是个问题。他战前很狂，骨子里却很胆小，保命要紧。吴大澂已经完全没有那种指点江山、想当"曾国藩第二"的雄心壮志了，也不想再继续升官，主要考虑的是如何安全地回到山海关内，毕竟自己还要画画啊。

于是，当74岁的宋庆率领大军气喘吁吁赶到田庄台准备和吴大澂合兵时，却发现领导不见了，长跑名将连哭死的心都有。

田庄台之战最终以日军胜利而告终，在无法抵御野津道贯的进攻后，宋庆也不得不败退双台子。野津道贯不仅成功地解救了海城之围，还连续攻下了鞍山、牛庄、营口以及田庄台，以一万兵力，击溃清国十万大军！

对日军来说，攻下田庄台还有另外一个重大的意义。它打通了一条重要的陆上通道：日本本土的陆军可以通过运兵船被迅速运往旅顺，然后从旅顺一路畅通地北上进攻奉天，或者从营口、田庄台折往西南进攻山海关。也就是说，东北的日军已经威胁到了奉天和北京！

消息传到广岛，大本营里的睦仁十分激动，他连续三次下诏嘉奖！但野津道贯仍然遭到了日本国内媒体的批判。

在攻占田庄台街道时，野津道贯吸取了上一次与魏光焘巷战损失重大的教训，他没有再进行巷战，而是命人提来了一些东西。

这是几百桶油，日军集体浇油放火，火乘风势，把田庄台这个繁华市镇变成一片焦土。野津道贯的这个放火行动遭到了日本国内百姓的批评。

"田庄台城内有不计其数的物资、武器弹药，它们都是我国的战利品，却被你烧了，多么可惜呀！你难道就不能想想别的办法吗？"

几十年以后，日军吸取了这个"教训"，"三光"政策的顺序是：先杀光，再抢光，然后烧光！

为何大清不打持久战？

好吧，现在该总结一下清国在这场战争中失败的根源了。当然，我现在的总结都是从纯军事的角度来说的，虽然之前分析了很多原因，它们都是清国在这场战争中失败的原因，但是，它们都还没有涉及清国失败的根源。

这个根源就是，清国输在了起点——战略。

300年前，日军是由丰臣秀吉带领进攻明朝，虽然他只打到了鸭绿江边，但是在明清两代与中华帝国的战争中，日本的战略都是一样的，可以用一个字来概括：速。

先抢夺制海权和朝鲜战略要地，再直插辽东半岛和山东半岛，速战速决，以迅速取得胜利迫使对方投降，换来和约。

对日本来说，这样的战略带有极大的赌博性，完全是一个不计后果的亡命赌徒式的打法。但这也是没办法的，因为日本国小民贫，补给有限，无法进行消耗战。日本的国力无法支持一场长期的战争，只要在一处遭到对手的牵制，就将满盘皆输！

比较一下，大明和大清在战争初期都曾经战败过，但不同的是，大明很快清醒过来，那个万历皇帝虽然从来不上朝，但他要跟日本战斗到底的信念是无可动摇的。在坚定的信念下，后来的明军开始改变战法，以消耗日军有生力量和延缓其攻击步伐为主要作战目的。大明"抗倭援朝"战争持续七年，日本被打到崩溃边缘，不久即爆发内乱，国内长年内战，国力一蹶不振达200年，以至于后来的郑芝龙（郑成功的父亲）仅凭几条海盗船就能横行日本！

所以，在历史上，除了无比强大的唐朝和元朝以外，对日作战历来都做好"相持以久，持久以战"的准备。

面对接下来的战事，清军新任总指挥刘坤一提出了持久战的战略，在上奏给朝廷的奏章中，刘坤一表示："持久"二字，实为现在制倭关键。而这种思想也得到了其他不少大臣们的认同，大家表示，跟日本打架，一时打不过，可以长时间打嘛。

这种想法是很符合现实情况的。一旦清国确定了要和日本长时间打架，这对日本将是个不幸的消息。

清日战争开始后，日本不仅投入了本国几乎全部的陆海军，国内兵力空虚，更重要的——他们快没钱了。

为了维持这场战争，日本已经花费了临时军费两亿日元，而当时日本全年财政收入才8000万日元。也就是说，为了打这场仗，日本把未来几年的钱都花完了。整个国家也变成了一台为战争服务的机器，在战争正式爆发后仅仅三个月内（至1894年11月），日本全国工业生产就减少了51%，商业减少了31%，农业生产减少了13%。

打仗是需要钱的，为了继续打下去，日本准备向汇丰银行借款。

但清国朝廷并不打算打一场持久战。

不这么做的原因并不是朝廷不认可这个想法，而是根本不可能这么做。对于朝廷的实际最高统治者慈禧来说，淮军已经灰飞烟灭了，这支军队是李鸿章的，同时也是她的权力基础，淮军是属于后党的。这仗再打下去，只能由帝党的人物来继续指挥，很显然，谁指挥战争，军权就会落到谁的手上。如果帝党掌握军权，这是慈禧和她的后党集团不愿意看到的。

正是因为这个原因，从战争一开始，李鸿章虽然明知这场战争绝无胜算，属于朝廷帝党一派的清流言官们又不断攻击，背后搞小动作，但李鸿章还是要硬着头皮打下去。只有清日之战是由后党集团的人负责组织和指挥，才能确保朝政大权继续留在慈禧和后党集团的手中。而当战争进行到有可能使国内的权力分配重新洗牌，影响到当权者权力的时候，这场战争就必须结束。

就这么简单。

战争结束了，那么就开始和谈吧。也许只要签个条约，赔点银子，所有的担忧都会解决了。

第十五章
《马关条约》：赔得远比纸面上多

和谈的陷阱

后党一派早就开始了和谈行动。

然而和谈毕竟是件不光彩的事，这是要大丢面子的，所以后党集团的和谈运作一直是遮遮掩掩的。

在山县有朋突破鸭绿江防线之时，总理衙门就开始寻求英、俄、法、美的帮助，准备开启新一轮的六方会谈，请西方强国居间调停，早日结束战争。

日本人不吃这一套。

此时还没有"打痛"清国，战场上没得到的东西，谈判桌上也得不到，这么早就开始和谈日本能得到的不多，这是原因之一。而睦仁的授权代表伊藤博文早就制定了原则，只与清国重量级别的大臣当面谈，这样的谈判才是有效的，谈下来的东西也能保证兑现。

然后，李鸿章派出了他的德籍顾问德璀琳，作为自己的私人代表前往日本。这个时候日军已经攻下了旅顺，李鸿章希望既不用自己出面，又能把和谈之事运作成功。

伊藤博文连见面的机会都没有给这个人。

当时日本对李鸿章派了一个外籍顾问来和谈很气愤，是不打算见德璀琳的。但伊藤博文考虑良久后，还是决定见德璀琳一面，这是给李鸿章的面子。

对日本而言，李鸿章是伊藤博文心目中和谈对象的最佳人选。以李鸿章在清国的权势，能够保障日本谈判利益的落实，而德璀琳是李鸿章派来的，如果日本现在对他过于怠慢无礼，无疑会影响到李鸿章在清国朝廷中的威信和地位，恐怕会让李鸿章失去将来代表清国和谈的机会——所以，虽然不必和德璀琳谈，但必须接见一下德璀琳，以保证李鸿章继续待在未来清国和谈大使的预备席上。

正当伊藤博文准备跟德璀琳喝杯茶就走时，情况又变了。德国政府掺和了进来，他们通过驻日本公使请伊藤博文接见德璀琳，目的是照顾德国的面子和在清国的地位。当伊藤博文接到这一报告后，他立刻改变了决定：不见了。因为一旦接见，事实就会变为日本是迫于德国的压力来接见德璀琳的，日本不需要这样的形象。

厉害啊，不愧为"老狐狸"。

接下来派出的是两位省部级大臣张荫桓和邵友濂。伊藤博文倒是见了，但还没有开始正式谈判，就先找了一个可以倒打一耙的理由：不是我日本不爱好和平，是你们证件不全，所以不能谈。

所谓证件不全，很多历史书中都有过讲述。伊藤博文说他们两位大臣携带的国书里面并没有写明"全权"二字，这是在糊弄日本，不能和他们谈。

伊藤博文说的是事实，但这还是他在故意找碴儿。战争谈判中，任何一个国家的所谓"全权代表"，在谈妥条件后还是要经过国内最高领导人批准的，伊藤博文自己也不例外。他硬说张、邵二人不是全权代表，而他伊藤博文是，实际上睦仁给他的也不是"全权"委任状（其所议定各条项，候朕亲加检阅，果真妥善，即便批准）。

如果我们注意一下时间，就会发现伊藤博文为什么要找碴儿了。这个时候日军正进攻威海，准备全歼北洋舰队。按照国际惯例，如果两国开始正式启动和谈，就必须休战，伊藤博文搅黄此事的目的是要为军事行动赢得时间，还要找个冠冕堂皇的理由维护日本的国际形象。

果然，在朝廷退让一步，表示愿意按日本要求给张、邵两大臣"全权"委任状的国书时，伊藤博文已经下了逐客令。1895 年 2 月 12 日，在日本军警的监督下,张荫桓和邵友濂离开日本,黯然回国。在回国的轮船上,他们听到了北洋舰队被全歼的消息!

在张荫桓和邵友濂离开之前,伊藤博文也干脆说出了他的真实想法:"你们清国人是缺乏诚信的,对于和谈,你们还没诚意。如果你们真心想求和,就应该派级别更高并足以保证落实缔结条约的人来,派够资格的全权代表,把国书写清楚,我才能与你们谈!"

这个人是谁?李鸿章。

一来二去,时间又过去了,野津道贯扫荡东北,所向披靡。光绪虽然一直反对和谈,但通过起用吴大澂之后,这位皇帝不得不接受现实:不是只有李鸿章和淮军不行,换作了自己阵营里的人物来指挥,结果还是一样的差,而且更差!

于是,"不惜一切代价跟日本求和"已经成为帝后两党的共识。慈禧亲自下令,撤销对李鸿章作战失败的处分。李大人重新戴上顶戴,重穿黄马褂,朝廷任命他为对日和谈头等全权大臣,星夜进京前来"请示"。

在天津,李鸿章知道,所谓"请示",就是商讨出一个与日本人和谈的办法。战争打到这个程度,日本手里的底牌已经今非昔比,伊藤博文和日本政府已经露出了他们的爪牙,所有人都清楚,日本在这场战争中想要的,将不只是巨额赔款,还有一个最苛刻的条件——割地。一旦割地,将是亿万清国人所不能接受的,做出决定的人也将承受千秋万代的骂名。因此,李鸿章认为他必须好好"请示",得到朝廷授予他割地的全权,不论是慈禧授权还是光绪授权,都行,只要不让他李鸿章背上千秋万载的骂名!

可李鸿章一来到北京,慈禧就病了。

她病得很重,谁都不见,连光绪前来请安也不能见。她指示:李大人和谈的事情,就和皇上谈吧,皇帝做主了,就等于她做主了。

"老狐狸"要推卸授权的责任了。

李鸿章不急,他还是那个打算,没有得到慈禧或者光绪明确授予他割地之权之前,没有得到朝中实力派王公大臣的默许之前,他就赖在北京不走，自己不能去背这个骂名。李鸿章知道朝廷会急的，即使慈禧不急，光绪也会急的，毕竟他是这个国家名义上的最高领导人，太监不急，大臣不急，他必须急。

光绪也不傻，他极不甘心地前去请慈禧定夺，一定要见上慈禧一面，问问病情，表表孝心。于是他跪在慈禧寝宫外，高喊"恭请慈圣大安"，而里面久久没有回音。慈禧的贴身太监实在看不过去了，出来传话，悄悄告诉光绪："皇上您请回吧，太后是不会见您的。今日太后不仅肝疼，还拉肚子，手臂酸到连抬一下的力气都没有，她怎么能见您？太后说了，皇帝请回，一切遵皇上旨意可也。"（《翁文恭公日记》）光绪十分郁闷地离开了内宫，回到大殿，只好一个人发呆。他的太监告诉他："李中堂在等着您的'圣训'呐！"

李鸿章其实也在想办法，但还是他的老办法——以夷制夷。在英国驻北京公使馆，李鸿章秘密前去拜访了英国驻华公使。他拿出一份《中英同盟密约草案》给英国驻华公使，里面的条件很诱人：只要英国出面使日本结束战争，并保证清国不需要割地，为报答这一"大恩"，清国可以让英国在今后若干年内独揽改组和控制清国陆海两军，以及修筑铁路和开采矿山之权，而且还要为英国通商增开几个新的口岸。

这份条约相当于自动成为英国的傀儡政府，把朝廷对国家的实际管理权移交给英国政府。

只要不割地，朝廷面子上过得去就行。清国的老百姓也不会清楚我们和你们达成的这些私下交易，也不会造反，这是为了朝廷统治的长治久安，千秋万代啊。

英国公使看完这个方案，微微一笑：李中堂又要耍小聪明了。

英国也想独吞清国，但这又是不可能的。因为世界上的强国除了它大英之外，还有很多，大家都在垂涎三尺，根据实力保持着平衡。一旦有国家彻底打破这种平衡，就会成为其他强国的攻击目标。比如俄国就不会答应，到时候英俄一战，英国肉没吃到，还要有重大损失，这种生意是不能做的。

此时，野津道贯已经攻下了田庄台，兵临山海关，光绪知道他已经无法再拖下去了，开始在皇宫里写授权书，明确授予李鸿章割地的全权。

慈禧的病奇迹般地好了。帘子背后，她那大病初愈的声音又响起："你们的这些主张是大违我意的，不过既然是你们跟皇上商量好的，我又有什么办法呢？这事也算是定了，那就这么办吧。"

李鸿章上路了，他的目的地是马关，去签署一项自1840年鸦片战争以来，对清国条件最为苛刻的条约。

《马关条约》全文：

1. 清国从朝鲜撤军并承认朝鲜"自主独立"，不再是朝鲜宗主国；
2. 清国割让台湾岛及所有附属岛屿、澎湖列岛以及辽东半岛给日本；
3. 清国赔偿日本军费两亿两白银；
4. 清国开放沙市、重庆、苏州、杭州为商埠，日本轮船可以沿内河驶入以上各口岸；
5. 清国给予日本片面最惠国待遇，允许日本人在清国通商口岸设立领事馆和投资设厂，日本商民运进中国各口岸货物须减税并免除厘金；
6. 清国不得逮捕为日本军队服务的人员。

《马关条约》的文本传到俄国。沙皇看到第一条高兴了一下，清国失去了朝鲜，朝鲜对清国的朝贡、典礼永远废止，以后俄国势力进入朝鲜就方便了，这是俄国人希望看到的。

看到第二条就不爽了。东北一直是俄国虎视眈眈的地方，俄国人早已经把东北看作了自己的地盘。现在日本竟然要从清国割走辽东（包括旅顺、大连湾等地），即使清国好欺负，俄国也不是好对付的啊。

沙皇表示十分生气，决定武力干涉。还叫来了两个朋友：法国和德国。

法国一直是俄国的朋友。1871年法国和德国打了一仗（普法战争），德国正是通过这一仗完成统一，成为新兴的欧洲强国，之后法国就和俄国结盟对付德国。而德国要努力修补与俄国的关系，因为德国在清国还没有一块地盘，最迫切的是在清国建立一个海军基地，让德国的舰队能够到达这里，才好抢地盘。德国刚刚强大，在清国势力不足，这个野心需要得到这一地区的霸主——俄国的支持。

为了目前或者将来的利益，这三个心怀鬼胎的国家暂时联合了，共同把军舰派到了日本海，要求日本立即把辽东半岛还给清国（好让俄国将来夺走）。如果日本不同意，三国军舰就要朝日本本土开炮。

日本暂时是对付不了俄国的，放弃辽东半岛实在不甘心啊，日本人找了老大哥英国。在清日战争之前，英国已经是日本的盟友。在清日战争最紧要的关头，英国曾接连贷给清国两笔总额接近一亿两白银的巨款，但如果我们认为英国这是在帮助清国就错了，恰恰相反，英国人的目的是帮助日本。这和日本在战争中并不想那么早开始和谈是一致的，贷款给清国，是使清国可以勉强维持战争而不是立即投降，从而使战争能够进行到日本预期的程度，在签条约时日本才能最大限度地得到他们想要的。

日本人相信，凭着这层关系，老大哥会继续支持他们的。

但老大哥此时有自己的考虑了。英国是在清国最大利益国，它的政策核心是保守，维持现状，不能单纯为了日本的野心而和那三位大佬结仇。所以英国人很客气地拒绝了日本（英国对日本抱有最诚笃之友情，却也不得不考虑本国的利益，因此，不能应你们之提议，而援助你们）。

日本只好忍下来，把辽东半岛还给清国。但还要还得体面，免得在国际上留下日本迫于三国压力修改条约的印象。这个体面就是不改变《马关条约》的全文，日本再与清国签署一个附属条约，宣布放弃辽东半岛。这个附属条约就是历史上的《辽南条约》，它是各位大佬之间利益分赃协议，清国只能签字而已。

而日本并没有宣布"无条件放弃"，放弃是有条件的。用伊藤博文的话来说，就是"对三国全然让步，对清国一步不让"。辽东半岛本来是日本的，现在还回去，清国就要用钱买，多少钱？ 3000 万两白银。

就这样，清国侥幸保住了辽东半岛，但赔款总额增加到了两亿三千万两白银。

《马关条约》的细账

我们来清点一下日本人发的财吧。

下面的账将会算得很精细，我争取不漏过一分一毫，虽然实际上这不可能，但我仍然打算这么做。

2.3 亿两白银，日本提出要用英镑支付。当时国际银价下跌，一两白银换得的英镑减少，通过汇率手段，日本又成功地多榨取了白银约1500 万两。此外，日本规定所有赔款必须在三年内最多分八次交清，在钱全部到手之前，日本不会从威海撤军，清国还需要每年向日本支付在威海的"驻军费"白银 50 万两，三年总计 150 万两。

不要小看这些钱，清国地大物博，可以不在乎这些小钱，但日本人用手指数钱的时候还是很爽的。

而赔款交清前，是要计利息的。

按照规定，清国在第一次交付后，剩下的赔款日本要按年息 5% 收取利息。2.3 亿两白银每年的利息就是一千多万两白银，日本不仅增加了收入，还保障了清国拼命还钱，越早还清越好。

除了条约规定的赔款，还有一项我们不要忘记了——日军在战争中的战利品。根据数据统计，在清日战争之中，日军全军拥有的野战炮只有 300 门，而他们缴获的大炮有 608 门，投入产出比为 1∶2。

整个清日战争，日军仅消耗炮弹 34.09 万发，子弹 124.18 万发，而他们缴获的炮弹有 260 万发，子弹 1745 万发，投入产出比就不要算了，如果谁炒股能有这样的结果，估计他会请所有认识的人吃饭的。

日军的战利品还有很多，比如北洋舰队没有沉的军舰和七千多支 13连发毛瑟步枪。368 匹马被日军牵回了日本，1.7 万石军粮被日本人运了回去，另有金砖、金币、银锭不计其数。

曾经有人专门做了一项深入研究，最后得出了结论，我在这里也引用这个结论：日军仅在战利品这一项获得的收入在八千万至一亿两白银之间。

七算八算，日本获得的直接财富在白银 3.3 亿两以上，这个数字几乎是两次鸦片战争赔款总额的十倍，是清国当年财政收入（8000 万两白银）的四倍，日本当年财政收入（6000 万两白银）的五倍。日本人打了半年的仗，获得了五年的直接收入。

清国最终在 1898 年 5 月，分四次将赔款向日本全部付清。日本用这些赔款投资建立了军火、钢铁、铁路、航运、采矿、电报电话等近代企业，快速地完成了产业革命。数据显示，在获得赔款的第一年（1895 年）至 1900 年的五年里，日本的工业化成就相当于明治维新以来至战前 30 年的总和。

除了完成产业改革，他们还成功地完成了金融改革。要求用英镑支付赔款，除了汇率问题，还在为币制改革做准备。当时由于国际市场上金价上升，银价下挫，世界上各强国先后将币制改为金本位制，而日本和清国一样，还是银本位的国家。要改为金本位制就需要动用大量的黄金和外汇储备了，而日本的外汇储备是不够的。在获得巨额英镑后，日本提取了一部分作为储备。1897 年 10 月 1 日，日本成功地改为金本位制。

改成金本位制的好处是显而易见的，不仅成功地绕开了国际银价下跌带来的风险，更重要的是，日本从此可以在当时的世界金融中心伦敦参与金融运作，直至成为亚洲金融中心。

好吧，日本的账算完了，大家是不是可以长出一口气休息一下了？毕竟数字是枯燥的，看起来没意思，不过还要耽误大家一点时间，因为清国的账还没有算完。

清国付给日本的钱是借的，而借又是有利息和回扣的。

两笔最大的借款：向俄国和法国的联合财团（华俄银行）借了一亿两白银，付给对方回扣 5.875%，年息四厘，分 36 年还清。向德国和英国的联合财团（德华银行以及汇丰银行）又借了一亿两白银，回扣6%，年息五厘，分36年还清。

这36年期间，不许提前还清——那样就没利息了。而外国人并不担心清国还不完，因为这些借款都是以清国的海关收入和其他常规税收作保。清国收的这些税必须先交到这些银行，银行先扣款，而总体负责清国海关收税工作的第一领导（海关总税务司）是由英国人担任。

借了两亿两，似乎已经差不多了吧？错！我专门研究了一下，这两亿两最后用于支付赔款的，只有大约1.3亿两白银。其余7000万两左右一部分是给了外国银行的回扣，还有一小部分下落不明。它是被各种"中间人"作为佣金抽走了，或者被具体经办此事的清国政府部门里的人盘剥了。

就这样，我又统计了一下，为了支付赔款，朝廷总共向外国银行借款7次，共计白银3.7亿两，加上利息、回扣等，这3.7亿两白银又翻了一倍，变成了七亿两以上。也就是说，通过金融手段，英法德俄等西方国家总共从清国掠走了三亿多两的白银。通过清日一战，他们附带发的财并不比日本少多少。

为什么清国组织的六方会谈一次次失败？为什么西方国家始终一致支持日本开战？从发财的角度，找到了原因。

而清国的损失不仅仅只是经济上的，更致命的是，它打开了一扇门，一扇让其他强国蠢蠢欲动的门。

当时的西方媒体报道：日本人打开了世界的眼，让人看到了清国朝廷真正的无能。后面还有一句没有说出来的话是："大家快来抢啊。"

本来通过洋务运动，清国给了它自己以及全世界一个幻觉：它已经强大了，列位要想像鸦片战争时期那样侵略清国不得不有所忌惮了。但不信邪的日本人打破了这个幻觉，击碎了清国洋务运动的繁荣假象，踏破了清国人民的强国梦，从日本开始，列强开始了"大家快来抢"的瓜分行动。

继续算账

前面我们计算了日本的直接收入，是时候计算一下他们的间接收入了。间接收入是算不清的，但算不清并不等于就不能算，更不等于不需要算。

第一笔间接收入是日货在各通商口岸免除的税和厘金。

而第二笔间接收入数目更加庞大，通过《马关条约》，日本获取了它的第一个殖民地——台湾。从 1895 年开始，日本强占台湾直至 1945 年，在这 50 年间，日本持续从台湾收税以及获得其他物资。

而当日本人以为他们可以靠条约轻松得到台湾的时候，为了反抗割让台湾，台湾人民开始团结抗日，英勇地抵抗日本侵略者。这是一次在历史书中很少被详细记录的战斗，孤军奋战的台湾民军最终也走向了失败，但是他们从未屈服！我把这次战斗较详细地记录下来，因为在这场战斗中，有值得我们缅怀的，有值得我们感叹的，更有值得我们铭记的——真正的抵抗。

第十六章
最强抵抗！台湾孤岛抗日

日军占领台湾

当李鸿章与伊藤博文谈判的时候，日本要割走台湾的消息渐渐传到了台湾。台北，老百姓们鸣锣罢市，涌入台湾巡抚衙门，哭声震天，向巡抚唐景崧力陈民情，要求朝廷设法保住台湾——台湾虽然孤悬海外，但它是大清的领土，母亲不能抛弃孩子。

唐景崧上奏北京了，而朝廷的答复是：我们也有苦衷啊，不得不弃台也。

受到百姓情绪感染的唐景崧这回也天不怕、地不怕了，他再次上奏章，直接质问光绪皇帝：如果割走台湾，千百年后，人们会怎样评价您这个皇帝？您又有何面目去见祖宗于地下？臣为祖宗守土，唯有与台湾人民一道，与台湾共存亡，只怕到时不敢奉皇上之诏！

此时的唐景崧，是一条硬汉。可是，评价一个人不仅要听他是怎么说的，还要看他是怎么做的，并且要看他持续做了多久。唐景崧很快会告诉我们答案。

见到台湾人民的强硬态度，光绪不得不反复权衡，但在日本强势的野心面前，他很难保住台湾。御前会议上，大臣们的意见是："台湾虽重，但也比不上北京啊（比之京师则台为轻），如果我们不答应日本人的条件，日本人乘胜直攻大沽，唯恐京师危在旦夕……"

光绪只好安抚唐景崧，要求他立即来北京做官。对于台湾百姓，朝廷欢迎他们回到祖国的怀抱，在两年内回大陆的（内渡者），朝廷一律接纳安排，两年后，"台民即为日民，改衣冠……"

《马关条约》正式签订了，台湾被正式割让给日本。当天，这个消息便传到了台湾。台湾的大街上挤满了愤怒和哭泣的人们，学校停课，工厂停工，商人停市。所有的民众、官吏、驻军一齐发表通电：发誓台湾永远属于清国，永远是清国领土不可分割的一部分，即使朝廷不要台湾，全体台湾人也决不屈服。如果日本人强攻，即使朝廷不出兵，台湾人也将独自与倭贼血战到底！通电还号召在外地的台湾人立即返台，拿刀战斗。

在台湾士绅的商议和要求下，"台湾民主国"成立，这是在朝廷弃台后，台湾成立的整合各方力量、抗日保台的领导机构。唐景崧被推举为"民主总统"，年号"永清"（表示永远归顺大清之意），"国旗"为蓝地黄虎旗，虎头低头朝向内地，表示永远臣服于内地。

"台湾民主国"并非为分裂的国家，相反，它表达的是一种决心。

从巡抚衙门改为"民主国"，便表示台湾可以不听从朝廷割台的政令，全体台湾人民生为大清之人，死为大清之魂，与倭寇抗争到底，台湾永不属日本！

在"台湾民主国"统一领导下，抗日联军成立了，并制定了四条备战措施：一、停止向北京交税；二、停止卖盐，用以备战；三、台湾本土官库里的银钱，一律不准外流，全部留作抗日经费；四、各地加紧赶制武器。

台湾如此强硬的行动让朝廷深感不安，这是会激怒日本人的啊。李鸿章的儿子李经方成为割台大使，要迅速办理向日本交割台湾的一切手续。而李鸿章也专门给伊藤博文发了封电报，"善意"提醒他："你们日本应自己派遣水陆各军，以资弹压，保持平安。"

朝廷对日本的惧怕如此之深，而对台湾的放弃又是如此之绝情！

而日本也终于明白，虽然在《马关条约》上得到了台湾，但在台湾人民的武装备战前，这还是一纸空文，日本必须付出血的代价。

此时，日本本土已经无军可派（他们都在清国的东北和山东）。"那就派近卫师团吧！"睦仁说。

近卫师团也就是睦仁的御林军，师团长名叫北白川宫能久，他是一位王爷，曾被睦仁的父亲收为养子。出征前，睦仁来为北白川宫能久送行，并告诉他一句话："无论出现任何情况，日本的国旗必须遍插台湾土地！"

7000名日本御林军攻陷了台北。唐景崧从总统府后门溜走，两天后乘轮船逃到厦门，安全到达祖国怀抱，"台湾民主国"破灭，台湾抗日联军解散，台湾似乎已经失去抵抗力了。

但北白川宫能久高兴得有点儿早，因为接下来是更加艰难的旅程。如果说"台湾民主国"是台湾士绅组织的抗日机构，也就是有钱人的抗日，那么接下来，日军将面对的是原住民的抗日！

台湾原住民的英勇抗日

当北白川宫能久率领大军从台北南下，企图迅速占领台中时，苗栗人吴汤兴夫妇率领着他们的队伍挡在了前面。日军见到了一支他们从没有见过的队伍，他们的武器大部分是鸟铳、弓箭，光着脚，身上插着羽毛，双手握着战刀！

"如果文明是要我们卑躬屈膝，那我就让你看见野蛮的骄傲！"——《赛德克·巴莱》。

这是一支包括台湾客家人、原住民在内的抗日军，一支真正属于台湾普通山民的抗日武装。他们虽然只有鸟铳等简单的武器，甚至连新式步枪都没有见过，然而，他们并不缺乏抵抗侵略军的热血和决心！

当北白川宫能久听说这些人连枪都没有的时候，认为对付他们只要半天时间就够了，不过是去开两枪吓唬一下这些蛮人而已。于是日军轻轻松松地上路了，吴汤兴的军队迅速散去，看来一切如北白川宫能久所料。

当日军来到山间时，悲惨的命运开始了。

前方的道路上布满陷阱，掉进陷阱里的日军被锋利的竹签刺穿，手持鸟铳的原住民狙击手埋伏在道路两旁，弹无虚发，一颗子弹消灭一个敌人。而当日军发动进攻时，他们又迅速消失在茫茫大山之中。

这些日本人，整整走了 10 天才到达新竹。不过他们来不及高兴，因为这又是噩梦的开始。

在日军进城后，吴汤兴率军包围了新竹城，发起袭扰之战；当日军出城时，他们就退入山中，等待日军的又是无处不在的狙击手和满布陷阱的道路。战斗一天天进行着——原住民先后格杀了近 4000 名天皇御林军！

北白川宫能久终于崩溃了，他感到了莫大的恐惧，他想到了一个办法——放火烧了新竹，逃回台北。

可是，逃也不是那么容易的。当北白川宫能久率领残兵败将逃到新竹城外的牛埔山时，吴汤兴率人埋伏在这里。高山密林中，一支支利箭射向了北白川宫能久，北白川宫能久中箭，血尽而死。

清日开战以来日军级别最高的指挥官——近卫师团师团长，就这样被没有先进武器的台湾原住民格杀了。而这也是日本皇室成员第一次在本土之外的地方死亡，睦仁感到了恐惧。

为了稳定军心，北白川宫能久死亡的消息被封锁，睦仁指示大本营：把在清国东北的日军撤回来，并且日本本土一个兵都不要留，调遣一切能调动的军队去台湾！

增援部队在台北集结，兵力很快达到了惊人的近八万人（正规军五万，预备役 2.6 万），这几乎是日本全国的兵力了。大军分成两路，一路从台北正面进攻新竹，另一路乘运兵船抵达台湾南部的高雄，在登陆后北上，南北夹击。同时，联合舰队全部出动，从海上向新竹发炮支援陆军！

日本以一国而敌一岛！

吴汤兴和原住民军三面被围，在形势万分危急的时刻，另一路抗日大军从台南赶来支援。

它就是刘永福的黑旗军。

1883 年，法军进攻大清属国越南。法军在攻占越南后，继续进犯广西，企图侵入清国的领土，广西人刘永福率领 3000 名黑旗军进入越南大败法军，差一点就击毙法军司令。然后，黑旗军一路乘胜收复越南失地，刘永福被越南国王封为一等男爵。

黑旗军原本是广西地方武装，而他们的任务是反清复明，以七星黑旗为战旗，被称作黑旗军。黑旗军战斗力之所以十分彪悍，除了刘永福治军严格外，还跟军中一位著名的武术教练有关——他就是黄飞鸿。在刘永福平定越南后，对于这样一种有强大战斗力的军队，朝廷是不能不提防的，于是派出招安大使，刘永福被朝廷派到台南镇守，但在招安后他的黑旗军也从3000人被裁到300人。

当日军开始进攻台湾后，刘永福开始为抗日做准备。以300名黑旗军嫡系为班底，迅速招募和训练新兵。当吴汤兴告急的消息传来，刘永福派出部将带领一支部队进入台中，增援吴汤兴。

"哪怕台湾只留下一片瓦一块土，也要血战到底，不令倭儿得了！"援军出发之前，刘永福跟部将盟誓。

有了援军的吴汤兴实力大增，他们仍然利用熟悉的地形在日军前进道路上设伏，开展阻击战和游击战，日军每走一步都要遇到顽强的抵抗，伤亡惨重。而日军采取了杀光和烧光政策，每到一处，他们将村寨中的男女老少全部杀光，放火烧光房屋，用大炮开路，日军最终进入台中。

此时，吴汤兴已经率领部队顽强阻击日军三个月，虽然他们仍然士气高昂，但由于日军采取烧光和封锁政策，吴汤兴的部队面临一个最大的困难——缺粮。很多士兵都已经疲惫不堪，又累又饿，只能以野草充饥，战斗力受到了很大的影响。在彰化之战中，日军终于将吴汤兴包围了，可是，他们不敢冲锋向前，只能用大炮来回轰炸，吴汤兴中炮身亡，吴汤兴的妻子跳下山谷而死。彰化失守，日军已经打通了进入台南的门户。

在台南攻防战中，刘永福率领黑旗军和原住民残部孤军奋战，日军又一次付出了惨痛代价。第二旅团长山根信成（少将军衔）被格杀，这是继北白川宫能久之后，日军阵亡的第二位高级军官。但是对于刘永福来说，他面临和吴汤兴同样的问题——缺粮。前线将领一次次发电告急，要求增粮。刘永福没钱没粮，而台南已经退无可退，没有办法，他只好派出部将去内地求援。

刘永福的部将满怀希望地来到大陆，遍访福建、广东、浙江沿海各省督抚，却没有一个愿意给予支援。湖广总督张之洞原本是刘永福的朋友，他也曾答应为刘永福提供军饷，但了解到朝廷在台湾问题上的态度后，张之洞退缩了。十几天过去了，刘永福的部将竟然没有筹到一两白银，两手空空回来。

日军的劝降书不失时机地送到了刘永福手上：清国朝廷都已经放弃台湾了，刘将军你的孤军抵抗又有什么意义呢？只要你和士兵们放下武器，不再抵抗，我们欢迎你去日本，日本将给你将军的待遇，一生荣华。如果不愿前往日本，也可以送你回清国内地，日本同样能保证你的平安与荣华富贵。

两天后，刘永福复书：与台湾共存亡。

10月10日，四万日军集结在台南城外。在距离台南城20公里的郊外，有一条发源自阿里山流入大海的河流——曾文溪，这里将成为保卫台南的最后一站，刘永福抵抗日军的最后战场。

日军重重围住黑旗军阵地，他们在陆地开炮，而联合舰队军舰在海上开炮，黑旗军的装备是步枪和鸟铳，除了几个简单的炮台，军中没有一门可以还击的大炮。在炮火的压制下，黑旗军伤亡惨重，徐骧、林昆岗、王德标、简精华……刘永福的部将一个个壮烈牺牲了。可是，将士们仍然没有放弃，他们跃出战壕，英勇地和日军开展了肉搏战！肉搏战是最消耗体力的，而缺少粮饷也给刘永福的军队带来了致命性的打击。10月18日，曾文溪的士兵已经成功地阻截日军主力大军八天了，他们没有吃的，还要冲锋，已经饿得无法站起来！日军一步步缩小包围圈，他们决定活捉刘永福。

"刘公请走吧！"所有的将士都跪下，跪请刘永福撤退，带领小儿子渡海到厦门，保存实力，抗日也许将需要两代人去完成！

"刘公请走！以图将来！"所有人都泪流满面，失声痛哭。

刘永福望着茫茫大海，望着海那边的陆地。半个多月前自己的部将竟然没有从内地要来一两白银！硬汉刘永福禁不住热泪长流，仰天长啸：

"内地诸公误我，我误台民！"

10月19日深夜，刘永福带领少量随从离开台南，乘船回到内地。他是带着深深的愧疚离开的，他曾经与部将盟誓与台湾共存亡，但是他没有做到，刘永福在这种愧疚中度过了余生。

而留下来的黑旗军将士，依然在节节抵抗日军。日军攻入台南后，他们就继续往南撤，竟然又以游击战的方式整整坚持了一个月！

一个月后，恒春海边出现几个形容枯槁、已经饿得摇摇晃晃的黑旗军士兵。这是台湾岛的最南端，前面就是茫茫大海，再无退路，面对在慢慢缩小包围圈的日军，士兵拒绝投降，全部跳海而死！

他们守到了最后一寸土地！他们战斗到了最后一刻！

美丽岛

1590年（明万历年间），几艘葡萄牙的远航船绕过了马六甲海峡，进入开阔的洋面。他们在海上孤独地航行着，突然，眼前出现了一个郁郁葱葱的大岛，远远望去，阳光普照，草木丰盛，葡萄牙人嘴中进出了赞美词："Ilha Formosa"（音译"福尔摩沙"），意为"美丽岛"。

当年的美丽岛，就是今天的台湾。

从打响反抗日军侵略者的第一枪开始，台湾人民坚持抵抗了五个多月，也就是说，在《马关条约》签订后，日军又花了与之前战争同样多的时间才最终得到台湾。台湾抗日义军经历大小百余次战斗，在每一处地方阻截日军的时间都超过了朝廷大军阻截日军的时间。清国朝廷在这里投入的正规军最少，而日本在这里投入的正规军却最多，几乎动用了日本全国所有的陆军和海军。

入侵台湾的日军被击毙4800多人。伤、亡、病三项总计高达3.2万人，占了出动兵力的近一半！而这个数字比日军在朝鲜和清国大陆加起来的伤亡总数多出了近一倍。

台湾抗日义军还成功地击毙了日军两位最高指挥官，他们也是整个清日战争中被击毙的级别最高的将领。多年以后，日军为了掩饰他们的失利，将日军在台湾重大伤亡和北白川宫能久被毙都说成是"感染了疟疾""中了瘴气之毒"。

"只有台湾，才是真正被打下来的。"——连日军在他们的史料中都这么承认。

毫无疑问，这里才是真正的战场！

而战斗远远没有结束。在侵占台湾后，日本开始了对台湾50年的殖民统治。但是，日本人万万没有想到，在他们宣告"平定全台"后仅仅一个月，1895年的12月31日，台湾全岛就响起了嘹亮的"驱逐倭奴，恢复中华！"的战音。从这一天开始，八年的抗日游击战争开始了，抗日义军曾一度进攻到台北！义军的袭扰让日本人如坐针毡，他们不得不接连撤换总督（总共换过八位总督），连后来的一位总督——狂人乃木希典都无法忍受这些"刁民"，将台湾以几千万英镑卖给英国的主意就是他提出来的。

在抗日义军中，最骁勇善战的仍然是原住民。长矛、大刀、弓箭甚至木棍都成为他们取下侵略者首级的工具，为了保卫家园，他们的热血挥洒在每一寸土地上。为此日军不得不采取了空前严酷的措施，台湾平均160人配备一个警察，并设立保甲制度，规定凡猎取一个原住民的首级，给予日币1500元奖励。

"美丽岛"，铭记住这群人吧，你曾因拥有一群英勇的人而更加美丽！

在没有信仰和自由的肉体里，灵魂会因困乏而死去；

如果有人逼迫你忘记不该忘的东西，

你应该反抗、你应该战斗；

你不该让自己变成被豢养的野兽，

因为我们都是骄傲的赛德克·巴莱——真正的人！

（《赛德克·巴莱》原著剧本小说）

第十七章
日本间谍的结论：大清全民腐败！

清国惨败之谜

战争结束了。大家心情很沉重，我也一样。但相信大家心中还有一个巨大的疑问没有解开，那就是，除了军事上的原因，还有什么原因让清国遭遇如此惨败？

要揭开这个谜底我们需要从一个谜案说起，在前面的文章中，这个谜案我曾多次讲述过，但一直没有给出答案，现在是时候来揭开这个谜底了。

清日之战中日军为何能够多次准确地获得清军的情报？

在 1860 年第二次鸦片战争后，清国朝廷被迫签订中英、中法《天津条约》。这个条约很长，总计 56 款，在我们最关心的赔款之外，还有两条不太引人注意的。一条是清国不得再以"夷人"称呼外国人，根据这一条，"洋人"取代了"夷人"，原来师"夷务"也变成了"洋务"，"师夷之长技以制夷"也就变成了向洋人学习。

而另外一条更加没人注意了，但跟我们的答案有直接的关系，它就是：外国人可以自由前往清国内地游历、通商和传教。

正是这条看上去毫不起眼的条款，为其他国家往清国派遣间谍提供了方便。而往清国派遣间谍最多的，就是日本。清日战争之前，清国境内早已经潜伏了一个庞大的日本间谍网！

1872 年，日本陆军部派出三名间谍潜入清国内陆，另有两名间谍潜入台湾，这是有记录的日本最早向清国派遣的间谍。他们的任务是猎取东北和台湾的地形、军备、政治、财力等情报，发回日本。

从这一年起，一批批日本间谍前赴后继开赴清国秘密潜伏，当时的参谋本部总参谋长山县有朋亲自负责对清国的间谍工作。从参谋本部里，山县有朋挑选了 12 名机灵的军官，乔装后潜入清国。这 12 个人后来向参谋本部提交了著名的《与清国斗争方案》，在这个方案中他们提出：派北路大军攻占旅顺、大连湾，派南路大军袭击福州，然后南北夹击一举攻下北京，迫使清国签订求和条约，这是日本最早形成的对清作战战略方案。

10 年后，1882 年，专门培训对清国间谍的学校成立了，这个学校由参谋本部清国科专管，为间谍工作集中提供人才。在这所学校里，招收的日本学生留着辫子，学汉语，身穿长袍马褂，打扮成清国人。清国科和间谍学校也一直注意发现和培养间谍天才，他们知道，一个天才级别的间谍，抵得上一支间谍队伍！

很快，一位天才引起了参谋本部的注意。

间谍大师荒尾精

在如今的日本黑道界，有一个人的名字令所有黑道人物如雷贯耳，在提到他的名字时，老大们要用半鞠躬的方式表示尊敬，他就是日本近代第一个极端右翼团体——黑龙会（玄洋社）的创办人头山满。头山满是一个神秘人物，成天睡在荒山野地里，还像兔子一样喝露水吃青草，神龙见首不见尾，却被当时的日本黑道各派尊为"共主"。当年，每当各路黑道老大表达对他的尊敬时，他总是淡淡地说："我只是荒尾精的崇拜者。"

荒尾精就是专为成为一个间谍大师而生的。

1859 年，在名古屋的一个武士之家，荒尾精出生了。他成长过程中正赶上睦仁集团清洗武士，于是家道衰落。一名东京的警察收留了四处飘零的荒尾精，供他去陆军士官学校学习。毕业时，很多人都希望去欧洲留学，荒尾精却表示，他只想去一个地方：清国。

荒尾精的特立独行引起了当时陆军大臣大山岩的注意，特意找他询问，荒尾精回答："大家都去欧洲而置清国于不顾，我才想到清国去。日本应该担当起振兴亚洲之梦，先略取清国，施仁政，以图复兴亚细亚！"

这就是头山满与荒尾精共同的精神信仰——大亚细亚主义。这个主义解释起来比较麻烦，大家可能更熟悉另外一个词："大东亚共荣圈"。有这个信仰的日本人认为，欧洲人（白种人）正在疯狂掠夺黄种人的世界（亚洲），视黄种人为"黄祸"，所以黄种人必须振兴亚细亚进行抵抗。而其中的关键，就是再造一个强大的中华。如何实现？途径就是由日本人来统治中华，实现"大东亚共荣"。

值得说明的是，并不是当时所有的日本人都是"大亚细亚主义"的追随者，我们前面提过的福泽谕吉的观点就恰恰相反：为了保存日本，日本恰恰要脱离亚洲，也就是脱离中华文明的影响，全盘西化——脱亚入欧。这两种思潮实际上都是国小民穷的日本在西方国家掠夺时代为本国寻找出路，事实上明治维新时期的日本也一直在这种矛盾中发展。后来，日本在政治和社会体制上大部分选择了脱亚入欧，而"大亚细亚主义"却成功地被军界利用，它在日本军人中拥有数量庞大的粉丝——当时的副总参谋长川上操六就是这样一个人。

经大山岩的推荐，川上操六很快喜欢上了荒尾精，并把他调往参谋本部清国科。川上操六对荒尾精的器重是无以复加的，荒尾精不仅可以破例接触各种与清国有关的机密文件，还被允许可以随时去找川上操六交谈。

此时的川上操六是副部长，而荒尾精只是一个刚毕业的学生，可是大家都知道这样一个规矩：每当荒尾精求见时，川上操六会打断与高级将领的会谈，去接见荒尾精；而当他与荒尾精在谈话时，即使是其他高级将领求见，也需要等与荒尾精谈完后才可接见。

这真是惺惺相惜的待遇啊。

事实很快证明对荒尾精的培养并不是白费的。

经过在清国科的历练后，川上操六认为荒尾精这把宝剑可以出鞘了。在他的亲自安排下，荒尾精来到上海潜伏。在这里，荒尾精将接触到另一个对他很有帮助的人——企业家岸田吟香。

要了解日本商业史的话，说到"日本第一代成功的企业家"，岸田吟香就是其中的代表人物之一。这个人在年轻时机缘巧合，结识了一个叫赫本的美国传教士，这位赫本可能大家不熟悉，但他的孙女我们一定很熟悉，那就是奥斯卡影后凯瑟琳·赫本。传教士赫本将自己研制的一种水溶性眼药配方送给了岸田吟香，岸田吟香用这个秘方生产眼药水，果然大为畅销，赚取了自己的第一桶金。后来，传教士赫本在东京开办了自己的眼药水公司——乐善堂，分支机构设在上海，于是岸田吟香来到了上海。

由于是个富豪又经常做点慈善，岸田吟香很快成为上海商界名人，当时的《申报》经常报道他的行踪，称之为——著名日本友人。通过商场上的人脉，岸田吟香打通了官场关系，上至两江总督，下至上海道台，都是他"友好的朋友"。

而在一位成功企业家和"日本友人"面目的背后，岸田吟香是一位为日本政府服务的人，而他也是"大亚细亚主义"的追随者！听说荒尾精同志要在清国组建一个完整的谍报网络，但缺乏资金，岸田吟香立即表示：我支持！

按照岸田吟香的意思：上海人多眼杂，谍报机构难免会暴露，最佳地点是长江中上游城市武汉。于是，以荒尾精为总负责人的"乐善堂汉口分堂"成立了。

从表面上看，乐善堂汉口分堂是一家与上海乐善堂没有区别的公司，大家都是卖眼药水赚钱。而实际上，它是一个真正的间谍机构。

荒尾精在这里设计了一个相当严密的谍报组织。

在这家"公司"里，荒尾精把所有人员分为"内员"和"外员"。"内员"包括平时在乐善堂上班的会计、文案、店员等，基本是正常的"公司职员"，而"外员"是一线间谍，无论任何情况，内外员都不得直接接触，保证绝对的秘密和安全。

在内部，乐善堂称"我党"而不是"我公司"，在它的党章里，有这样一句话："我党目的既极重大，故任务最重，同志们宜深谋远虑，珍重踪迹行动，必须万无一失，乘机敏断，以达目的。"

对于一线间谍人员，荒尾精又将他们分为两部分。一部分是"建立统一战线"——也就是策反清国人。荒尾精规定，有几类清国人是重点的统战和策反对象，比如"有志于拯救全人类、振兴东亚、改造清国恢复中华的君子"，以及"企图颠覆征服政府或企图起兵割据一方的豪杰、豪族、长者、侠客、富者"等等。如果在这些人身上有以下其中一条或几条则不能成为统战对象，包括：品行不端、不讲诚信、爱财如命、见利忘义、见危图安，最后一条比较有意思——长相猥琐。

在我们的印象中，能被日本人统战过去成为"汉奸"的人基本上都是鬼鬼祟祟、卑鄙下流的无耻之徒，但在荒尾精这里，这些人是根本不值得考虑的。他的标准实在很高，乍一看，除了"颠覆大清"这一条，不知道的还以为他这是在为清国朝廷选拔公务员——既有道德标准，还有外貌要求。

原因我们很快会了解。

统战毕竟是一项长期艰巨的工作，急不得，只能慢慢来。而另一部分一线间谍人员的工作就是直接刺探清国军事情报。

这个工作看上去很简单，无非就是去兵营旁边转转，画几张图，级别高一点的进行卧底和收买清国军官。但刺探军事情报工作在荒尾精这里不是这样要求的，他要求的方式是：到农村去，到后方去，上山下乡。

荒尾精把这些活动统一命名为——探险。

于是，在统一组织和安排下，一场以汉口为中心、名为"探险四百州"（日本人称中国全境为四百州）的日本有史以来最大型的间谍活动开始了。接到指令的上千名一线间谍全体出动，他们挑着担子，扮成货郎、游医或者风水先生，出城下乡。他们的任务除了暗中察访和记录当地军备，还有更重要的——实地了解清国的社会风气和地方官以及底层人民的精神状态。

如此大规模的活动，很显然，有一样东西是必不可少的——钱。而令人惊奇的是，从潜入上海到潜入汉口开展间谍工作，荒尾精自始至终没有用过日本军方和政府的一分钱！川上操六对他说："国家的钱是要用来买军舰和练兵的，做间谍工作你只能自己想办法。"

荒尾精的资金来源一部分是汉口乐善堂卖眼药水的钱，这是来自岸田吟香的无私援助。而他手下的一线间谍，只有很少一部分是在职军人，其余大部分都是日本的"有志青年"，很多竟是自费前来的。他们留起辫子，穿上长袍马褂，放下工作，背井离乡来到清国，不享受公务员待遇，也没有事业编制，别说工资，有时连微薄的生活津贴都无法领到，但他们都毫无怨言地加入了这场活动。

自称为"我党"的荒尾精，有这样的"党员"，不知是不是感到骄傲和自豪？

这场活动整整持续了三年。三年中，很多间谍因为路费用尽，在打工也无法维持生计后，最后沦为乞丐。还有很多间谍都没有再回来，他们有的在饥寒交迫中死去，有的暴病身亡，有的在大山中迷路被野兽吃掉，有的被土著包围杀死，还有的是在身份暴露后当场自杀。但他们的足迹遍布大江南北、长城内外，一直深入到清国最边远的山村部落，甚至连当时清国人都很少去的、被视为蛮荒之地的新疆和西藏都没有放过。他们用三年的时间完成了"探险"，活着的人带回来了数不胜数的情报材料。

在得到这些情报后，荒尾精开始分类整理。这就是著名的日本绝密情报——《复命书》。它由荒尾精的谍报网络提交给参谋本部。

《复命书》中有关情报的具体内容我们无法得知了，但可以想象，它一定是一份空前完整的情报，为参谋本部和后来的大本营制订对清作战的战略和具体战术发挥过无可替代的作用。直到1931年日本再次侵华，《复命书》都是日军重要的参考情报之一。

而在一线间谍跋山涉水的这三年期间，荒尾精也没有闲着。他坐镇后方，以开办分支机构的方式使汉口乐善堂迅速发展，分支机构在长沙、成都、北京、天津以及上海设立，荒尾精将这些分支机构称为"我党之一支部"——据说"支部"这个词就是从这里开始使用和流传的。

有如此巨大的成就，荒尾精的使命似乎结束了。他可以回到本土，接受嘉奖，领着丰厚的奖金颐养天年了。但情况不是这样的，在完成这些工作后，他还有一个更大的梦想，那就是：把培养对清国间谍的学校开到清国本土！

这是一个疯狂的计划，十分冒险，但这一点荒尾精胸有成竹；可另外一个问题就比较难解决了——钱。

当荒尾精的知己川上操六大人了解到这个计划后，他说通自己的老婆，把自己的房子作抵押，贷款了几千元捐给荒尾精。在他的宣传下，日本"爱心企业家"踊跃捐款，钱的问题也解决了。1890年，一家叫作"日清贸易研究所"的机构在上海一间十分简陋的屋子里成立了，这是一个打着商贸牌子的日本地下间谍培训机构。第一期150名日本学生前往清国接受学习和训练时，睦仁派出了他的皇兄在皇宫接见了他们，鼓励他们好好学习，掌握技能，将来必定是日本不可或缺的"栋梁之才"。然后，川上操六亲自赶到上海，参加了开学典礼。

这些学员将在这里接受各种间谍技能培训，学制三年，毕业后在清国实习一年，才能成为一名合格的间谍。

当他们毕业时，时间已经是1894年，清日战争即将打响，他们中的优秀毕业生得到了睦仁的亲自接见。然后，这些人从上海直接潜往天津、威海、旅顺、大连湾等地，为日军收集战先期情报！

但直到这时，这些人员仍然没有日本军队的正式编制，他们仍然是日军的"编外人员"。虽然他们担负的是最危险和最艰苦的工作，但日军军费紧张，军饷只能发给直接参加战斗的人员。对于这些人，强调的是"无私奉献"，而所有人都没有怨言，带着他们"神圣的目标"消失在清国大地。

从为清日战争作早期准备到直接培训间谍服务于清日战争，日本谍报史上的一代大师荒尾精的传奇生涯结束了。而他的结局是比较悲惨的，在日军攻下台湾后，荒尾精想到这块已经变成日本殖民地的美丽岛上去走一走，看一看。1896年，荒尾精来到了台湾，在这里遇到了一个比他更精更可怕的东西——老鼠。荒尾精感染鼠疫暴亡，终年 37 岁。

荒尾精的一名学生即将接过他的大棒，将日本对清国的间谍工作推向另外一个高潮！如果说荒尾精是间谍中的战略大师，那么这个人就是间谍中的先锋猛将。

日本间谍史上最杰出的天才

在日本参谋本部清国科培训的第一批间谍中，除了荒尾精，还有一个叫宗方小太郎的人。这个人成为间谍有一个很有利的条件：从外形上看，他和一个真正的清国人几乎没有任何区别。他常年穿着长袍马褂，留着辫子，华语竟然说得比一些清国人还要流利。

宗方小太郎被誉为日本间谍史上最杰出的天才，至今仍有很多日本人去他的墓地"朝圣"。

当荒尾精筹备汉口乐善堂北京和天津"支部"时，受荒尾精派遣，宗方小太郎成为北京这个最重要的支部的负责人。北京崇文门外一家眼药水店就成为收集清国京畿地区重要情报的中心，而宗方小太郎就是这里的领导人。

和荒尾精"大师"级的行事风格不同，宗方小太郎更喜欢自己冲锋陷阵。他曾经以"留学生"的合法身份周游清国北方各省，竟然沿着渤海海岸线，徒步从山海关走到大沽口，一路侦察清国海军沿海防御设施，为日本舰队寻找理想的登陆点。清日战争爆发后，宗方小太郎提出了从陆海两路包抄攻占旅顺的计划，这一战术被大山岩的第二军实现了。

而接下来宗方小太郎还有更疯狂的举动。

1894 年 6 月，清日战争即将打响，宗方小太郎认为收集北洋舰队的情报极为重要。他先是来到了靠近威海的烟台，发现此地还是不甚理想，就直接潜入威海军港，收集北洋舰队和威海陆路炮台的第一手情报，再通过上海中转，源源不断地发回参谋本部。

清日战争打响后，在清国境内的日本侨民开始撤离，而此时的宗方小太郎做了一个大胆的决定：留下。

为了防止被捕后将间谍网暴露，他做好了一旦被捕就能迅速销毁情报并自杀的准备。

冒着随时被捕的危险，宗方小太郎竟然又潜伏了一个多月，而正是这次潜伏让他成功刺探到了清日战争中日本最重要的情报之一：9月15日，大东沟海战前，北洋舰队护卫运兵船的出发时间和目的地。他把这个情报发给了参谋本部，得到情报的联合舰队由此前往大东沟海域搜索，大东沟海战由此爆发！

在从烟台发出这个情报后，宗方小太郎开始撤退，而这一次，危险终于降临到他的头上了。

宗方小太郎的情报是通过上海中转的，而上海当局已经截获了他之前的两封谍报信，随即向上海和烟台发出通缉令。通缉令到达烟台前，嗅觉灵敏的宗方小太郎已经登上了开往上海的客轮，但他可疑的行迹还是引起了清国密探的注意。他们一路尾随宗方小太郎上了船，而宗方小太郎镇定自若，用流利的华语不停地与船上相识的清国人攀谈，终于躲过了一劫。船到上海时，上海密探上船了，举着通缉令到处捉拿他！此时的宗方小太郎似乎只有等着被捕，然后被清国朝廷千刀万剐（凌迟）。

但多年的间谍生涯让宗方小太郎拥有极为出色的心理素质。他仍然表现得很镇定，用易容术变装换貌，然后利用多年反侦察的经验，混杂在旅客中溜之大吉，从上海坐上英国客轮成功地逃回日本。宗方小太郎回国后，被直接接到了广岛大本营，在这里等待他的人，是睦仁。

睦仁亲切地接见他，嘉奖他的"惊世之功"。

重要的间谍中心——日本驻北京公使馆

除了这些"编外"的间谍人员，在山县有朋派出 12 名军官之后，日本陆海两军也多次派出在职军人前往清国潜伏，实地勘测军事情报。

1886 年，日本海军部派出的一名海军大尉前往清国了。他化名为关文炳，装扮成一名清国书商在天津开了一家书店，而他选择书店的地点很特别——开在了李鸿章直隶总督衙门旁边。

当时的李鸿章正指导威海军港的建设，每当威海有人来总督衙门办事时，关文炳就想方设法与他们攀谈，套取情报，然后一路尾随着他们来到威海，详细侦察。

通过无数次反复的勘查，关文炳和他的谍友绘制了一张详尽的威海军事地图。在这张地图上面，不仅威海的军营、村庄、道路、炮台、溪流、水井标示得清清楚楚，甚至连树木都标示清楚，后来山东作战军进攻威海时，他们每个指挥官的身上都携带了这张地图！

而作为海军军人，关文炳还实地寻找和侦察了威海周边日本舰队可能的登陆点。他沿着海岸线一路摸索前进，最后写成《关于威海卫及荣成湾意见书》，其中有一条"进攻威海卫必先取荣成湾为基地"，这就是在开战后，日军山东作战军轻而易举地选择荣成湾作为登陆点的由来。

关文炳后来出任日本驻北京公使馆武官，由一线转往幕后，而在他的麾下，又有一名重要的间谍出场了，他就是石川武一。

石川武一从18岁开始就来到清国从事间谍工作了。出于间谍工作的需要，他刻苦学习语言，掌握多门外语，除了华语，还能流利地说英、德、法三国语言。关文炳将他派往天津，专门负责收集来自李鸿章直隶总督衙门的情报。

石川武一很快盯上了天津军械局书办刘棻，用一名日本妓女将此人成功色诱。为了泡妞的方便，刘棻让石川武一住进了自己的家里，两人结为"兄弟"。1894年7月，当李鸿章计划租用"高升"号等舰船向牙山湾运送援军和武器时，这个情报被石川武一从刘棻处成功截取。

从牙山湾到大东沟，清国两次海上运兵，都遭到了日本联合舰队的截杀，这就是谜底。那时候没有军事卫星，而这些潜伏的间谍，就是日军的卫星。

而在这之前，已经有一个级别非常高的军人觉得只在国内听取情报不过瘾，在1892年日本对清国战争的各项准备基本完成后，他决定亲自前往清国走一趟，过过当间谍的瘾，同时也亲自核实收到的各类情报。

他就是前面提到的陆军中将、参谋本部副总参谋长——川上操六。

日军副总参谋长亲自潜伏

1893 年，川上操六来到朝鲜，侦察了仁川、汉城，然后从仁川乘船到烟台，再到直隶总督衙门所在地天津，在这里，他住了下来。

在天津的川上操六密令日本驻北京公使馆，将潜伏在华北地区的所有日本间谍人员分为两组：一组从山海关陆路徒步走到天津，沿途核实清国陆路军营、炮台、道路情报；另一组走海上，从塘沽乘帆船沿海岸线一路北上，沿途核实清国海防情况，并为日本舰队寻找一个可以直攻北京的登陆点。船上的这些人每天只能航行几海里，因为每发现一个可能的登陆点，他们都要下水去摸，记录海底是泥沙还是岩石，有没有暗礁。

这项工作进行了一个月。这期间川上操六自己也没有闲着，他摸进了天津机器制造局、天津武备学堂刺探情报，还爬上了北塘炮台，查看炮台状况，北塘炮兵甚至就在他的眼皮底下做军事演习。

在核实了所有的情报和过完做间谍的瘾后，川上操六安全地回国了。一名副部长级别的军官在眼皮底下潜伏了一个月，李鸿章没有丝毫的察觉，清国其他政府部门也没有丝毫察觉。当清国朝廷高调地说要防备日本的时候，日本人虽没有言语上的回应，却开始了暗中的潜伏！

清国之败，败于全民腐败

清日战争中日本间谍的故事基本讲完了，其实精彩的故事还有很多。比如大家熟悉的战前日本早已经破译了清国驻日本公使馆电报密码，总理衙门和公使馆之间的往来密电全部被日方截获，使得清国在战前的外交斡旋上极为被动。日军获得密码的方式可以用我们现在熟悉的一个词来概括——钓鱼法。

日本外交部先用完整的中文向清国驻日本公使馆提交外交文件，使馆工作人员正好觉得这很省事——如果是日文还要翻译，于是他们把这个文本用密码向总理衙门发出，而日军用预留的中文底稿一比对，密码就这样被破译了。

真是防不胜防啊。无论一个人还是一个国家，只要他们处心积虑，就是很可怕的。

而接下来要讲述的，是揭开之前那个问题的谜底了：除了军事方面的原因，清国为何会如此溃败？

日本人早已给出了他们的答案。正是因为有这份答案，日军才敢以八万兵力去赌清国的百万之军，不顾一切地发动战争，不顾一切地要打进北京！

回到日本的宗方小太郎在接受睦仁的接见后，他找了一个安静的住所，开始整理他在清国潜伏10年的情报，他把这些情报写成了两份总结性的报告。

在第一份总结性报告中，宗方小太郎强烈反对当时欧洲人正在鼓吹的"清国威胁论"。虽然清日战争刚刚打响，但他预言清国一定会失败："天朝（指日本）加兵之日，亦是胜利即来之时"。

原因是："大清之败，乃败于全民腐败，而非一人之过。"

宗方小太郎分析，洋务运动后，清国虽然表面上在不断发展和进步，但"腐朽的风气源自明末"，全民丧失信仰，社会风气江河日下，所追求不过金钱、享受之事。在此风气之下，每个原本有良知的人都是可能的腐败者。"观察一个国家也和观察人一样，应当先'洞察其心腹'，然后再'及其形体'"，而清国的问题正是"人心腐败已达极点"。

1893年，清国政府公布的全年财政收入约为白银8300万两，根据实地调查，宗方小太郎对这个数字持有强烈的质疑，因为调查的结果是：清国老百姓实际缴纳的数额是这个数字的至少四倍以上！也就是说，还有巨额的税收被地方官和各种利益团体贪污截流了，一分钱也没有入国库。

朝廷实行的征税政策是任务制的，每年各省必须完成一定数额的税收，而地方官在完成这个任务后，就开始了巧立各种名目向民间乱收费，这些钱自然就落入了他们的腰包。

因此，清国的老百姓虽然明明多交了税，多创造了财富，国家却没有得到什么好处，富裕起来的只是各级官员。在"官富"之后，他们结成强大的利益集团，对影响他们进一步发财的政策进行明违暗抗。

利益集团最终给朝廷的统治带来了巨大的损伤。宗方小太郎总结道：清国的政局表面上皇权一统，实际上却是政令无法出皇宫。统治者高高在上，与人民却是"上下隔阂"，"朝廷即使想施行仁政，美意也不能贯彻至民间"。不仅美意无法到达，相反，由于在各地金钱可以买通法律，受到盘剥的普通百姓申诉无门，民怨积压很深。

久而久之，清国社会出现了全民腐败成风的现象，这几乎是所有在清国的外国人的共识。当时的美国驻华公使田贝写给美国总统的密信中就说，清国朝廷几乎已经到了"无官不贪、无事不贿、上下相欺、官民互骗的地步"。宗方小太郎认为这比朝廷政策失误更可怕，政策失误尚且可以扭转，而全民腐败必使国家元气丧亡消尽——"国家是人民的集合体，人民是国家组织的一分子，分子一旦腐败，国家岂能独强？"

而清国虽然政治腐败、财政困难、军备薄弱、民心涣散，却又在"虚张声势"。宗方小太郎认为，清国绝对不能称为"真正的强国"，因为这个国家的圣人孟子早就说过——"上下交征利，则国危！"

"根据鄙见，我日本人多数对清国过于重视，徒然在兵器、军舰、财力、兵数等之统计比较上断定成败，而不知在精神上早已制其全胜矣，即使清日不战，早则10年，迟则30年，清国必将支离破碎呈现一大变化！"

与宗方小太郎持有相同看法的，还有间谍大师荒尾精。

在《复命书》中荒尾精写道："清国上下腐败已达极点，纲纪松弛，官吏逞私，祖宗基业殆尽倾颓。清日两国唇齿相依，在列强虎视眈眈下，若万一清国成为他国蚕食对象，我国命运亦不可料。因此，清国之忧即日本之忧也，莫如为使欧洲不致侵入，我国先主动制定统辖清国之方略，先发制人征服这个腐朽的政府，改造清国，才能团结中华对抗西方。"

在这两位深刻了解清国国情的间谍看来，清国朝廷已经完全无法代表"中华"的先进性。虽然他们曾经是先进的，战胜了腐朽没落的明王朝，政治一度清明，老百姓安居乐业，但现在他们同样腐坏了。清国朝廷自称继承中华衣钵，却在所谓的"康乾盛世"中将中华优秀传统文化剿灭殆尽（文字狱）。清朝的特权阶层腐朽堕落，全社会风气腐败，道德沦丧，全民无节操无骨气。"上天厌其德，下民倦其治，将卒离心，不肯致心"——如此腐坏堕落的朝廷，还好意思说代表辉煌的"中华"？必须由日本来代表！

在这一时期，日本间谍的报告书和政府文献中，他们对日本的称呼就是"中华""神州"或者"天朝"。而荒尾精在汉口乐善堂的"党章"规定：先征服清国，再结合清日两国力量，实现黄种人的崛起，去对抗西方白种人的侵凌——"吾辈同志之目的，为了全人类首先必须改造清国，清国政府已经腐败，故我同志要协助汉民族之革命运动，使之成功，最迟于10年内改造清国，以期实现中日提携。"

这就是荒尾精制订高标准选择"统战"对象的原因。我们也一定还记得日军攻占安东后张贴的《告十八行省豪杰书》，它正是由宗方小太郎亲自起草的，目的也是一样，日本去"统战"这些"君子豪杰"，号召他们起来革命，推翻腐朽的清廷，一起去"驱除鞑虏，改造清国，恢复中华"。

间谍们的这些观点深刻地影响了日本军部和政府。十年以后，以孙文为首的一群流亡海外的清国革命者得到了日本人的帮助，成立反清的革命同盟组织，他们的故事我们以后再讲了。而间谍们对清国朝廷和社会的深刻认识，也给他们以及日本军人带来了强大的精神支柱——在日本人看来，他们入侵清国，是在拯救这个国家，他们不是在制造罪恶，而是解救清国人民——谁叫你们的政府不行？

如果我们不能了解这点，就无法理解战场上的日本军人为何会不要命，"死忠"于他们的职责，也无法真正理解为何一直受到谴责的"强盗的逻辑"和侵略兽行，在日军中却有如此广阔的市场。

是的，面对一个腐朽的、已经落后于它的人民的清政府，日本人反而可以自认为站在了"道义的制高点上"。

是的，当一个朝廷不作为，当朝廷无法代表底层百姓的根本利益和政府的先进性时，即使本国人民忍气吞声，其他国家的各色人等也会发现可乘之机。这种潜在的可怕性，恰恰是清国朝廷从来没有想到的。他们仍然在关起门来统治，而新的世界也恰恰不是关起门来驯化一批良民、追求表面繁荣就可以万事无忧了。

作为一个间谍天才，在提出强大的理论观点后，宗方小太郎提出了实际行动方案，概括起来就是"软硬两手"：先一手硬、后一手软。

宗方小太郎认为，国家的强大不能靠个人的勇武，也不是靠口水激情，更不要指望通过道德控诉就能战胜敌人，所以日本对清国需要硬的一手——实实在在的军事行动。

"清日之间，若无大战，则不能大和。故日本对清国人不必讲煦煦之仁、孑孑之义，一旦时机合适，日本军必须排除万难，攻陷北京，再进扼长江之咽喉，攻占江淮重地，断绝南北交通，使清国陷于至困至穷、万无办法之地，使清国政府和人民知晓真正之失败！"

清国幅员辽阔，疆土宽广，日本无法完全吞下，这一点宗方小太郎也考虑到了。他建议日军在侵占清国后，将清国分割为六大部分，实行统治：

1. 东部沿海皆划入日本版图。
2. 在长江以南迎明朝后裔，建立日本的保护国，镇抚民心。
3. 在长江以北、黄河以南建立日本属国，寻关羽或者其他
   名人后裔为王。
4. 在西藏、青海两省立达赖喇嘛为王。
5. 在内蒙古、甘肃、新疆选其酋长为各部落长，日本监视之。
6. 大清的皇族和八旗子弟则回到东北地区，由日本监管。

在"硬"的手段成功后，就应该实行"软"的手段了，也就是"铁血之后再怀柔"。宗方小太郎再三提醒日本当局要注意这一点，"数亿清国之黎民待望仁政、仁人久矣"。战胜的日军要在占领地实行"仁政"，不能将战火延绵到清国人民的头上，不能屠杀清国人民，只有这样才能消除清国人民对日本的仇恨，实现日本对清国的长久统治。

宗方小太郎提出的"铁血政策"被日军很好地贯彻了下去，《马关条约》就是根据那"六块论"的战略意图来制定的。甚至多年以后，当日军攻入南京时，认为必须用强硬手段使中国人完全屈服，达到"万无办法"的境地，于是疯狂地开展了一场史无前例的大屠杀。而宗方小太郎寄希望的"仁政"，无疑是与虎谋皮，日本军部罪恶的屠刀一旦出鞘，是很难再收回来的。

这就是宗方小太郎第一份总结性的情报报告——《清国大势之倾向》。宗方小太郎将他的第二份总结性情报命名为《经略长江水域要旨》，他提醒日本政府观察清国政局要注意长江流域，尤其要特别注意当时一个并不起眼的地方——湖南。

长沙正是汉口乐善堂第一个设立"支部"的地方。宗方小太郎预言："今后主宰爱新觉罗命运的，必为湖南人。"他提醒日本当局，要"及时经营湖南，将来大清国中原鼎沸之时，如果湖南不能为我日本所用，至少也要让它不至与我为仇！英国数百年前就开辟湖南湘潭为商埠，并汲汲于经营重庆，难道没有原因吗？"

间谍们的故事结束了。我们的问题也已经有了部分的答案，而日本间谍给出的答案并不是完整的，因为他们的观察视角只局限于清国社会和地方政府，还有一个地方是他们永远不可能到达的。

这就是皇宫。

在皇宫，一场更加令人瞠目结舌的阴暗事件一直在上演，它不仅是清日战争中清军溃败的根本原因，是清国"全民腐败"的源头，也是这个朝廷即将走向迅速衰败的最重要的原因，它即将将整个清国推向万劫不复的深渊，这就是——党争！

第十八章
从贵人到太后：26 岁慈禧掌控大清

党争必亡。——《资治通鉴》

慈禧后宫上位史

通过前面的讲述，我们已经了解到清国朝廷中有重要的两党——后党和帝党。它们分别是以慈禧和光绪为核心的利益集团。要了解这两大集团，我们需要的是了解这两大核心人物。

1894 年，已经是年轻的光绪皇帝"亲政"的第五个年头了，然而清国最高的权力仍然掌握在太后慈禧手里。

为了得到和掌控最高权力，这个权力欲极强的女人度过了漫长的时间，经历了残酷的磨炼，付出了昂贵的代价。

镶蓝旗人慈禧，姓叶赫那拉，那时候没有身份证，所以名字不详。在满语中，叶赫的意思是"河边"，那拉是"太阳"，"河边的太阳"，这是一个很美好的意境，后来叶赫那拉成为大清国的"太阳"。按照这个说法，大清国就是条河，青山遮不住，毕竟东流去也。

我们前面说过，清国皇帝是只能跟旗人家的女儿结婚的，为了保证婚姻质量，这就需要海选——选秀，是一场单向选秀，旗女只能被挑选，没有挑选的权利。1852 年，17 岁的叶赫那拉氏被选入宫，封为"兰贵人"，于是她也有了一个外号——兰儿。与她一同被选上的，还有另外三名贵人——丽贵人、婉贵人、伊贵人，以及四名"常在"——容常在、鑫常在、明常在、玫常在。感谢一下《后宫·甄嬛传》等电视剧的普及，大家一定知道了，在清朝后宫，皇帝的女人分为八个级别，分别是皇后、皇贵妃、贵妃、妃、嫔、贵人、常在和答应。

等级多的地方一定会有争斗，女人多的地方一定会有吃醋，这是历史和生活的规律，不以人的意志为转移。皇帝的女人这么多，要想不被排挤，站稳脚跟，你一定要斗，这是后宫规律，不以朝代不同而转移。

在残酷的后宫斗争中要生存下来，要么容貌出众，要么腹有诗书，要么后台够硬。

就争斗条件来说，刚入宫的兰儿似乎没有希望了，既无靠山，腹中诗书有限，外貌也不是特别出众。然而形势逼人，你可以不骚，但别人一定会来扰。为了生存下去，有那么一点尊严地生存下去，她必须在阴暗的宫廷里打拼。

入宫的那一天阳光明媚，而17岁的兰儿内心阴郁。她明白一切只能靠自己。

她被安排在紫禁城长春宫，正殿上高挂着乾隆老爷子御笔四个大字——敬修内则。这是告诫后宫嫔妃要遵守祖宗家法，谨言慎行，但是，兰儿并不打算一直这么做。

她要做的事情她知道。

从排序表上可以看出，贵人只排在了第六等，属于末流的阵营。所以虽然被称作贵人了，但绝对没有资格飘飘然，贵人不仅不像皇后那样独一无二，而且只是名号响亮，事实上连见皇帝的机会都很少。这就像我们现在去包子店，服务员都要高喊一句"欢迎贵宾"，然后你发现满屋子都是贵宾。

兰儿确定了自己的第一个目标——升级。她要成为这个后宫最有地位和权势的女人，成为后宫之首。

而能够使她升级的，只有一个人——老公，他叫咸丰皇帝。这是个好色多情的人，身边美女如云，资源享之不尽用之不竭。要引起咸丰的注意，只能拼命让自己变得更加漂亮和性感。没有办法，美貌永远是女人走进男人世界的第一通行证。

一个女人如何变得更美？标准答案是：整容和美容。整容那时候是不具备条件的，剩下的只有美容，兰儿也是这么想的。

从此，她每天按时作息，定量用餐，保持好身材。大家不要认为这很容易，实际上很难的。皇宫里条件优越，一不小心就爱上了吃和睡，没有自制力的人很难坚持下来。然后，从太监和侍女那里，她知道了坚持每日饮一种叫"驻香露"的东西可以使玉体渐渐飘香，让自己变成一瓶大香水，于是这个东西变成了她每日必不可少的饮品，基本当水喝了。晚上睡觉前，一项必不可少的工作就是用蛋清敷面，长久下来，肌肤不仅变得白皙，还有弹性，能迅速锁住水分。

但只有脸上的肌肤好也是不行的，于是她花大价钱让侍女从宫外买来了一种特别的美容产品——人奶。当然，这不是用来吃的，而是用来洗澡的。

为了做这些美容，她花掉了所有的钱，连一两银子都不剩，她很心疼，不过她知道，舍不得做美容就套不住色狼，投入总有一天会带来回报的。

事情果然如她所料，坚持不懈的美容带来成效了。当初的兰儿已经褪去小姑娘的青涩，变得光艳照人，成为后宫新鲜出炉的"性感俏娇娃"。美容起了成效后，接下来就是如何变得性感，还要创造机会在咸丰面前展现性感，于是皇宫里出现了这样一幕：

夏天，兰儿穿得很少，手里拿着一本书，伏在桌子上拜读，完美展现身材曲线，文宗（咸丰帝）走过来后，见到如此香艳一幕，他按捺不住内心的激动，"见而幸之"（《崇陵传信录》）。

那段时间，兰儿拼命做美容，拼命制造性感画面，"文宗幸之"的次数越来越多，但不久，这种幸福状况就又改变了。

因为其他的嫔妃也在这么做，大家都在使出浑身解数去吸引这个男人。于是，对于已经没有新鲜感的兰儿，文宗"幸之幸之"，又变成了跑之。

重归于寂的兰儿第一次灰心了，原本她以为凭着咸丰的宠爱，很快就能实现升级的目标，但现在她明白了一个道理，升级指标就那么多，大家都在抢，实现的途径只能是残酷地踩人上位。

她开始冷静地审视她的对手。

构成直接威胁的有两位。丽贵人，顾名思义，这是一个大美女，自入宫以来，咸丰皇帝的魂魄就被她勾走一半；另一位是玫贵人，因为出身低微，她原本的级别是常在，这是一位心机很重的个性美女，很是知道怎样讨男人欢心，更重要的是知道如何在床上讨男人欢心。自从入宫以来，咸丰就泡在她的温柔乡里（有敬事房档案为证），正是在一次欢乐之后，她成功地让咸丰把自己晋升为贵人。

她决定先拿实力最弱的玫贵人开刀。

在最初的刺激过后，咸丰已经开始表现出对玫贵人的厌烦了。因为她太爱争风吃醋，竟然只允许咸丰"幸"她，而不能"幸"别人，这可正犯了皇上的大忌。这一切都被细心的兰儿看在眼里。于是，在一个与咸丰滚床单后的合适机会里，趁着咸丰心情大好，可怜巴巴的兰儿向咸丰告状，说玫贵人在她的点心中下毒。她哭得泪水涟涟，表演逼真，又有几个宫女太监（被收买）一旁作证，咸丰大怒，将玫贵人降为宫女，今后基本没有见皇上的机会。

可兰儿还来不及高兴，几天后有些反应过来的咸丰又在哭得梨花带雨的玫狐女前柔情大发，不仅让她恢复了常在的名号，而且更加宠爱她。

想玩儿皇帝，却没想到被皇帝玩儿了一把。这次出手让兰儿感觉到失败透顶，很长一段时间都心灰意冷。不过，她很快振作起来，因为她明白，她已经没有退路。即使现在她只想过太平日子，别的嫔妃也不会放过她。后宫权斗就是一张不能倒转的唱片，你永远只能听下一曲，抬起的脚一旦跨出去，便没有机会再收回。

是的，这宫里每一份对着自己的笑容，都是要靠自己争取来的。她不仅要战胜那些妃嫔，还要防备那些警惕的侍卫，利用那些狡黠的太监和多疑的宫女，这就是她的真实生活。冰冷的现实不会给人太多的时间来自伤自怜或者后悔，只有收拾心情，继续战斗！

她主动向玫常在示弱，提着礼盒登门道歉，表明这是她听信谗言，一场误会。同样工于心计的玫常在也在表面上跟她和好了，两人暂时相安无事。

兰儿已经把目标对准丽贵人。

要对付丽贵人是更加不容易的。丽贵人不仅长得漂亮，还是个聪明贤惠的女人，咸丰太宠爱她了，把她当作宝贝，无论别人告什么状、用尽什么伎俩都不管用。她只好暂时隐忍，等待机会。

这个机会就是丽贵人怀孕。有了身孕的丽贵人自然不能再让咸丰"幸之"，而兰儿瞄准了这个机会，她知道自己可以乘虚而入了。

在丽贵人怀孕期间，兰儿用尽一切办法来取悦、讨好咸丰。她的目标最终实现了，1854年，在入宫两年后，兰儿成功升级，被晋封为嫔，封号为"懿"，从此以后她就是宫里的懿嫔了。

慈禧与咸丰的真爱时光

懿嫔对咸丰充满感激，虽然经过了两年的漫长等待，虽然只是升了一级，但毕竟自己的第一步目标实现了。她仍然在尽力讨咸丰的欢心，但渐渐地，懿嫔对咸丰的态度发生了变化。

她爱上了这个男人。

在别人包括大臣们的眼里，她的丈夫是一个没多少本事的人，除了好色以外，实在没有别的什么特长。大臣们私底下都议论纷纷，认为他是开国以来最没有本事的皇帝，绰号"四无皇帝"——无远见，无胆识，无手段，无作为。

但是，懿嫔不管这些，她只知道眼前的这个男人是能够帮助她实现梦想的人，而她的梦想只能寄托在这个男人的身上。只有这个男人，才能真正让她得到想要的一切。

好色无能的咸丰皇帝，就是她这辈子唯一爱过的男人。

从最初的取悦到现在的付出真爱，她对待咸丰的态度悄然发生了这种变化。而付出真爱，又给她带来新的机会。

在尔虞我诈的后宫，谈论真爱是比较奢侈的，但是，一旦它真的出现，它的威力又是巨大的。这是任何权术、心思都不能比拟的。付出真爱的懿嫔在丈夫面前是快乐的，也正是这种发自内心的快乐深深地感染了咸丰。咸丰正为国事烦恼，他需要这种真正的快乐，两人的感情因此越来越深，有时甚至达到了心有灵犀的地步，一举手一投足，就知道对方想要什么。

而在投入感情后，懿嫔也终于明白，美貌和性感很重要，但绝不是最重要的。以色事人，只能一时。作为一个男人身边的女人，你需要做的是抓取打开男人心房的那把钥匙，只有聪慧和成熟的女子才能让男人上瘾，也才能长期抓住男人的心。

这一阶段的懿嫔本身有了极大的改变，她开始有意地模仿一个人。这个人就是咸丰的旧爱云嫔，她是咸丰还是皇子时期的宠妾，美丽端庄，陪伴咸丰从皇子到皇帝一路走来，云嫔举手投足之间处处透着熟女的风韵和妩媚、端正和淡雅，这正是懿嫔所不具备的。她要以云嫔的气质加上自己更加年轻的身材，来成功取代云嫔的地位。

于是，懿嫔开始利用业余时间读书、绘画、练习书法，用现在的话来说，就是"提高自己的综合素质"，而不再只是时时刻刻想着如何媚惑咸丰。与此同时，她并没有放松警惕，又一次拿出了自己所有的钱，收买后宫里的宫女太监，监视其他嫔妃的动静和皇帝在后宫的一举一动。

这种转变是极为明显的，她已经不再是一个花瓶式的少女，而是一个有气质更有手段的"轻熟女"。这一时期的她少了很多心思计谋，却多了真心真爱，这大概是作为女人的她一生中唯一一段幸福甜蜜的时光。多年后，每当与太监聊天，她都会说道："我进宫以后，先帝很宠爱我，对其他人几乎都不看一眼……"说的就是这一段时光。

而真爱也是一座桥梁，架设了从取悦丈夫到带给丈夫快乐最后到驾驭丈夫的转变。

因为这并不是一个简单的女人。

她发现了咸丰身上一个致命的弱点：厌烦国事，也就是讨厌上班。而作为皇帝，他又不得不强打精神处理朝政，毕竟一大堆麻烦事都要等待他来处理，听候他的最终裁定。在明朝和以前的朝代里，皇帝都是把这些事情推给太监的，而清朝对太监的防备是极为严格的，所有的工作都只能皇帝一个人来做，所以每一代的皇帝都无比勤奋（被逼的）。每天天没亮就要爬起床，晚上十一二点还不能睡觉，从年初忙到年尾，每天工作十几个小时是正常现象，以至于出现了据说是被累死的皇帝（雍正）。

懿嫔知道，她可以去帮助咸丰，成为他唯一的帮手，也成为他不可替代的女人。

因为她有这样的条件。

由于年幼时曾在家庭教师的教导下学习过文化知识，懿嫔是后宫中唯一一位懂满汉两种语言、能说能写的妃嫔，虽然她的文化水平一直停留在小学三年级的水准，写个东西都错别字连篇，比如"事出有因"能写成"是出有因"，"倚仗"能写成"以仗"，但这并不妨碍她帮助处理朝政。

因为处理朝政的流程并不是特别复杂，甚至不需要有太高的文化水准。就拿批阅奏折来说，所有的奏折军机处都会按类分好，并提供处理建议，一般只需要再批个简易字句，做最后定夺就可以了。比如"知道了""如议""再奏"等，甚至连这几个字都不用写，在奏章上按指甲印，太监就会根据指印的深浅来填字，有副好指甲就行。

但是处理朝政虽然不需要很高的文化水准，却需要极高的政治天赋，核心就是判断事情的能力以及非凡的识人眼光和毒辣的用人手段。奏折里废话连篇，你要能够抓住事情的本质和核心，了解上折子的人真正想说的是什么，判断出是非，该表彰的表彰，该打板子的打板子，只有能干这样的活儿才是一个好皇帝。

懿嫔在这方面是有天赋的，因为她善于观察，并且善于思考，还有很强的自我控制能力。

当其他的嫔妃还在争风吃醋或者想方设法美容时，她已经审时度势，不留痕迹地参与到咸丰的工作中来。本来一开始咸丰叫上她，只是为了解解处理朝政时的寂寞和无聊，写批语时偶尔调个情，兴致来时再"见而幸之"，但在懿嫔看来，这正是她学习的绝好机会。她已经暗中学会了如何用皇帝的语气和角度去批折子，处理大臣之间的纠纷。这一切都埋藏在她的心底，并没有表露出来。

因为她知道，后宫干政是所有皇帝都十分警惕的，她不能引起咸丰的怀疑，所以虽然暗中成了一个处理朝政的高手，但她从来没有主动在咸丰面前发表过自己的观点。

直到有一次咸丰接到了八旗和绿营被太平军大败的折子，军机处束手无策，咸丰既震怒，又没有办法，只能坐在书房发呆生闷气。此时懿嫔来到了他身边，默默地帮他磨墨，收拾和整理桌子，咸丰见她，于是随口问问她的看法。

既然是皇帝问起自己，她就可以放心大胆地说出来了，当然，要表现出是受皇帝启发恍然大悟的样子。懿嫔说，现在有一个人可用，像曾国藩，能在短时间内组织成一支强大的湘军，足见这个人的不凡，是可以战胜太平军的。只可惜他是个汉人，军机大臣有所顾虑，所以不敢放手起用曾国藩。但朝廷现在的头号敌人是洪秀全，而曾国藩只是未来的可能的心腹之患。"明知不是伴，事急且相随"，朝廷应该先暂时抛弃满汉有别、防备汉人的传统观念，果断起用曾国藩，让他能够全心全意地用湘军去对付太平军，让朝廷先躲过眼前这一劫，万一将来有变，再去翦灭曾国藩的羽翼也不迟。

咸丰一听，立马明白了，采纳了这个建议，而结果也令他很满意，曾国藩的湘军扭转了南方的局势，咸丰为此大大地夸奖了懿嫔。

但此后，懿嫔又恢复如往常了。在咸丰处理朝政的时候，她只是磨墨，端茶水，咸丰不主动问她对朝政的看法，她决不多说一个字。咸丰本来还对她多少抱有顾虑的，现在见她这个样子，顾虑也打消了。事实上但凡有猜忌之心的人一旦打消顾虑，建立起对某人信任，再想让他放弃这种信任反而很难，咸丰就是这样的人。在建立了对懿嫔的信任后，他早已经忘了武则天的故事，他知道自己已经找到了一个好帮手，是可以舒坦一些的时候了。

咸丰主动将一些简易的奏折挑出来，要懿嫔代批。一开始还在旁边指点指点、调调情，后来干脆连指点也免去，在一旁闭目养神，再后来，他干脆溜之大吉。

咸丰去了另外一个地方——圆明园。因为舒坦下来的咸丰希望过得更加舒坦，这里可以更加方便地进行他的老本行事业——泡妞。在皇宫里泡妞吧，虽然资源很多，毕竟环境狭小，而且模式固定、流程严格，无非就是翻牌子。而来到圆明园就不同了，在园子里牵手、约会再滚床单是别有一番生趣的。更何况，在这里还能泡到宫里泡不到的妞。太监们把从民间秘密搜刮来的各种美貌女子，源源不断地送进来。总之一句话：此地为人间仙境，可以乐而不思紫禁城。

皇宫里，懿嫔每天都在勤奋地批阅奏折。没有咸丰在一旁"指导"，她便要自己做主。

朝廷的最高权力，就这样开始慢慢滑向一个女人的手里。

懿嫔已经今非昔比了，由于替代皇帝处理朝政，她不仅在后宫的地位已经无人可以撼动，甚至连咸丰都不得不忌惮她几分。然而，虽然她的地位提高了，却没有再继续升级，这是缘于后宫一条压倒一切的硬指标。

那就是怀孕生孩子，准确地说是生儿子。在后宫中，有妈的孩子不一定是个宝，但有孩子的妈一定是个宝，皇家的香火要继续，皇位要传承，母凭子贵，这是千百年来的规矩。

事实上懿嫔一直在为生儿子发起冲锋，但结果很不理想，入宫几年连肚子都没有变大过。

清宫档案记载，懿嫔身体别的毛病没有，睡觉特棒，吃嘛嘛香，一口气上五楼。唯一的毛病就是月事不调，每遇经期，都会"腰腹胀痛，胸满呕逆"。太医诊断正是由于这个原因影响了怀孕，而懿嫔也一直为此深感烦恼忧心。

只是担忧是没有用的，必须积极想办法解决。她用银子打通关系，请到了最好的太医为自己调理。专家就是专家，太医们不仅给她看了病，还特意为她研制出了"懿嫔调经丸",此丸到目前还有药方传世。

虽然中药丸不太好吃,但懿嫔相信医生,更何况是给过红包的医生。她皱着眉头坚持不断地服用了一年,并遵医嘱戒掉了平时最爱吃但对药效有影响的小吃点心,好消息终于传来:懿嫔怀孕了。

我叶赫那拉某人也有这一天啊!

懿嫔只在私底下把这个好消息告诉了咸丰,并且告诉他:根据太医的诊断和种种迹象判断,有可能怀的是男胎!然后,她恳请皇上为她保密,让她安心待产,直到瞒不住的那天为止。

后宫相残,残到皇帝后继无人的事,咸丰也懂。于是他答应了懿嫔,帮她守住了这个秘密,并偷偷地召御医为懿嫔保胎,懿嫔自己就更不用说,十二分的小心,不给其他任何妃嫔接近自己的机会。

三个多月后,肚子隆起,想瞒也瞒不住了,于是咸丰公布了这个消息。对于一个已经怀孕的女人,大家都放松了警惕,至少觉得她没有精力再去整人。而事实恰恰相反,机敏的懿嫔已经不再是那个敏感却多少带点善良的兰儿了,她十分清醒地认识到,这正是自己铲除那些对手与潜在对手,新账老账一起算的时候。

因为她知道,咸丰还没有一个儿子,外界开始拿他的生理有问题进行八卦,这让他背负了很大的压力,而她有可能为咸丰带来第一个儿子。在这个孩子生下来之前,无论她做什么,只要不把皇宫给点着了,咸丰都是会原谅她的。

残酷的宫廷斗争

懿嫔的第一个目标竟然是云嫔。

前面说过,云嫔是咸丰的糟糠之妾。跟咸丰的其他女人一样,她也是十几岁就跟了咸丰,但跟其他女人不一样的是,她跟咸丰时咸丰也才十几岁。有一句话叫男人要永远珍惜那些在你十几岁或二十几岁就跟了你的女人,因为那个时候你还是一张白纸,一无所有,这样的女人跟你受了很多苦，即使没受身体上的苦，心里的苦也是少不了的。

云嫔正是对咸丰有这样意义的女人。当咸丰还是皇子的时候，他并不是皇位最有力的竞争者，而云嫔陪伴他最终战胜对手，顺利继位。在那段奋力打拼的日子里，她的陪伴，意义深远，铭心刻骨。

咸丰继位以后，即使有了很多新欢，对云嫔的感情都丝毫不减，而懿嫔竟然敢朝云嫔下手。

她是如何做到的？

传承千年、百试百灵的老办法——诬陷。懿嫔知道咸丰是极其希望有一个儿子的，而云嫔一直是没有怀孕的，懿嫔就抓住了这两点，成功地进行诬陷。

她向咸丰告状，说云嫔嫉妒她怀孕，嫉妒她有可能为皇帝生下龙子，竟然企图用巫蛊之术来使她流产，这个女人真是太可怕了，求皇上做主。

咸丰的第一反应是不信的，他又不是不了解懿嫔。

但懿嫔有备而来。她需要人证，而此时的她也不再是收买太监宫女那个初级阶段了，她直接收买了另外一位嫔妃为她做证。

就是她曾经的对手玫贵人。玫贵人差一点被她整死，后来才又恢复为贵人，而她与懿嫔之间有过节，这点咸丰也知道，现在她出来为懿嫔作证，咸丰又一次震怒了（他是冲动型选手），云嫔被打入冷宫。

对于这个冤枉，云嫔是万万想不通的，懿嫔诬陷她还情有可原，而一向跟自己恩爱的丈夫竟如此狠心对待自己，实在是万念俱灰啊，于是，云嫔在冷宫里悬梁自尽。

可惜，实在可惜。李敖曾经说过，对付敌人其实没有什么最好的办法，最好的办法就是要比敌人活得久一点，这样你就可以对着他的遗像唱卡拉 OK 了。可惜的是云嫔并不明白这个道理，她的人生字典里没有隐忍。如果云嫔能忍得下屈辱，等咸丰反应过来之后，一定会还她个清白。事实上，没过几天咸丰就后悔了，可是此时的云嫔已经上吊，一切无法挽回。

男人的胸怀是被委屈撑大的。在这个宫里，女人要把自己当男人使；在这个宫里，无论男人有多爱你，女人最后能依靠的只有自己。

大肚子的懿嫔旗开得胜，接下来的目标，就是丽妃。

丽妃就是之前的丽贵人，因为怀孕生下公主晋升为妃，级别比懿嫔还高上一级。懿嫔对付她的方法很简单，就是指使玫贵人买通丽妃贴身宫女，偷偷在丽妃护肤品中投毒。丽妃用了这种护肤品后皮肤溃烂，花容失色，失去了自己一直引以为傲的美貌。丽妃顿时方寸大乱，缠住咸丰，乱发脾气，并说一定是懿嫔干的，要求咸丰给她个说法，严惩懿嫔。

咸丰本来知道丽妃是被人所害，而且也怀疑到了懿嫔，但无论他好说歹说，丽妃总是不依不饶，要求立刻就惩罚懿嫔。咸丰终于火了，我只不过想保住这有可能的第一个儿子，谁给我个说法啊。

咸丰本来想处理好这件事情的，但丽妃这一闹反而让他觉得无法面对她。他再也不想看见丽妃，就再也不去她的宫里，任她自生自灭。

在怀个孕顺便将两位嫔妃拉下马后，懿嫔终于产下了孩子，而且果然如她盼望，是个儿子（运气很好）。懿嫔当日被加封为妃，儿子满周岁时又被加封为贵妃，赐名懿贵妃。

懿贵妃的升级工作基本完成了，她已经到达了最高级别的三甲范围——贵妃。前面就是皇贵妃，按照她的表现，再过一两年，封个皇贵妃也不是什么难事。在升级工作基本告一段落后，下一阶段工作的重点就是——杜绝其他女人为皇帝生儿子。

头号的防备对象不是别人，正是皇后钮祜禄氏。后宫母凭子贵，也会子凭母显。皇后生的儿子很特别，因为他是"嫡子"，只要不是太弱智，都是太子的最热门人选。为了保证将来自己的儿子能够继承大统，自己能够当上太后，懿贵妃必须让皇后生不成孩子。

办法有两个，第一个是让皇帝废去皇后。但这比较困难，皇后的地位很重要，废皇后就是让皇帝离婚，皇帝是天下臣民的榜样，连他都离了大家就更不相信爱情了，要注意影响啊。所以朝廷规矩是，如果皇帝要想废掉皇后，不仅要有"不得不废"的理由诏告天下，还要祷告列祖列宗，也就是说，不仅要过人这一关，还要过鬼这一关。

正是因为这个原因，一般只要皇后不叛逆谋反什么的，皇帝都是尽力维护这段婚姻。

既然废后不成，那么只有第二个办法，让咸丰减少和皇后在一起的机会。在一起的机会少了，怀孕的机会也就少了，更何况咸丰不是特别能让女人怀孕，不像他的先辈康熙，经常弄大一个嫔妃的肚子。只要让皇帝宠幸皇后的机会减少，皇后就很难怀孕。

这个办法很好。懿贵妃开始不着痕迹地实施了，她的办法就是要让皇帝从心底里厌弃皇后。皇帝皇后本来是政治婚姻，咸丰对皇后更多的是尊重，没有多少情爱。而钮钴禄氏一直无法突破"母仪天下"的枷锁，虽然比懿贵妃还年轻两岁，但在皇上面前一直是规规矩矩，恪守礼法，一年四季都把自己包裹得严严实实，女人的娇俏和万种风情，在她身上是见不到的。咸丰自然对她也十分礼敬，但这样的女人显然不是他的菜。懿贵妃就抓住这个要害之处，处处"赞美"皇后的严肃、不苟言笑和恪守礼法，成功地将皇后塑造成一个不解风情、无聊呆板的女人形象，耳边风加上枕边风一起吹，久而久之，咸丰对皇后也没多少兴趣了。

皇后一直没有怀孕，懿贵妃长出一口气，但这时，一个不幸的消息传来。

玫贵人生下了一个儿子。

玫贵人一直是个心机很重的女人，在这一点上甚至不比懿贵妃差。在与懿贵妃第一次斗争中落败后，她审时度势，表面归顺，暗地里却一直在积蓄自己的力量，想方设法亲近咸丰，偷偷地怀孕，然后在咸丰的保护下顺利地生下儿子。咸丰大喜，立即封她为嫔，并打算在皇子满周岁时进一步加封为妃。

消息传来，懿贵妃勃然大怒，真是小看了玫贵人了，竟然被她钻了空子！一旦她的皇子长大成人，凭玫贵人的心机，一定是将来太子人选的有力竞争对手。决不能让这个孩子平安长大！

虽然在铲除丽妃和云嫔的过程中，玫贵人都功不可没，帮了自己一把，但如今的懿贵妃已经具备了对敌人毫不留情的手腕和心理，下定决心，排除万难，神挡杀神，佛挡杀佛，铲除前进道路上的一切障碍！一个歹毒的计划在懿贵妃心里形成了。

她又拿出自己所有的钱，用巨资收买了玫贵人的贴身宫女，让她在婴儿食物中掺进慢性毒粉，几个月后，玫贵人孩子夭折，咸丰的第二个儿子就这样离他而去了。

玫贵人知道是懿贵妃下的毒手，但是她在咸丰面前的哭闹已经换不来结果。在处理朝政上，咸丰已经无法离开懿贵妃，只好睁一只眼闭一只眼。咸丰的意思是玫贵人少安毋躁，以后还有怀孕机会，下次哪怕是送出宫去，也一定会让孩子平安成长。

咸丰的计划是完美的，可是，他不能理解一个女人痛失孩子的那种心情。玫贵人有冤无处申，加上出身低微，宫里连对她表示同情的人都没有，带着满肚子的委屈和怨恨，玫贵人脾气越来越喜怒无常。咸丰一向是个只找乐子的人，觉得她不可理喻，跟丽妃一样，也任她自生自灭。

有句话说，要一个女人命的不是后悔，而是想不通。从丽妃到玫贵人，再一次印证了这个道理，她们都是想不通的人，因为想不通而残害了自己。在后宫，一个要必须面对的现实就是：想不通也得想通，你不能指望皇帝来让你想通。皇帝回到后宫是寻找放松的，他还指望你去安慰他，而不是要他来安慰你。

就这样，懿贵妃成功地实现了她的目标，她已经在嫔妃争斗中一骑绝尘，打遍后宫无敌手，成为后宫事实上的皇后，宫里其他的嫔妃再没有怀孕。而懿贵妃也一直没有放弃她的防备，成功地让咸丰断子绝孙。以致后来咸丰剑走偏锋，宠幸了一位宫女，宫女意外受孕，通过情报网，这个消息第一时间传到了懿贵妃耳朵里。宫女的生死在宫里基本是没人管的，懿贵妃就派人将宫女连同她腹中的胎儿一块儿毒杀。

而咸丰的生命也走到了尽头。

1861 年 7 月，31 岁的咸丰皇帝一命呜呼。他死亡的原因在史料中存疑，有人认为他是服用春药过度，也有人认为繁重的朝政国事让他心中郁结，盛年早逝。无论怎么说，皇宫里即将迎来一位新的主人。

他就是懿贵妃的儿子，四岁的载淳继位，年号祺祥。在死前，咸丰似乎预见到了将来无人可以压制住懿贵妃，不仅规定由自己生前最亲近的八位大臣共同辅佐年幼的皇帝，还给了皇后钮祜禄氏一道密旨：如果将来懿贵妃图谋不轨，你可以将懿贵妃处死！

而为了防备八大臣挟持年幼的皇帝，咸丰又同时给了懿贵妃和皇后复核朝政的权力：八大臣议定的事项，还必须通过皇后和懿贵妃同时盖章签发才可生效。

所以现在，皇权争斗的焦点集中在后宫和权臣之间，双方都想收回对方手里的权力，看谁下手快。

懿贵妃发挥了冷静和识人用人的特长。谁是目前的敌人，谁是可能的朋友，她首先解决了这个权斗的首要问题。同在后宫的皇后钮祜禄氏当然是联合阵线里的人，但懿贵妃的眼光没有只局限在后宫内，她还在朝中找到一个强势人物——恭亲王奕䜣。

奕䜣是咸丰的亲弟弟，当年的咸丰就是在击败他后继承皇位的。为了防备奕䜣，咸丰并没有将奕䜣排在八位顾命大臣之列，而懿贵妃清楚地知道，奕䜣在朝中拥有很大的权势——他的身后有一个最广大的利益集团。

这个集团就是新兴的汉人官僚。按照祖制，朝廷的统治基础一直是满人官僚，对汉臣处处戒备，而奕䜣是比较"开明"的，他的身边团结了一批新兴的汉臣。他们热衷"洋务"，力求改变，已经有实力取代保守腐败的满人官僚集团，成为朝廷新的统治基础。

懿贵妃敏锐地抓住了这一点。在后宫危急的时刻，就像当年起用曾国藩对付太平军一样，她联合恭亲王，用"议政王"的无上头衔，换来他对后宫的支持，发动政变，一起干掉八大臣！

政变成功了，咸丰临终托孤的八位顾命大臣被杀的杀，流放的流放，他们手上的权力完全被收回。小皇帝的年号由祺祥改为"同治"，皇后钮祜禄氏被尊称为"慈安太后"，懿贵妃被尊为"慈禧太后"。在小皇帝大婚亲政之前，由两宫垂帘听政，议政王奕䜣辅佐朝政。

从现在开始，我们要叫她慈禧了。从曾经的兰儿、懿嫔、懿妃、懿贵妃一路走来，时间距离她入宫已经过去了九年。这一年她26岁，相当于本科毕业后工作四年的年纪，她很年轻，但这并不妨碍她成为一个厉害的女人，一个可怕的女人。

在残酷的后宫和皇权斗争中，慈禧一次次展现了善于审时度势和变通的政治家素质，她的权术是厉害的，但更厉害的是她始终能够看准潮流，也就是所谓的"大势"。让自己跟着大势走，与最广大的利益集团站在一起，只是她希望站的位置不是他们的中间，而是踩在他们的头上。

如果一个女人学会了用男人的方法来解决问题，这就是个很厉害的女人。

而对于慈禧来说，她是踏着尸骨和鲜血一路走来的。她的权力来之不易，在今后的日子里，一定会倍加珍惜，像珍爱生命一样珍爱手中的权力。她今后的人生只剩下了一件大事——维护权力安全。大家千万别惹毛了她，为了权力安全，她是什么事情都可以干得出来的，什么脸面都能豁得出去的。她将本能地对威胁到自己权力安全的事情抱有警惕，本能地对自己一切可能的政治对手抱有极大的戒心，不管这个人是她的恩人还是仇人、老子还是儿子。

但在维护权力安全之前，还有一个更重要的安全需要得到保障，那就是人身安全。

慈禧一开始并不知道慈安手上还有一道可以置她于死地的密旨，但她终于听到了风声。从那时候起，她就开始想办法了，等待时机，这个时机就是一次慈安生病的时候。

当慈安生病时，慈禧一刀割开手腕，拿自己的血给慈安做药引子。当身为女人的慈禧利用了女人的弱点——易动感情时，这一招果然奏效了。一向老实仁义的慈安被感动得稀里哗啦，再回想起慈禧之前对自己的百般谦恭与关心，她便主动取出了那道密旨，当着慈禧的面烧为灰烬。

1881年，慈安去世，享年44岁。她的死因又是一个不小的历史谜案，从种种迹象上看，慈安有可能是被慈禧毒死的，但这种说法在历史上找不到确切的证据。事实上当那道密旨变成灰之后，慈禧就用不着再顾忌慈安了，更用不着去杀她，与其说慈安是被慈禧杀死的，更不如说也是想不通被气死的。

慈安的手段跟慈禧不在一个级别上，慈安简单地认为咸丰给她那道密旨只是为了制约野心勃勃的慈禧，却没有想到这也是丈夫给她的护身符。当她的手里失去了制约慈禧的杀招，慈禧便不再忌惮她了，很快露出了真面目，对慈安的态度180度大拐弯，飞扬跋扈，颐指气使，处处刁难，慈安又惊又怒，终于香消玉殒。

同治皇帝也没活多久，他在19岁时死去，此时他才结婚并亲政一年多。这孩子继承了他父亲好淫好色的传统，并且进一步发扬光大，尤其"喜好男风"，经常微服出宫逛"八大胡同"，结果染上重病。这个病是天花还是梅毒，或者是天花加梅毒，目前又是一个谜，大部分证据表明他得的是天花，反正他活得还没有他老爸长，皇权再一次需要转移。

这时候，慈禧真正的挑战到来了。

因为此时同治的皇后已经有身孕，很快就要临产。对于朝廷来说，可以等同治皇后产下皇子，立为新皇帝。

但这种做法其实也存在风险，不说"国不可一日无君"，万一她生下来的是女儿就比较难办了。更重要的是，这种选择是慈禧最不愿意看到的，同治的儿子就是她的孙子，一旦孙子成为皇帝，她就成了奶奶，即使再实行垂帘听政的政策，也是由同治皇后，也就是她的儿媳去挂帘子，不关"老奶奶"什么事。

在慈禧的压迫之下，刚烈加想不通的同治皇后带着腹中的胎儿，选择了自杀。

消除了成为"老奶奶"的威胁，慈禧仍然无法再继续垂帘听政。因为按照祖制，同治皇帝没有后继之人，此时需要从他最亲的皇族近支中挑选一位男子来做皇帝。根据当时的情况，恭亲王奕䜣的儿子是最理想的。奕䜣是同治的亲叔叔，而奕䜣的儿子已经17岁了，比起其他还在学走路的孩子，真可谓"国有长君，社稷之福"。但是，这种情况又是慈禧不愿意看到的。

一旦奕䜣的儿子做了皇上，奕䜣就成了太上皇，他们父子联手，皇家大权就要旁落他家了。

慈禧最终选择了醇亲王奕譞的儿子。奕譞也是同治的亲叔叔，但他还有一个身份，就是慈禧的妹夫——他的老婆是慈禧的亲妹妹，更重要的是，奕譞的儿子才四岁，这又方便慈禧继续控制。

为了可以继续以太后的身份垂帘听政，慈禧将这个四岁的孩子抱进皇宫，把他过继给死去的咸丰，做咸丰的第二个儿子。就这样，慈禧又一次成为太后，安心地坐在帘子后面，处理朝政！

当孩子的父亲奕譞听到这个安排时，他当场吓得晕了过去。放着一位17岁的候选人不选，选一位四岁的小孩子，这可是光明正大地违反祖宗之法啊。

可是，现在已经无人能够制约慈禧。"议政王"奕䜣呢？他已经自身难保了。

在处理好新皇帝的问题后，慈禧将奕譞推向了前台，让他成为自己的政治盟友，然后一起去打压恭亲王。由于奕䜣权势太大，慈禧采取了分步走的策略，先是找机会免去了他"议政王"的头衔，逐步瓦解他的势力，最后将奕䜣和他的全班人马逐出军机处和总理衙门，让奕譞的人马取而代之。

好吧，事情发展到这一步，慈禧终于可以暂时喘口气了。奕譞是个理想的政治盟友，他没什么才干，但他有一个突出的特点——胆小软弱，在慈禧面前是唯唯诺诺，大气不敢出的。慈禧选择他，看中的不是他的实际行政才干，而是"安全"。国家在他们手里搞成什么样子不管，只要我有我的权力安全感。

这就是慈禧，一个在权斗和平衡各利益派别上很有一套的女人，一个很会玩权谋但并没有实际行政才能的女人，她对掌控权力和大臣们的心理游刃有余，对皇宫里的权力斗争有着浓厚的兴趣，但对国门外的世界没什么兴趣。她不了解外面的世界，也不需要了解，专制的朝廷需要的就是这样的人，封闭的专制制度从来都是政客的舞台，你只需要有那

"两把刷子"。

而慈禧又将很快迎来对她权力安全的一个重大挑战。

因为那位四岁的小皇帝，爱新觉罗·载湉，也开始慢慢地长大了。他才是名正言顺的皇帝，长大后的他，需要做一件事情：将皇帝大权从慈禧手中夺过来，实现那激动人心的——亲政。

苦命的天子

这是一个从小就不快乐的人，一个可怜的人，四岁之前如此，四岁之后也是如此。

和聪慧机敏的姨妈慈禧不同，载湉的母亲是个有点儿神经质的女人。她一生信佛，这并没有错。但信仰带来的仁慈只用来对待花花草草、虫鱼鸟兽，比如夏天不许人进花园，说是怕踩死蚂蚁，而对于她周围的人，包括亲生儿子在内，是莫名其妙的虐待。

她总不给自己的孩子吃饱，似乎吃饭也是一种罪过。她一共生过五个孩子，但有三个都夭折了，夭折的原因是——营养不良，而这竟然发生在锦衣玉食的王府之家。载湉是侥幸生还下来的孩子之一，经常受到母亲的毒打，打完之后就是关小黑屋。

在这样的成长环境中，幼小的载湉是个敏感、惊恐、忧郁的孩子，以至于一看见母亲的身影就精神紧张。而在平时，他很容易激动，一激动就说不出话来，结结巴巴，语无伦次，严重时还会陷入痉挛。

这些生理疾病一直保留到了成年以后。

入宫后，载湉成了太监宫女的玩具。每当他哭的时候，总管太监会把他锁进一间墙角摆个小夜壶的、阴暗潮闷的小黑屋，惊恐万分的载湉更加不要命地哭起来，踢打着紧闭的屋门，太监们笑嘻嘻地跪在门外，高喊："万岁爷心里有火，唱一唱败火吧！"

太监们这样大胆，因为他们是"奉旨管教"。

在家里吃不饱，到了皇宫仍然吃不饱，这是为了培养所谓的"俭德"。

他被规定不能多吃。饿肚子的时候，他就跑到太监房中找吃的，发现大饼馒头之类的，拿起就跑，而太监就在后面追。被追上之后，他只有跪下，苦苦哀求，可是那些东西还是要被抢回去。在平时，一旦他某一顿吃得多了点，就会有两个太监过来抓住他的脚脖子，把他倒立过来拼命抖动，嘴里高喊："理顺万岁爷的胃！"

而每天的学习任务却是十分繁重的，每天天不亮就要起床，去帝师翁同龢的房里背诵古文圣训。每当他想多睡一会儿的时候，太监们就会装神弄鬼来吓唬他，一群太监在另外一间屋子里弄出刺耳的巨响，好像雷神已经显灵，直到把他吓得哇哇大哭，乖乖地去书房。

有时他会天真地问太监："我真的是万岁爷吗？"

太监回答："是的，皇上，您是万岁爷，您想要什么有什么，想干什么就能干什么。"

他迷惑了。要什么有什么？现实是他多要个馒头也不行啊，多睡一会儿也不行啊。

而这些还不是载湉感到最恐怖的，慈禧才是他认为最恐怖的人。

在对待孩子上，慈禧跟她的妹妹并没有什么区别——古怪、暴戾、神经质。她也是一个信奉"棍棒底下出孝子"，但凡见到孩子快乐就不会快乐的人。只要见到载湉玩闹，慈禧就会像泼妇一样尖叫起来，早就等候在一旁的太监就立即动手。久而久之，载湉对慈禧有了一种天然的畏惧，看到她就像看到了自己严厉的母亲，甚至比母亲还恐怖。他害怕太监，而太监却害怕她，她似乎是这个深宫里所有恐怖东西的集中代表，每当她走过来时，他会禁不住浑身哆嗦。

慈禧很满意这样的状态，因为这一切正是她希望看到的。这个孩子是将来的皇帝，在她眼里，她并不需要带给他来自姨妈的关爱，而是最高权力场中上级对下级的掌控。为了达到目的，慈禧很注意从小抓起，从小事抓起，处处在载湉面前建立自己不容挑战的权威，不容许载湉对自己的意思有任何忤逆，对她说的话不能有丁点儿反驳。如果载湉对自己有任何言语上的不敬，她就要大为光火，凶恶的太监又会恶狠狠地扑过来。

每天早晨，载湉必须前往慈禧的住处请安，不管她是住在紫禁城还是颐和园，无论刮风下雨，都得去。请安不是站着请，也不是跪着请，而是边磕头边请，没有慈禧的命令是不能起身的。如果碰上哪天慈禧心情不爽，或者想故意给他个下马威，那么就只有一直跪着了。

每当慈禧外出，载湉必须要放下手中一切事情，规规矩矩地跟在后面，慈禧看戏也要陪着，游个园子也要陪着，散个步也要陪着——不要问什么，这就是规矩。规矩是谁定的？慈禧定的。

光绪与皇后的婚姻悲剧

时间过得很快，到1889年，载湉18岁了，他必须要结婚了。说必须是因为他不能再拖下去，在历代皇帝的结婚年龄里，这已经算绝对的晚婚。而之所以拖到这时候，只是因为这是慈禧的意思。

按照祖制，皇帝大婚之后就应该亲政，慈禧的一切权力要归还给载湉。因为这个原因，慈禧在载湉结婚的事情上拖了几年，现在实在拖不下去了，就为他指定一个老婆吧。

即将成为皇后的这个人是慈禧的侄女——叶赫那拉·静芬。这个女人大载湉三岁，脸很长（面长如驴），有两颗突出的大龅牙，还是平胸。

我估计载湉看她一眼就不会喜欢她。别说她不是美女，就算是美女也不会喜欢的，因为这个女人无疑就是慈禧派来监视自己的。

而载湉没有想到的是，静芬也极不情愿。她见过载湉，并不喜欢他。当听说自己要成为皇后的时候，她找到慈禧表示了强烈的反对，可是她得到的是和载湉同样的结果：反对无效。

都是缘分啊！让我们都成为政治婚姻的牺牲品吧。

1889年2月26日，紫禁城里张灯结彩，一对互相没有好感的年轻人在这里结婚。他们正值妙龄，门当户对，但却如身往地狱。四周吹吹打打，好不热闹，金银珠翠，什么都有，唯一缺场的，是他们的感情。

结婚的十天前，一场大火将皇宫里的太和门烧了个精光。按照祖制，皇帝大婚，皇后必须要坐轿经午门、太和门抬进内宫，结婚当日却又下起了雨，冷风飕飕，潮湿阴冷，洞房里的大红烛怎么点也点不燃。

宫女太监们嘴上不说，但心里都在嘀咕这不是好兆头，只怕新人们的婚后生活不会幸福。

事实如此。虽然她贵为皇后，但他从来不会朝她看一眼，她也不会。

能够得到他喜欢的不是皇后，是另外一名妃子，镶红旗女子他他拉氏。她自小跟着任广州将军的伯父在广州长大，性格开朗活泼、个性张扬，有几分像男孩子。而入宫时，她才13岁，宫中突然多了一个冲来冲去的孩子，她的封号是：珍妃。

虚弱的皇帝

大婚之后，他就是开始亲政的皇帝了，年号光绪。噩梦一般的童年经历给光绪皇帝留下了非常差的健康状况。这是一位年轻人，但是一位脸色苍白、十分清瘦伴随着经常性口吃的年轻人。他时常感觉头痛和耳鸣，胸部闷热，肠胃消化功能不好（经常呕吐），视力和听力都出现了衰退，小便次数很频繁，但每次的量很少（尿频尿不尽），双腿无力，走路竟像小老头一般的蹒跚。

他仍然对打雷和其他巨大的声音感到恐惧（心理阴影）。每当电闪雷鸣的时候，他都是无比地狂躁和惊恐，这时候他的门窗都要紧闭，让太监站在两旁，自己拼命捂着耳朵。

更严重的是，长期不规律的生活和高度紧张的精神状态使光绪皇帝出现了一个严重的生理疾病——阳痿。不仅经常在睡梦中遗精（宫廷医生记录），任何刺激、重压或者嘈杂的喧闹声，都能导致他突然遗精，"引起精液流涌如注"。从现代医学观点来看，阳痿是由于肾功能退化以及并发症所引起的。

身体状况影响了他的性格，光绪皇帝是一个既胆怯又任性的人，身体虚弱无力，性格敏感、孤僻。对于慈禧，他还是一如既往地惧怕，甚至就连在其他女人面前都是十分胆怯和紧张！

然而他比以前更加勤奋，因为他知道自己已经是一个亲政的皇帝了。他把大量的时间用来学习，读历史典籍，学习英语。他最向往的朝代是大唐，大唐盛世以及英明君主的开疆辟土令他无比向往，他为此读了很多有关唐朝的史书，读完之后还要写下自己的感想，总结出治国的经验。

也许在那一刻，大唐盛世的雄风深深地植入了他的骨髓里。

大婚过后一个礼拜，55岁的慈禧光荣退休了，她搬到了颐和园，用她自己的话说，"以后的工作就是在颐和园遛遛猫和狗了"，而光绪有了批阅奏折的权力。一切事情看上去都是那么顺利，已经亲政的光绪即将大权在握，像他向往的大唐君主一样，奋发有为，实现中兴之治，承前启后，继往开来。而事实并不是这样。

光绪仍然需要每隔一天就前去颐和园请安。关于请安的仪式我们前面知道了，仪式没有变，而内容却变了。现在的"请安"并不是问问您身体好不好、心情好不好、吃饭香不香之类，按照慈禧走之前定下的规矩，朝政的大事仍然需要请示慈禧，也就是"寻常事上决之，疑难者请懿旨"。

需要请示的大事，其实也只有两个方面：除了朝廷的大政方针，另外一项就是人事任免。

在多年实际掌控这个国家的过程中，慈禧提拔重用了一大批官员，这是她的权力基础，而不是光绪的权力基础。掌控人事任免大权对于慈禧来说，这是一种极佳的权力安全设计。只要朝廷里里外外基本都是她的人，她仍然可以在颐和园遥控这个国家的最高权力，过着"退而不休"的生活。

而对于光绪来说，情况就比较郁闷了。不能给大政方针定调和没有彻底的人事任免权牢牢捆住了他的手脚，这才是他实现亲政的最大障碍。作为新上任的领导，作为在朝廷中还没有建立自己权力基础的领导，如果想真正亲政，就必须撤换掉一批人，建立自己的亲信和嫡系队伍，但问题来了——无人事任免权，就暂时还没办法建立嫡系，形成自己的权力基础。

光绪要做的，就是等待。无论是温水煮青蛙，还是明修栈道、暗度陈仓，这都需要时间啊。

当然，在"亲政"后，光绪毕竟已经是真正的皇上，"皇帝"这个名分是慈禧永远无法拥有的。对于朝中的一些大臣们来说，他们有事情做了，开始打内心的小九九，盘算站队问题。

大部分的大臣选择了继续团结在老太太身边，因为他们深深地了解这位老太太的手腕，明白她的野心，更知晓她的脾气。这一派人数众多，实力强大，几乎包括了朝廷所有的王公大臣和各省的总督巡抚，以及军队里的实权人物。

而另一派在深思熟虑后决定将宝押在光绪身上，这些人大部分是言官、清流、御史等等，也就是说，他们就是那些当时不是实权人物，而希望自己能够拥有实权的人。既然他们想改变现有的权力格局，在实际权力场中插一腿，那么皇帝就是他们实现政治抱负、成功上位的最佳人选。

帝党代表人物翁同龢

现在，我们来解说一下帝党。帝党的阵营比较简单，简单到不需要对前文说的进行补充——如果非要补充的话，就介绍一下代表人物翁同龢的情况。

翁同龢其实一直是慈禧的人。在光绪登基之前，他曾经支持了慈禧的数次权谋行动，由此才得到慈禧的信任，担任军机大臣、户部尚书（财政部部长）、总理衙门大臣，并成为光绪的帝师，正是这个身份的转变，加上光绪亲政，他才转向支持光绪。

后党代表人物李鸿章

虽然慈禧一直是李鸿章的坚强靠山，但李鸿章跟这位太后老佛爷没有任何亲戚关系，一年也见不上几次面。实事求是地说，李鸿章能成为最有权势的后党代表人物，最大的原因就跟慈禧能站在紫禁城之巅一样——能做事。

朝廷毕竟是个庞大的政治机器，即使腐败，也是需要有人来做事的。

当太平天国起义时，最会做事的人是曾国藩。曾国藩一生做的最大的事是军功，而作为曾国藩最得意的弟子，李鸿章不仅继承了曾国藩的军功衣钵，还将曾国藩的"经世致用"进一步发扬光大。

所谓"经世致用"，简单的理解就是积极做事，使国家的经济得到发展，社会变得稳定，人民感谢政府。这样的人物我们熟悉的著名代表就是诸葛亮先生，此人在管理国家和发展生产力方面可谓鞠躬尽瘁死而后已，所以后人评价"文章两司马，经济一卧龙"，赞扬的就是这种实干精神。

曾国藩和李鸿章发起了清国的"洋务运动"，而所谓的"洋务运动"，其实就是结束中华民族绵延千年的农业社会传统，引进和仿照西方科技来发展近代工业。在曾、李时代，清国的工业化进入了新的阶段。铁路、蒸汽航运、矿山、电报、电力、近代邮政等原先只有西方国家才有的工业，在清国大地如雨后春笋般出现，势头很猛。

而做这些事情是要遇到很多阻力的，最大的阻力来自观念上的反对。一些人认为，所谓的"科学技术"，不过是"奇技淫巧"而已，强国之本，"在人心不在技艺"。持有这些观点的是当时的大部分人，当官的如此，老百姓也是如此。曾国藩和李鸿章就曾试图派遣一些留学生去国外学习科学技术，结果他们遇到了很大的困难。

在当时，出国留学生是"官派"的，只要你出国，政府不仅负担全部费用，甚至还给你家里补贴钱。不过报名者寥寥，因为传言"洋人"会把他们孩子活活剥皮再把狗皮贴到他们身上，当怪物展览赚钱，于是家长们打死也不让孩子出国。这其中包括一个叫詹兴洪的家长，他的邻居在香港做事，力劝詹家送儿子留学，没想到詹兴洪一口拒绝，还将好心的邻居大骂了一顿，最后邻居同意把自己女儿许配给詹家，詹兴洪这才勉强同意了。

这个孩子就是后来从耶鲁大学毕业的詹天佑。他同其他 29 名幼童作为清国第一批留学生赴美，学习科技。自此以后，出国留学才渐渐成为热潮。而曾国藩并没有看到这一批小孩子远赴美国，他在五个月前去世，死前他向朝廷推荐了自己的弟子，那个永远起不了早的安徽人李鸿章，继续他的事业。

在接下来的岁月里，李鸿章继承了曾国藩的遗志，一面大力加强国防，扩充和训练淮军，一面专心于"洋务"。前文说过，在他的手里也创造了许多个第一，我这里就不一一列举了，有兴趣的朋友可以去翻翻历史课本。而其中有一家企业是不得不说的，这就是轮船招商局。

轮船招商局是李鸿章创办的清国最早的轮船航运企业。总部设在上海，最开始只有三艘船，而几年后不仅拥有了几十条大船，分支机构遍布国内港口以及日本、新加坡等地，甚至还收购了一家美国轮船公司（旗昌轮船公司）。在此后的岁月里，轮船招商局历经晚清、民国和中华人民共和国三个时代，至今仍然存在。现在它是我国在香港的全资国有企业，是央企中仅有的 12 家"6A"级企业之一，拥有我国目前最大的超级油轮船队。在 1978 年，招商局独资开发了新中国第一个对外开放之地——深圳蛇口工业区，随后创办的招商银行是我国大陆第一家股份制商业银行，旗下的平安保险公司则是我国大陆第一家股份制保险公司，可以说它对于中国的改革开放事业功不可没。而这一切的荣耀，完全可以追溯到它的创办者李鸿章。无论如何，人们不能忘记他作为开创者的功劳。

而李鸿章做事的这段时间正是慈禧垂帘听政时期，慈禧虽然深居宫中，但并没有被"满汉有别"的观念所禁锢，也没有极端排斥西方的科学技术。她主政的时期正是洋务运动发展最迅速的时期，李鸿章就是继曾国藩之后慈禧最为倚重的汉臣。

那么，这两人的关系是不是就密切到没有嫌隙、可以互相信任了？答案是否定的，并且永远是否定的。

这跟制度有关。专制制度永远是单向的，上级发话，下级服从。上级的话就是指示，指示需要传达，传达后需要组织一帮人来开会，讨论如何坚决贯彻执行。然后下级去干下级的，背后有领导的一双眼睛在盯着。

而如果这个领导是最高级别的领导——皇上，这就更难办了。你需要刻意地表现你与皇上的亲近，又要掌握好度，这个度就是绝对地忠心，但只是相对地理解——也就是所说的"死忠"。皇上不需要被理解，他的权威建立在神秘的基础上。对于皇上说的话，你只要照着做就行了，千万不要判断出皇上的下一手是二五八万，还是一四七条。如果皇帝的心思都被你猜中了，他最恐惧的那两个字就会出现在他的梦中——谋反！

要记住，和牌的只能是他一人——是为家天下也。

官场是没有平等信任关系的，君臣之间更是如此。

慈禧和李鸿章之间也是如此，但和别的君臣关系不同，它又多了一个特殊情况。慈禧的最高权力并不是名正言顺的，而是通过权势占有她"儿子"光绪的。那个已经亲政的光绪就坐在朝堂上，只要他在，就会对慈禧继续霸占最高权力的"合法性"构成威胁。

这就注定了慈禧只能是一个和稀泥去平衡各派的人物，她最大的愿望就是"稳定"。所谓稳定压倒一切，只有朝局稳定了，不出乱子，她的权力才会安全。所以，慈禧对李鸿章的支持也是一种政治需要，跟她的个人观念和喜好没有太大的关系，也就是说，她喜不喜欢洋人的东西都不会影响她的选择。出于权力安全的需要，慈禧这个人既不可能绝对的保守，仇视一切"洋务"，也不可能绝对的开明，放手让洋务派们去干，她是个时时刻刻在"维稳"的人。

对于李鸿章，慈禧一直在用，也一直在防。而李鸿章也心知肚明，他不仅一直在"能用"的方面上让慈禧满意（争取更大的乌纱帽），也一直在"不需要防"的方面让慈禧放心（保住乌纱帽）。

活得真是个累啊。

现在，我们可以用一句话来总结慈禧与李鸿章之间的新式"君臣"关系了：在这个朝廷里，在皇权最高领导和最会做事的臣子之间，没有人像慈禧和李鸿章这样，互相了解，互相同情，互为灵魂知己，又互相利用，互相算计。

得出这个结论是为了解开接下来的这个谜底，关于北洋舰队一个争议多年的谜底。

慈禧挪用军费的秘密：不是因为要修颐和园而挪用海军军费，而是为了要挪用海军军费而修颐和园！

当慈禧把建设北洋海军的重任托付给李鸿章之时，她就已经明白，她实际上已经把自己的身家性命甚至整个国家的命运都托付给了李鸿章。海军太重要了，西方列强都是从海上进攻清国的，谁掌握了海军，谁就掌握了这个国家的命运。

所以在建设北洋海军之时，一开始慈禧对李鸿章的支持是毫无保留的。她强调"惟念海军关系重大，非寻常庶政可比"。只要是关系到北洋海军的事情，要银子有银子，要政策给政策，要人给人，花费这么大的投资，言官御史们风言风语，慈禧只有一个反应——不理睬。

正是因为有了慈禧的大力支持，北洋海军才迅速发展起来，成为亚洲第一。但是，在北洋海军建成（1888 年）后，慈禧的态度却变了。当李鸿章像往常一样奏请拨款购买军舰和大炮的时候，慈禧的回答是：没钱。

而暗地里，慈禧开始忙碌一件事情——修颐和园。

修颐和园的预算是 2000 万两白银，而费用是从海军军费里挪用。这么多银子用于修园子，北洋海军自然是没钱了，别说再买舰买炮，买颗子弹的钱都没有。

所以，从 1888 年以后，北洋海军再没有添置一艘新军舰，大炮也一直是旧的。

买了舰和炮就修不成园子，修了园子就买不成舰和炮，新舰新炮和颐和园，似乎是一对矛盾。

而真正的矛盾焦点只有一个——权力安全，准确地说是慈禧的权力安全。

挪用海军军费无异于削弱自己统治的根基，这一点精明的慈禧不会不知道。但是，作为专制制度里的最高统治者，慈禧要面对的现实是：如果不发展海军，国家就要被西方列强打成殖民地，所以必须发展。但是如果海军过于强大，并且这支强大的海军完全掌握在李鸿章一个人手里时，那么为了权力的安全，必须防备李鸿章拥兵自重，有谋逆之心。

另外还要防备的，就是李鸿章倒向光绪。

别看李鸿章是慈禧的嫡系，但官场上一切都是可能的，在有条件的时候，谁不愿意站在权力之巅？

这就是慈禧对于北洋海军最真实的心态：既要让这支军队建立发展，又不能让它过于强大。

大家要问了，既然要防着李鸿章，那么一开始不让他掌控海军军权就好了嘛，让一个能够信任的满族王爷来领导不是更好？

先不说这些满族王爷是否真的值得信任（他们谋反更容易），就算是真的值得信任，慈禧老人家也是没有选择的。

原因上文我们已经说过了，李鸿章能办事，换句话说，能办事的，也唯有李鸿章而已。慈禧并没有把北洋海军的最高领导职务交给李鸿章，而是交给她信任的海军大臣庆亲王奕劻。问题是奕劻同志跟其他满族王爷一样，只顾自己捞银子，对海军的事情，他没有办法实际控制。因为他是在办公室里听汇报的主子，没有李鸿章的实际掌控，北洋海军估计到最后都只能打鱼。慈禧不得不将建设和掌控海军的重任（也就是大权）托付给李鸿章——就像当年太平天国起义后，朝廷也曾让八旗和绿营上过阵，最后不得已才放权给曾国藩。

两害相权取其轻啊，永远是政治家的选择。级别越高，能做出一个"完美选择"的余地越小。对于慈禧来说，她既要让李鸿章能做事，又要让他只能为自己做事——这是慈禧对李鸿章的最基本的态度。

现在结论已经渐渐清晰了。在史料中，人们把慈禧在北洋海军正要迅猛发展之际，却昏聩到挪走军费修颐和园，当成她作为一个女人贪图享乐、腐败堕落、昏庸无能而且荒淫无耻的证据。但是，在我看来——慈禧并不是因为要修颐和园才挪用海军军费，而是要为了挪走海军军费才修颐和园！

只有修颐和园，李鸿章才无法反对。毕竟这是一个令大权在握的李鸿章无法反驳的理由，1888年是光绪亲政的前一年，慈禧即将退休，如果为她幸福的退休生活弄套带花园的别墅李鸿章还要反对，那你李鸿章是何居心啊？心里还有没有这个领导啊？

所以，只有打着为慈禧修颐和园的旗号，海军军费才能畅通无阻地从李鸿章手里弄出来。如果朝廷用于其他的用途，李鸿章都是会跟你拼命的。

好吧，总而言之，当我们用贪图享乐、腐败堕落、荒淫无耻等这些经常骂政客的词去骂慈禧时，我们恰恰已经忘记她的身份——最高级别的专制者。享受是所有专制者都喜爱的，所谓有条件要享受，没有条件创造条件也要享受。但是，这一切都要建立在权力安全的基础上，如果屁股下的这个位置都不保，还谈什么享受？

当然，修颐和园不能完全排除慈禧有享乐的心态，但这并不是唯一的动机。因为对于慈禧来说，建设北洋海军是为了国家（部分为了自己），而不让一支自己无法完全掌控的军队过于强大，则是为了她自己。北洋海军最终无法成为真正的强军，不是它技不如人（军舰是世界上最好的军舰），也不是没银子（花的钱比日本多），更不是没时间来发展（比日本起步还要早），而是从一开始，在源头上，就注定了它无法强大！

所以，在一个专制体制内，享乐、堕落、荒淫，永远都不是最可怕的，不是最大的罪恶之源；而清正、廉洁、貌似的大公无私、十分亲近百姓、有事总在一线，也不是最可爱的，不是善政之本，因为这一切，很可能都隐藏在权力斗争和党派之争的面目之下！事实上，包括慈禧在内的各利益集团为了自己和本派别进行的利益争夺，都是在"为了我大清江山"的口号下进行的！

当朝廷要挪用军费去修颐和园的消息传到李鸿章这里时，他的第一反应除了愤怒还是愤怒，海军刚刚建成，正是要加大投入的时候，现在却停止拨款了，这简直是卖国嘛！李鸿章按捺不住内心的愤怒给慈禧上了道奏折，要求停建颐和园继续发展海军。而慈禧对这封奏折的反应很奇怪——她严厉地批评了李鸿章，却没有给出任何原因，只是安慰李鸿章继续勤勤恳恳、任劳任怨，像条老黄牛就行了。

经过一番思考，李鸿章终于心知肚明了。慈禧正是要以解决她退休后住房问题的名义，光明正大地挪走军费并让李鸿章无话可说。在幡然醒悟之后，李鸿章十分爽快地配合了。他不再上反对修园子的折子了，不再为国防去争了，他为把海军军费挪给宫廷创造一切可能的方便，主动配合慈禧有所猜忌的心思，带头把北洋海军发展的势头压下来。

慈禧要保障她的权力安全，李鸿章大人也需要保护他在慈禧手里的顶戴花翎，就是这个局面了。当丁汝昌打报告给李鸿章，要求先在主力战舰上装备最新的速射炮时，虽然这只需要60万两银子，李鸿章的回答是：没钱。

同样的，在清日战争之前，刘步蟾报告了日本舰队正在大肆购买最先进的军舰和舰炮，对北洋舰队造成很大的威胁，要求继续买舰买炮，强大海军，防备日本，有苦说不出的李鸿章只是答了一句：你的心思是很好的。

事实上李鸿章并不是真的没钱，即使朝廷没钱，他的小金库里也是有的。在清日战争结束之后，李鸿章向朝廷报告了北洋海军还有一笔存在汇丰银行的两百多万两银子的"活动经费"。这些钱即使买不了军舰，进行速射炮的更新换代也是绰绰有余——但是，李鸿章不敢啊。

事实就是这样了。这样一支政治大军，它背负着各式各样的政治目的，各种利益集团的代表都会在这里插上一脚。如果军人不能纯粹为了战斗而战斗，即使它的编制和武器与国际接轨，这还是一支陈旧的军队，一支战斗力不断下降的军队，而这一切的源头是朝廷存在党争。

后党和帝党的基本格局就是这样了，但还有一个人是值得我们注意的。他是一个生力军，一个离开我们视线很久但从未放弃往权力中心去钻营的人。

袁世凯在北京的"活动"

在清日战争爆发前，成功金蝉脱壳回到国内后，袁世凯去了辽宁，负责清军的后勤保障工作——相当于粮草官。袁大人对这个安排是很不满意的，但好歹没有再把他打发去朝鲜，而且也是在做军队工作，他在等待着真正进入军界的机会。

他知道这个机会是会到来的。

在辽宁，袁世凯目睹了前线士兵的大面积溃逃。虽然他也是从朝鲜逃回来的，但对于别人的逃跑，袁大人很痛心。他每天都在大骂前军主帅，似乎只有他才适合当前军主帅。他相信自己有办法管理好一支军队，让这支军队特别守纪律、特别能战斗，而办法就是他的那个老办法——杀人立威。

"前兵溃逃，若影响运务，凯将痛杀之！"

但对袁世凯来说，这个梦想又很遥远。他在军界还没有任何影响力，知道他的人也只知道他驻扎过朝鲜，工作干得还不错，但这跟真正的带兵打仗是两回事。

看来袁世凯先生需要一个契机。

契机很快就来了。旅顺失陷后，朝廷突然明白，勉强能打仗的最后一支军队——淮军都已经是另外一支八旗了，必须着手建立一支新式陆军，不然清国将无兵可以打仗。经过研究，朝廷任命广西按察使胡燏棻为总负责人，仿照德国的方法，在天津小站这个地方训练新式军队，先练5000人，取名为定武军。

胡燏棻当时在天津为前线军队做后勤保障工作，也就是说，他是袁世凯之外的另一个粮草官。朝廷之所以任命他为负责人，是因为他可以就近工作，拍拍裤脚就可以上任，这也说明胡燏棻只是一个临时人选。1895 年 12 月，在练了一年的兵以后，胡燏棻被调去负责修建津卢铁路（天津至卢沟桥），朝廷还需要选择一个人来正式接任练兵。

袁世凯得到了这个消息。

大家应该还记得，他那半船黄金还没用完，现在正好可以派上用场。这些黄金送给谁呢？再去找老上级——李鸿章肯定不行了。李中堂的仗打得一塌糊涂，在朝廷上已经说不上话，又因为签订《马关条约》，换来一片骂名，现在连慈禧都无法保他。李鸿章的直隶总督、北洋大臣等职务被撤，只保留在总理衙门兼任的职务——他成了在外交部上班的一名普通工作人员，自身难保。

袁世凯先生敏感地意识到，是时候需要再投别人的门下了。这个人会是谁？

袁世凯打听到有三个人能决定人选，按照主次顺序，分别是：庆亲王奕劻（后党）、清流派首领李鸿藻（不是李鸿章的兄弟，属帝党）、步兵统领荣禄（后党）。

按照袁世凯的级别，就算他的黄金再多，也没有办法直接接触到亲王，于是他决定从后两位入手。

对于李鸿藻，袁世凯并没有送黄金，而是呈上了一篇很长的文章。这篇文章系统地阐述了他老袁关于训练和管理新式军队的想法，文笔华丽，主题突出，中心思想明确，气势磅礴，有很多排比句。

"好文啊！"当李鸿藻读完后，他大叫了一声，一巴掌拍在桌子上。激动之余，李鸿藻拿着这篇文章去找光绪了，他向光绪举荐了袁世凯。

这是光绪皇帝第一次对袁世凯有了深刻的印象，从此记住了袁世凯这个名字。光绪也很心动，不过带兵的重任，还是需要谨慎的，更需要"征求"太后方面的意见，于是光绪对李鸿藻说："先把这个人列为候选人，合适时候就由组织部（吏部）带领入宫觐见吧。"

后来，在吏部的引荐下，袁世凯见到了光绪。光绪跟他谈起了一件很重要的事情——变法，询问他的意见。出宫后，袁世凯回奏了一份长达13000字的变法方案，提出一揽子计划，主要内容有开办银行、邮政，修建铁路、制造机器、办新式学校等，这些观点大合光绪的胃口，光绪对袁世凯的印象很好。

但袁世凯并不认为他见了皇帝就可以坐等升职，他知道只"活动"帝党的人是远远不够的。老袁又来到了荣禄府上，他很清楚荣禄并不像清流李鸿藻那么清高，黄金肯定是爱的，于是他带上了一箱黄金——另外还有一本书。

这是一本关于练兵的书，袁世凯很清楚，像荣禄这种老狐狸，不会像清流李鸿藻那样过分看重文章，不会认为文章写得好，办事也就强。所以袁世凯干脆编了兵书，收集各国训练军队的方法，并提供自己的看法和见解，扎扎实实地阐述自己对练兵的心得和体会。

和前面那篇文章一样，这本书也是袁世凯找人代写的，只是署上了他的名字。

而袁世凯的目的并不只是借这本书来打动荣禄，更重要的是，他要向荣禄表忠心。他要让荣禄大人明白：如果朝廷让我袁某人去负责练兵，那么这支军队只是世凯在替大人您看管，袁世凯一定唯大人之命是从。

袁世凯的方法是"认门生"。拿着书让荣禄指教，顺便拜荣禄大人为老师。那么，黄金也不是行贿之物，只是学生对老师的见面礼。

荣禄同意了。不仅同意了袁世凯是个好"学生"，还是个练兵的好人选。在正式决定胡燏棻的接任人选时，荣禄向朝廷推荐了袁世凯，加上李鸿藻的推荐，庆亲王的挂名，袁世凯的职务便定了下来。

北京朝阳门外，袁世凯又来到了这里。一年多以前，他从朝鲜回到国内，走通州大道进京，正是从朝阳门而入。一年多的时间里，这个国家经历了甲午之战、《马关条约》，一切都已经改变了，而对于袁世凯大人来说，一切却是新的征程。他曾经怀疑自己只是一个曾经辉煌过的中年胖子，再也无法进行事业上的突围，现在看来，一切都是杞人忧天。

他曾经梦寐以求进入军界，掌握军权，现在看来，野心有多大，舞台就有多大——当然，黄金也不能少！

1895 年寒冬料峭的时节，吃过狗不理包子后，对前途充满信心的袁世凯提着几包破衣服，来到了小站。

下一个李鸿章

在天津东南 70 里的地方，这里原是一片盐碱荒地，寸草不生，人烟稀少。这样的地方适合驻军，于是后来有淮军驻扎于此，开垦荒地，引渠灌溉，种植水稻，"小站稻"到现在都很有名。

袁世凯一来，便烧了"三把火"。先是把"定武军"改为"新建陆军"，简称新军。改名正是要"去胡化"，胡燏棻是创始人，但新军不能有胡燏棻的痕迹。

然后是招人，袁世凯把总人数由 5000 人扩张到 7300 人。在山东、河南、安徽、辽宁等地贴出老百姓都看得懂的招兵告示后，对于报名来应试的人，袁世凯亲自把关。在袁世凯眼里，年龄 20 岁左右的年轻农民是最理想的人选，这些人身体强壮，思想朴实，能吃苦耐劳，很老实，也很听话。

人员齐整后，接下来就是加强制度建设。袁世凯成立了督练处，这是一个统领小站练兵所有工作的机构，相当于总经理办公室，总负责人自然是老袁。在这个机构的下面，按照职能分工，分别有参谋营务处、执法营务处和督操营务处，另设有粮饷局、军械局、转运局、洋务局、军医局、教习处等。对于这些中层干部，袁世凯找的都是能成为自己亲信的人。比如徐世昌（结拜兄弟）、张勋（以前的同学）、唐绍仪（以前的手下）以及冯国璋、段祺瑞、曹锟，等等。老袁手里有了权和钱，就提拔他们，给他们好处，这些人的共同点就是聚在老袁麾下，唯老袁马首是瞻，唯袁命是从！

但袁世凯并不是只抓住这些中层干部，他很聪明，他知道如果自己不能亲临士兵一线，如果哪个中层干部培育自己的嫡系，那他老袁就不好直接控制了。于是，"为了和士兵打成一片"，老袁一改以前旧式军官的作风，亲下基层，恩威并施。

老袁以身作则，每天天不亮他就起床了，穿上军服，和士兵们一起出早操。当然，他是站在一旁观看和督察，晚上和士兵一起晚归，甚至当士兵们休息后，他还要亲自提灯巡营，风雨无阻，从不缺席。他和士兵们混熟了，连各班班长都能直接叫出名字，深受士兵们的欢迎和爱戴。

每当老袁和士兵们一起出操或者督导训练的时候，他从不搞特殊，士兵暴晒他也暴晒，士兵淋雨他也淋雨，手下要给他打伞，就会被他骂回去。每到发饷银的时候，他会亲自监督，发放到士兵手中，避免基层军官贪污。而每个月，他还要拿出自己工资的1/3，奖励优秀士兵。

督练处针对士兵的所有规章制度、通知、告示等文件，袁世凯都要求用白话文写，通俗易懂，简单明了，士兵要看得明白。而在室内课堂——讲武堂等地方，袁世凯叫人写上对联，这样的对联也是通俗易懂。我曾经去小站抄回来一副：

有事则患难相依以得士卒之力，无事则甘苦与共以结士卒之心。

而袁世凯并没有放弃他的传统特色——杀人。杀人当然是为了立威。夜晚巡营发现有士兵在偷食鸦片时，袁世凯同志采取了当年入朝鲜时的办法——当场拔出佩刀将此兵劈杀，从此军中又多了一种对他的感觉——惧怕。

在科学管理、重奖施恩、杀人立威的种种手段之后，袁世凯大人成功地将这支装备精良、战斗力突出的新军变成了自己的嫡系队伍。"你们是在为谁刻苦训练？"袁世凯问。"为大帅！"士兵们整齐地回答。

袁世凯同志"大惊失色"，说道："不，不，是为朝廷！"

在练兵过程中也不是没有风言风语的。练兵一年后，朝廷中有人弹劾袁世凯，名义是练兵"花钱太多"，于是朝廷派出了荣禄大人率领工作组前来调查。对于"上面"派来的工作组，别人可能早吓得风声鹤唳了，但在袁世凯看来，这是他更进一步向荣禄大人表忠心的机会，于是在袁世凯的"活动"之下，荣禄高高兴兴地在小站住了几天，看了阅兵式，回朝廷复命：小袁干得不错！

1897年，袁世凯又一次升职了。最新职务是直隶常务副省长（直隶按察使），级别正三品，主要工作仍然是主持在小站的练兵。掌握了兵权，就是掌握了最大的政治资本，这所有人都明白，于是朝廷中谁也不敢再忽视他小袁，那个当年只想快点从朝鲜回国的人，如今已是官场上一颗冉冉升起的政治新星。

而袁世凯厉害的是，无论是在公开场合还是私下场合，他都不发表对朝廷帝党和后党的看法，决不谈"政治"。他的口号是"军人不懂政治"，袁某人也不关心政治，只听从朝廷的命令。

所有人都明白：他将是下一个汉族权臣，下一个李鸿章。但所有人都在观望和猜测：他将是慈禧的下一个李鸿章，还是光绪的下一个李鸿章？

也许，帝后两党的权斗最终是会白热化的，清日战争只不过是小小地表现了一下而已。在未来两党权斗的关键时刻，成败也许就在于哪一派成功地收拢了这个修炼多年的老狐狸——袁世凯。

而对于袁世凯来说，总督朝鲜和小站练兵虽然干得风生水起，但这似乎离他的目标还很遥远，他连一个省的父母官（巡抚总督）都还不是，更别说取代李鸿章成为国家中枢之臣，袁世凯仍然在等待机会。而就在他辛苦练兵的时候，这个机会已经来了。朝廷里接下来发生的一件大事，将再一次改变袁世凯的命运，直接将他卷入朝政的中心。

好戏即将开始！

好吧，让我们来总结一下。对于朝廷来说，与邻国日本的一场战争改变了一切，也暴露了一切，惨败的结果和《马关条约》带来的刺痛，深深地震撼了大清的宫廷、官场乃至民间。天朝地大物博，历史悠久，如果说1840年打不过英国，还可以说自己的船不坚、炮不利，可是洋务运动正是以船坚炮利、自强求富为目标，全国上下在朝廷的带领下奋斗了三十多年，花了大价钱买武器强军，船也坚了、炮也利了，为什么连小小的"东夷"、以前根本不屑一顾的倭寇都还打不过？

所有人——包括朝廷内部的人，都深深地感受到，必须"变"了——变法。

所谓变法，用现代一点的词语来说就是"改革"。

整个官场开始行动，上至王爷大臣，中至总督巡抚，下至知府知县，大大小小的芝麻官纷纷上书言事，要求改革。而在慈禧的同意下，朝廷下达命令，令各级官员讨论变法，一定要拿出一个合理可行的办法。

看来朝廷终于清醒了。几千年以来，这似乎是一个变法的最佳时刻：社会各阶层之间第一次有"变法图新"的共识。这种共识在戊戌年（1898年）春天达到了高潮，从当时的情况看，变法之风即将刮遍体制内外，长城上下，大江南北！

第十九章
戊戌变法：光绪和慈禧的权力博弈

变法是得到慈禧首肯的，由于光绪已经"亲政"，变法的具体事情就交给他去办，让他牛刀小试。自从"亲政"以来，一直被慈禧控制的光绪，终于有了一个证明自己和挑战自己的机会！

1898 年 6 月 11 日，光绪颁布了变法诏书，由中央政府主导、从国家层面上开始的变法正式开始。

朝廷和国家又一次有了机会，百姓们又一次看到了希望。走向光明或者堕入黑暗，上天堂或者下地狱，所有人都在期待这个开局，也等待这个结局。

来吧，好戏即将开始！

慈禧的杀招

6 月 15 日，变法开始后的第四天，慈禧以"太后懿旨"的形式一口气发布了四道命令。

第一道：变法期间及以后，凡新任二品以上大臣必须到颐和园慈禧太后处谢恩。目的：仍然紧紧把控朝廷高级官员的人事任免权。

第二道：任命荣禄为直隶总督兼北洋大臣。三个目的：第一是让心腹荣禄接替曾经的心腹李鸿章为自己守卫京畿，掌控京畿稳定，变法是在朝廷进行的，只要首都不乱，其他地方也乱不起来；第二是让荣禄成为北洋大臣看守国门，在关键时刻成为与洋人沟通的窗口；最后，成为袁世凯的直接上司。

第三道：太后和皇帝于本年秋到天津检阅军队，命荣禄预备一切。目的：为了预防将来有可能出现的动乱，荣禄可以借着为准备阅兵的名义调动军队以及做其他军事方面的部署。

第四道：免去帝师翁同龢的一切职务，命其立即离京，回家养老去。

从分析来看，慈禧的前三道命令已经够厉害了，基本把将来该想的事情都想到了，而最后一道命令也是最厉害的一招。

不是慈禧看翁同龢不爽，这个命令是慈禧在深思熟虑后发出的，它出于慈禧的一个需要——平衡权力。

前面我们说过，慈禧是后党集团的带头人，但同时她也是这个国家的最高统治者，她必须为朝政的稳定处处操心，这是她的责任，也是她无法逃避的事情。事实上一个最高领导人看谁都不会特别爽，也不会特别不爽，但是，在慈禧看来，她在那个时候必须解除翁同龢的权力。

清日战争后，李鸿章在朝中没有了一切职务，只保留了一个大学士的荣誉称号。自从李鸿章失势后，慈禧看翁同龢就别扭了。翁同龢的官职和权势并不比李鸿章低多少，除了与洋人打交道和做实业，某些方面甚至还超过了李鸿章。在慈禧的眼里，翁、李二人的存在就是互相制衡、互相牵制的，避免一方独大。现在，李鸿章走了，翁同龢大人也必须走。

对手啊，托起成功的另外一只手。有时候我们之所以存在，并不是因为自己有多厉害，而是因为有个死对头，就这么简单，特别是在官场上。

而慈禧还有更深一层的考虑，就是帮助光绪。

在慈禧的眼里，变法是由光绪主导的，必须而且只能由光绪来主导。翁同龢这个人慈禧还是比较清楚的，他曾经也是慈禧的心腹，在光绪亲政前后，才仗着自己是帝师转向支持光绪。清日之战中，翁同龢发动了一批清流言官，极力拆李鸿章的台，战后又极力主张变法，每一次的理由都很堂皇，比如头可断、血可流、外敌不可侵，还有为了国家自强等。不过老狐狸慈禧比他更清楚，这老头所做的一切也只不过是为了他的权力。对于任何一个已身居高位而又极具野心的人，无论他是李鸿章还是翁同龢，慈禧都不得不防。在慈禧看来，光绪毕竟还年轻，太嫩，没有李鸿章的制约，老狐狸翁同龢难免不会将野心之手伸得更长，而免去翁同龢职务后，变法就真正由光绪来主导了。

这就是说，虽然光绪是慈禧潜在的政治对手，但好歹也是一家人，大家都是带"皇"的，家天下嘛，不是儿子坐天下就是老子坐天下，变法无论成功还是失败都还能保证权力在皇家手里。

可怜的翁同龢，他喊了多少年的变法，最后关头却发现自己一直是个啦啦队员，连上场的资格都没有。为谁辛苦为谁忙呢？他只有收拾好行李，跟皇宫说再见，一个人默默地回常熟。李鸿章在清日战争中焦头烂额时，翁同龢一再鼓动弹劾李鸿章，并且成功地将李鸿章从高位上拉下马。见到李鸿章被罢官，翁同龢曾十分开心，和李鸿章斗了这么多年，对方终于垮了，他就可以平步青云了。现在，他终于明白了对手的意义。

皇宫里的慈禧接到了翁同龢离京的消息，她的心里也不好受，不是为了翁同龢或李鸿章，而是为了变法。下了这么多命令，都是源于她内心里的秘密。

慈禧的心理

在变法进入实际程序后，问题可以说是千头万绪。但谁是变法的真正支持者，谁是变法的继续观望者，这才是变法的首要问题。

而在这其中，慈禧的真实心态是最重要的。皇宫里的光绪也许并没有意识到这个问题的重要性，毕竟一个退休老女人的心情有什么值得去关注的？但是，"人治"社会的特色，很多时候，就是看心情。

我大姨妈到底是怎么想的呢？

要分析或者回答这个问题是有难度的。但是，从慈禧一连发布的四道命令来看，我们还是可以分析个大概，这就是破解一个人内心秘密的根本方法——听其言、观其行。

慈禧的第一个心态是矛盾。在她内心的最深处，她是不愿意变法的，"维护社会稳定"才是她的第一需求。社会稳定，也就意味着权力稳定，现有的权力平衡就不会被打破，她就能继续做老大，这一点慈禧比谁都清楚。

但是，作为政治家或者国家最高领导人，慈禧更加意识到变法势在必行。谁也无法阻挡这个潮流，不仅阻挡不了，还要拿出切实行动，不然各地只怕要造反，自己的统治也不会长久。所以我们说，慈禧是在极大的矛盾心态中"不得不首肯"了变法。

第一心态引出了第二心态：旁观。变法的事情由光绪来干，名义上是光绪已经亲政了，而实际上是老女人并不想干。虽然由她这个掌握着朝廷最高权力并且有着最广泛权力基础的人来主导变法，办起事情来方便一些，政令出紫禁城也快一些，下面的官儿也听话一些，但慈禧既没有那个心情，也没那个能力，更不想去折腾——最重要的是：她不想承担这个风险。

几千年以来的事实无数次证明，对于政治团体而言，变法虽然有很大的利益，但还有更大的风险。实际上风险才是第一位的，被五马分尸的商鞅肯定同意这一点。对于慈禧来说，她已经掌控了最高权力，实在没必要再去冒这个风险，所以对于这一场变法，她宁愿躲在幕后。一句话：要变你们去变，我是不会去变的。我是唐僧，你们当孙猴子。

她的第三个心态是等待，或者叫静观其变。政治家最基本的素质就是经得起等待，在这漫长而纠结的过程中，最重要的一条就是不预判事务。在那个最后的结果到来之前，慈禧不会认定变法一定会成功或失败。她在平静地等待结果，但不会被动地接受结果。她要做的就是躲在幕后，隔岸观火，将来变法成功了，大家高兴，此时她出来领功，宣布一下大家辛苦；如果不成功，那也不怕，她会出来收拾残局。

她的最后一个心态就是担忧。慈禧最大的担忧，并不是变法成功或者失败，而是权力平衡是否会被打破。作为权谋家，第一位的永远是权力。她希望变法最后能够取得成功，让政权得以延续，但她更希望所有的变法都是在她的权威下进行的，睡几觉醒来，法变了，而大权仍然在她的手上。尽管已经清除了翁同龢，但她仍然比较担忧是否有人会浑水摸鱼，威胁到她的权力！

那四道命令就是一系列老练的杀招，是为了保障权力安全设置的防范措施。慈禧相信，这些措施可以永保大权在手，即使将来出现不利情况，也能够迅速收拾残局，恢复"稳定"！

好吧，游戏的大幕已经拉开了。走掉了翁同龢，光绪必须亲自出马，但所有的事情不可能都由他去干，他最需要的是一批人，一批能为他冲锋陷阵、将变法推行下去的人——帮手。

光绪的新帮手

光绪要去找帮手了。等到真正开始做这件事情的时候，他才发现这是一件有难度的事。天子富有四海，四海之内皆同志，但当光绪把目光投向庞大的官僚系统时，他最想说的一句话估计是：同志们，你们在哪里啊？

60年前，光绪的爷爷道光皇帝也曾碰到这样的难题。

当时广东鸦片为患，道光皇帝每天都会接到来自两广总督的"八百里加急"，此时朝廷已经三令五申禁烟，道光朱批的禁烟令发了一道又一道，而鸦片屡禁不止。在京广之间的道路上，出现了一个有趣的现象：一边是广州发来的报告烟患的"八百里加急"，一边是紫禁城发出的禁烟圣旨，传递文件的人经常在半路上遇见。送来送去，都是这个结果。

原因只有一个，那就是鸦片并不是只有洋商在卖，地方官员也参与其中，然后从中分红。有的官员在烟行中有股份，胆大的甚至自己当老板，在幕后指挥贩卖。从表面上看，这些官员与商人勾结，实际上，官员之间形成了互相保护——官官相卫。所以，中央的政策（圣旨）下来了，总是上有好政策，下有好对策。

洋商们开始公开嘲笑："你们连自己基层的地方官员都管不住，又如何能管住外国人？"

这种情况下，林则徐出场了。他手持尚方宝剑，代表道光去把鸦片一把火烧光。

经过六十多年的发展，这支基层官僚队伍更加腐败了。大小官员早已习惯了自己角色的利益定位，他们虽然"同情"变法，但要让他们自己去做是没空的，有空的是捞银子。

而光绪连自己的钦差大臣都没得派，宫廷权力一直是慈禧把持的，光绪在朝廷中并没有权力基础，在中高层很难获得实质上的支持。

不过，变法毕竟是朝廷的大事，太后也是点了头的。于是有几个人表示要支持变法，我们来认识下他们：

礼部副部长（礼部侍郎）徐致靖徐大人；

财政部副部长（户部左侍郎）张荫桓张大人；

礼部处级干部（主事）王照王大人；

监察御史杨深秀杨大人。

当然，他们也不会比其他在继续观望的官员们傻，他们要的工作是向光绪推荐合适的人，也就是说，做"猎头"的工作。

对于变法来说，什么是合适的人？

这是有要求的。

首先，他们必须是在行政系统之内，能保证可靠并有基本的行政才干；其次老官僚不要，必须是新人，最好是候补官员之类，他们还没有受到官场的腐蚀，也没有受到利益集团的拉拢，比较能放开手脚，激起斗志；另外，由于不是某个利益集团中的一员，让他们出面办事也不至于引发各利益集团之间的直接对抗。

找这样的人是很难的啊。同志们！而这才刚刚开始。

第一个站出来支持光绪的是徐致靖。

礼部相当于今天的外交部和教育部，主要掌管教育考试、外交礼宾等事项，这是一个容易出书呆子的部委。徐致靖就是这样一个人，在其他封疆大吏、省部级高官都在手搭凉棚观望的时候，徐致靖第一个站出来，公开表态支持变法，然后他上了一个折子。

在《密保人才折》里，徐致靖共向光绪推荐了五位人才，其中最著名的是江苏候补知府谭嗣同。另外，在徐致靖的带头下，内阁候补文员（侍读）杨锐、公安部候补处级干部（刑部候补主事）刘光第、内阁候补秘书（中书）林旭等人也先后受到推荐。

从年龄和身份上看，这些人都是理想人选。他们都很年轻（最小的林旭才22岁），又都是有点行政经验的省部级机构里的候补官员，有利于变法工作的开展，也有利于光绪建立自己的嫡系队伍。光绪亲自接见了他们，一番交谈了解后，光绪将谭嗣同、杨锐、刘光第和林旭转正，提拔为四品"军机章京上行走"。

军机就是军机处，章京相当于大臣的秘书，所谓行走，是朝廷中不专门设置的官职，属于临时抽调来帮忙的性质。也就是说，这四个人一下子成了朝廷最核心的权力部门——军机处的兼职秘书。

如果不是因为变法，这些人的级别是永远不够见皇帝一面的，更别说让皇帝给他们转正升职了。而在徐致靖等"猎头"推荐的人里，有一个人，虽然他的名头很大，虽然人们对他的期望很高，但他在受到光绪的接见后并没有升职，他就是建设部候补处级干部（工部候补主事）——康有为。

康有为的上书之路

在入宫见到光绪之前，康有为的经历可以说是十分复杂。

广东人康有为出生于读书世家，和别人一样，早年他一头扎进八股文的迷宫里，孔孟之道、四书五经都是他攻读的内容。他梦想着有朝一日能高中状元，光宗耀祖，封妻荫子，紫禁城跑马，八抬大轿进家门。

那个年代读书是唯一能改变命运的道路，正是因为这是所有人的唯一，所以所有人都觉得艰难。科举考试分三级。第一级为院试，院试并不是所有人都能参加的，读书人必须先通过知县老爷主持的县试和由知府主持的府试，取得"童生"的身份，才能参加院试。院试由每省的学政主持，院试通过后，你就是朝廷的学生了——称为生员。当然，它还有一个著名的称号，叫秀才。

院试三年考两次，每次全国录取 2.5 万名，这听起来不少，实际上不是每个人都有机会成为秀才。

考上秀才后，才可以考举人，这个级别的考试叫乡试，在各省的省会举行，三年一次。而举人的名额更少，全国每次约录取 1400 人。可见考举人比考秀才难度又增加了许多，考中举人后虽然不是正式的国家公务员，但已经纳入了公务员系统，有了做官的资格，或者成为候补官员，所以这对读书人的刺激也更大，具体事例参见《范进中举》。

最后一级考试就是会试和殿试，也就是常说的"进京赶考"。全国的举人每三年集中到北京参加会试，录取名额为 300 人左右，录取者称为贡士。贡士最后参加皇帝主持的殿试，这是最后定名次的，选取"天子门生"。一甲三人，状元、榜眼、探花，赐进士及第，直接授翰林院编修这样大有前途的职位；二甲、三甲分别赐进士出身、同进士出身，经简单的学习培训后也包分配，留在中央的可以进入翰林院当庶吉士、六部主事和内阁中书，分到地方的可以去做知县。

朝廷之所以严格控制科考的流程和名额，实际上是为了控制一样每个人都向往的东西——机会。行政体系就这么大，官员的名额就这么多，当官的机会也就这么多。所以，如果在某一年，皇帝因为心情很好，允许多增加一次科举考试，这就是给所有读书人的一个恩赐的机会——恩科。

康有为同学天赋不能说不高，也不能说不勤奋，但他的秀才连考了三次才考上，考上举人的时间更是可观——用了 20 年，六考六落榜。在这 20 年中，有一次考举人的经历对康有为来说是比较特别的。这一年康有为来到了北京参加顺天府乡试，虽然顺天乡试的机会相对比较多，可这一次乡试，康有为仍然名落孙山。

这一年是 1888 年，康有为先生已经 31 岁了——过了而立之年。这一年正是袁世凯在朝鲜给他当时的领导李鸿章写回国报告的那一年。如果康有为知道有袁世凯这么一个人，他肯定不会同情袁世凯，而是会相当的气愤：这个连秀才都考不过的家伙，竟然已经是朝廷的三品官员了，而自己还在这里挤破脑袋参加乡试。京城满大街上都是出身王公之家的八旗子弟，他们遛鸟狎妓，玩物丧志，级别却比袁世凯还高，这更让考得两眼冒金星的康有为十分愤怒。

我只要机会平等。每个人生下来，不论他们出生在贫穷之家还是富有之家，不论他们出生在城市还是乡下，不论他是否有一个富爸爸或者贵爸爸，在面对进入国家行政系统的机会的时候，就应该公平竞争。他不能说我爸是谁，只能说我是谁。

王侯将相，决于爸乎？

和袁世凯一样，此时的康有为也是一个奋发向上的有志好青年，他也盼望着人生和事业的突围。多年的科举之路使他对人生、对社会有了这些不一样的认识，他即将把这种认识转化成行动！

在北京破落的小旅馆里，康有为奋笔疾书——他给光绪写了一封信。在这封信里，康有为委婉地表达了自己作为一个读书人对机会不均等的不满，而造成机会不均等的原因就在于朝廷的政治体制，希望朝廷能够变法维新。万一要变法，也别忘了他老康，他是愿意并且可以为朝廷去做点事情的。

康有为想象着这封信到达光绪的案头，光绪看完后万分激动，一掌震飞了御桌上的笔筒，大叫一声"快宣此人觐见"。于是，有两匹快马来到旅馆门前，说求见康先生，康先生大摇大摆地出来，去了紫禁城。

可是，在旅馆里盛装打扮等待召见的康有为最终失望了，门口不仅没有马，连驴都没有，倒是有几个卖火烧的。

这封信并没有到达光绪的案头，它的去向不明，最终也许是躺在某个衙门的垃圾箱里，甚至可能没有人拆开过。康有为回到了广东。这一年的冬天寒风萧瑟，南方虽然看不到雪，但康有为的心里比雪后的泥街更加凄凉。

这是康有为一生中的第一次"上书"。

回到老家后，康有为仍然要复习准备考试，但毕竟已经是三十多岁的人了，还需要找点事干。于是他以秀才的身份在家乡开了一间私塾，教教学生，顺便收点学费，康有为也变成了"康师傅"。其中最著名的弟子是广东人梁启超，在科举系统内，梁启超的级别比康有为还高——他已经是举人了，而康有为还是秀才。但是梁启超仍然拜在康有为的门下，因为康有为在业余时间还写了几本书，已经是小有名气的新锐作家和言论家。

而科举之路还在继续。1893 年，36 岁的老秀才康有为在广东乡试中，终于战胜了那些年轻的秀才，高中举人。从 16 岁成为秀才开始，20 年的时间已经过去了，这 20 年只是为了获得一个做官的资格——举人文凭。康有为的故事也够精彩的，绝对可以写一篇《有为中举》了。

两年后（1895 年），康有为来到北京会试，这次又老当益壮，运气比较好，高中进士，被任命为工部候补主事（六品）。虽然没有一举中状元，也可以光耀门楣了。

当梦想实现的时候，康有为并不兴奋。几十年的科举之路，他已经乏了、厌了，他认识到科举其实并不是自己的人生方向，自己的人生方向应该是另外一条道路。

这就是社会活动。

1895 年正是清日战争结束的时间，清国惨败，朝廷正准备签下《马关条约》。消息传来，全国的读书人都激动了，群情愤慨。康有为又想起了他的那个老行当——给皇帝写信。

北京破落的小旅馆里，康有为又一次奋笔疾书，用了一个晚上的时间将上书写好了。全文一万多字，名字叫《上今上皇帝书》，主要内容仍然是呼吁朝廷改变现状，变法维新。和几年前相比，"这个国家需要变一变"已经成为社会上大多数人的共识，很多人即使无法说清楚他的观点，也有这样的感觉。既然已是社会舆论，和之前上书相比，康有为的语气激愤了很多。他冒死警告光绪皇帝，如果再不改变，到时候您别说做皇帝，只怕做一个普通百姓都不可能（求长安布衣而不可得）。

几年的教学、出书、上书已经让康有为积累了丰富的社会活动经验。

这一次，他学聪明了，不再是一个人单打独斗，而是联合全国 18 个省的举人共同签名，然后发动这些举人在京城里到处找大官们投递，以示这是天下读书人的心愿。

投递的结果是，有些大官收了，有些大官没收。这都在康有为的预料之中，但有一件事情是他没有想到的——媒体报道。

康有为发动这样的事情是很受媒体欢迎的，因为它伸张的是"民意"，而媒体就是表达民意的。于是某份报纸在报道京城举人投递上书的时候，用了一个后来我们熟悉的标题——公车上书。

如果我是这份报纸的总编辑，我一定会夸奖想出这个标题的编辑：你干得很好！

自古以来，基本上每一个朝代的皇帝都是礼遇读书人的，不是因为他们尊敬读书人，而是知道读书人不好惹。

要知道读书人是喜欢发牢骚的，而读书人的牢骚又不只是发发而已的，搞得不好，它会成为社会动乱的源头，甚至是农民起义的理论指导，对社会稳定危害极大。事实上即使不影响稳定，这种牢骚也很恐怖。因为它比唐僧念的经还要持久，一有机会就会在你耳边嗡嗡叫，所以古代的皇帝们都很敬畏读书人的那张嘴。为了在源头上消灭这张嘴的非正常运动，皇宫会派出一辆辆牛车驰骋于城郭乡间，专门收集读书人的意见。由于这种牛车有专门的经费供养，所以叫公车，由此产生的消费叫公车消费，后来，"公车"也能代指关心天下大事的读书人。

可见"公车上书"这个词语做标题，很有古香古色的味道，文笔很好。

媒体热炒，在康有为看来，这自然是他的功劳。文章是他写的，花了一个晚上，他不仅是作者，还是"领衔公车上书"的人，康氏成了"公车上书"的代名词。后来康有为和梁启超写回忆录的时候，不断地强调这一点，很多历史书也强调这一点，但这种看法在历史上是存在疑义的。

因为当时的媒体着重报道的是"公车上书"这种现象，而不是发起人康有为。签署《马关条约》的消息传来，全国都震动了，当时除了康有为的上书，在北京参加会试的其他举人们的上书达到了十几起，更厉害的是，还有官员参与上书，"公车上书"指的就是这个现象，而不是单指康有为版本。后来人们一说到"公车上书"认为说的就是康有为，这个说法来自康有为和梁启超的回忆录，是不符合历史事实的。

甚至还有一种史料认为，就连康有为版本的"公车上书"，康有为也没有最后参与。在他写完文章的那一天，他听到了自己已经考中进士的消息，而带头搞这样影响社会稳定的上书很可能对将来的仕途不利，所以康有为虽然起草了文章，但最终没有在文章后面签下自己的名字。

总之，"公车上书"强调的并不是康有为。此时的"康师傅"绝对是一位热血青年，但是我们不能因为宣传康有为的需要，就只采用他回忆录里的说法，对历史人物需要尊重，而尊重的方法就是把真相还给他们以及读历史的人。

虽然经过了媒体的报道，康有为这次的上书仍然没有到达光绪的案头，"康师傅"辛苦一夜，光绪只字未见。

媒体报道之后，"公车上书"甚至没有在官方引起轰动。当时官方就在酝酿变法，清日战争的惨败对朝廷打击太大，首先做出反应的并不是读书人和民间，而是整个官场，大家都清楚，再这么烂下去，总有一天会彻底烂掉。由于官员们有了变法的"共识"，"公车上书"虽然很热，但在朝廷看来，这些都是意料之中的民间正常反应，不值得大惊小怪。法是要变的，但变法不可能由这些毫无行政经验、无实权又不懂得体制运作的读书人去完成，即使政府相信他们，老百姓也不会相信他们（无权威）。可以肯定的是，"公车上书"事件虽然很特别，对康有为、对整个清国都算是一件大事，但并不是1895年的"公车上书"造成了1898年的变法，变法是朝廷的主动选择。

但是对于康有为来说，"公车上书"事件对他的影响并没有完，决心要搞好社会活动的他已经灵敏地发现了一个十分有利的东西——媒体。

必须利用好媒体！康有为发现了一个新大陆。

这个想法在现在是一点都不奇怪的，所谓信息社会，做什么都要发布一下，炒作一下，对于立志成为社会名人的人来说，结婚、生孩子都是需要曝光的。但在那时的清国，虽然北京、上海等地已经有了报纸，但总体来说还是稀罕之物，能够意识到"笔杆子"力量的人还不多，而康有为发现了这一点。

他自掏腰包，将没有传递到光绪手中的上书自费刊登在上海的一家报纸上。要知道，"康师傅"需要的就是这样一个传播平台，因为他的文章是很不错的，激情四射，忧国忧民，敢直接质问皇帝。这一招果然很灵，康有为几乎一炮打响，一夜之间，他成了大家共同的"老师"、民间著名的"意见领袖"以及著名的公共知识分子，甚至连"康圣人"的名号都喊出来了。

最早的炒作达人，看来非康有为莫属啊。

在接下来的三年里（1895—1898 年），康有为越战越勇，他的主要工作就是奔走于各大城市，写写文章，搞搞演讲，走走穴，不断在媒体上曝光，名头越来越响。1895 年之后，朝廷对民间结社管控稍微松懈，康有为抓住大好时机，成立了一个打着学术名号的政治团体——强学会。

康有为的名声更响了，通过一系列的动作，官场不得不注意到他，很多高官们都明里暗里表态支持康有为，这实际上是支持他们自己。因为这三年中朝廷高层一直在酝酿变法，官场的下一个主题就是"变法"二字。一些人亲自加入了强学会，就连李鸿章也想加入，却被狂妄的康有为拒绝（李是"卖国贼"）。老到的袁世凯虽然没有亲自入会（他还在观察朝廷风向），却向强学会捐了自己半个月的工资——500 两银子。而当康门弟子梁启超到武昌时，湖广总督张之洞打开总督府所有的大门，还准备放礼炮迎接梁启超，这原本是地方大员迎接钦差大臣时才使用的礼仪，梁启超真是受宠若惊。

在做着这些社会活动工作的同时，康有为并没有放弃他的老本行——上书。他又连续给光绪写了两封信，结果仍然是石沉大海。与皇帝搭上线，这是古往今来多少读书人的梦想，以为影响了皇帝就能改变天下，康有为也不例外。但是天抬头可见，天子却只有一个，想让皇帝认识你，并不容易。

就在康有为苦恼着如何才能去影响皇帝的时候，徐致靖注意到了他，在密折里向光绪推荐。

对于康有为来说，这是真正的人生曙光。之前他搞了那么多次上书，就是因为没有中间人介绍，现在由一个部级领导向皇帝推荐，这才是打开皇宫大门的正确方式！

光绪决定召见康有为。

康有为终于实现他的梦想了。他可以见到皇帝，亲自阐述他的观点，去"影响皇帝"。从而立之年给皇帝上书开始，他如今已经走到了不惑之年，到了这个岁数，人生真正"立"起来的事情似乎很少，真正"惑"的事情似乎也越来越少，不是它们不存在，而是没有心情、没有兴趣再去探究明白。当年的热血和冲动已经变成了沧桑，中年大叔不过是在沧桑中，为了那个埋藏在心里不再说出来的梦想，继续向前行走。

康有为来到紫禁城外，他抬头仰望了一下天空，再想了一遍与光绪可能出现的对答，练习了一下脸上的笑容。当这些准备工作都做好之后，康有为整了整衣服，进入皇宫。

这次会谈并没有在宫廷档案中留下任何记录，所以我们无法确切地知道他们谈了些什么。康有为在回忆录中记录了这次谈话的内容，但由于是"孤证"，把老康自己为自己贴金的对话搬上来是没有意思的。可以肯定的是，尽管这次召见的时间比较长（两人密谈两小时十五分钟），但在召见后，光绪并没有重用康有为。

召见之后，光绪任命康有为为"总理各国事务衙门章京上行走"，也就是说，光绪把康有为从建设部的候补处长调到外交部秘书处去兼职，康有为的级别也并没有提升，还是六品。这跟谭嗣同等其他四人受召见后任命为"军机章京上行走"是不同的，"军机章京上行走"是四品。这就意味着以后康有为还是没有权利在公开场合见到皇帝以及上折子——朝廷四品以上的京官才能上朝。

看来，在徐致靖等密荐的人中，康有为并没有受到光绪的重用。

对于这个结果，康有为很是想不通。原本以为凭着他的名气和"社会影响力"，光绪一定会把领导变法的重任交给他，让自己在官场叱咤风云。但光绪却并没有这么做，没给康有为相应的权力，也没给康有为相应的平台，这是骄傲的康有为不能接受的。

而令康有为更想不通的是，光绪不仅这次没有重用他，以后也没有。在"猎头"们推荐的人里，康有为是最早受到召见的人，却也是最没有受到重用的人，这是康有为第一次见到光绪，竟然也是最后一次！

自此之后，他再也没有受到任何召见。

而康有为无法想明白的秘密，隐藏在另外一次有记录的谈话里。

康有为与荣禄的一次谈话

这是康有为和荣禄先生的谈话。

荣禄是慈禧绝对的心腹，是被慈禧刚刚任命的直隶总督兼北洋大臣。当荣禄见到康有为时，两个人谈起了变法。

荣禄是慈禧的人，老康是知道的。他知道跟荣禄说话也就相当于在跟慈禧说话，荣禄一定会把他们的谈话转告慈禧的。老康想当然地把荣禄和慈禧当成了反对变法的人，却不知道变法是经过慈禧首肯的，也是荣禄等"顽固派"大员关心之事（要不然就不会来问了）。在潜在的反对者面前，老康决定抓住机会，慷慨陈词，一定要说服他。

"时事维艰，不变法不行啊！"老康说道。

荣禄显然不想听这样的废话，谁都知道法要变，问题是怎么变。

"法是要变，不过几千年的祖宗之法不是一下子就能变过来的吧？"荣禄问道。

实事求是地说，荣禄这句话说的是实情，是一种从实际情况出发的忧患考虑。荣禄先生的这句话并不是要反对变法，而是询问他老康有什么办法，希望康有为能给出一个建设性的意见。

康有为知道真正厉害的问题来了，这个问题如果回答不好，那些"顽固派"们就会见不到变法派坚定的意志和决心，必须拿出一点雷霆万钧的手段让他们瞧瞧！

于是，康有为大手一挥，用慷慨激昂的语气说道："这有何难？杀几个一品大员法不就变了？"

四周一片安静，康有为突然察觉有什么不对，但具体哪里不对他也不知道。荣禄并没有再说什么，他内心一定在翻江倒海，但这在表面上是看不出来的。荣禄"嘿嘿"干笑两声，说了句"康大人请"，然后转身走了，走的同时摸了摸自己头上的顶戴。

康有为说出这句话是很平常的，就跟以前在很多的演讲集会场合对粉丝们说的一样，意气风发，正义凛然，一腔热血，说完之后场下欢声雷动。但是，康有为忘记了，这是在皇宫。

这样的谈话如果再正式一点，就相当于朝廷高官就如何变法问题向老康这个"专家"来请教，是政府高官和智囊之间的座谈会，而康有为给出了这个答案。

很显然，康有为嘴下的一品大员就是指贪腐的高官，出于对腐败官僚的憎恨，人们常常会发泄情绪，以为杀贪就能正道，这是可以理解的。"杀几个贪官就能变法"，这正是那些不懂变法的人才会说的话。如果变法真的只是杀贪就行，历史上的那些变法也不会无比艰难和反复了，大家去磨刀就好了。

别人说这话还可以理解，而从康有为这个"专家"嘴里说出来，就显得浅薄了。不仅浅薄，简直是太过书生气和器量狭小。

像变法这样的大事，当它还在发起阶段时，确实需要用热血去鼓吹，用慷慨激昂去鼓劲，这并没有错。但是，当它已经进入实际操作的阶段时，它需要的不再是这些，而是另外的一些东西。

这就是政治家的现实精神。具体来说是两个方面——冷静，坚忍。

唯有冷静，才能思考并制订出完整可行的方案。

唯有坚忍，才能战胜苦难，朝这个目标努力，实现这个方案。

康有为先生没有意识到这些，因为他恰恰缺少一个最致命的条件：

做官的经历。

康有为虽然是工部候补主事，后来又被光绪帝调到总理衙门，但他一直忙着社会活动，努力打造"公知"形象，从来没有去政府上过一天班，甚至都没有去报到。他一直在进行他的社会活动，处于官场的边缘。这样的人不仅无法了解朝廷高官真正的心理状态，对如何通过体制内的力量去办事也一无所知。

变法就是要通过体制内力量去办事，要去争取人心，这时候的人心不仅包括民心，还包括"官心"——特别是当民心的力量还不够强大的时候，需要争取尽量多的"官心"，把他们对变法脆弱的"共识"转化为实际支持。比如荣禄大人，这也是需要争取的，从北京皇宫开始的变法，将来无论如何都需要荣禄这个直隶总督的支持。

当然，争取也是很难的。这个世界上最艰难的一件事情莫过于建立统一战线了。首先要做的是取得信任，而取得对方信任也很难；如果一时不能取得信任，那么至少要打消对方的顾忌，不能让人家以为你仇视这个政权，一上来就准备拿他们开刀，要知道他们最担心的就是这个啊。

一个高明的政治家从来不预设敌人。但老康却在喊杀一品大员，人家才刚刚成为一品大员，你要别人说什么好呢？

贪官是应该杀的，但也要经过公正的审判后去杀，变法的目的之一就是加强制度建设和法治，避免官官相卫，也避免政治迫害，如果还是说杀就杀，那跟过去有什么区别，还需要变什么法？再说了，即使可杀，谁来杀呢？你杀吗？你自己还是个六品呢！并且，既然杀几个一品大员就好了，那么就先杀你吧，你不就是未来的一品大员吗？

老康啊老康！

这大概是荣禄第一次对康有为有了"乱党"的印象。即使不是"乱党"，也是无实学，书生气，不可用。而且，千万不能让这种人在日后掌了大权！

所谓书生气，就是很容易拿想象去替代真实，越简单的东西越容易被弄得复杂。看似抓住了问题的实质，实际上离实质越来越远。

所谓书生气，就是一个人的脑子里很容易出现"别人不对、现实不对、就我最正确"的浮华或者悲壮，很容易认为靠嘴上言论就能打败一切。

所谓书生气，就是只有聪明而没有智慧。一个聪明但没有智慧的人常犯的错误就是处处只为自己着想，只顾自己的感受。

这个世界上有一种人，他们最重要的才能之一，是在关键性的第一次见面时，有能让对方快速了解自己长处的方法和技巧，从而让对方一下子喜欢上自己，比如历史上著名的张仪先生、苏秦先生、李斯先生。他们总能习惯性站在对方的角度来思考和解决问题——也就是常说的换位思考，不仅有很高的智商，还有突出的情商。

而康有为显然不是这样的人。在我看来，康有为不会换位思考的原因恰恰是他没有经历过以上几位的磨难，缺乏做官的经历，缺乏在体制内的磨炼。老康成名过巧，成名后又势头太猛，他需要的不是换位思考，而是需要思考换位——去实现自己的野心。尽管去影响朝廷高层和皇帝一直是他的梦想，但是当他终于迎来和朝廷高层对话的机会时，他还是如往常那样把对方当作粉丝去鼓动，而无法真正把握这样的机会。

由于不了解"体制内思维"，不清楚朝廷高官说一套做一套、喜怒不形于色、真实想法藏在笑脸背后的特色，这样的失误，会给以后的老康和整个变法派阵营带来更大的灾难！

而谜底也解开了。虽然我们并不知道光绪召见康有为密谈的具体内容，但从他与荣禄谈话的内容来看，康有为也注定不会给光绪留下什么好印象。如果他只是在喋喋不休地慷慨陈词，这在光绪看来并没什么新的东西，这些东西他早就从不同的渠道得到了，听得耳朵起茧。光绪需要得到的是切实而理性的答案，这跟荣禄先生"问计"于康有为的初衷是一样的，而不再是感情用事的口头狂言。

把康有为调到总理衙门，也许正是在面谈之后，光绪只认为康有为这个人的活动能力很强，就让他去总理衙门搞外交，也算是识才。

出师不利，康有为只好自我安慰。他告诉他的粉丝："皇上虽然没给我升官，但给了我"密折专奏"的权力！今后我就可以随时给皇帝传纸条了。"

老康的这些话又是吹牛。宫廷档案和记录中并没有老康的"密折专奏"。事实上康有为所有的奏折都是找人帮忙"代奏"给光绪的，不是通过部委衙门，就是通过官场朋友，最多的是通过能直接上书皇帝的那批人代奏的，比如监察御史宋伯鲁和杨深秀。

而光绪虽然没有重用康有为，却抛出了康有为之前上过的一个折子。

制度局：光绪的人事改革

在这个折子中，康有为提出了那个著名的设置"制度局"的建议。

按照老康的设想，所谓制度局，是一个设在朝廷总揽一切变法事宜的机构，帮助皇帝来决策，是皇帝专门的咨询机构。跟制度局一起设立的，还有法律、铁路、农商、邮政等12个局，制度局决定的事情，交给这12个局分别去执行。

至于进入制度局的人，不能用原有的旧官僚，全部起用新人——那么原来的旧官僚怎么办呢？康有为的办法是给他们朝廷散卿（散学士）的名号，可以给他们加薪晋爵，但没有实权。

谁都能看出来，"制度局"涉及的是人事改革，制度局一旦成立，是绝对的"另立中央"，夺军机处之权和六部之权，排挤掉了旧官僚，基本就相当于另外一个军机处，12个分局就相当于12个新的部委。

老康的这道折子当时是通过总理衙门代奏的，而光绪反应迅速，当天就做了批示。现在，他又把这件事情重提，催促大臣们快点给出反馈意见。

很明显，光绪对设立制度局很重视，甚至要大过对康有为的重视。

康有为实在很聪明，他抓住了光绪真正的难题。

光绪一直无法真正实现亲政，最重要的原因之一是军权一直被慈禧把控。淮军是李鸿章的，也就是慈禧的，满族王爷也团结在慈禧周围，八旗军也是慈禧的。对于光绪来说，清日战争本来是一个很好的抓军权的机会，但是，不说帝党系的军队战斗力比淮军还弱，就算他们能打，慈禧也比光绪更老谋深算，在关键时刻让李鸿章出面签署《马关条约》中止了战争，清日战争没有变成持久战，光绪也就再没有用战争抓军权的机会。

另一个最重要的原因就是官僚系统中人事任免权也一直被慈禧把控。变法开始后，二品以上高官的任免都必须经过她点头。光绪没有人事任免权，也就无法建立自己的嫡系队伍，无法在朝中形成权力基础。从大的方面来说，他也无法组建自己的变法班子，无法解决"帮手"很少的难题。

而制度局一旦设立，光绪就有机会提拔新人。建立嫡系队伍，形成权力基础，也都是指日可待的事。

所以光绪的真正用意是：借康有为的折子，将官员人事制度改革的绣球抛出来，试探大臣们的反应！

旧官僚的反击

光绪很着急，已经有些迫不及待了，而大臣们的反应出奇一致：观望。

如果说光绪等来了什么，那就是一阵谣言。京城里谣言四起，议论纷纷，说他受到了康有为的蛊惑，设置"制度局"是康党一伙别有用心的想法。康有为这个家伙野心一直很大，一直在折腾，因为他明白，只有折腾，他才有机会。朝廷的高官哪个不是在官场上小心翼翼、辛辛苦苦一步步爬上去的？康有为却幻想通过制度局，坐直升机入阁拜相，一步登天。

从事实上说，这些话并非完全造谣，老康一直是个不太安分的家伙。本来按照他的级别，是不够陪伴在皇帝身边的，而设置制度局后，他和他的朋友们都有机会成为朝廷新贵——"制度局里的人"，不必走官场的传统路径，直接围绕在皇帝周围，进入宫廷权力中心！但是，对于这个被旧有官僚形成的利益集团把持得铁板一块的国家，到底要不要尝试着去做些改变？哪些改变是好的、可行的？如果不好、不可行，要不要拿来讨论一下？反而没有人真正关心了。大家只记得一句话：千万不能让自己吃亏！

光绪失望了，他备受打击。但打击归打击，此时的光绪还必须硬着头皮把事情干下去，他下了一道命令：令康有为前往上海，督办《时务报》。

光绪下这道命令正是向大臣们妥协，把康有为赶出京城，向大臣们表明：官员人事制度改革是我的意见，并不是受康有为这些"公知明星"的影响！

但接下来发生的事情，严重出乎光绪的意料了。

康有为没有遵办这道圣旨。按照规矩，皇帝下达旨意后，臣工必须上个"谢恩折"，然后不折不扣地去执行。但康有为既没有上"谢恩折"，也没有离开北京。半个月后总算上了一道"谢恩折"，但还是没有离开北京。

康有为又一次极其想不通：《时务报》只是一张有朝廷背景的小小的报纸（当时"官报"之一），让我去当一份报纸的总编辑，未免也大材小用了吧？想我老康，一直是媒体笔下的变法"总设计师"和"总操盘手"。皇上，我好不容易混到紫禁城，见了您，您既然让大小臣工讨论我的折子，重视我的意见，现在变法到了这样关键的时刻，您怎么能让我离开变法的中心？皇上您是不是糊涂了啊？

康有为仍然无法面对这样的现实：他可以是为变法鼓吹的一面旗帜，但实际工作是无法交给他去做的，也起不到真正的作用，只能处于变法的边缘——造势和出点子。对于光绪来说，他确实需要帮手，但光绪很清楚他真正的帮手只有两批人，一批是前面提到的部级高官张荫桓、徐致靖甚至包括王照等人，他们担任"猎头"工作，在幕后为光绪出谋划策，相当于军师；另一批就是新提拔的谭嗣同等四人，他们是实际办事的人。

当然，对于老康，光绪还是抱着"用"的态度，毕竟他也是个人才。让他去上海办报，除了要变相地将他赶出京城，缓解一下官僚集团和变法之间的冲突，另外也是看中老康的活动能力强，笔杆子突出。没事可以组织一些活动，写几篇文章，用激情四射的文字为变法制造一个良好的舆论氛围。这样一来，康有为也是光绪的一个重要帮手。可惜康有为并不明白光绪的这番苦心。

光绪万万没有想到的是，自己的圣旨大臣们不听，连康有为也不听。"这真是个彻头彻尾的书生啊！"光绪在皇宫里感叹。

老康这样的举动要是放在平时，绝对是可以杀头的大罪，抗旨不遵嘛，杀了你一点脾气都没有。但是对于这种书生式的举动，光绪也懒得再去计较了。

光绪要把他的大部分精力拿去对付那些大臣。在下旨令康有为离京后，光绪希望大臣们能有所反应，把他之前交代的事给认真办一办。

结果再一次令光绪失望了。高官们紧密团结，高度默契，集体沉默，无声反抗。

这种状况其实也是在意料之中，他们之前都是慈禧提拔起来的，官当得好好的，银子有，豪宅也有，为什么要改？

好吧，既然你们这些大臣没有反应，那我就去找你们的下属。光绪再一次下圣旨，将讨论范围扩大到中层和基层官员，命令大小臣工各抒己见，各部院的基层官员有上奏的，由各部部长（堂官）代奏，普通读书人和老百姓有上书的，可以到督察院呈递。光绪严格规定：无论是官还是民的上奏，必须直达御案，各级机构不得有任何阻挠（毋得拘牵忌讳，稍有阻格）。

可是，光绪等了等，仍然没有什么反应。

于是，光绪只好再一次下旨，这一次他以情动人，声明变法是"不得已"之苦衷，为了朝廷，为了国家，希望诸位大臣体谅和理解。

然而光绪又一次失望了。大臣们看来是要反抗到底了，甚至连个折中的方案都没有提出。

光绪终于遇到了变法以来的最大难题。他曾以为最大的难题是没有帮手，成为真正的"孤家寡人"，现在看来，没有帮手的原因是有一股力量在从头到尾跟他作对，准确地说来是一个组织，一个强大的组织。

所有人都无法感觉到这个组织的存在，它从来没有什么明确的组织架构，也没有具体的组织纲领，更没有清晰的标签，但一旦"有变"（有损其利益），它的成员又能通过利益纽带迅速联结，心照不宣地统一行动，相互呼应，堪称最神奇的组织。

它生命力最强，杀伤力也最强，化道于无常，杀人于无形，你看不见它的阴影，它却能吞掉阳光。它一直存而不倒，打而不死，顽强地存在。一次次的农民起义，朝代更替，但它总是存在，阴魂不散。

它僵化度最高但存活力也最强，最顽固也最灵活，它总能找到对自己有益的地方，然后在那个地方生根发芽，发展壮大。无论朝廷是变法还是守成，是开放还是保守，这个组织的成员都能跟随权势的走向而迅速调整方向，成为"适应新形势"的最熟练的技术能手。从这个意义上说，他们才是最与时俱进的，利益在哪里，他们就在哪里，这一点是毫不含糊的。

这就是官僚集团。在王朝的统治过程中，它悄无声息地形成了，不动声色地壮大了，成为庞大的既得利益集团。统治者对它的态度是既恨又爱，恨它把持着利益，官员们贪污腐化，捞银子不作为，长此以往损害着朝廷的长治久安；而另一方面，又离不开他们——专制统治，不是皇帝一个人的专制，而是整个体制的专制，专制王朝之所以能维持专制，也是因为有官僚集团啊。

在历史上，曾经出现过一个与官僚集团作对的打虎英雄——朱元璋。农民出身的朱元璋对官僚集团十分警惕，为了打击官僚集团，他绞尽脑汁，耗费巨大的心血。他曾经以为丞相是官僚集团的头领，所以他废除了丞相制度，换来了自己每天加班加点，别人都睡了，他还在看折子。然后不惜成立监视官僚集团的监察组织和特务组织，但最后他惊奇地发现，原本监视官僚集团的组织也迅速变成官僚集团的一部分，成为既得利益的保护者和分享者——只要去收点"保护费"。这样，官僚集团不仅没有缩小阵地，反而扩大了领土。一生南征北战、所向披靡的朱元璋在官僚集团面前，突然发现自己是多么的渺小！

光绪会有新的办法吗？

光绪的杀手锏

光绪终于失去耐心了。他终于明白，这场变法虽然得到了慈禧的首肯，得到了朝野上下的"一致同意"，形成了"广泛共识"，但这种共识是脆弱的，只能停留在口头上。大小官员都希望去变别人，不希望来变自己，掌握某种利益的利益集团也希望自己的利益蛋糕不要被割走。一旦情况不对，无声反抗，阳奉阴违，上有政策下有对策……都是他们的办法。光绪原本希望通过官僚系统里的"群众运动"来收回自己的权力，建立自己的权威，扩大变法阵营，推进变法大业，但在一再地试探之后，这个如意算盘落空了。

那么，顺序是不是该对调一下？只有先运用权威，才能发动官员和群众，推动变法？——因为你本来就是皇上啊。

必须拿出杀手锏！

朝廷最重要也最有权的三位总督——直隶、两江和两广总督全部撞到枪口上。光绪下旨对他们一顿大骂（严加斥责）。第二天，光绪再一次下旨，这一次除了继续骂，还要求各地方督抚对交代的事情，每日请示汇报（以前交办各事，必须迅速奏议；以后交办各事，必须依限赶办，并每日请示汇报）。

但大臣们仍然把光绪的命令当成了耳边风，还是不见棺材不掉泪。

光绪行动了，他下旨：一、在中央裁撤詹事府、光禄寺等六个闲散衙门；二、裁撤湖北、广东、云南三省督抚同城的巡抚；三、裁撤不办漕运任务的省份的粮道；四、谕令各省在一个月内拟出其余应下岗的闲散地方官员，严加裁汰。

这些措施仍然围绕着一个中心：人事制度改革。先吐故，后纳新，从中央到地方都有。光绪雷厉风行，铁面无私，此时被裁撤的湖北巡抚，还是谭嗣同的父亲谭继洵。

然而，官僚系统的反应仍然是冷淡的。特别有代表性的是两广总督谭钟麟，他被骂了一顿之后，竟然连光绪以后的圣旨都不看了，而且在他的两广总督府里不许谈论变法。当有人问起："你办得如何？"他回答："啥变法？我不知道啊！"

光绪不得不拿他开刀了。但是，要拿这种总督级别的大臣开刀，总要找个动刀子的人。光绪找到了一匹"黑马"，他就是朝廷马匹事务管理局副局长（太仆寺少卿）岑春煊，光绪提拔他为广东省副省长（布政使），安插在谭钟麟身边。

在拿地方大员开刀的同时，光绪的帮手、一直躲在幕后的礼部主事王照也在朝廷出手了。他写好了一道奏折，交给本部的部长怀塔布同志，请他代为转奏皇帝。

按照光绪之前下达的"各部院官员如有上奏，由各部堂官代奏"的圣旨，王照的程序没有错。而光绪在下达那道圣旨的同时，也加了一条：任何人都不得阻挠上奏，看来怀塔布只能把这份奏折交上去了。

而怀塔布同志在看完这道奏折后，惊得满头大汗。他是万万不敢交上去的，只能扣下来。

王照的这份奏折主体内容围绕的是如何变法，基本上夸夸其谈，没什么新意。问题是他还有一个补充建议，其中提道：为了更好地变法，建议太后和皇上走出国门，去国外参观访问，实地考察了解各国政治经济体制（请皇上奉皇太后圣驾巡幸中外）。

这个建议在我们今天看来是非常好的。不过在当时，这不仅是对慈禧的大不敬，甚至还带有戏弄的成分。要知道慈禧同志虽然是最高领导，但归根结底还是个女人。当时，女人是不能抛头露面的，她连在朝堂上听政都要挂个帘子，又怎么可能出国，在洋人面前抛头露面？奏折如果递上去，慈禧一旦追究，就是怀塔布这个做部长的责任，所以在跟其他副部长商量后，怀塔布私自做主将这份奏折压下来。

私扣奏折的事很快暴露了，光绪勃然大怒，将礼部的全部领导——六位部长和副部长统统撤职，王照升官，赏三品衔。

光绪以抗旨之罪对怀塔布撤职光明正大，但是在官场看来，这更像是光绪和王照联合起来，给怀塔布下的一个套，因为怀塔布的身份并不简单。

怀塔布是慈禧的心腹，后党的中坚人物，说起来他跟慈禧还有点亲戚关系，算是慈禧的表亲。怀塔布的老婆更是慈禧的闺蜜，没事就陪慈禧逛园子吃饭，聊天解闷。

在撤职事件后，光绪的杀手锏并没有停止。三天后，他再一次下旨令李鸿章今后"毋庸在总理各国事务衙门行走"，也就是免去李鸿章的这个职务。正是从这一天起，李鸿章失去了在朝廷中的一切官职，只剩下一个"文华殿大学士"的荣誉称号——曾经权倾朝野的李鸿章，如今只是朝廷的荣誉公务员了。

你不是收回了二品以上高级官员的任命权么，那我撤职总可以吧？光绪反击的套路已经渐渐清晰了：他没有任命提拔的权力，却有撤职的权力。

光绪的这些行动是十分迅速而斩钉截铁的，他使出了组合拳，拳拳指向慈禧！虽然是拿六部中分量相对较轻的礼部和政治地位本已经一落千丈的李鸿章来做试探，但怀塔布和李鸿章的倒台象征意义是不言而喻的：皇上要拿太后的心腹开刀了！

一场人事大战即将来临。

光绪的四大亲信

就在免去怀塔布职务的第二天，光绪提拔谭嗣同、林旭、杨锐、刘光第为四品官，任"军机章京上行走"。

任命四品官，光绪是有自主权的，不需要惊动慈禧她老人家。在京城，四品官是一个不起眼的官职，但光绪提拔他们并不简单。

因为这四个人全部进了军机处。军机处对朝廷的作用，就相当于现在的军委加国务院，军、政最高权力中心非它莫属。军机处里的办事人员分为军机大臣（大军机）和军机章京（小军机），在级别和权限上，军机章京是军机大臣下属（相当于秘书）。虽然光绪特意说明"四小军机"在办公程序上要尊重原有的军机大臣，并特意交代"四小军机"要和原来的军机大臣搞好团结，但是，这四个人是光绪亲自提拔起来的，光绪是把他们当亲信看待的。四人奉特旨筹办变法事宜，所有到军机处的奏折，都由四人先看；凡是光绪要下达的圣旨，都由四人拟稿。

光绪的全面反击开始了！

他先是裁撤了慈禧的人，然后提拔了自己的人。光绪并没有给四位新人二品以上的官衔，所以也就不需要经过慈禧的同意，但却让他们做着一品大员才能做的事：可以阅读奏折和拟旨。光绪就用这四个人架空军机处，他们名义上为军机大臣秘书，实际上却是替光绪掌控军机处的"四人帮"，难怪连梁启超都评价他们"名为章京，实为宰相"（犹唐宋之参知政事，实宰相之职也）。

听到这个消息，最郁闷的当属一个人——颐和园里的慈禧。

老人家的鼻子只怕都会气歪。很明显，这一招就是专门针对她之前发的懿旨。上有政策，下有对策，原来这一招连皇上也会用啊。

然而慈禧并没有发作。虽然光绪的行为让她很不爽，虽然怀塔布被撤后，他的老婆也整天来颐和园哭哭啼啼，哭着喊着太后不能不管自己的亲戚和嫡系，但慈禧迟迟没有表态，也没有干涉光绪。变法毕竟是得到了她首肯的，按照我们之前的心理分析，她也希望能有一个好结果。为了朝廷，为了大清，为了自己，我且忍忍吧！

在慈禧十分郁闷和难受的时候，另一个人却兴奋得手舞足蹈了。他是康有为。皇帝命令一下，康有为的住所南海会馆里就响起一片大笑之声，老康笑得尤为开心。在康有为看来，"四人帮"不仅在皇帝的掌控之中，也是在他老康的掌控之中。

四个人当中，有两个跟康有为关系紧密。林旭是他的弟子，谭嗣同虽然没有拜过师，但他很崇拜康有为，自愿认作康门弟子（私淑弟子），更重要的是，谭嗣同算是康有为的精神知己，对康有为交代的事情几乎都遵照办理。刘光第曾经是康有为在强学会后办的另外一个组织——强国会（保国会）的会员，算是康有为的人。杨锐的情况复杂一点，他曾经担任过湖广总督张之洞的幕僚，是张之洞的得意门生，但他也曾经加入过强国会，对"康师傅"也很尊敬。

朝廷最有权势的四个人都把我当作"老师"，看来我"康师傅"真可以指点江山了。

而兴奋的康有为并不知道，危险已经悄悄向他临近了。

朝中的明枪暗箭已经全部对准了康有为。他们认为，正是因为康有为提出的设立"制度局"，光绪才如此冒进，用"四小军机"变相地成立了一个"制度局"。大伙儿对皇帝不敢明目张胆地反对，但打击康有为是能够做到的，上次造谣没有让他离开北京，现在要拿出更厉害的一招。打击"康师傅"，也就是让皇上知难而退啊。

这一招就是：写奏折。

他们很快弄到了一个奏折，这篇奏折既不是谈赞成变法，也不是谈反对变法，目的只有一个：弹劾"康师傅"和弟子梁启超，而且罪名比较严重——谋反。

谋反是杀头大罪，搞不好还要株连九族。这样的大罪，经常是被用来冤枉别人的，但这封奏折里说的却是事实。

故事还得从上一年（1897 年）说起，那时梁启超受聘于湖南一家新式学校——时务学堂，担任中文总教习。他在批改学生的作文时写下了一些批语：百姓们纳税，只要它（政府）为百姓们办事，人民即使多交一些也不会怨恨啊，但如果不为百姓办事，哪怕你的赋税很轻，人民也会怨恨的。

还有一条更厉害，《扬州十日记》提到的当年清军入关后的屠城行为，梁启超直接指出"这是独夫民贼的做法"。

真是太反动了！如果说第一条是在骂朝廷，第二条就是连朝廷的祖宗都骂了，说"图谋不轨"一点都没冤枉他。那时候康有为和梁启超根本没想到自己还有为皇上做事的这一天，所以在社会上的言论都比较反动，以此来吸引粉丝，没想到却留下了把柄。

变法开始后，光绪的工作制度仍然是"事前请示和事后汇报"。重大的事情，需要先请慈禧的懿旨，而一般的事情也要事后汇报，汇报的方式就是将光绪批复过的奏折送往颐和园处。虽然光绪皇帝看上去能够"单独"处理很多事情了，但事实上只是慈禧对他的支持更多了。光绪请示和汇报的事情慈禧一般都会同意，变法中的很多"新政"就是在慈禧的同意下以光绪的名义发出来的。变法开始前，慈禧告诉光绪："只要你不烧祖宗的牌位，不改服饰不剪辫子，随你去变（汝但留祖宗神主不烧，辫发不剪，我便不管）。"

但对于这样既攻击制度、又攻击祖宗的大逆不道之言，慈禧和其他满族王爷是无论如何不能容忍的。

小子，我叫你变法，又不是叫你变天啊。

而对于光绪来说，这样的言论他也受不了。

之前光绪已经颁发过上谕：任何机构都不得阻挠上书。这封奏折无疑也是要被光绪看到的。一旦奏折到达光绪的手中，康有为和梁启超麻烦就大了，坐牢不用说，甚至还有被杀头的危险。康有为啊康有为，看来谁也救不了你了。

好吧，折子到了军机处，而军机处的折子，是"四人帮"先看。所谓"看"，并不只是读读而已，还要写下初步的处理意见，供皇上参考。四个人看完后大惊失色，出了一身冷汗。他们也很为难：如果把折子交给皇帝，康、梁二人只怕必死无疑，而如果私自扣下奏折，一旦查出来，也是死罪。四个人商量来商量去，也没商量出好办法。怎么办？

谭嗣同先写下意见：臣谭嗣同愿以性命担保康、梁的忠诚，如果奏折所言属实，臣谭嗣同恳请皇上您先杀了我。然后刘光第也签了名：如果属实，臣刘光第也请皇上先杀了我。

想了想，谭嗣同把奏折中作为证据的附件一把火烧了，只保留了奏折的主要部分。然后还是不放心，他知道最好的防守是进攻。清白无法自证，在很多情况下，要证明清白最好的办法就是倒打一耙，让泼你污水的人也沾上污水。于是，谭嗣同又写了一个附折：皇上您是知道的，现在有很多人攻击变法，写这封奏折的人是在诽谤变法，请皇帝杀之，以儆效尤！

光绪看到之后，一眼就看出奏折中所说属实。但他的心里还是想保住康、梁的，因为证据已经被谭嗣同烧了，即使别的王公大臣听闻也可以说得过去。更重要的是，他刚刚提拔的四位亲信里有两位死保康、梁。现在正是用人之际，光绪考虑再三，将这份奏折抽了出来，并没有和其他奏折一起送到慈禧之处，自己也没有往下追究。

康有为就这样侥幸逃过了一劫。要不是谭嗣同后来告诉他，他还被蒙在鼓里，但是当谭嗣同告诉他后，"康师傅"立即跳了起来："看来我很危险！请你立即催你那些'道上朋友'到京，片刻都不要耽误了！"

谭嗣同的那些"道上朋友"，就是长江流域最大的黑社会组织——洪门哥老会中成员。洪门中的一位头目是谭嗣同的结拜兄弟，他叫毕永年，湖南人，手下有一帮行走江湖的兄弟。

谭嗣同有这些黑道朋友，康有为是知道的。于是谭嗣同就给毕永年发了电报，要求他带上人手来北京。现在，"康师傅"想立刻就见到这批人。

谭嗣同一直是崇拜康有为的，听"康师傅"的话，按"康师傅"的指示办。一听说保护师傅的安全，他立刻照做了。但是，谭嗣同万万没有想到的是，康有为让这些黑道分子来到北京，并不只是为了保护他那么简单！而是有一个惊天的计划——一切的秘密都将在接下来的事情中揭开分晓。

在老康他们等待毕永年那伙人到达北京时，皇宫里的光绪也开始行动了。他在按照他的计划打出下一张牌，撤怀塔布等六位部长的职务，提拔"四人帮"，这一切都是围绕着人事制度改革进行的，而他已经没有了回头路，他必须继续干下去。

而接下来的这张牌，它的难度将超过以往任何一次出牌，但它的重要性却是无比巨大。这是光绪梦寐以求的出牌，也是他不得不进行的事情——抓军权。

清日战争那次通过战争抓军权的机会已经失去了，而和平时期抓军权只有一种方法：提拔。

通过大肆提拔军方将领，建立自己的嫡系，让他们来听自己的。那么，谁是可以提拔的人？不对，这个问题应该怎么问：谁是可以信赖的人？

正当光绪皇帝为这个问题而苦恼之时，继上次的密折之后，徐致靖徐大人又不失时机地上了一道密折。

看来，有需要的地方就有徐致靖啊。在《密保统兵大员折》里，徐致靖向光绪推荐了一名军方将领。徐致靖介绍，此人目前掌控着一支新军，属于军方新派人物，不仅工作能力强，而且一向有维新变法思想，是可以信赖的干部。

光绪觉得此人很眼熟，立即批复：电寄荣禄，着传袁世凯即行来京陛见！

不错，这个人正是袁世凯。虽然我们对他比较熟悉了，但对于宫廷权力中心来说，他还是新人，还属于"小袁"级别。光绪能够想起这个"小袁"来，实在是因为袁世凯在去小站练兵前，给光绪留下了很好的印象。

事实上光绪不仅对袁世凯有印象，还一直很欣赏他。我们还记得三年前（1895 年）袁世凯成为小站练兵统领的候选人时，在清流李鸿藻的推荐下，光绪曾经召见过一次袁世凯。那次除了谈练兵，光绪还给了袁世凯一个命题作文——如何变法。袁世凯认认真真地搞出了一个一万多字的方案，虽然我们知道，这很可能又是他找"枪手"写的，但毕竟这代表他对变法是很有想法的。

在这之后，袁世凯就去小站开始了他的变法之路——编练新军。在这三年的时间里，他不像"康师傅"整天鼓吹着变法，他干的是实实在在的变法之事——军事制度改革。他在小站编练的新军是一支真正的"新军"，从军队编制、管理到训练方法，甚至连军服都是新式的，战斗力大大增强。而袁世凯虽然号称"不问政治"，却也不妨碍他经常发表一下对于变法的看法，比如他主张变法从地方开始，先建立一个政治特区，这和康有为主张变法从中央开始又是不同的。

看来，在变法问题上，袁世凯属于低调实干型。

接到"电旨"（用电报发的圣旨）的荣禄立即通知了袁世凯。在小站每天一身是汗、忙着练兵的袁世凯，也是欢欢喜喜、屁颠屁颠进北京的，君臣二人注定要欢欢喜喜一场了。

对于光绪来说，他终于有希望得到一个重要的帮手，这个帮手来自军方。本身对袁世凯就有很好的印象，也知道他练兵练得很好，现在心腹徐致靖认为袁世凯可用，光绪十分欢喜。

而对于袁世凯来说，在进京之前，他就知道了自己一定会被升官。这个秘密我们接下来就会揭晓。

而等待他的，将是未知的凶险。

袁世凯的骑墙术

北京报房胡同法华寺，这里闹中取静，晨钟暮鼓，木鱼声声，吃素不妨碍吃荤，关键是离皇宫很近。来到北京后，袁世凯把它当作了下榻的宾馆，住了进去。

两天后，光绪在颐和园召见了他。接见的气氛十分融洽，君臣两人其乐融融。光绪专门询问练兵的情况，袁世凯一一作答，内容充实，详简得当，光绪对袁世凯的对奏十分满意。

回到法华寺的当天晚上，激动人心的消息传来了，圣旨下：袁世凯练兵有功，着由直隶按察使升为工部侍郎候补，仍专办练兵事务！在旨意中光绪还特别交代：对于练兵中的事务，袁世凯"应随时详奏"——这是给了袁世凯专折奏事的权力。

直隶按察使是副省级（正三品），而工部侍郎候补是副部级（从二品），皇帝果然给自己升了官，这一切跟老袁事先得到的消息分毫不差。

在用《密保统兵大员折》推荐袁世凯之前，徐致靖派了他的儿子（徐仁录）去小站找袁世凯。这很好理解，官场讲究的是你来我往，我推荐你，至少你要明白是我的功劳，大家互相给点好处，所以徐致靖的儿子是去

"运作"的，而袁世凯也派了他的幕僚徐世昌来北京"继续运作"。

这件事情在史料中有记录。从种种迹象来看，袁世凯并不是被动地坐等徐致靖方面来找自己，而是他很主动。

事实上在小站练兵开始后，袁世凯并没有忘记他的老本行——继续向高层"勾搭"。荣禄是不用说的，搭上他迟早就能搭上太后这根线，但老袁一直奉行的是骑墙的艺术。

具体说来，就是在帝、后两党之间两头不得罪，两头讨好，为将来争取更大的本钱。所以在努力向荣禄表现的同时，袁世凯一直没有忘记积极向帝党集团靠拢。这就需要向当时的帝师翁同龢去"勾搭"，对于翁同龢，认同乡、同岁、同年的勾搭方法都行不通，但还有一招——认同志嘛！翁同龢既然积极鼓动光绪用变法来收回权力，老袁就积极上书翁同龢来谈变法，但问题是翁同龢对袁世凯不是很感冒。在给翁同龢上过两次书后，袁世凯很有可能就勾搭到了徐致靖这里。

所以，尽管徐致靖的推荐是密荐，但这一切对袁世凯来说并不是秘密。他看上去是偶然成了徐致靖的人选，但是我们知道，历史上没有那么多的"偶然"。经验告诉我们，偶然之中必有必然，你关心什么，就会遇到什么。常遇到美女，说明你有一双搜索美女的眼睛；遇到帅哥，说明你有一颗神往帅哥的心；经常勤劳奋进，就会得到奋进的结果；经常跑官，就有可能被升官。

不要认为副省级官员就不需要跑官，在以领导拍脑袋来决定事情的人治官场里，跑跑很重要。

现在最后结果出来了，袁世凯应该激动，应该庆祝，但在激动之余，他又有另外一种心情——不安。

他突然发现自己可能犯了一个错误：在这个阶段，还是不升官的好，甚至不应该进北京！

不到北京不清楚，到了北京才知道，朝廷的局势只是表面的平静，下面已经是刀斧声声。

想想自从练兵以来，已经被两次提拔了，第一次是荣禄保荐升为直隶按察使，相当于是太后给升的官，现在皇上也不会无缘无故给自己升官吧？

答案很快就揭晓了。第二天，光绪再一次召见了袁世凯，这次，光绪笑着对袁世凯说："人人都说你练的兵、办的学堂甚好。以后你可以与荣禄各办各事。"

"如能为皇上分忧，臣粉身碎骨，全不怕！"袁世凯当然要及时送上他的忠心。

原来皇帝是要收买自己啊，这句话的意思是要告诉他，荣禄虽然是你领导，但你以后可以不听荣禄的，只听我的，对我负责。

袁世凯猜得没错，光绪给他升官的原因并不只是因为欣赏他，而是有真正的目的。这个目的就是绕过荣禄，直接领导袁世凯，逐步实现抓军权。

对于光绪来说，这只是他的第一步，抓军权这项工作是循序渐进的。光绪也不傻，他也知道，不是给人升了半级官，人家从此就归入了自己的麾下，死心塌地为自己卖命，这是需要时间来进一步考察和检验的。

更何况，袁世凯还不是自宣布变法开始以来光绪提拔的第一位军方背景的人。

光绪提拔的第一位就是我们前面说的岑春煊。此人出身武将世家，自小就跟随担任云贵总督的父亲镇压云南地区的回民起义，立了不少军功。前面我们说过，因为两广总督谭钟麟带头抵制变法和官员人事制度改革，光绪提拔岑春煊为广东省副省长（布政使），把他成功地安插在谭总督身边，而岑春煊到广东后果然没有辜负期望，他积极收集谭钟麟的罪证，上奏给了光绪。

在光绪看来，提拔袁世凯除了有可能直接掌控新军，还能起到"岑春煊第二"的作用。因为老袁的身边，就是另外一位不听话的直隶总督——荣禄。和岑春煊一样，光绪也给了袁世凯专折奏事的权力，希望"小袁"接下来好好表现。

无论是抓军权还是"掺沙子"，这都是一项长期的工作，只能循序渐进，着急是要坏大事的。光绪很清楚这一点，他并不需要袁世凯立刻就效忠自己（事实上做不到），也不会立即就把袁世凯当作自己的心腹。这个人和"四人帮"不同，他是官场上的老狐狸了，收买不是那么容易的，就让他继续踩着钢丝跳跳舞吧。

因为不是立刻就收买袁世凯，也不需要让袁世凯去搞什么阴谋，袁世凯的到来就是正常的官员进京活动，光绪连召见他都是走的正常程序——先通过荣禄，然后又在慈禧眼皮底下（颐和园）第一次接见。有人认为袁世凯进京引起了荣禄和慈禧极大警觉，所以在光绪召见之后，慈禧又特意召见了袁世凯打探消息。从当时情况看，这个说法并不能成立。一切都很正常，袁世凯这样"小小的地方官"进京，就算是求见慈禧，慈禧也不一定见他。

正常，基本正常。光绪皇帝完全是在按照他的思路来处理政事，只要再过一些时间，他就能决定袁世凯这个自己欣赏的人，能否成为欣赏的自己人。如果一切顺利，变法班底中将又增加一位生力军，他的作用会比用"四小军机"去架空军机处更大，因为他的下面还有7000位拿枪的弟兄。

然而，有一个人的出现改变了一切，不仅改变了光绪原有的计划，也让多年以后的袁世凯无比地懊恼：我真后悔呀，虽然我喜欢升官，还擅长政治投机和豪赌，但想想那几年的跑官实在是不应该的。如果不跑官，皇上也许就不会注意到我，不注意到我，我就没有机会去北京，没机会去北京，别人也就没有机会在我身上搞阴谋！

这个阴谋，将是惊世骇俗的。

康有为的惊天阴谋

康有为的身边出现了毕永年。他终于从湖南赶到了，而且还跟康有为住到一起，住进了南海会馆。

是时候把自己的计划告诉谭嗣同和毕永年了。

在康有为看来，慈禧是官僚集团的头头，那些抵制变法的大臣都是慈禧提拔起来的，所以慈禧就是反对变法的带头人。有她老人家在，变法就很危险。不杀死慈禧，慈禧迟早会杀死变法。总之有她无法，有法无她。

南海会馆里，听康有为说完计划的谭嗣同和毕永年半天没回过味儿来。他们不敢相信，"康师傅"竟然有这样一个计划，让毕永年来京，原来只是为了方便他实行这个计划，这个他已经酝酿已久的计划。

康有为告诉大家，慈禧这个"老妖妇"一直对变法抱有成见，按照她的政治见解是不会真心支持变法的。现在，朝廷上下已经有传言，"老妖妇"九月（阴历）要和皇上去天津阅兵。这是一个阴谋，那时她会叫心腹荣禄废去皇上，杀掉皇上，彻底扑灭变法大业。为今之计，为了救皇上，也为了自保，只有先下手为强。唐朝张柬之有废武后之举，我们可以效仿他实施斩首行动，让毕永年带领弟兄们刺杀慈禧！

张柬之曾经带领五百名御林军闯入武则天寝宫，逼迫年老的武则天退位，恢复李唐江山，看来康有为想做第二个张柬之！

而"天津阅兵阴谋"是一个故意制造出来的谣言，制造这个谣言的人并不是康有为，而是另外一伙人，这伙人将在后文的故事中露出面目。而对于康有为来说，这个谣言正好是实行兵变的借口。

而谣言不是导火索，只是在这把火上加了把柴。从种种迹象上看，兵变是老康早有的计划，没有这个谣言，他也是要上的。

明白了，以前说杀一品大员，确实就是老康的想法。现在，不仅一品大员要杀，还要杀朝廷的最高领导人——慈禧。

康有为不仅一直无法接触变法的核心，也无法接触权力的中心，甚至也没有在权力场上摸爬滚打过，所以他并不了解慈禧。

对于慈禧来说，变法只是权力的道具。慈禧赞成变法，是因为变法可以消除统治的危机、权力的危险；如果要反对变法，也只有在变法威胁她权力之时。慈禧并不信奉任何主义，在她看来，凡是有助于巩固她权力的主义都是好主义，凡是可能削弱她权力的主义都是坏主义。她只关心她的统治不动摇，维护社会稳定，不改旗易帜，不走邪路。所以到目前为止，慈禧并没有过多的干涉变法的行动，虽然怀塔布的老婆天天在她面前哭，虽然那些旧下属们一有机会就来告状，但慈禧都把他们赶出了颐和园。朝廷都还在她的掌控之中，光绪一如既往地"先请示，后汇报"，权力安全得很，爱怎么变就怎么变，她是懒得去管的。

以为杀了慈禧就能成就变法，纯粹是书生之见，书生之气。而后来的事实将证明，康有为干掉慈禧的计划是周密的，他并不是完全为了变法，而是有利于实现他惯有的一样东西——急于进入政治高层的野心。

听到这个计划，毕永年惊呆了。虽然他是黑社会分子，但也没有胆大包天到去刺杀朝廷领导人的程度，这可是灭九族的大罪。更何况，慈禧的颐和园守卫森严，即使武功再高的江湖高手也很难接近，怎么刺杀？

康有为胸有成竹："只用你们这些人去当然是不行的，也不会成功，但是我可以先调集军队包围颐和园，然后你率领百余名敢死队员趁乱杀掉那个'老妖妇'，简称'围园杀后'。"

康有为同志一定是史书上那些书生借兵、武力夺权、巧取天下的故事看得太多了。

那么调谁的兵？这个事情有点难度。很显然，为了调兵的方便，只能去策反那些驻扎在京郊京津之间的卫戍部队，而其中的一支，在老康看来是很有希望的。

这就是聂士成的部队。清日战争之后，聂士成率领他的军队驻扎在京津之间，成为卫戍部队。聂士成是王照的拜把子兄弟，而王照算得上他老康的粉丝，一直对康有为礼敬有加，言听计从。王照刚刚在罢免礼部六位部长中大出风头，老康认为说动王照去策反聂士成是很有把握的。

没想到王照这一次的反应大大出乎他的意料。

王照坚决地拒绝了这个要求，据说还把康有为大训了一通。

在王照这里碰了一鼻子灰，不过老康这个人的人生字典里是没有绝望二字的，拉拢聂士成失败了，他的脑海里又想到了另外一个人。

这就是躺着也中枪的袁世凯。

袁世凯的新军也是当时的卫戍部队之一，驻扎在离北京不远的小站。而老袁又刚刚升官，正在北京，康有为打算想办法去见上他一面，去策动袁世凯！

听到这里，毕永年大惑不解："袁世凯怎么会听我们的呢？"

袁世凯支持变法，他自己也在干着变法的事，这是大家都知道的，他不会干出背叛变法的事。而老康的手上还有一件神秘的东西。

这是一封袁世凯亲笔写给康有为的感谢信。里面对康有为表示了感谢，并说道："以后但凡有用着我袁某的地方，赴汤蹈火，亦在所不辞！"

事实是由于官升得实在有点让袁世凯担忧，在离开皇宫后，他又使出了他的那一招：用银子开路，拜访各位王公大臣，平息祸事，打听风声。他和他的银子一起进了庆亲王奕劻的府上，又拜访了如今的朝廷荣誉公务员、已经谁也不待见的李鸿章。这两个人都是慈禧的心腹，老袁此举是在向后党示好。

然后，袁世凯也没有忘记帝党阵营。他给康有为写了一封感谢信。徐世昌在北京给袁世凯跑官时，康有为就经常找徐世昌表明他在积极推进徐致靖的保荐活动。如此一来，袁世凯自然要感谢一下康有为，而且康有为是变法的一面"旗帜"，谢了他，就等于把好印象带给了很多人。

多交朋友少结仇，老袁不过是在继续他的骑墙政策。

毕永年仍然强烈反对这个计划，他认为光凭袁世凯的这两句话是不可信的。对于袁世凯这样的官场老手来说，别说是他写的几句话，就是要他当面对天发誓，说不定一转身拍拍屁股就不算数了——更何况支持变法和谋反是两回事，这谁都明白。

毕永年认为他至少应该亲自见见袁世凯，探清楚袁世凯真正的想法。

一听到这个要求，康有为火了：我的判断你还信不过吗？

在大名鼎鼎的"康师傅"面前，毕永年不再争辩，争辩也没有用，没人能够说得过康有为。你说一句，他能说十句，而这十句里有两句是点火的，其余八句都是煽风的。这次谈话不欢而散，毕永年很郁闷，自己是因为敬佩"康师傅"，听谭兄说要保护"康师傅"的安全，这才率领弟兄们从湖南来到北京。只要是为了保护"康师傅"，舍生忘死，他和弟兄们都没有怨言的。从湖南出发时，他们并不知道还有一个刺杀朝廷领导人的计划，这个事情绝对不能去做。

带着忐忑不安的心情，毕永年去找谭嗣同，向他说出了自己的担忧："袁世凯不一定可靠，'康师傅'的计划风险太大了！"

谭嗣同一开始也不同意康有为的这个计划，但他也说不过康有为。他只好安慰毕永年："我也觉得这件事情根本不可行，但康先生一定要这么做，我能怎么办呢？"

看来谭嗣同也同意了，毕永年建议这事即使要办，也要再叫些人手来北京，于是谭嗣同给在湖南的另外一位结拜兄弟、同样跟黑社会很熟的唐才常发电报，要他召集人马来京！

南海会馆里的气氛空前紧张，一个惊天的阴谋在这里敲定，即将执行。康有为的意思，要在光绪和慈禧去天津阅兵之前先动手，时间比较紧迫。老康无疑是这个行动的总指挥，一切都听他的了。正在这时，一个意想不到的消息传来：光绪皇帝再一次颁布上谕，要求康有为立即离开北京！

光绪的密诏

跟上一次不同，光绪这次令康有为迅速离京，不容有商量的余地（着康有为迅速前往上海，毋再迁延观望）。就像光绪不清楚老康在准备兵变计划一样，康有为也不清楚这些天皇宫里发生了什么。事情发生在光绪接见袁世凯之前，而性质是比较严重的。

事情开始于光绪去颐和园。按照"重大事情事先请示"的制度，光绪皇帝向慈禧请示一件重大的事情——开懋勤殿。

懋勤殿是一座大殿，位于皇宫内，最早幼年的康熙在这里读书，名字来源于"懋学勤政"的意思。后来继位的雍正、乾隆等皇帝也常常把这里当书房，在读书的同时，他们会叫上一些饱学之士在这里谈古论今，议论大政方针。可以说这是一处历史古迹了，而光绪的意思并不是派人进去打扫卫生，清除蜘蛛网，开发这个古迹。"开懋勤殿"就是要把那些支持变法的"英勇通达之才"聚集到自己身边，来参政议政。

大家一定觉得这很眼熟，不错，它就是另外一个换了名字的"制度局"。"开懋勤殿"的主意仍然来自康有为，当然折子是找官场的朋友代奏的。光绪要坚定地推进官制改革，对这样的机构十分有兴趣，而老康也一直在动脑筋，请官场上不同的朋友（避同党嫌疑）上奏朝廷，先后提出了开议院、议政局、议政处、制度局等等。在都没有下文之后，老康终于结合丰富的历史知识，把皇帝的祖宗都拉进来，援引他们的事例，想到了懋勤殿这个地方，既没有"议院""制度局"这些新名词让人觉得刺激，又能起到实际作用。

看来多读点历史书是有好处的，那些旧瓶子也是能够装些新酒的。

对于老康来说，他提出开设"制度局"也好，懋勤殿也好，都是一种"公私两便"的想法。于公当然是有利于变法，这是毋庸置疑的；而于私，也大大有利于像康有为这样在官场级别不高的人可以围在皇帝身边，直接进入权力中心。因为在"开懋勤殿"的折子递上去之后，老康已经叫王照和徐致靖等人开始向皇上推荐"英勇通达之才"，其中就有他老康，以及其弟子梁启超等人。

自从朝廷宣布变法开始以来，对于光绪前来请示要办的事情，慈禧还没有拒绝过。但这一次不同了，慈禧不仅明确地表示拒绝，甚至连拿到大臣中去讨论都不行。光绪皇帝语气激动地争辩起来，而慈禧的态度很坚决，没有商量的余地。

对于老康那伙人的背后操作，慈禧自然是不知道的，但这并不能排除她心里有所察觉，做了老大这么多年，官场上权力争夺的把戏应该是逃不过她老人家的眼睛。但是对康氏一伙的顾忌并不是慈禧拒绝的原因，慈禧之所以明确拒绝，来自光绪准备开设的"懋勤殿"跟之前的"制度局"还是有些不同的。

在开设"懋勤殿"之后，将会出现另外一个人。而这人让慈禧感到了深深的恐惧，这是一个连她也搞不定的人，她也十分忌惮的人。

慈禧拒绝的结果让光绪皇帝十分郁闷。他闷闷不乐，十分不安地回到了皇宫，变法以来太后第一次明确驳回了自己的请求，这个打击确实有点大，而更郁闷的是光绪并不知道慈禧为何要坚决拒绝。

第二天，光绪再次来到颐和园请安，这次是真正来请安的，不谈国事，也为昨天顶撞了慈禧表示歉意。而慈禧的态度十分冷淡，看来正是开"懋勤殿"的要求惹恼了她，她的气还没有消。

慈禧也希望她的态度能让光绪打消这个念头。

光绪再一次失望了，而慈禧的态度又让多年惧怕她的光绪感到一阵的惊恐，他有点手足无措。对于推进官制改革，他的决心是坚定的，但光绪很清楚，如果没有慈禧的同意，这件事又是做不成的，怎样才能让自己既干成这事，又不影响和太后的关系？

唯一的办法——就是想出一个"两全其美"的办法。这看上去虽然是句空话，但这是唯一的选择。因为当我们感觉需要两全其美的时候，一定是在左右为难。

光绪皇帝失魂落魄地回到了皇宫，然后召见了一个人——军机章京杨锐。

光绪把"两全其美"的任务交给了杨锐。没想到杨锐这一次却拒绝帮忙："皇上，这是您的家事，臣不能管。"

杨锐说的是实情。按照规矩，"皇帝的家事"臣子是不能过问的，也不能评论，管了就是逆天了，最有可能的结果就是换来杀头大罪。

而光绪之所以先找杨锐，因为他在"四人帮"中办事最稳重，另外，他还有张之洞的背景，这个人是朝中的老人了，跟慈禧的关系也比较好。光绪很清楚，北京城里有什么事，杨锐是会向张之洞报告的，看来光绪是想借这两人之力。

光绪让杨锐大胆地去管，并且他写下了一道密诏交给杨锐，表明这是皇帝让你管的，万一将来有人说你闲话，你还可以拿来当证据。

密诏写得很长，摆事实讲道理，有理有据，我们需要仔细看一下。

光绪首先说明了慈禧对他坚决推进官制改革的反对（近来朕仰窥太后圣意，不愿将法尽变），然后中心意思仍然是表达了对既不得罪慈禧，保全自己的权位，又能将官制改革推进到底的渴求（今朕问汝：可有何良策，俾旧法可以全变，将老谬昏庸之大臣尽行罢黜，而又不致有拂圣意？）。

至于如何想出这个办法，光绪要求杨锐与"四人帮"的其他成员妥善商议（尔其与林旭、刘光第、谭嗣同及诸同志妥速筹商）。皇帝能够真正信任的人，能够成为他真正帮手的人，大概只有亲自提拔起来的这军机四章京了，深宫寂寞。

光绪虽然写的是"密诏"，但并不认为这是件不能光明正大进行的事，在密诏的最后，他规定"四人帮"们想出良策后应该走正常的程序，而他也会稳妥地来处理这件事情（密缮封奏，由军机大臣代递，候朕熟思审处，再行办理，朕实不胜紧急翘盼之至！特谕）。

看来，在最初的惶恐和不安之后，光绪的心情也平复很多，他"紧急翘盼"的，只是一个好的办法。

杨锐感到事情重大，在走出皇宫后，他并没有急着把密诏给其他三人看，而是决定自己先认真考虑两天，给光绪一个很好的建议。

两天后，杨锐的建议想出来了。他的核心意思是劝导光绪不要着急，尤其不要跟慈禧去急：皇上您遇事要顺从太后的意见，千万不要固执己见；变法应该有轻重缓急，着急不得的；提拔新大臣，撤职旧大臣，不宜太急太多。

杨锐提出的这个建议来自他一贯的主张，他的主张和支持变法的"稳健派"张之洞很相近，认为变法要稳妥地推进，不能急于求成。正是出于这个原因，杨锐和老康的关系比较疏远，老康嘛，大家都是知道的。

在这些大的建议之外，杨锐还提出了一条实质性的建议：现在康有为已经成为各种矛盾的焦点，大臣们很仇视他，他留在北京对变法不利，皇上您应该让康有为马上离开北京，缓和一下矛盾。杨锐把这一点当作了一条重要的建议，有关史料记载，杨锐甚至认为康有为继续留在北京会使后果变得十分严重（康不得去，祸不得息也！）。

光绪同意了，他也认为必须让康有为马上离开北京，于是令康有为离京的那一道谕旨下了。这是采用"明发圣旨"的方式，公事公办，上谕的颁发是朝廷所有人都知道的。而光绪很了解，只凭这一道谕旨，那个固执的老康恐怕还不会认识到事情的紧迫性，不会那么快离开北京的，于是，他又想到了一个办法。

这个办法是让人从私底下转达他的口谕，去劝说康有为——老康啊老康，如果你知道皇帝只是为了让你早点离开北京，既发上谕又派人私底下劝你，你的工作作风也该改改了吧。

光绪想到的这个人是林旭，因为"四人帮"中，只有林旭才是康有为真正的弟子，跟老康关系最近。于是光绪把林旭找来，给了他一道口谕，要求林旭私下转告给康有为。我们把这道口谕稍微翻译一下：

我命你去（上海）办报，实在有不得已的苦衷，这不是用笔墨能写出来的，你应该速速外出，不得延误。你一片忠爱热肠，我是了解的，现在不重用你，不代表以后不用你，你应该保重身体，争取将来发挥更大的作用，我对你是有很高的期望的。

这段话令林旭也很动容，他决定马上去劝"康师傅"离开北京。这时，杨锐已经把那道密诏交给了林旭等其他三人看，但杨锐这个人确实是很稳重，他把密诏的原件交给了自己的儿子，然后给大家看的是手抄的一份。此时的老康已经接到那道"明发圣旨"了，但还是没有离开北京。

林旭就这样带着光绪的口谕以及看到的密诏内容去找"康师傅"。

四人绝密会议

听完林旭的讲述后，康有为立即关起门来召开了一次绝密会议。

参加这次会议的除了老康，还有另外四个人，弟弟康广仁，两个弟子梁启超和林旭，以及对"康师傅"几乎言听计从的谭嗣同。

老康的态度只有一个："围园杀后"的计划已经刻不容缓了，必须马上执行！

变法已经到了"生死存亡"的关头，要不然皇上也不会写密诏了，不仅如此，皇上还可能有危险！变法一失败，大家就会失去一切，现在皇上第二次下旨，他老康又不得不马上离开北京，所以时间很紧迫！

先派谭嗣同去策动袁世凯，只要袁世凯同意带兵围颐和园，事情就成功了一大半。于是根据林旭的口述，大家又抄了几份皇上的密诏，由谭嗣同带着去找袁世凯。

康有为认为，这还不够，最好的办法是让皇帝同意这个计划，明确命令袁世凯。于是谭嗣同开始写密折，这道密折是他准备"死谏"给光绪的：皇上请您在袁世凯进宫请训时，给袁世凯一道朱谕，令袁世凯率领新军诛杀荣禄，然后从天津开进北京，一半围住颐和园，一半保卫皇宫，变法大业可成。"皇上如您不听臣策，臣立即死在您的面前！"

康有为估计，皇上顶多会同意令袁世凯兵围颐和园，杀慈禧是万万不会同意的，所以密折中隐藏了计划中最关键的一项内容：诛杀慈禧。而诛杀荣禄虽然没有在最开始的计划里，但他是必须要杀的，否则袁世凯无法带兵进京。

袁世凯进宫请训的时间是在两天后（9月20日上午），这是朝廷的规矩，新提拔的官员在上任之前，需要到皇宫向皇帝"请训"。只要光绪同意了，他就可以将朱谕当面交给袁世凯。

密折虽然写好了，但还不能马上去"死谏"，这样的事情，需要的是"下面的人"先安排好了，才有报告领导的意义，如果连具体办事的人都没有策动，又如何能"策动"皇帝呢？看来，现在的关键就是能否策动袁世凯同意执行密折上的计划！

所有人都在等待夜晚的到来。

谭嗣同夜访法华寺

夜晚，袁世凯居住的地方——法华寺。老袁还能在这里住两个晚上，他准备在请训完成后回到天津，一切看起来都很正常。

下人突然来报："军机章京谭嗣同谭大人来访！"

对于这个大名鼎鼎的官二代巡抚公子，皇帝跟前的红人，袁世凯自然不敢怠慢，他把谭嗣同请入了密室。

谭嗣同的怀中藏有两样东西。

第一样东西他立即拿给袁世凯看了。这就是那道准备"死谏"的密折。

老袁吓得魂飞魄散，他不明白谭嗣同为什么要上这道密折，上也就上了，还把他老袁往火坑里推。

谭嗣同把那个"天津阅兵阴谋"告诉了袁世凯，表明这是在救皇上。袁世凯迅速冷静下来，看来目前最紧迫的，就是阻止谭嗣同去上这道折子。不然到了那时，即使皇帝不同意，他在荣禄和慈禧那边有一万张嘴也说不清；而如果皇帝同意，他老袁可真是要变成"炮灰"了。

正准备说服谭嗣同，袁世凯突然意识到：不对呀，谭嗣同敢写这样的折子，是不是原本就有光绪的授意？

一想到这里，袁世凯又犹豫了。

谭嗣同似乎看出了袁世凯的心思，他说："我雇有好汉数十人（毕永年和他的弟兄们），已电湖南召集好将多人（由唐才常率领的另一批人马），不日可到。去此老朽（慈禧），在我而已，无须用公。只请您做两件事：诛荣某，围颐和园。公如不应允，我即死在公前。公之性命在我手，我之性命在公手。今晚必须定议，我即进宫请旨！"

袁世凯只好试探："此事关系太重，断非草率所能决定。就算您今晚杀了我，也不能决定。况且您今晚进宫请旨，皇上也未必允准呀！"

"我自有说服皇帝的办法，不会不准我们的计划。"谭嗣同十分坚定地回答。

袁世凯又不得不再犯嘀咕：康有为那种浪荡才子的话还可以不听，但谭嗣同等四人已经是光绪最亲近的心腹之臣，朝廷的四品大员，绝对不会乱开玩笑。如果这是光绪皇帝派他来刺探自己的，自己明确拒绝，岂不是得罪皇上？

想了想，袁世凯只好说："天津的军队还有四五万人，京城里有八旗军数万，我能指挥的只有六七千人，如何能办成此事？只怕我军队一动，京内立刻设防，那皇上的处境不就更危险了？"

袁世凯说的是实情。谭嗣同按照他密折中的预备方案回答："您可以在动兵后，立即将皇帝的朱谕给各个将领看，同时照会各国，看他们谁还敢动？"

袁世凯觉得不能在这个问题上纠缠，皇帝的朱谕到现在连影子都没看到，谈论这些根本没有意义，将来还得落人口实。还是先稳住谭嗣同，表表对皇帝的忠心。

老袁真诚地说："我个人，死不足惜，只是恐怕一旦泄密，必将连累皇上。您可千万别让皇帝给我朱谕，一经纸笔，便不慎泄密。您先回去，容我熟思，布置个十天半个月，再告诉您我准备怎么办，好不好？"

对于这种官场上惯有的踢皮球方式，谭嗣同还是知道的。看来必须让袁世凯进一步相信这是光绪的意思，于是，谭嗣同拿出了他怀里的第二件东西。

这是光绪给杨锐那份密诏的抄本。谭嗣同说道："皇上很着急，我有朱谕在手，必须即刻定准一个办法，方可复命。"

袁世凯看了一眼那份密诏，心里差点叫道：你们这群办假证的！

"这不是皇上的朱谕。"袁世凯平静地指出。

朱谕是皇帝针对重大或者特别的事件亲自用朱笔写成的诏书谕旨，而眼前的这道密诏是用毛笔写的。如果是没有见过朱谕的人，可能还看不出差别，但是他老袁已经是副部级高官了，对于红头文件还是能一目了然的。

这时候，谭嗣同只能说明情况了："这是抄件，我用性命担保确有此朱谕。"

一听这话，袁世凯不得不仔细看了一遍，他发现一个疑问："上面只说让你们去想个良策，并没有诛荣相、围颐和园之说啊？"

谭嗣同回答："皇上这道朱谕内所称'良策'，即有二事（诛荣禄、围颐和园）在内。"

老练的袁世凯很快判断出，光绪的这道密诏实际上只是受了慈禧冷遇的一点刺激，希望四位心腹小将想个稳妥的办法。他密诏中原本就是这个意思，想想他连得罪慈禧都不敢，哪敢去杀慈禧？

不知道康有为、谭嗣同他们为什么想出来一个要兵变的"良策"呢？真是百思不得其解。

老袁迅速思考：既然已经基本判断兵变不是皇上的意思，这种事情是千万不能答应的，免得上了他们的贼船。虽然谭嗣同用性命担保皇上给过朱谕密诏，但他拿来的只有抄件，说明皇上的密诏也不是给他的，这就更加能说明兵变并不是皇上的意思。退一步讲，即使真的是皇上的意思，他们连真的朱谕都弄不来，怎么能成事？如果是因为不相信自己，不给看真的朱谕，那就更不能跟他们干了。

总而言之一句话：无论从哪方面考虑，都必须拒绝。

袁世凯主意已定，正考虑着要怎么拒绝谭嗣同的时候，他突然发现谭嗣同衣服里面高耸着一个东西，看来谭嗣同的怀里还有第三样物品——剑。

老袁突然意识到自己今晚很危险。谭嗣同经常行走江湖，如果明确拒绝，闹翻了，对方恼怒之下，自己很可能会被灭口！他们连刺杀慈禧的主意都想得出来，难道还怕杀个人啊。

看来，这是天上掉下个活阎王，你干也得干，不干也得干，而自己又偏偏没法干。袁世凯哭也不是，笑也不是，拿脑袋撞墙也不是，只有两个字——忽悠，接着忽悠。

"九月皇上不是要巡幸天津（天津阅兵）吗？到时候所有的军队都汇集了，只要皇上一寸纸条，谁敢不遵？何事不成？"

这话说出来连袁世凯自己都不信。果然，谭嗣同回答："等不到九月，他们就要废弑皇上了，形势危险得很！"

"太后既然下达了皇上九月巡幸之命，在这之前，必然不会有意外。"袁世凯考虑片刻后说道，他的话很有道理。

"若九月不出巡，怎么办？"

"不会更改的。为出巡的事天津方面现在已准备妥当，花了数十万两银子。而且我可请荣相力求太后，必定出巡，不会停止。此事在我，您可放心！"

此时的谭嗣同也已经明白，袁世凯这个老狐狸今晚是无论如何不会答应立即行动的，好在他没有明确拒绝，只是把时间推到了以后。谭嗣同决定用话语来激袁世凯。

"袁公，报皇上之恩，救皇上之难，建奇功大业，掌握天下事，在公此举！"说着，谭嗣同看看袁世凯，"当然，如您到颐和园告变今晚之事，杀我，害及皇上，也可得富贵。"

"你以为我是什么人！"老袁十分激动，慷慨激昂地放空炮，"袁某三代受国家深恩，断不至丧心病狂、贻误大局！但能有益于君国，必当死生以之！"

谭嗣同从座位上站起，向袁世凯连连作揖，"公真乃千古奇男子！"

带着复杂的心情，谭嗣同离开了法华寺。他的脚步很沉重，不知道谭嗣同是否对自己的冲动而有所醒悟。"康师傅"曾信誓旦旦地说，袁世凯绝对可以信任，只要一跟他挑明，就会立即倒入自己这边阵营中，但袁世凯的实际表现并不是如此。

策动袁世凯不成，"死谏"也进行不下去了。看来这个计划就这么失败了。

这就是历史上著名的"谭嗣同夜访法华寺"的故事，虽然史料基本来自袁世凯日记，但根据多方考证和种种材料分析，它是接近于历史事实的。此外还有另外两种说法。

第一种说法是，谭嗣同夜访华法寺的时候，并没有向袁世凯提出要兵围颐和园，只是商讨天津阅兵时如何保护皇上。也就是说，这把主动的兵变变成了被动的防御，否定了康有为有一个"围园杀后"的计划。这个说法来源于梁启超流亡海外后写的回忆性小说，目的是掩盖"康师傅"的阴谋，不符合历史事实。

第二种说法比较离奇，认为袁世凯事先就通过在北京为他跑官的徐世昌参与了兵变的阴谋，谭嗣同到访法华寺并不是意外行为，而是由徐世昌带领前来商量如何具体实施兵变计划的。他们认为，如果袁世凯没有在事先表现出一点迹象，谭嗣同不会如此冒昧地去找袁世凯。

这个说法看上去很有道理，但它的重点是想表现袁世凯后来对变法派的背叛，给老袁扣上一顶"叛徒"的帽子。我认为，如果说袁世凯事先有什么"迹象"，就是他原本就是变法阵营中的人，支持变法，自己干着变法的事，又加上跑官的缘故，积极向变法派和皇帝靠拢，皇帝又给他升了官，这给了康有为一个错觉。

当然，我们并不能排除袁世凯也有用兵变去获取更大权力的野心，但作为一个官场老手和军事将领，凭远在天津的区区 7000 人发动兵变，成功的可能性有多大，没人会比他老袁更清楚。如果说他通过徐世昌知道康有为有兵变的计划，但当时变法势头正盛，为了跑官成功和在帝、后两党之间继续两头讨好等待时机，袁世凯之前并没有明确反对过这个计划甚至还开出过空头支票，这是有可能的。从在朝鲜开始，就只有老袁骗别人，什么时候让别人骗过他呢？

回来后，谭嗣同把见袁世凯的经过告诉了毕永年。

一听到这个情况，毕永年惊得几乎要跳起来，他感觉如晴天霹雳！

"事情完全失败了！完全失败了！这是何等样的事，能说出口而停止不办？公等恐怕要有灭族之祸了！仆不愿和你们同罹此难，马上就搬出南海会馆，住到别处去。我劝兄也该自谋，你不能为他们白白搭上性命、白白牺牲啊！"毕永年说（毕永年日记记载）。

毕永年当即就搬了家，离开了原先居住的南海会馆，也离开了康有为，住到不远的宁乡会馆，正是这次及时的搬家让他躲过了后来的一场血光之灾，及时逃离北京。四年后，在浙江普陀寺，有一位俗家名曾叫毕永年的僧人平静地离开了人世。

毕永年所说的"他们"，就是指骄虚狂躁、野心吞天、不顾一切的"康师傅"以及他的核心团队。经过与"康师傅"的交往，就连自己这个黑社会分子也看出了此人对人对己的巨大危害性。他的自以为是和铤而走险，恐怕要成为葬送变法的千古罪人。

而毕永年和谭嗣同都不知道的是，在"康师傅"那里，策动袁世凯的失败还并不意味"围园杀后"计划的最后失败！如果一个计划只有一种执行方案，那么就不能称为好的计划，制订计划的人也无法享受策划高手的美誉。康有为早已为这套计划设置重重的预备和保险方案，只是他心机很深，并没有把所有的一切都告诉谭嗣同和毕永年。

接下来的故事中，还将有那些隐藏着的阴谋，那些"康师傅"自认为的得意之笔。

袁世凯的惊恐

当袁世凯走上大殿时，他突然察觉：妈的，这气氛不对。

袁世凯是前来请训的，大殿里的气氛却有些莫名其妙的反常。他跪在地上，而应该发表"圣训"的光绪皇帝却很久都没有开口说话。

皇上前两次您还谈笑风生的啊？昨晚没睡好？

袁世凯眼珠飞快地转动，他突然意识到：完了，皇上可能是被人监视起来了！

皇上不开口，老袁只好自己开口，他说道："皇上，古今各国变法都不容易，为何要变法？原因不是有外患，就是有内忧，还请您忍耐待时，步步经理。如果操之过急，必生流弊，而且变法尤在得人，必须有真正明达时务、老成持重，比如张之洞这样的人，来帮助主持变法，方可仰答圣意。近来被新提拔的和起用的臣子中，固然不乏明达勇猛之士，但阅历太浅，办事不能缜密。倘若疏误，累及皇上，关系极重。总归求您十分留意，天下幸甚！臣受恩深重，不敢不冒死直陈！"

袁世凯这些话并不是说着玩的。在来之前，他已经给张之洞发了一封电报，说明他会向皇上举荐张之洞来京主持变法大业。这封电报发出的时间正是谭嗣同夜访华法寺的当天白天，那时袁世凯虽然还没有被谭嗣同吓到，但他已经认为如今这些人不足以成事。

张之洞的回答很有文采：本人才具不胜，性情不宜，精神不支，万万不可，千万，千万！

要是电报里能开玩笑，老狐狸估计连"肚子很胀，消化不良"都会列上了。如今敏感时期，即使是他——号称国家栋梁的人，也不想挺身而出，去蹚这浑水了！

袁世凯一阵阵心酸。变法何其难也！皇上何其难也！

袁世凯说的这一切也让光绪尤为动容，欲言又止，想说什么，却没有张口。

他默然地叫袁世凯跪安。老袁终于解脱了，两腿都已经跪麻，而就在老袁跪安时，光绪似乎毫不在意地扔下来一样东西。

这是一封普通的奏折。皇帝扔给大臣奏折，并不用多说话，意思就是让大臣按批示去办理即可。

到这个时候，袁世凯心里的一颗石头"咣当"落地了，看来谭嗣同是吓他的，皇上并不会给自己一道带兵杀进北京的朱谕。担心解除了，老袁脚步轻盈地走出了大殿。

可是当袁世凯把这道奏折从头到尾仔细看一遍后，他大叫了一声："不好！"

连同这封奏折一起的，还有个"附片"，附片的名字比较长，我这里就不抄录了，上这个附片的目的和朝廷一个神秘传说有关。

这就是"圆明园宝藏"传说。

话说当年的雍正爷和乾隆爷在修建圆明园时，曾经在圆明园的一些地窖里埋藏了无数的金银财宝，而这些地窖是极其隐蔽的，大概只有皇帝知道。所以大家一直把它当作一个传言，传了几代大家也就忘了，直到一件事情的出现。

这就是1860年英法联军火烧圆明园，当时他们真的在某个地窖里挖出了价值不菲的金银锭！于是传言的可信度又进一步增强了，大家又相信在圆明园的地底下，真的有宝。

附片正是请求皇上同意去圆明园发掘宝藏，如果能挖出来，就充作袁世凯编练新军的费用（袁世凯军费吃紧）。

军机四章京写的处理意见是：既然此事和袁世凯有关（挖出来的宝藏要给他作军费），而且皇上您不是就要召见袁世凯吗？就把这事交给袁世凯去办好了。让他带一些士兵去圆明园搜索一番，能发现宝藏自然是好事，不能发现也没有损失。

毕竟只是个传说，而且也不是专门上的一封奏折，是附片说事，估计光绪对此也没多大在意，于是他在这些意见后面朱批了"照办"二字。也就是说，皇帝要让袁世凯带兵去圆明园"寻宝"。

光绪并不知道的是，袁世凯在得到这个奏折之前，已经被谭嗣同告诫：皇上会给你让你带兵进京的朱谕！

要是在平时，老袁会觉得这没什么，能挖到宝还是好事，然而经过谭嗣同大人在那个晚上一闹，他已经有心病了——吓的，对于所有让他带兵进京干的事情都十分警觉！

是的，这虽然只是皇上批复的一道普通奏折，虽然上面没有说让自己带兵去颐和园，但是皇上没有给我朱谕，莫非是因为可能受到监视的缘故，才改为扔下这道普通奏折？而虽然没有明说兵围颐和园，但是在袁世凯这个官场人物看来，这比明说了更加严重。

要知道官场上的很多事情都是不能明说的，也不会明说，特别是那些高层领导交代办的事，很多是要靠下属去"体会"，去达成"默契"。于是"悟性高"的下属能从领导的一个动作，甚至一个表情就判断出领导真正希望自己干的是什么，不希望干的是什么。正是因为这样，很多领导对于他比较难办的事也不明说了——我暗示你！

更何况，即使是真的挖宝，只要带兵进京，谁知道还会发生什么事？皇上啊皇上，您别玩我了行不？我已经差不多被老康他们玩残了，再这样下去，我迟早要疯啊。

仔细一想，袁世凯又怀疑皇上被人利用了，但悲摧的是，他总不能再跑回去，问一句：皇上您是不是被人利用了啊？

袁世凯心乱如麻。但他并不知道，玩他老袁的，并不是光绪，还是那阴魂不散的冤家——老康啊。

上这个奏折的是御史杨深秀，而出主意的是康有为。康有为以他丰富的历史知识，先让杨深秀写了奏折，然后让军机四章京写了那个意见。

袁世凯猜测得并没有错，在这平静的文字下，隐藏着巨大的凶险：圆明园的旁边，就是颐和园！

康有为的真正计划是：只要光绪把奏折给袁世凯，而袁世凯执行光绪的命令，以"寻宝"为目的带兵入京，到了圆明园，就算袁世凯对执行"围园杀后"誓死不从，也可以由毕永年、谭嗣同伙同民间特种部队——黑社会分子胁迫袁世凯，解除他的武装，接管部队。然后迅速包围颐和园，杀掉慈禧。到那时候，权力掌握在变法派——准确地说是他老康的手里，再直取帝国权力中枢，接管中央领导大权，连光绪皇帝也不得不听他老康的！

天才！天才般的计划！在这个计划中，从袁世凯到毕永年、谭嗣同再到光绪皇帝本人，都只是康有为要利用的棋子。世界上竟然有如此精深的算计和机巧的心思，而这一切又是通过堂堂正正地向领导打报告来实现的，人才啊。

"你在这世界上最不能相信的，就是奏折。"——孝庄皇后。

袁世凯自然是不知道老康的这些秘密的，现在这封奏折成了烫手的山芋，他丢也不是，留也不是，执行也不是，不执行也不是。袁世凯一直在思考这个问题：要不要把"围园杀后"的计划向朝廷检举告发？

对于袁世凯来说，告发还是不告发，都已经是欺君之罪。不告，欺的是慈禧这个"君"，而且将来万一事情败露，自己包庇重犯肯定死罪；告，万一这个计划真的是光绪参与过的，那么"欺"的就是光绪这个君。

难办啊！难办！如此难办之事，皆因为这个朝廷有两个主子，而自己夹在中间。

考虑良久，袁世凯决定还是不告。首先是这个事情太过于天方夜谭，只要自己不参与，料想谭嗣同他们也无法行动起来，事情也许就会不了了之，当作他老袁的一个秘密。

其次，目前局势不明，光绪虽然没有实权，但他毕竟是名正言顺的皇帝，而且也正在通过变法逐步收回权力，自己还是静观其变，继续骑墙吧，把墙当成马骑。

最后，告发对已经开始的变法很不利，这一点也是变法阵营内的袁世凯必须想到的。

袁世凯决定先回天津见荣禄。之前袁世凯接到了荣禄大人的电报，要求他在请训完成后立即赶回天津面见，理由是大沽口外的外国军舰有异常举动，袁世凯必须回天津布防。

荣中堂叫自己立即回去，难道仅仅只是电报里说的那个理由？老袁忍不住又开始怀疑了。

毫无疑问，欢欢喜喜跑来北京升官的袁世凯并不是欢欢喜喜地回去的。

他从来没有像这样感到左右为难，进退不得。两派都在向他发力，两派都在利用、拉拢、收买和防备他。步步惊心，步步被人算计，可是谁都没有个明确话，谁都有一个表面上堂而皇之让你不能拒绝的理由——把我当面团捏啊。

袁世凯知道，造成这一切的原因正是在于他没有一个明确的立场，袁世凯终于体会到作为一个骑墙派的苦恼了。也许形势的发展很快就会容不得他态度再暧昧下去，再骑墙下去。如果形势逼迫自己不得不做出选择，自己该倒向哪一边？

而就在袁世凯走出皇宫之时，另外一个心事重重的人走进皇宫了。

第二十章
自救变法在百日内无疾而终

伊藤博文介入戊戌变法

半个月前，几乎在徐致靖密荐袁世凯的同时，光绪另外一个智囊张荫桓也向他推荐了一个人，准确地说是一个日本人——伊藤博文。

在几个月前（1898 年 6 月）日本国内的一场政治风波中，伊藤博文被迫辞去内阁总理职务，成为日本的前首相，著名的下野政治家。而伊藤博文不上班后的第一件事就是来到清国，进行参观和访问。

老伊为什么要来清国？如果是因为不用上班了有时间旅游，相信这个原因是无法令大家信服的。他可以留在日本去夜店泡歌伎（老伊好这一口），也可以去别的国家旅游，为何一定要来曾经交战过的国家——清国？

相信大家和我一样希望搞明白。

而要搞明白这个问题，需要从两个方面的原因去分析，就是我们常说的国内国际形势(包括日本的)。现在让我们回到1895年清日战争以后，这之后发生了很多事情。

1895 年战后，一份媒体（《纽约时报》）的评论代表了西方各国对清日之战的普遍看法：“日本人打开了世界的眼，让人看到了清国真正的无能。”

一年后（1896 年），西方国家中又开始大肆流传一种观点，这个观点在我们现在看来很陌生，在当时却是十分的有名，就是“黄祸论”。

“黄祸论”的意思是：黄种人是世界的邪恶轴心，世界上的西方白种人必须联合起来，战胜黄种人。

"黄祸论"在西方国家中流传的原因虽然很复杂，但跟清日战争也有很大的关系，它正是瓜分清国、把清国变成殖民地的理论基础之一。

最先行动的是两个国家——德国和俄国。这两个国家勾结在一起，暗自支持，达成默契。俄国在 1897 年支持德国占领青岛，建立他们在亚洲的第一个海军基地；而德国支持俄国占领了辽东半岛的大连湾、旅顺。

日本人无比愤怒，辽东半岛正是俄国迫使他们从《马关条约》中吐出来的。而对于日本人来说，更加恐惧的是，他们也是黄种人。如何选择一条适合自己的道路，成为日本迫切的问题。

前面我们说过，这一时期的日本是一个奇怪的国家，它在政治体制上走的是开明专制，是"具有日本特色的资本主义道路"，而奇怪的不只是政治体制，还有一个根本的东西——文化。

明治维新之后，日本国内有两种观点。一种以福泽谕吉为代表，主张"脱亚入欧"接受西方文化，全盘西化。福泽谕吉等人认为，日本只有成为一个完全西式的国家，西方国家才会"以兄弟之国待之"，不仅可以从此免受西方人的侵略和歧视，打破"黄祸论"，将来还能参与西方帝国主义阵营，分几块殖民地蛋糕。

而另外一种观点历史悠久，那就是"中华情结"。

千百年以来，日本都是以中华帝国为学习对象，强大的中华文明和威武的中华帝国彻底征服了这个民族，他们向往中华文化，崇拜中华制度，完全以中华为师。虽然进入近代以后，由清政府统治的中华帝国衰败了，但并没有改变这种"中华情结"，而是产生了"变种"。

从表面上看，"中华情结"和"脱亚入欧"是完全对立的，但厉害的是这些人虽然思想对立，却都知道无论哪一方都只有一个根本目的——强大日本。表面上的观点之争，实际上是如何强大日本之争。

这个"变种"就是"驱除鞑虏，恢复中华"，先用武力征服清国，然后由日本人来统治清国，改造清国，所有的黄种人联合起来，去对付白种人，这就是后来我们熟悉的那个词——大东亚共荣圈。

"脱亚入欧"在日本政界很火，"大东亚共荣"却在军界大受欢迎，因为这为他们侵略朝鲜和清国提供了方便，能够把侵略行动转为"正义"，获得强大的思想武器。粉丝有间谍荒尾精、宗方小太郎，与军部关系密切的黑社会"共主"头山满，军部的实权人物山县有朋、大山岩、东乡平八郎，等等。这些人酷爱中华文化，没事就读《三国演义》《孙子兵法》和四书五经，东乡平八郎甚至做了一块崇拜王阳明的牌子挂在身上，时不时就翻出来展示一下。

这些人都是和军部有直接关系的人，而有一个人，他虽然不是军方人士，属于政界人士，却对"大东亚共荣"深深迷恋，他就是伊藤博文。

在伊藤博文来清国之前，他拜会了睦仁，两人秘密谈了三个小时。这三个小时会谈的内容，并没有在史料中留下记录，但很显然，伊藤博文的清国之行，"怀有不可告人的目的"——让日本的国家势力向清国朝廷渗透，为将来实现"大东亚共荣"打下基础。

而俄国和德国在清国的活动，也严重影响了世界老大——英国在清国的地盘和利益。根据国家利益的需要，日、英两国正逐步走向同盟。在日、英两国看来，为了对抗俄国，必须扶植清国朝廷中自己的利益代言人。

而朝廷掌握实权的后党一派，此时已经投入了俄国的怀抱，"向俄国一边倒"。

在《马关条约》签署时，俄国强迫日本向清国"归还"了辽东半岛，这在实际上给了李鸿章帮助，而给李鸿章帮助，就是给慈禧帮助。后党的朋友们从此开始对老毛子感恩戴德。一年以后（1896 年）两国之间竟然还签订了一份极其绝密的《密约》。

按照这份《密约》，清国和俄国结成秘密的军事同盟关系，共同防范和对付日本，以后日本无论进攻哪一国，另外一国都要出兵。

这份《密约》是李鸿章亲自去签的，签的过程极为保密，当时朝廷只有极少数的人知晓。签好的文件装进保险柜，直接放进慈禧的卧室里。

《密约》看上去很完美，在朝廷看来，终于找到了一个大哥来防范日本再一次发起战争。不过，这份《密约》才是俄国人真正的阴谋，在签署这份《密约》的过程中，李鸿章上了俄国人的大当。在《密约》签署一年以后，俄国就露出了真面目，在德国的暗中支持和配合下，趁机侵占了清国辽东半岛的重要港口旅顺、大连湾。

朝廷吃了哑巴亏，但已经是骑虎难下，只好吞下苦果，外交政策还不得不继续向俄国倾斜，只能寄希望于将来能摆脱这位既蛮横又狡猾的大哥。

对于前来插一杠子的日、英两国来说，由于朝廷后党已经投入了俄国人的怀抱，必须扶持帝党，扶持变法派。变法派虽然目前实力较弱，但在青年官吏与知识分子中拥有大量信徒，这很有扶持价值。

而帝党也很需要日、英两国，这是怎么回事呢？

清日战争之时，帝党是极力主战的，也就是说日本是他们眼里的头号敌人，恨得牙痒痒。但是，后党一派也是他们在朝廷中进行权斗的对手，所谓"对手的朋友是自己的敌人，对手的敌人则是自己可能的朋友"，既然俄国已经成为后党一派的朋友，日本成为后党一派的敌人，那么，对于帝党一派来说，让李鸿章在和谈中蒙羞的日本以及英国，又从原来的敌人，变成了可能的朋友！

朝廷的权斗不仅波及国内，还漂洋过海影响着国际关系。事实上朝廷的外交之所以没什么规律和章法，就是因为和国内的权力斗争有着紧密的联系。

既然双方都有需求，而且需求很强烈，很想马上就满足，那么还需要一个中间人，在来到清国的伊藤博文和光绪皇帝之间牵线搭桥，这个人会是谁？

他就是张荫桓。

在朝廷的部级高官中，张荫桓是少数几个"见过外面的世界"的人之一，他曾担任清国驻美国、秘鲁和西班牙大使。纽约自由女神落成仪式时，他有幸成为唯一受邀到场的清国人（1886年），一个人拖着辫子很是拉风。1897年还曾经代表清国在伦敦出席维多利亚女王继位60年的庆典，女王也看他的辫子很帅，给了他一个大十字骑士勋章。张荫桓的英语说得很流利，向往西方世界，和英国驻北京公使窦那尔关系密切，在朝廷中是著名的"亲英派"。

亲英就是亲日。虽然三年前签署《马关条约》时，张荫桓被伊藤博文结结实实羞辱了一顿，但相逢一笑泯恩仇嘛，过去的恩怨就不用多说了，大局为重。张荫桓决定把伊藤博文引见给光绪皇帝，交流一下明治维新的经验。

总理衙门把这一天定在9月20日，光绪皇帝在接见前来请训的袁世凯之后，接着接见伊藤博文。

而伊藤博文的到来，也让另一个人"密切关注"，他就是康有为。此时的老康正在制定"围园杀后"的计划，但是伊藤博文的到来又让他看到另外一个机会。

康有为认为，对于伊藤博文这样的大人物，好不容易来到清国，只交流经验是远远不够的，朝廷应该留住伊藤博文，由他来指导清国的变法——老伊既然能领导日本明治维新成功，也必定能够发扬国际主义精神，帮助清国搞好变法嘛。

而聘任伊藤博文的机构就是懋勤殿。在康有为看来，懋勤殿一开，除了聘请他这样的国内顾问，还可以聘请伊藤博文这样的外国顾问。当然，也不能少了英国人，康有为已经叫他在上海的一位英国传教士朋友（李提摩太）来京"候命"，等待入值"懋勤殿"。如此一来，这样国内国际的顾问都有，"懋勤殿"就更加有要开设的理由，不日他老康也可以在皇上身边办公了。

于是，康有为一边动用他的官场朋友上奏折，要求朝廷开设懋勤殿，聘请国内国际顾问，一边在媒体上大肆炒作。在老康看来，这是值得炒作的，至少要借伊藤博文在明治维新中的影响力，壮大一下变法派的气势。

光绪对于开设懋勤殿和聘请伊藤博文都十分有兴趣。开懋勤殿可以继续推进官制改革，而聘请伊藤博文，对光绪来说似乎也是迫不得已：一场他亲自发动的变法，本国人不支持，就只有去请曾经的仇敌日本人吧。而更重要的是，如果能让伊藤博文参与，等于取得了日本和英国的强力支持，对自己和对变法都十分有利！

只可惜慈禧比他更精，正是伊藤博文的原因让慈禧严厉地拒绝了光绪开懋勤殿的请求。

接下来的事情我们知道了，光绪皇帝受了一点打击，写密诏给杨锐，接受杨锐的建议，第二次命令康有为离开北京。而老康他们按原计划要实行"围园杀后"，谭嗣同夜访袁世凯，直到袁世凯进宫请训完成。

而在这些天里，拿伊藤博文来炒作变法的气氛更加狂热，马上就有人上奏称仅仅聘请伊藤博文为顾问是不够的，应该让他担任"相"（国务院总理）。然后再有人认为这还不够，为了更好地发挥这些国际友人的作用，干脆清、日、英、美四国应该成为一个"合邦"，大家结成同盟，亲如一家，那些外国人也就会真心出力，事情也就好办了。

这些消息严重地震动了颐和园里的慈禧，她感到了一种从来没有过的恐惧！

慈禧的恐惧

在慈禧看来，伊藤博文不过是一个探路者，如果变法派和皇帝认为日、英两国真心来帮助清国搞变法，或者真的会与清国结成盟国，那真是太天真了。与俄国结成同盟的《密约》合同就摆在她的床边，没有人比慈禧更清楚，跟这些列强的"合邦"或者同盟，实际上只会让朝廷接受别的国家的控制，与俄国结盟就是最好的例子。日、英两国只不过也想和俄国一样，试图来渗透势力，捞点好处，甚至控制朝廷。

如果光绪真的采纳这些人的建议，朝廷的外交政策就要做出重大调整，慈禧将不得不承受来自俄国方面的巨大压力，但这还不是她最恐惧的。

她最恐惧的是：至少目前为止，日、英两国的势力并不支持她。这跟俄国很不一样。

对于慈禧她老人家来说，只要有一支还听她话的军队在，国内的人包括皇上再怎么玩，她都还有信心掌控，所以她基本可以在朝廷一手遮天，指东打东，指西打西。变法期间看似光绪当家了，实际上光绪如果采取什么慈禧不能容忍的新政，任用不能容忍的大臣，她发句话即可，光绪就得马上去办——就连翁同龢这样的军机大臣，都是她下一道懿旨就给免职了，但慈禧也有她害怕的东西。

她唯一惧怕的就是外国人。"只要不涉及洋人，就没有我办不成的事！"这是老人家的公开名言。

如果说之前的权斗都是窝里斗，慈禧对掌控局面还有很强的自信，那么，她现在很是担心，一个她搞不定的外国势力的介入将是对她权力安全的极大挑战，她只能认为，到那时自己对朝廷的控制也就到头了——搞不定的外国势力会搞掉她至高无上的皇权。

这是她真正惊恐的地方。

甚至问题的严重性不止如此。在心腹奕劻等人看来，这还将是一场"和平演变"，一旦按明治维新的模式走君主立宪，朝廷权力无疑会被转移到新兴的汉人手中，而那些人只是一些不负责任的政治煽动家，比如老康。到那时，连光绪皇帝也会被架空，列祖列宗的江山就要变色，朝廷就要走改旗易帜的邪路，这与改朝换代已经没有两样了！

是啊，这个问题慈禧也不得不考虑。变法的初衷之一是抓紧皇权，而不是要丢掉皇位！

一直以来，慈禧对变法有一定程度的支持，这种支持是建立在她认为还能对朝政控制——大权还在她之手的基础上，也是建立在列祖列宗的江山不变色——还是爱新觉罗家天下的基础之上的。而光绪这小子玩着玩着，似乎也把自己给玩进去了，难道他忘了他还是爱新觉罗的子孙？

就算站在变法的角度，朝廷需要伊藤博文这样的人，但不需要伊藤博文本人。

"我必须要去管一下了。"慈禧对自己说。

而颐和园里已经是一片热闹了。当变法派们利用伊藤博文狂热地制造舆论之时，意识到权力危险的王爷们和大臣们纷纷涌入颐和园，他们开始反击，上奏折的上奏折，哭诉的哭诉，中心意思只有一个：太后您老人家不出山已经不行了。

李鸿章的反击

首先做出反击的是李鸿章。与俄国的《密约》是他亲自签的，一旦朝廷转向日、英，他不仅将彻底遭到排挤，从此靠边站，而且还将遭到调查和清算。

替李鸿章出面的，是一个叫杨崇伊的人。这个人不仅是朝廷御史，还是李鸿章儿子的亲家，他给慈禧上了一道奏折。

这道奏折的核心意思是：形势严峻，皇太后，请您老人家即日起开始训政吧。

而另一伙人开始哭诉，等终于哭完后，擦擦眼泪给太后讲了个故事：皇太后您危矣！日、英两国已经联手，在必要时候，会用武力支持伊藤博文掌控清国朝政，再扶持变法派上台，建立亲日、英的傀儡政权。传言康有为已经蛊惑了伊藤博文，请伊藤博文命令天津大沽口外的日本军舰派兵进京，包围颐和园，劫持太后押回军舰。伊藤博文同意了，只提出了一个条件：光靠你们说的这些日本还无法行动，必须在皇帝接见我的时候，亲口向我提出这个要求。

按照这伙人的意思，慈禧不仅要立即临朝训政，而且还要废去光绪皇帝，因为康有为"很可能得到了皇上的授意"。

在伊藤博文进宫之前，康有为是去拜访过他（跟皇上没有关系），而伊藤博文的日记里并没有留下上述内容，所以我们只能认为这是在造谣。但是，日记里没有公开记录并不等于这件事没有发生，因为从种种迹象上看，凭空捏造这个谣言也很有难度。康有为既然可以利用袁世凯在京城制造混乱，也可以利用日本人，这不过是日本人版的"围园杀后"，看来老康为他的计划设计了袁世凯和伊藤博文的"双保险"。

康有为啊康有为，你真行。

慈禧对这个故事是半信半疑的，不仅因为现在京城里到处是谣言，而且因为她对讲故事的这伙人并不信任。这伙人貌似忠心，掌握大权，却并不在慈禧的信任范围之内，他们将很快露出自己的真面目。

对于谣传，她需要证实，不信谣，不传谣，这也是一个统治者的素质。但是对于光绪即将接见伊藤博文，她必须监控。局势已经到了危急关头，如果她再不出手，向日、英等国证明只有她才是掌控这个国家的主人，以此绝了列强们蠢蠢欲动的那颗心，一切都将变得无可挽回！

所以，必须赶在光绪和伊藤博文见面之前，从颐和园回去看一下情况。

慈禧并不知道，她这一去，就再也没有回头路。

变法无疾而终

按照总理衙门制定的时间表，光绪接见伊藤博文的这一天是9月20日，在接见入宫请训的袁世凯后，他将和伊藤博文会面。

9月19日，慈禧从颐和园动身，回到了皇宫。

袁世凯的猜测没有错，光绪接见他时，御座背后，坐着慈禧派来监听的太监。

接下来接见伊藤博文，慈禧亲自坐到了御座后面。

9月21日凌晨，光绪被太监从龙床上叫起，来到大殿，参加一场政治高层的小范围会议。

他是来参会的，也是来听训的，说直白点就是来挨骂的，因为他已经犯了错误。

大殿上灯火通明，慈禧坐在御座上，满族王爷、军机大臣等朝廷高层站在一侧，只有光绪孤零零的一人跪在另一侧。

慈禧开始了对光绪暴风骤雨般的痛骂。

光绪又变回了那个惊恐的小孩，只敢跪在地上，偶尔心急争辩几句，但一切无济于事。

骂完了，出完了气。王公大臣们向慈禧跪下，高呼："恭请太后临朝训政！"而慈禧没有说话。

沉默，这个时候绝对要保持沉默，一定要有风度地沉默。

"请太后临朝训政！"光绪微弱的声音传来。

是啊，这话必须等皇帝亲自开口说啊。

结束了。在一场政治高层的小范围会议之后，一切都结束了。慈禧宣布，因为光绪还不足以担当国事，她将重新出山，采取临朝训政的方式来亲自指导光绪处理以后的朝政。

虽然过去很多书中都把这个晚上发生的事情称作"戊戌政变"，但从种种迹象看，这实在不能称作"政变"。权力一直在慈禧手里，只不过以前是在风景优美的颐和园，通过光绪的"事先请示和事后汇报相结合的制度"来遥控，现在换了一种方式，以后需要亲自来办公室上班。

对于光绪来说，这对他的改变也不大，甚至还可以说是更好，反正以前要请示汇报，现在换成现场指导，不用辛苦跑颐和园，更好。

如果光绪夺权成功，那才是真正的政变嘛。

朝廷最高层（宫廷里）的权力斗争终于取得了平衡。皇帝没有多大的损害，太后没有多大的损害，大臣也没有多大的损害，热闹之后，一切照旧，朝廷继续运转。然而政变没有发生，变政却是实实在在发生了。光绪既然犯了错误，那么他推行的变法自然要停止，在宣布变法开始后的 103 天里颁布的大部分政令被废除，朝廷的大政方针又将回到老路上。只有那曾经令多少人热烈讨论、欢欣鼓舞、雄心万丈的变法，真正受到了损害。

而虽然这个晚上发生的事情称不上政变，朝廷内部却一直存在着一个政变的图谋，主导他们的正是那伙一直在造谣的人，一群特殊的人，关于这些人以及他们的图谋，我们将在接下去的故事中揭晓。

步兵统领衙门接到了捉拿康有为和康广仁的命令。康有为的罪名是"结党营私、莠言乱政"，而且以前"屡被人参奏"，即行革职捉拿，交刑部按相关条律治罪。至于康广仁的罪名，因为他是康有为的弟弟。

南海会馆里只抓到了康广仁。9月19日，在谭嗣同夜访法华寺的第二天，康有为在安排好一切后，乘火车去了天津，然后在天津乘轮船去上海。在上海，康有为并没有上岸，听到消息的英国人将他从船上截下，送往香港。为了防备朝廷大内密探的刺杀，康有为被英国方面安排在皇家香港警察署里居住，躲过一阵时日后，他将去日本，开始漫长的海外流亡生活。

康有为终于用这种方式离开了北京，离开了朝廷的政治舞台，我们再见到他的时候，已经是在海外的场合了。

康有为是一个复杂的人，他有惊世的野心，也能勇敢地立于时代潮头。他常常被认为是一个变法的"激进派"，但所谓"激进"和"稳健"有时也是很模糊的，也很难去把握这个度，稳健的另一个代名词可能是保守，激进的另一个代名词可能是勇敢。事情做成了可能被认为是稳健，没做成又可能被认为是激进。只是，理想激进一点没有关系，但做事情是不能也无法激进的，因为它需要的是踏踏实实的过程，做事情的激进，恰恰是骨子里害怕做长期努力和长期斗争的结果。

而当这些事情是百姓的公共事务——政治时，更需要用程序的正当和正义来保证结果的正当和正义。康有为的很多想法，看上去都是创新的"建设性意见"，而实质上也只是他翻翻书本、拍着脑袋想出来的，没有经过大范围的征求意见和讨论，没有重视其他人，甚至没有经过自我的科学论证，就急于出炉，这又和以往官僚集团的人治没什么区别，反而陷入搞阴谋、搞党争的嫌疑。

由于不懂得程序正义的重要性，康有为始终没有跳出自己的世界。他一直沉浸在自我悲壮的角色里，他把自己当作民意的代表，而且是唯一的代表，在康有为看来，似乎其他人都反对变法，只有他在为天下苍生而奔走呼号，受苦受难。在这样的心理驱使下，加上那惊天的野心，很容易做出极端的举动来。

康有为喜欢利用媒体，这本来是一种相对于旧时代而言的"现代化"行为，但是老康利用媒体也是为了实现自我目的的炒作，没有真正把媒体纳入普及变法常识，进行"现代公民意识"启蒙的作用中。这一切其实还是源于康有为对于"现代"并没有深入的认知和了解，他的头脑仍然是旧式的，只不过比那些更旧的新了一点点而已。

多年以后，在变法期间被光绪接见过的另外一位大知识分子严复，评价起康有为在戊戌变法中的作为："上负其君，下累其友，书生误国，庸医杀人！"

而康有为的可贵或者可爱之处在于他的坚持。他是作为一个斗士横空出世的，他一直在战斗，不怕困难，不怕失败，不为任何人和任何事情所动，如泰山般屹立不倒。流亡海外后的康有为以光绪给杨锐的密诏为蓝本，伪造了一份光绪给他的"衣带诏"，从此在海外祭起"奉旨救驾"的保皇大旗。多年前，他因为鼓吹变法而"超前"于当时的时代，多年后他又因保皇而"落后"于当时的时代。但康有为就是康有为，他相信自己的选择，也坚持自己的选择，哪怕最后众叛亲离，连最亲密的弟子梁启超都跟他决裂了，他仍然怀着至死不渝的战斗精神，为他的选择坚持了一辈子，正确也好，错误也好，老康都把它们坚持成了一种传奇。他一直站在那里。

好吧，对于慈禧来说，该处理的都已经处理完了，接下来，该上班的上班，该开会睡觉的开会睡觉。有关史料记载，慈禧在9月21日当天甚至还回了一趟颐和园，朝政又趋于平稳，这场风波似乎已经平息。

由于步兵统领衙门报告康有为没有抓到，要求在天津缉拿康有为和防止他从天津出逃的电报发给了直隶总督荣禄，然后，慈禧派出了杨崇伊到天津向荣禄通报北京的情况。

杨崇伊去往天津。而正是这次平常的天津之行，又让原本趋于平静的朝廷局势，再一次掀起波澜，风云突变！

袁世凯的秘密

前一天（9月20日傍晚），有一个人坐着火车，失魂落魄地回到了天津。

他就是我们熟悉的袁世凯同志。

如果这时候有人遇见他，见到的一定是一个目光呆滞、神情恍惚、心事重重的人。事实上从回天津开始，那个问题还在困扰着他。虽然在北京没有向朝廷检举告发，但马上要见直属领导，难道还不该说出秘密吗？

这个问题像胸口揣着一颗炸弹——还是高灵敏度的，折磨着老袁。直隶总督府，袁世凯见到了荣禄。他并没有说出那个秘密，虽然袁世凯怀疑荣禄叫自己请训完后立即回津，应该不只是为了"布防英日军舰"这么简单，很可能听到了什么风声。但袁世凯仍然压制住满腹的心事，藏住内心的秘密，在直属领导面前，硬生生地将心头巨石若无其事地憋回去，这需要多么强大的内心啊。

荣禄把袁世凯急着叫回来，就是想看看他被光绪突然提拔后对自己的态度。因为袁世凯是他手下的军事将领，皇上越过自己直接提拔，荣禄大人当然会起疑。不过，消除领导的这个怀疑对袁大人来说并不是难事，要知道在人前表演正是我们袁大人的特长啊。他的态度比以前更加谦恭，更加表现忠心，这一切都说明他仍然是荣中堂的人。

荣禄十分满意，两人谈了一些"布防英日军舰"的事情。会见结束后，袁世凯走出直隶总督府。一夜无话。

杨崇伊到达天津

杨崇伊行程和目的都是保密的，但是，这一切仍然没有躲过袁世凯的眼睛。从在朝鲜时期开始，他一直都是搞情报的高手，天津城以至总督衙门里，都有我们老袁的情报人员。袁世凯终于在第一时间里知道了杨崇伊来天津的目的，也知道了这天凌晨皇宫里发生的变故：太后临朝训政，更重要的是：康广仁已经被捉，康有为被通缉！

这个消息对袁世凯来说简直是晴天霹雳！一旦康广仁供出"围园杀后"的计划，也供出谭嗣同曾经就这个计划找过他老袁，那么，他就不仅是包庇之罪，还会惹上合谋的重大嫌疑，到那时只怕没有人能救得了他袁世凯！

所以必须立即向荣禄报告自己在北京遇到的一切！不再做任何隐瞒！立即汇报，全部汇报！耽搁一分钟也不行！

袁世凯马上意识到自己要告别骑墙派的生活了，从此必须坚决拥护以太后为核心的朝廷领导，紧密团结在慈禧的周围。皇上啊，这不能怪我，皇宫里的结果都出来了，我还能骑墙吗？先自保吧。

袁世凯走向了直隶总督府。

当袁世凯来到总督府时，他发现这里的气氛似乎很紧张，总督衙门里增加了许多卫兵。康有为早已经是荣禄眼中的危险分子，当初可是说过要杀一品大员的，现在他有可能逃到天津，荣禄不得不防！

袁世凯跪在地上，向荣禄告发一切。

他首先说起了关于天津阅兵的那个谣言，也就是荣禄会在九月天津阅兵时，按照慈禧的旨意杀掉光绪，袁世凯强调谭嗣同是因为这个谣言，才来找他的。

这样的大罪，即使是莫须有，荣禄也担当不起，必须澄清。果然荣禄大惊失色，立即发誓："荣某若有丝毫犯上心，天必诛我！"

成功了。对于袁世凯来说，这是他的第一步。虽然是根据事实全部汇报，但汇报也是有技巧的啊。他已经成功地把荣禄绕到这件事情里，也就是把领导跟自己捆绑到了一起，接下来自己的洗脱也就轻松一些了。

"求荣相做主！"说完法华寺之夜发生的一切后，袁世凯长跪不起，诚惶诚恐。

"昨天为什么没报告？"荣禄严厉地问。

一听这话，袁世凯大哭，哭得几乎断气，边哭边诉："荣相啊，这

个计划是与皇上毫无关系的，如果连累了皇上，我只有喝药自杀了。"（此事与皇上毫无干涉，如累及上位，我唯有仰药而死耳）

袁世凯这话是在暗示他考虑到"围园杀后"计划可能涉及光绪，所以他才不好处理。这个理由正大光明，荣禄也无法反对。

而接下来就是向荣禄表忠心了："此事关乎皇上、社稷，利害关系极大，说句犯上的话，不是世凯能担当，也不是荣相您一时能方便处置的。好在虽有小人们结党煽动，但世凯决不为其所动，世凯思来想去一夜，虽然觉得那帮小人们翻不了天，起不了风浪，但还是应该来主动告诉您，荣相一定要为我做主！"

袁世凯有向荣禄表忠心的本钱，因为他知道，荣禄一定不会真正为难自己的。荣禄一直很欣赏袁世凯的才干，而且把袁世凯当作他的心腹。果然，荣禄让袁世凯站起身来，他表示不再追究，而且就算以后慈禧再追究起来，他也会竭力开脱。

危险解除。在走进总督府之前，袁世凯就知道，说出事实很重要，但更重要的是向荣禄表忠心，现在目的达到了，荣禄大人不再追究，结局很完美。

更重要的是，有了荣禄的保证，将来在慈禧那里也是安全的。如果荣禄不为他说话，根据隐瞒了这么多天的表现，慈禧一定会怀疑他——即使不怀疑他参与合谋，也会怀疑他首鼠两端，两面讨好。而荣禄是慈禧最信任的心腹之一，他开口比什么都管用，甚至比事实还管用，要知道在这个专制朝廷里，越往高层，就越是对人不对事。

其实，我是一个演员——站起身来的袁世凯拍了拍身上的灰。

袁世凯的告发过程一直是个历史谜案。袁世凯把进北京后开始的这段经历写成了一部日记——《戊戌纪略》，以上的讲述也重点参考了《戊戌纪略》。但《戊戌纪略》也有问题，因为它并不是真正的"日记"，而是袁世凯在事后"补记"的。写这些日记的目的有两个，一是给当时的人看——消除慈禧和后党对他的怀疑，二是留下大部分的事实给后来人看，因为他知道：历史一定会同情这场变法，同情光绪皇帝。也许对于袁世凯来说，变法才是正义的，同情变法，支持和推进变法，这才是他老袁内心最真实的态度——这些当时不能说，就让后来人去了解吧。

经过多方面的论证，以上的讲述应该是最接近历史事实的。这个历史事实就是：不是袁世凯的告发导致皇宫里事情的发生，而是皇宫事情的发生导致了他的告发。袁世凯同志是在自己有掉顶戴甚至掉脑袋危险的时候走进了直隶总督府，相信这是每一个官场人物在遇到这种情况时共有的选择。我们不能苛求袁世凯为了变法大业连自己的命都不要了，我们不能排除他在告发之前有自己利益的考虑，但无论出于什么原因隐瞒，他都在事实上站在了光绪和变法阵营这一边。

三年以后（1901年），那个将变法大业重新开始，把戊戌变法想做却做不到的事情去变成现实的人，正是袁世凯。

然而，袁世凯的告发虽然没有导致皇宫里事情的发生，却直接导致了另外一件事情的发生，让原本只是骂了骂皇帝、开个内部高层的小范围政治会议，变成了一个更加严重的社会事件——流血。

杨崇伊把这个情况带回了北京。

戊戌六君子

感到恐惧的慈禧马上做出了反应，她下令将光绪身边十多位太监全部抓起来杀掉。这些太监原本就是她安排的眼线，而眼皮底下的阴谋竟然没被发现，她怀疑这些太监不忠。

然后慈禧命令将有重大合谋嫌疑的光绪囚禁在西苑（今中南海）一座四面环水的孤岛——瀛台。等抓捕到乱党，审讯查明光绪是否合谋后再进一步发落。

抓捕的范围迅速扩大，第二份通缉令名单共有九个人：

户部侍郎张荫桓
军机四章京谭嗣同、林旭、刘光第、杨锐

礼部侍郎徐致靖

礼部主事王照

监察御史杨深秀

康有为弟子梁启超

王照和梁启超成功地逃到了日本大使馆，在日本人的帮助下化装去了东京，他们将在那里与康有为会合。而其他人员全部落网，加上之前的康广仁，步兵统领衙门共抓获八个人。

荣禄来到了北京，他带着一个重大任务：劝说慈禧不要审问这些乱党，立即杀头。

朝廷的嫌疑犯在抓获后，必须送到刑部审讯，按照《大清律》治罪，这是必经的程序。不经审讯就杀头，这可是大清开国以来未有。而在荣禄的劝说下，慈禧竟然同意了，八个人不审不问，直接绑赴刑场杀头。

一切的原因都将在接下来的故事中揭晓。

排在必杀名单第一名的是张荫桓，这并不是因为他的级别最高。慈禧亲自把他列在斩首第一名，张荫桓直接将伊藤博文引荐给光绪，这犯了慈禧的大忌，必须杀掉他。

然而英国驻北京公使窦那尔代表英国政府警告朝廷：必须留下张荫桓，如果慈禧太后坚持要杀，英国将可能会对清国动武！

看来英国要留着这面"亲英"的旗帜。

慈禧忍下了，只好又一笔划掉张荫桓的名字，改为流放新疆。但这种隐忍只是暂时的，慈禧对张荫桓的心头之恨并没有消除，两年以后，在一个终于不怕得罪列强的时刻（1900 年），慈禧下令将张荫桓在新疆秘密处死。

李鸿章也开始行动了。徐致靖的父亲和李鸿章是科场"同年"，并且还帮助过李鸿章。当时徐致靖的父亲和李鸿章同场进京赶考，李鸿章在考场上突发疟疾，全身发抖，连笔都拿不稳，徐致靖的父亲在自己交卷后，帮李鸿章誊抄好了卷子，李鸿章这才高中进士。对于这份"恩情"，李鸿章是不能忘的，他要去营救徐致靖。

李鸿章找到了荣禄，请他在慈禧面前求情。荣禄告诉慈禧，徐致靖是个教育部的书呆子（事实如此），他搞变法纯粹就是瞎起哄，也没有参与谋杀阴谋，请太后饶过他吧。

徐致靖的名字也被勾掉了。

斩首名单上还剩下六个人。

当官兵前来抓捕的时候，谭嗣同正在浏阳会馆里平静地等待他们的到来。

谭嗣同是湖南浏阳人，作为湖北巡抚谭继洵家中唯一的儿子，也是唯一的孩子。按常理说，这个"官二代"完全可以过上养尊处优的生活。但谭嗣同不是这样的人。他虽然物质条件优越，精神上却一直很痛苦。

谭嗣同的母亲原本还生下过三女一子，但都先后夭亡了。最痛苦的一次经历在1876年春天，那年的北京爆发一场流行性疾病，当时谭家正在北京，五天内一连夺去了谭嗣同母亲、二姐以及兄长三个人的性命，谭嗣同也在昏迷了三天后才醒过来，他的号"复生"，就是指的这次变故。

厄运还没有结束。在谭嗣同结婚后，他的老婆曾经给他生过一个儿子，却也最终夭折，谭嗣同就这样成了只有父亲、妻子，没有兄弟姐妹，也没有孩子的人。

频繁失去亲人对谭嗣同打击沉重，但谭嗣同是一个很讲义气、十分善良的人。1884年，19岁的谭嗣同离家出走，采用徒步旅行的方式，游历了大半个清国，一路风尘仆仆、晓行夜宿，只是在偶尔的时候搭搭牛车，宛如一个刻意修行的苦行僧。这次旅行对他来说影响长远。

在游历过程中，他观察风土人情，行走边野乡村，结交民间侠士，和卑微的百姓们无话不谈，他终于发现了"外面的世界"，一个他在北京等繁华大城市见不到的世界，一种和天生富裕不同的草民的生活。

当谭嗣同来到自己的世界之外时，他才发现一个不一样的清国，但这才是真实的清国。真实的清国没有它应该有的活力，而是暮气沉沉，洋务运动已经进行了二十多年，而大部分地方都没有分享到这种成果。

大部分的清国人是一群沉默、疲倦和迷茫的人。他们有生存的压力，遭受地方官吏的各种盘剥欺压，但无处伸张。

谭嗣同把这一切归结于——专制。虽然他的父亲是省部级高官，他是"官二代"，但对专制的批判毫不客气。

在接受光绪的召见之前，谭嗣同以江苏候补知府的身份住在南京，闭门写书——以19岁那年旅行的见闻为基础，整理自己的所思所感，他给这本书起了个好听的名字——《仁学》。

在《仁学》中，谭嗣同将他对腐朽朝廷的愤怒全部指向了专制：

"两千年来，专制制度为大盗之政！"

"专制君主为独夫民贼！"

"若君不能为民办事，亦可共废！"

然后谭嗣同等到了一个机会，这就是徐致靖向光绪保举他成为变法之人，谭嗣同来到了北京。他的内心充满着兴奋，因为他知道这是一个机会，正因为朝廷专制，所以需要改变，需要变法，他必须去实践这样的变法，为变法做一切的事情，哪怕是冒险。

真正参与到变法之中后，谭嗣同才感到了真正的苦恼。他有满腔的热血，他有不懈的精神和坚定的决心，但是，变法需要的似乎并不是这些，现实总让他处处碰壁，那种无法实现理想、突破现实的无力感深深地折磨着谭嗣同。

他把康有为当作了偶像，也当作了救星。康有为学识渊博，又享有名气，谭嗣同认为只要按照康有为的想法去做，变法是一定能够成功的。为了这个成功，他什么方法都愿意去尝试，什么风险都会去冒。在谭嗣同看来，变法只能成功，无法失败，因为百姓们折腾不起。

他带着杀掉慈禧后可以顺利实施变法的愿望走进了法华寺。

在步兵统领衙门前来抓捕之前，谭嗣同有很多机会可以逃走，他甚至已经去了英国和日本公使馆，却又自己走了出来。他只希望梁启超去日本，"没有远走的人，无以图将来"。他希望梁启超做行者，让变法火种薪火相传，而他自己，已经抱有必死的决心。

专制制度，虽为大盗之政，但一时无法消除；梦想中为了天下苍生的现代政体，一时无法建立，谭嗣同终于明白了这样的事实。事实令人心碎，但是，也激起了他另外的信心和愿望。他相信这一天一定会到来，此时看不到没有关系，总有一天，它会到来。

让我的头颅和热血去祭奠这场变法吧，只有我为变法死，变法才不会因我们而死。让我，让我们的变法成为最深刻的教训和思考留给后来之人！

是的，千年以来，变法的结局常常是失败和流血，但是变法的目的不是流血，而是避免流血，破解变法即失败、失败即流血的千年难题，留给了后来者。

谭嗣同抱着必死决心的第二个原因是光绪。"没有死去的人，无以酬圣主"，对于光绪皇帝，谭嗣同有着无可言说的愧疚，当年那个大骂皇帝为"独夫民贼"的人，已经把光绪当作"圣主"了。这绝不是因为光绪重用了他，而是因为一场本来可以做好的事，他却犯下了严重的错误。这样的错误，已经连累了皇上，使皇上被囚禁瀛台，甚至有生命危险，谭嗣同悔之晚矣！

谭嗣同去日本和英国公使馆，并不是为了他自己，而是向外国人说明，即使变法失败，保全光绪对他们也是十分重要的。外国人讲究利益，谭嗣同就说清楚他们的利益，请他们答应一旦皇上有危险，会设法营救皇上——我们将很快看到谭嗣同这种努力的结果。

就这样吧，我已经尽力了。我的理想我自会来坚持，即使坚持不下去了，相信也会有后来者，而我的错误只能由我承担。对于每一个我合作过的人，我都会对他讲义气，对于每一个我对不起的人，我都会负责任，哪怕他是皇上。这就是我的选择。

杀身成仁，舍生取义！仁者，对天下人之仁也，义者，对周围人之义也，这不需要多少豪言壮语、多少惊天动地的行动，只需要一种选择与坚持。

他虽然是"官二代"，但他更关心"草二代"；他虽然行事鲁莽，但敢作敢为;他虽然性格冲动,但恩怨分明;他或许不是一个天生的政治家,不是一个合格的变法家,但他是一个有烈士气节的人,一个敢于承担结果的人,一个有着自己原则的很真实的人。他可以不死。不死,并不算错,没人可以责怪他,可是死了,却更凸显了意义。英雄与凡人的分野就在这里,他不仅要为自己总结,也要为天下人总结,为"天下为公"总结。

从某种意义上说,谭嗣同是一个平凡的英雄,一个值得敬佩的人。

谭嗣同的出现给这场变法带来了黑暗中的光芒。这微小的光亮,照过了多少野心与权谋、多少算计与圈套,让它们都在光亮下显得荒谬和渺小。多年以后的人们再次谈起这场变法时,一定会提到谭嗣同,因为他也埋下了勇敢与正义的种子,留下了热血和希望!

"有心杀贼,无力回天,死得其所,快哉!快哉!"

9月28日,刑场上响起了谭嗣同洪亮的声音。

谭嗣同、林旭、杨锐、刘光第、杨深秀和康广仁,六君子皆被杀于菜市口刑场。

真正的政变

行刑完毕,军机大臣、监斩官刚毅的脸上露出了微笑。

朝廷里的那伙人终于露出他们的真面目了。这是一群特别的人,而刚毅只是其中的一员,并不是他们的核心,他们的核心是一个显赫的人物:端郡王。

端郡王人们常常叫他端王,他是光绪的堂兄。团结在端王周围的是一伙满族王公贵族和八旗子弟,他们组成了朝中最有权势的政治集团——端王集团。

而端王集团的强大不仅在于他们在朝廷中有强大的政治势力,军队中也到处是他们的人。端王本人掌控着朝廷的禁卫军之一——武胜新队。这是一支配备洋枪洋炮的八旗军队伍。对于这支军队大家一定很陌生,但是在一年以后(1899年),这支军队改成的另一个名字我们一定很熟悉——虎神营。

除了禁卫军，甚至整个守卫京城的八旗军都是偏向端王集团的，毕竟大家都是同一个出身的，有共同的利益嘛。

总之，这是一群地位特殊的人，他们在朝中的势力根深蒂固，又有军队做保障。

为了政治利益，端王集团不仅排斥外国人，也排斥汉人。他们认为天下是满人的，只能由满人来分享成果，所以要警惕汉人和外国势力，也不要变法。为了这个目的，端王集团隐藏的政变图谋就是：鼓动慈禧废去光绪，改立端王的儿子为皇帝！

光绪宣布变法开始以后，这伙人也没闲着，他们干得最多的一件事就是造谣。他们既不是朝廷中的变法派，也不是一般的顽固派，而是属于造谣派。

天津阅兵的谣言，是他们造出来的。造这个谣言的目的是要在朝廷中制造"光绪被废"的舆论氛围，那时候的慈禧在支持光绪搞变法，她是不会废去光绪的，即使要废，大权在她之手，在皇宫就能办成，并不需要多此一举跑到天津去，所以这是一个彻头彻尾的谣言。而端王集团并不死心，他们会寻找造谣的新机会。

机会很快来了。伊藤博文来到北京，野心不死的端王集团又造了第二次谣，告诉慈禧光绪将勾结日本人劫持慈禧，这又是逼迫慈禧废去光绪。

对于这时候的慈禧来说，她并没有废去光绪的心思，但是端王集团的政治和军事势力太强大，连慈禧一时都无法撼动，所以他们的要求慈禧又不得不考虑。事实上对于慈禧这个最高统治者来说，她不得不在各派之间搞平衡，维持朝廷的稳定——原因前面我们也已经说过，只有朝廷稳定了她老人家的权力才稳定啊。光绪不知道的是，之前为了支持变法，慈禧也承受着来自端王集团的压力。现在光绪提出开懋勤殿，引进伊藤博文做外援，慈禧也顶不住了，除了对自身权力安全的考虑，她也需要安抚住端王集团。

在这样的背景下，慈禧开始了临朝训政。然后"围园杀后"的计划暴露了，光绪背上合谋的重大嫌疑，这对于端王集团来说，是一个真正的机会！在端王集团的强大压力下，愤怒中的慈禧终于动了废去光绪的心思，默许了端王集团的小动作。由于光绪一向是体弱多病的，于是朝廷以光绪的名义颁布上谕：朕已重病，请各地推荐名医。

在专制朝廷里，皇帝生病本来是高度的国家机密，而皇帝在上谕中公布自己的病情，这更加异常。这一反常事件的背后就是端王要为废去光绪作重要的准备，而这次已经不仅是舆论准备了，还有程序上的准备。

我们需要注意一下，颁布这个上谕的时间是 9 月 25 日，此时，荣禄进京了。他带着两个很重要的目的。

荣禄的第一个目的是保护袁世凯。

荣禄虽然也是八旗子弟，并且出生于满族八大家族之首——正白旗瓜尔佳氏。但是到他这一代时，家道已经衰落了，荣禄并不是端王集团的人，他只是慈禧提拔起来的绝对心腹。由于荣禄不像端王集团的人那样在朝中有着根深蒂固的势力，他在朝中的权势除了来自慈禧，也需要更多的权力基础，这个基础就是袁世凯。为了倚重袁世凯这样的官场新星，荣禄在慈禧面前替老袁成功地开脱了。

而另一个更重要的目的，就是保护光绪。

一定要想办法保护光绪，这是荣禄进京之前和袁世凯商量好的。虽然没有证据证明光绪事先知道"围园杀后"的计划，也无法证明这个计划是不是原本就来自他的授意，但是，光绪已经逃脱不了重大嫌疑，甚至已经成了头号嫌疑犯，因为一旦谋杀太后成功，获益最大的就是他。端王集团正等着审讯那些"乱党"，给光绪一个罪名，成功废帝。而荣禄担心的是如果端王集团以审讯证实了光绪的嫌疑，光绪只能面临被废的命运。

自己不是端王集团的人，一旦光绪被废，端王的儿子上台，这对荣禄绝无好处。

而在荣禄的分析劝说之下，慈禧也冷静下来了。对于慈禧来说，端王集团只是她的政治盟友，而不是像荣禄这样的绝对心腹，心腹和盟友是有绝对分别的。慈禧明白了，一旦废帝，再立新君，端王的儿子成为皇帝，端王成为太上皇，如果他们父子联合起来成为她新的政敌，更不好对付。

是的，我还需要光绪继续做我的傀儡皇帝。他只是我手中的棋子而已，虽然这颗棋子不听话，还有谋害我的嫌疑，但我也只能继续利用他。在他有被废的危险时去保护他，作为一个临朝训政者，光绪的存在也是我存在的一个理由，我不能亲手毁掉这颗棋子。

慈禧马上颁布命令：这些抓捕归案的"乱党"们罪大恶极，不用再审了，直接杀头。光绪终于脱离了从嫌疑犯变成事实犯的危险。按照慈禧的命令，他从此继续居住在瀛台，派太监看管，但他仍然是皇帝，皇帝的名号和所有的待遇不变。光绪仍然要出席早朝及其他朝政活动，仍然可以发表自己对朝政的看法（需要看慈禧的脸色行事），除了每天必须回瀛台居住，他仍然有很大的自由。

端王集团的政变企图失败了。但是他们仍然不甘心，于是谣言再一次在京城流传。按照当时美国驻北京大使康戈尔的夫人（萨拉·康戈尔）日记中记载，这最新的谣言是：

"皇帝病得很重！""皇帝被外国人害死了！"

谣言之中，北京城里很快出现了普通百姓攻击外国人的事件。他们朝洋人扔石子，追打洋人，而当洋人去找清兵时，那些八旗子弟说："你们是洋人，我们保护不了你们。"

看来端王真是很会造谣，想害死皇帝的明明是他，却嫁祸到外国人头上。仅仅就这个谣言来说，无辜的是洋人，他们恰恰是想保护光绪的（后述）。而端王集团造谣的目的就在于：利用老百姓的民族情绪，再一次寻找发动政变的机会！

野心不死啊。虽然端王集团的政变阴谋暂时被识破了，但是，凭着我们对这伙神秘人物的了解，我们知道他们一定不会就此罢休，他们还会寻找新的机会。从另外一种意义上来说，当甲午战争和戊戌变法让帝后两党的权斗暂时落下帷幕之后，朝廷也"需要"他们。因为专制朝廷的一大特色就是权斗无时不在，平衡只是暂时，内斗将是永远。

变法失败的根源

结束了，一切都结束了。大家在看完这个漫长的故事舒展一下筋骨的同时，也是时候来总结一下这场轰轰烈烈开始的变法失败的根本原因了。虽然我们只重点讲述了这惊心动魄的 103 天，但我认为清国真正的变法从 1895 年清日战争结束后就开始了。在那几年里，朝廷新修铁路，编练新军，这是洋务运动关于经济"变法"的持续。而政治上的"变法"也在进行。在过去，民间结社向来被严厉禁止，因为这是朝廷的大忌，不论你有多么正当的理由，在朝廷看来群众聚在一起都有造反的嫌疑，让人睡不踏实。而在 1895 年以后，民间结社开始逐步开放，言论也进一步自由，这才促进了康有为办的强学会以及各种上书的兴起。

这 103 天，是变法最为集中的时刻，它留下了很多"新政"。它兴办了工商、振兴了教育，京师大学堂（今北京大学前身）就是这 103 天里开办的，我国历史上第一个奖励技术创造发明、保护专利的国家法律（《振兴工艺给奖章程》）也是在这 103 天里颁布的。其他还有政治、军事和文化等方面的创举，这些内容教科书已经总结得很完整，有兴趣的可以去翻书，我这里就不再重复了。

相信大家和我一样，对变法失败的原因是最感兴趣的，接下来我们将探索这方面的内容。而根据前面的分析，原因可以找出很多。

比如现在看来，我们之前强调的官僚集团对变法的"共识"，仅仅是出于对维护政权稳定的一种忧虑，这种"共识"脆弱到经不起风吹草动的打击。

还有谣言，也是变法失败的原因之一。谣言之所以能成为谣言，在于它是假的，但每一种谣言都造成了极端的后果，不是人们愿意相信谣言，而是在朝廷信息不透明的体制下，大家只能相信谣言。

但在我看来，这些都只是失败的原因之一，找出根本的原因也许还需要我们真正明白三样东西：个人、社会和政府。

在原始社会，大家都是光着屁股跑，拿片树叶遮挡身子就去打猎捕鱼，寻找食物。人从一生下来就是要在这个世界上生存的，所以每个人都不得不追逐自己的利益，可以说人就是以发财为第一要义，在我看来这也是人之所以成为人的天性——人性的一部分。所谓人性，在更多的时候，也就是指人的动物性。

但是，人和动物毕竟是有区别的，最大的区别就在于人和人会结成一个群体——社会。很多的个体结成了社会，从而出现了人的社会性。你发你的财，为了自己的利益，这都没有问题，但必须遵守在漫长的时间里形成的社会契约和规则，不然你打了一只野鸡，抓了一只兔子，其他人不劳而获跑过来把它们抢走烧了自己吃，你只有站在旁边流口水的份儿——人类很快就会因为内斗而自我灭亡。

可见对于一个"社会"来说，最重要的就是某种契约和规则，但总得有一个机构来保障这些规则得到执行。于是在社会出现之后，政府便出现了。它会制定相关的法律，守法不会有奖励，但违法必定要受到惩罚，坐牢、杀头、凌迟，等等。政府就是用强制手段来保证社会的正常运转。但对于广大人民来说，政府还有另外一个重要的功能：分配资源。

于是就出现了几种类型的政府。专制王朝就是其中的一种，它的特色是普天之下莫非王土，全天下所有的资源都是皇帝老儿的，皇帝老儿通过官员选拔制度（科举）收买一批人来替皇上看管和发展这些资源，这些人就是大臣，他们组成人民的一部分——官僚集团。

问题是，专制王朝不是同百姓治天下，而是同官僚集团治天下。由于朝廷恰恰是依靠官僚集团来维护专制制度，所以对官僚集团的制约和监督依靠的是内部力量（监察御史、言官、钦差大臣）以及忍无可忍的部分老百姓的拦轿喊冤。按照人性自私、首先要保证自己发财的原则，在没有制约或制约不力的情况下，官僚集团肯定要让资源先满足自己的需要，用尽各种办法去发偏财，霸占资源。百姓们常常痛恨贪官，殊不知他们不贪也很难。这就像兄弟你在路上行走，路边到处是金子，又没有人管，兄弟你最后能控制得住自己吗？

这并不奇怪，只要制度是这样的，换了谁都一样。

而正是因为制约不力，发展到后期，官僚集团开始从霸占资源升级到垄断资源，官员们也因为共同的利益追求而形成我们前面已经讲述多次的强大组织——利益集团。利益集团不仅侵犯百姓们的资源和利益，也在内部起着同化和僵化作用。比如兄弟你在这个集团内部，想做几件有利于百姓的事，但这些事可能是不符合这个集团利益的。于是你虽然一身正气，追求正义，也可能遭到排挤，反过来，你所做的事虽不利百姓却有利于本集团利益，却会得到拥护。

这个强大的同化和僵化作用让很多人轻而易举地得到了利益，却扼杀了人才。有理想、有实力的人身处其中之后，便会暮气日深，垂垂老矣。专制体制内并不缺乏人才，而他们的特色是散则明，聚则暗。看他们私下里的文章和言论，让人敬佩，而看他们在任上干的事情，兄弟你还不如敬佩一下自己。

而朝廷统治者虽然出于维护社会长治久安的需要，对利益集团也很痛恨，但又离不开他们，最后拿利益集团越来越没有办法。每到这时候，有办法的只有一群人——拿锄头的起义者，比如陈胜、吴广、朱元璋、李自成。

可见，对于封建专制型政府来说，虽然统治阶级和官僚集团得到了暂时的好处，却有长期的风险。这个风险是一定会到来的，区别只在于你处于专制王朝的盛世，还是末世。

而另外一种类型的政府是现代型政府，也可以叫民主政府。它规定资源不是你的，也不是我的，而是大家的。如何分配资源，就要由大家来决定，取得大家的同意。而要想取得大家的同意，就要有一个兼顾了大部分人的利益、大家都能接受的规则，也是相对公平的规则，还要通过一定的机构和程序（民主制度）来实行监督和制约。

这看上去很美好，但要实现从专制王朝向现代型政府的转型，并不容易。

在历史的进程中，有两种力量能推动这种转型。一种是外部强力——革命。革命和起义是不同的，这一点我们会在以后的故事中讲述。而另一种是内部动力，这就是改革，也就是在封建时代常说的"变法"。

需要说明的是，这只是两种"可能"的方法，而不是打包票的方法。革命的结果也许可以迎来光明，也许是"所有人都没有得到他们想要的"（托克维尔：《旧制度与大革命》）；变法也同样如此，这并不是因为变法的方式不可取，而是因为变法实在太难了。

很显然，既然官僚集团已经成了资源的掌控者，既然他们能够依靠这些掌控的资源很方便地发财，如果没有杀招（杀招不等于杀人的招儿），凭什么让他们停止发财？所以变法最终都会遭到来自官僚集团的抵制。从专制王朝的历史来看，太多的变法最后只是让朝廷陷入不变就死、一变就乱的怪圈。精简机构，最后机构却越简越多；减少征税，最后税没减少，不用交税的项目却减少了。太多的新政，都会被官僚集团当作皮球踢回来，或者用太极高招化为无形，搞不好还能撕破脸面公开对抗，最后妥协的只能是朝廷。

可见，变法的艰巨性和长期性一点都不亚于革命啊。鲁迅先生说，改变太难了，"连搬动张桌子都是要流血的"，更何况是要变法？

因为难，充足而扎实的准备就显得相当重要。在我看来，比较重要的有两种准备：认识准备和物质准备。

一个现代型的政府，它的建立需要一个根本的基础——改变了的个人，也就是现代公民，现代型的政府是建立在现代公民基础之上的。认识准备就是让大部分人成为现代公民，培养现代的公民意识。所谓培养现代公民意识，在我看来，其中比较重要的一点是建立对个人、社会和政府的充分认识，理顺他们之间的关系。

而一个简单方便的切入点就是他们的根本利益——权利。

个人有个人的权利，称作私权；由个人结合而成的公民群体也有权利——民权；政府有政府的权力——公权。社会是人民和政府之间的一个缓冲地带，也可以看作民权的一部分。

对于权利来说，第一步是形成权利捍卫意识，也就是要明白权利的正常性，生而为人，有权这是正常的，必须要捍卫。不仅要捍卫自己的权利，也要捍卫别人的权利，所谓我可以不同意你的观点，但我誓死也要捍卫你说话的权利，说的就是这个道理。不仅要捍卫私权和民权，也要捍卫政府的公权。

而第二步更难，那就是厘清和严守权利的正当性——权利的边界。当我们说到权利的边界的时候往往会责难政府，因为他们伸手太长管得太多，而在管的过程中获取额外的利益。最常见的现象是公权往往打着民权的旗号来侵犯民权，这当然是需要反思和批评的。

但是作为现代公民，也应该反思个人权利的边界。专制王朝的统治造成的一个结果是当私权遇到私权的时候，人们往往只把自己的私权自动扩大，不尊重他人的私权。常见的现象就是我是他老爸、老师或者老公老婆，便可以心安理得去侵犯儿子、弟子或者儿子他妈他爸的私权，以情感来绑架私权，由此形成恶性循环，一代传一代。

而私权遇到公权时，却又往往自动回缩。好民不跟官斗，见官自动降三分，这又是一代传一代。

物质准备是最重要的准备。在我看来，这是一切问题的核心，它无比的强大，它能推动现代公民意识的培养和建立，也能够理顺人民、社会和政府这三者之间的关系，界定这三者权利的边界，甚至能让一切问题迎刃而解。所谓物质准备，对于个人来说就是让大家都发财，实现财务自由，而对于社会来说就是建立现代经济——真正的市场经济。

所谓市场经济，就是指资源分配基本公平，大家创业、发财的机会基本均等，人们不会因为他的出生地、家庭背景不同而得到的资源和机会不同。不是一部分人不劳而获，而另一部分拼死累活，最后收获那么一点点。

所谓市场经济，就是经济增长的动力来自民间，不是政府去主导经济行为，更不是制造经济规律。

所谓市场经济，绝不是官富而民穷，也绝不是少数人富而大部分人穷。因为少数人的富，一定是建立在大部分人都还比较贫穷的基础上，这就不是真正的市场经济。

好了，为什么说物质准备是如此之重要？我们可以拿清国的那个"好邻居"来举个例子。

在我们的印象中，明治维新最成功的地方在于政改（议会、宪法），其实这一切都是建立在成功的经济改革基础上的。明治维新也是从经济领域开始改革，只是方式和方向与清国不同。

跟清国一样，出于抵御西方侵略者的需要，日本也是从引进军工技术开始经济改革，但是，政府并不惧怕民众掌握这些所谓"高精尖"的技术，更不垄断这些技术，而是从一开始就决定要依靠整个国民的力量，将技术和资源推广到民间中小企业，通过法律扶植民间中小企业发展。甚至国家在建成一些国有大型企业后，会以很低的价格卖给民间企业家，由民众参与国产化的设计和研发。今天我们知道的许多日本跨国企业（比如三菱），它们的前身都是日本军工国企。

这样的结果是：带来了民间经济的兴起和活跃，全民走向共富，因为有经济行为作为联系纽带，整个社会上的人都是你中有我，我中有你，互相服务，彼此需要，也相互制衡。在强大的民间经济对政治的诉求之下，1881 年，睦仁发布诏书，承诺推行宪法，实行宪政，并在 1889 年成功颁布宪法和推行宪政，1890 年召开第一届国会，成功地实现了政治体制改革——此时距离明治维新（1868 年）开始已经有 22 年了。

而清国的情况有些不同。出于统治的惯性，朝廷不仅没有"全民共富"的想法，甚至对人民根本没有信任。话说秦始皇统一天下后，派人去老百姓家收菜刀，老百姓买卖菜刀被严格控制，最后只能是几个邻居合用一把菜刀，碰上逢年过节大家就排队等着切菜。清国朝廷正是成功地继承了这个收菜刀的传统，朝廷似乎总在幻想全体国民骨子里都是暴民，第二天早晨起来满大街都是起义的队伍。于是在 1860 年的洋务运动开始后，朝廷不仅不敢把当时最新科技——军工技术下放到民间，甚至在其他民用领域（铁路、电报等）也严格垄断着技术和资源。

这样造成的结果与明治维新截然不同。虽然洋务运动的口号是要建立以市场为主体的近代经济，但是很遗憾，它的根本目的只是为了解决当时内忧外患的政治危机，它的本质是一场防御性的改革，而不是为了国家的破旧图强，更不是为全体国民谋福利。由于老百姓一直没有机会和权利参与政事，经济改革的动力依靠的是官僚系统，最后造成的结果就是，虽然官员们搞洋务、搞改革的热情被调动起来了，但谋来的福利也全部被官僚集团霸占了。

经过三十多年的改革，大清的行政权和经济权仍然在一起纠缠不清，被皇权牢牢控制。在商业领域，政府的行政命令仍然大于一切，甚至完全可以去制造经济规律，替代市场行为。清国最大的企业，没有一家不是"官企"：要么是纯粹的"官办"，要么就是"官督商办"，反正都带一个"官"字。至于资产，自然也是归朝廷所有。

对于老百姓们来说，朝廷是看不见的，洋务运动创造的财富真正的去向，就是落入官员们的口袋——官员们普遍富裕起来了。应该说大清国"官富"的现象一直都存在，所谓"三年清知府，十万雪花银"嘛，但真正使"官富"现象达到顶峰的，正是这场洋务运动。

与"官富"相对应的，却是"民穷"。财富是老百姓们创造的，却被官员们以"朝廷"的名义吸走了，一部分用来养官，一部分用来压民。老百姓们的发财机会都被大大小小的官员们抢走，于是官富者越来越多，而民穷者并不见减少。

情况就是这样了。由于洋务运动的先天不足，这场经济改革最终成了一场实现官僚集团利益最大化的运动，政治精英变成了新的政治加经济精英，也就是形成了官员和资本的结合——官僚资本主义；政府部门变成了赚钱部门——它们既创造利益，又把控利益，然后在利益分配的过程中自己监督自己。而朝廷只有两张面孔，一个是傲慢霸道，一个是虚伪做作，因为经济改革的不成功，利益集团越来越强大，朝廷仍然没有走出那个千百年来的怪圈：只能在延长政权寿命和被形势所逼不得不做出些让步中，左右摇摆。

可见，一场成功的政治体制改革是需要建立在一场成功的经济改革基础之上的，也就是说，成功的变法需要市场经济的力量去倒逼，市场的经济会指向"市场"的政治。

而戊戌变法就是在一场不彻底的经济改革基础上进行的一场不彻底的政改。由于没有真正兴起的市场经济力量作为班底，戊戌变法显得有些心急火燎而又一厢情愿。最起码，对于一个百姓很穷，还在为他们的生存而发愁的国家来说，这样的改革也太奢侈了。

由此可见，变法光靠喊口号是推不动的，光靠皇帝颁布圣旨，甚至对着祖宗的画像发誓也是推不动的。有人说经济体制改革不能无限制地搞下去，不能回避政治体制改革，幻想"实业救国"是不成功的，但如果连"实业"本身都不成功，真正的市场经济都还没有建立，这自然是无法救国的。所谓"回避政治体制改革"，恰恰就是因为经济改革不成功，才有"回避"的空间。

有人说洋务运动最大的弊端是只学习了当时世界的先进技术，却不知道西方先进的政治制度才是最大的技术，先进的科技都是建立在这个根本"技术模型"的基础之上，但这样的技术模型并不是天生的，抄也是抄不来的，即使抄来也没用——光绪皇帝推进的"制度局"就是一个很好的例子。

只有用成功的经济改革去倒逼政治体制改革，才是有可能走向成功的改革，也才是建立了符合本民族文化以及本国国情的改革。这样既避免在改革中停滞不前，又避免了去急急忙忙地照搬和照抄外来的一切——毕竟我们不能因为自己病了，就把所有的药都看成是良药。

也许在1898年，更好的变法是另外一种思路：与其有那么多的"新政"，不如不那么着急，也不要有那么多的口号和形式主义，先对洋务运动进行深刻反思和真正的总结，改进洋务运动中的各种弊端，调整洋务运动的方向和思路，做好经济上的准备，让老百姓有发财的广阔平台和公平的机会，总而言之一句话：先让老百姓发了财再说嘛！

这样的要求并不过分，既然洋务运动的口号是"自强"和"求富"，反思洋务运动只要求更进一步——去求老百姓的富（共富），而不只是占人民少部分的官僚集团的"富"。

用一句话总结就是：兴一利不如除一弊。因为弊已太深！已经有的"弊"，足以吞掉任何新的"利"！

由于利益集团已经形成并且力量强大，除弊过程必定无比艰难。即使是纯粹的经济问题，相信也无法用纯粹的经济手段切入。那么在这一过程中，对"现代公民意识"的培养是必须的，对现代公民的信任（它是力量之源）是必须的，依靠公民的力量，去逐步化解利益集团，让资源合理分配，让机会均等，更是必须的。

要相信，只要财富能为民所共享，制度就能为民所共创！

用一句话来进行总结吧：1898年开始的戊戌变法在本质上是符合时代潮流的强势文明向不符合时代潮流的弱势文明传播的结果，而变法真正失败的原因是弱势文明根深蒂固的弊端对于强势文明的抵抗。变法轰轰烈烈开始之时，清国并没有做好准备——个人没有准备，社会没有准备，政府也没有准备。责任是共同的，也是大家的，只把责任推到政府或者其他某一方都并非全面。

戊戌变法虽然失败了，但它毕竟出现了强国会等民间政治团体以及普通人关心政治权利的上书言事等"新现象"，也就是说，它带来了一个很重要的东西——部分民权意识的觉醒。

光绪的悲痛

瀛台。空空荡荡的大殿寂静无声，每当下朝之后，光绪一个人孤独地坐在这里。

他还是要吃那一百多碗菜，这些菜跟慈禧太后所吃的完全相同，不管他的口味如何，从来不能换掉。这些菜每顿大约要花费100两银子，折合成小米，够一个普通百姓吃13年。

眼前的美味满席，他已全无胃口，一个人坐在桌子旁边，无比的冷清，而他已经成了冷清的一部分。

真像做了一场梦。梦醒来，一切都走远了。千里江山，已是飘零，满腔热血，化为冰冷。

6月11日，我颁布《明定国是》诏书，宣布变法正式开始。在接下来的103天里，我无比的勤奋，忘我地工作，不停地批阅奏折，不停地思考现状以及未来，平均每两天就要颁布一道诏书。没有人比我更期望变法早日成功，没有人花费我这么多的心血，但是它仍然——失败了。

我只能接受这样的苦果，因为我没有选择。我原本不必成为皇帝的，却选择了一条可以成为皇帝的路，而这一切还是因为我没有选择。

也许从那个时候起，快乐也好，幸福也罢，都从我的身体里消失了。我原本就是不配拥有它们的人，所以到最后我也会失去它们。

"你恨吗？恨她吗？"珍妃曾经问。

珍妃，她曾是光绪皇帝唯一的快乐源泉。

她经常女扮男装，大大咧咧地走来走去，在皇宫里横冲直撞，喜欢照相，喜欢宫里一切时髦的"西洋玩物"。她没有规矩，私下里敢对光绪直呼其名，在照相时甚至大逆不道地穿着龙袍。很显然，按照传统的眼光，这不是一个规规矩矩服侍皇帝的好妃子。

太后一直不喜欢她。光绪知道，在慈禧太后的眼里，只有她的侄女——静芬皇后才应该得到他的宠爱。静芬是正统的皇后，而珍妃不过是普通的妃子而已。

但是，光绪喜欢她！喜欢就是最大的理由，正统又如何？妃子又如何？

在繁忙的朝政之余，他曾经为她做过很多的浪漫之事。他带着她在紫禁城看雪，去颐和园听雨，还许诺带着她去围场打猎。他不善表达，不会说很多的情话，大部分的时候，在珍妃旁边，他也很沉默。他有很多想要说的话，却因为羞涩而最终没说，因为口吃而说不明白。

但他有一颗爱她的炽热的心。

珍妃，我是京城公子，你是南国佳人；我来自冰天雪地的北方，你来自草长莺飞的南方，是什么让我们走到了一起？

"选秀。"珍妃说了这两个字，跑出去玩了。

从 13 岁入宫，她如今已经 22 岁了。

也许这个孩子永远不会长大，也许在她的眼里，自己不过是她从广州来到北京之后，找到的另外一个玩伴，一个寡言少语的怪人。

一切事情都在那一天改变了，在光绪离开紫禁城，走向瀛台的那一天。珍妃终于明白，这个人真的要离开自己了。他搬了家，不会再回来。

有一种失败，是"成功的失败"，因为它会为成功积累经验，吸取教训，譬如变法，一定会有后来者居上。但是，也有一种失败是完全的失败，这就是爱情，一朝离别，此生难见。

珍妃偏不信命，她勇敢地跑到慈禧面前，跪地为光绪求情，珍妃以为慈禧会动容的，没想到慈禧大怒："你平时一贯妖媚皇上，皇帝犯错，你也有份！"

钟粹宫北三所。这里以前是老妈子住的地方，离慈禧的寝宫只隔着一条长廊，方便慈禧亲自看管。囚禁在这里的人与世隔绝，屋门被反锁着，每天只有太监从窗户递进一些冷菜剩饭，而每隔几天，还会有一个太监前来"奉旨申斥"，被囚之人只能跪在地上静静地听着责骂。

这就是珍妃新的住处，是求情换来的代价。金碧辉煌的皇宫不会再任她行走，豪华马车也不再为她而备，在离孤独最近的地方，只有两双思念的眼睛彼此遥望。

珍妃，我并不恨谁。是的，太后胜利了，但是她也无法拥有真正的胜利，她也是失败者。这一场变局中没有赢家。皇宫看起来无比广阔，但是它已经落后外面的世界太多。终有一天，我们这些人，包括太后在内，会被民间那些善良的、智慧的、正义的人士超越，我们会被他们抛弃。到那时，他们也许连看都不会看我们一眼，每一眼都会让他们觉得恶心——因为我们现在的恶行！

只有我清楚，太后内心明白，她的任务就是趁她还活着的时候让朝廷的统治延续下去。只要大清王朝不在她的手中毁掉，只要她不背上失去江山的罪名，她可以去做任何事，至于其他的，连她也是无奈了。

光绪对珍妃最后的交代是：要好好地活着。然而，这个愿望很快就要破灭了。

义和团运动爆发前夜

清国社会很快将发生一场前所未有的动荡，这个动荡来自民间。从1894年起，这个国家的人民先后经历了战争和朝廷内乱两件大事，虽然对于过程他们不是很清楚，只是听到了一些流言和目睹了部分的闹剧，但结果却是生硬而冰冷的：清日战争证明了后党不行，戊戌变法又证明了帝党不行。太后不行，皇帝也不行，那么，这个朝廷到底还行不行？

一场大规模的骚乱在酝酿、忍耐、聚集，然后爆发！

这是从北方的一个省份开始的。这里原本是礼仪之邦，原本是好客的地方，但清日战争却改变了这里的一切。它是被日军直接攻击的省份，也是受战争打击最为严重的省份之一，北洋舰队在这里覆灭，《马关条约》在这里换约。而整个战争中，家乡来自这个省份的士兵是最多的，阵亡人数也是最多的。这里的人们遭受了战败屈辱和失去亲人的双重打击，战后的形势却不是一天天好起来，而是一天天坏下去。激愤的人群和滚滚而起的烽火终于出现在这里，为了保护自己的切身利益，他们打出了"扶清灭洋"的旗帜。

而朝廷里的端王集团也即将开始行动，因为这是他们最后的机会。

义和团，起山东！

本部主要参考文献

重点史料：

1.《清史稿》

2.《清实录》

3.《光绪朝东华录》

清日海战部分：

1.《容庵弟子记》：沈祖宪、吴闿生编纂，1913 年。

2.《袁世凯传》：（日）佐藤铁治，安徽人民出版社，2012 年。

3.《日本历史》：（日）井上清，陕西人民出版社 ，2011 年。

4.《日本军国主义》（1—4 册）：（日）井上清，商务印书馆，1985 年

5.《军国的幕僚》：俞天任，中国友谊出版社，2007 年。

6.《李鸿章全集·电稿》（1—3 册）：李鸿章撰，顾廷龙、叶亚廉整理，上海人民出版社，1985 年。

7.《东方兵事纪略》：姚锡光，中华书局，2010 年。

8.《李秉衡集》：李秉衡撰，戚其章辑校，齐鲁书社，1993 年。

9.《海东札记·台湾杂记·巡台退思录·台海思痛录》：黎景嵩等，岳麓书社，2011 年。

10.《绝版甲午》：（澳）雪珥，文汇出版社，2009 年。

11.《甲午战争史》：戚其章，上海人民出版社，2005 年。

12.《国际法视角下的甲午战争》：戚其章，人民出版社，2001 年。

13.《中国甲午战争博物馆学术丛书》（1—3 辑）：戚俊杰、刘玉明

等主编，天津古籍出版社等。

14.《中国近代史资料丛刊续编：中日战争卷》（全 12 册）：戚其章主编，中华书局，1989—1996 年。其中重点：《机密日清战争》，（日）伊藤博文；《宗方小太郎日记》，（日）宗方小太郎；《从军日记》，（日）向野坚一。

戊戌变法部分：

1.《龙夫人：慈禧故事》：（美）斯特林·西格雷夫著，秦传安译，中央编译出版社，2005 年。

2.《隋丽娟说慈禧》：隋丽娟，中华书局，2007 年。

3.《戊戌变法史研究》（上、下）：黄彰健，上海书店出版社，2007 年。

4.《康有为变法奏议研究》：孔祥吉，辽宁人民出版社，1988 年。

5.《戊戌变法史事考》：茅海建，三联书店，2005 年。

6.《清末民初政情内幕——〈泰晤士报〉驻北京记者莫理循书信集》（上、下）：（澳）骆惠敏编著，刘桂梁等译，知识出版社，1986 年。

7.清代文献：《戊戌纪略》，袁世凯；《戊戌政变纪事本末》，梁启超；《清廷戊戌朝变记》，苏继祖；《崇陵传信录》，恽毓鼎；《戊戌己亥闻录》，陈庆年。

8.学术论文：房德邻，《维新派"围园"密谋考——兼谈〈诡谋直纪〉的史料价值》，载《近代史研究》2001 年第 3 期；杨天石，《康有为谋围颐和园捕杀西太后确证》，载《光明日报》1985 年 9 月 4 日；（日）村田雄二郎，《康有为的日本研究及其特点——〈日本变政考〉〈本书目志〉管见》，载《近代史研究》1993 年第 1 期。